图书在版编目（CIP）数据

资华筠纪念文集 / 中国艺术研究院舞蹈研究所编 .
北京 : 文化艺术出版社 , 2024. 10. — ISBN 978-7-
5039-7718-3

Ⅰ . K825.76-53

中国国家版本馆 CIP 数据核字第 20244RE486 号

中国艺术研究院基本科研业务费项目

（项目编号：2024补-1）

资华筠纪念文集

编　　者　中国艺术研究院舞蹈研究所
本卷主编　段　妃　韩　瑾
特约编辑　赵金领　吴婉莹
图书统筹　魏　硕
责任编辑　魏　硕
数字编辑　李岩松
责任校对　董　斌
书籍设计　李　响　姚雪媛
出版发行　文化艺术出版社
地　　址　北京市东城区东四八条52号　（100700）
网　　址　www.caaph.com
电子邮箱　s@caaph.com
电　　话　（010）84057666（总编室）　84057667（办公室）
　　　　　84057696—84057699（发行部）
传　　真　（010）84057660（总编室）　84057670（办公室）
　　　　　84057690（发行部）
经　　销　新华书店
印　　刷　北京雅昌艺术印刷有限公司
版　　次　2025 年 5 月第 1 版
印　　次　2025 年 5 月第 1 次印刷
开　　本　710毫米 × 1000毫米　1/16
印　　张　28.75
字　　数　370千字
书　　号　ISBN 978-7-5039-7718-3
定　　价　120.00元

资华筠纪念文集

中国艺术研究院舞蹈研究所·编

扫描二维码
带您进入资华筠的
舞蹈艺术世界

文化艺术出版社
Culture and Art Publishing House

资华筠

（1936—2014）

资华筠简历

舞蹈表演艺术家、舞蹈理论家、舞蹈教育家，非物质文化遗产保护专家，中国艺术研究院首届终身研究员，博士生导师。

历任中央歌舞团领舞、独舞、领衔演员、艺术委员会副主任，中国艺术研究院舞蹈研究所所长，中国艺术研究院学术委员会副主任等职。曾任国家非物质文化遗产保护工作专家委员会副主任、中国舞蹈家协会副主席、中国人民政治协商会议第五届至第十届全国委员会委员等。荣膺中国舞蹈家协会“中国舞蹈艺术卓越贡献舞蹈家”称号，中国舞蹈“荷花奖”、中国舞蹈艺术“终身成就奖”获得者。

作为新中国培养的第一代舞蹈表演艺术家，于1950年开始舞台生涯。其首演、领衔主演的经典舞蹈，如《飞天》《孔雀舞》《荷花舞》等，在新中国舞蹈发展史上具有标志性意义。表演过古今中外各种风格的舞蹈近百部，并在国际、全国舞蹈比赛中获金奖、铜奖。

作为舞蹈理论家，1987年出任中国艺术研究院舞蹈研究所所长，先后主持完成八五、九五、十五、十一五等多项国家重点科研项目，如《中国当代舞蹈精粹电视科研系列片》《中国文化艺术丛书·中国舞蹈》；主持、参与《中国大百科全书》（第二版总编委会委员、舞蹈学科主编）、《舞蹈美育原理与教程》、《艺术科研大系·舞蹈学》等。出版理论著述《舞艺·舞理》、《舞思》、《中国舞蹈》（主编）、《舞蹈生态学导论》、《舞蹈生态学》（合著）等12部，英文著述1部；出版随笔、散文集等9部；另有论文、评论、诗歌、电影剧本、报告文学、译文等；合计约300万字。其中《中国舞蹈》（主编）获第七届“五个一工程”奖，《繁荣中的忧思——对舞蹈创作现状的思考》获第四届中国文联文艺评论奖一等奖，《舞蹈生态学》（合著）荣获第九届中国文联文艺评论奖（著作类）特等奖，多篇论文、散文获全国一、二等奖。其舞蹈评论以敏锐的艺术感觉与学理性的透视见长，大力提倡真实的感受、真实的表达、揭示艺术的真谛“三真”精神，对当代舞蹈艺术发展产生了深远影响。其创建舞蹈生态学，提出科学原理和系统方法，对舞蹈生成发展规律、民族文化特异性的研究和舞蹈基础理论建设做出了开拓性贡献。

作为舞蹈教育家和新中国第一代舞蹈学博士生导师，指导的博士研究生毕业后，多数陆续成长为业界的领军人物。作为非物质文化遗产保护专家，曾任国家非物质文化遗产保护工作专家委员会副主任，提出重视建设民族文化“精神植被”、注重传统文化“优质基因传承”、“原生态的科学界定”等理念，为非物质文化遗产保护事业做出重要贡献。作为全国政协委员，关注社会民生，多项优秀提案被采纳；作为国际文化艺术交流的使者，曾出访50多个国家和地区，传播中国文化，增进了中国人民同世界各国人民的友谊。

《资华筠纪念文集》

编委会

顾问

欧建平　于　平　明文军　许　锐

史　红　王　蕾

编委

卿　青　刘　春　段　妃　李北达

毛雅琛　廖燕飞　韩　瑾　王　欣

李　瑶　平丰瑞　邵泽宇　赵金领

文　学　吴婉莹　刘奕含　刘黄可馨

王麒媛

序

在艺术的浩瀚星空中，总有那么几颗璀璨夺目的星辰，它们以其独特的光芒照亮着前行者的道路。资华筠先生正是这样一颗星，在中国的舞蹈领域里始终闪耀着。

作为中国艺术研究院的院长，我怀着深深的敬意为《资华筠全集》（全四卷）及附卷《资华筠纪念文集》撰写序言。这套书让我如同踏入了一座珍藏很多珍贵记忆的宝库，既记载了资华筠先生的艺术生涯，亦映照出了中国舞蹈艺术发展的一个时代缩影。资华筠先生是新中国培养的第一代舞蹈表演艺术家，她在舞蹈表演、理论研究、教育实践等多个领域均取得了卓越的成就。全集的出版是对资华筠先生辉煌艺术生涯的礼赞，亦是对中国舞蹈艺术发展历程的一次深刻反思和总结。

资华筠先生的一生，贯穿了中国舞蹈艺术的几个关键阶段。从青年时期的艺术探索，到成为中国舞蹈界的领军人物，她始终保持着对舞蹈艺术的无限热爱和执着追求。资华筠先生的舞蹈理论研究，尤其是她创立的"舞蹈生态学"，为舞蹈艺术研究开辟新径，强调舞蹈作为文化现象与环境的紧密联系。这一理论在学术界引发了广泛讨论，也在实践中得到了积极的应用。

《资华筠全集》（全四卷）及附卷《资华筠纪念文集》不仅仅是对资华

筠先生毕生成就的总结，也是一部见证中国舞蹈艺术发展变迁的重要文献。文集中的纪念和回忆，无不体现出资华筠先生在中国舞蹈界的地位，以及她对后辈舞蹈艺术家和学者的深远影响。作为一位杰出的教育家，资华筠先生对学生的严格要求和悉心指导，为中国舞蹈艺术的未来发展奠定了坚实的基础。在非物质文化遗产保护方面，她不遗余力地倡导保护和传承中国传统舞蹈文化，并给予了许多重要的建议。这一精神在文集中得到了充分的体现和传承，激励着一代又一代的舞蹈艺术家和学者在新时代背景下继续探索和创新。

资华筠先生的舞蹈艺术和学术研究，在专业领域产生了深远的影响，亦在社会上引起了广泛的关注和讨论。她作为一名舞蹈理论家，始终保持着对社会现实的思考和关切，强调艺术的社会责任。她的这种观点促进了中国舞蹈艺术的发展，使这一领域在追求艺术的高标准的同时，也展现了其深刻的社会价值。

《资华筠全集》（全四卷）及附卷《资华筠纪念文集》的出版，表明资华筠先生的艺术思想和学术贡献得到了系统的总结和传承。对于当代舞蹈艺术研究者和从业者来说，这部全集是了解资华筠先生毕生成就的宝贵资源，也是深入思考中国舞蹈艺术未来发展的重要参考。我希望这套书能够激励更多的舞蹈艺术家和学者，继续探索舞蹈艺术的广阔天地，传承和发扬资华筠先生的精神，为中国舞蹈艺术的繁荣与发展贡献力量。

周庆富

中国艺术研究院院长

前言

《资华筠全集》（全四卷）及附卷《资华筠纪念文集》是中国艺术研究院基本科研业务费支持的院级学术研究项目，由中国艺术研究院舞蹈研究所组织所内外专家和学生共同整理编辑完成，并由文化艺术出版社出版。这是中国艺术研究院在资华筠先生逝世十周年以及资华筠舞蹈艺术馆隆重开馆之际给予中国舞蹈界的一份珍贵礼物，更是一套重要的舞蹈文献。

众所周知，资华筠先生是著名舞蹈表演艺术家、理论家、教育家，非物质文化遗产保护专家，中国艺术研究院终身研究员，也是中国艺术研究院舞蹈研究所的第二任所长。她在舞蹈表演和学术研究方面均取得了突出的成就，也为非物质文化遗产保护和国际舞蹈文化交流做出了重要的贡献。作为舞蹈理论家，资华筠先生既立足舞蹈本体立场，又有跨学科视野，在理论和方法论上的开拓创新对舞蹈学科建设也产生了积极的影响。然而，国内外舞蹈学界目前没有对资华筠先生的著述进行过全面整理，也少有人对资华筠先生的艺术贡献和学术成就进行系统、深入的研究。对于这样一位在新中国舞蹈发展史上发挥过重要作用、同时还担任了中国艺术研究院舞蹈研究所12年所长的前辈学人，在其逝世十周年这个时间节点上完成这一项目，是舞蹈研究所应当承担的使命。

该项目的设立旨在全面整理和呈现资华筠先生在舞蹈研究所的历史上以

及新中国舞蹈发展史上所贡献的思想和学术成果，既为中国艺术研究院积累宝贵的学术遗产，也为舞蹈学科史和相关研究提供学术资料。因此，项目的主体内容是编辑出版《资华筠全集》(全四卷)，其附卷《资华筠纪念文集》是整理出版同行及后辈学者对资华筠先生的艺术人生和学术贡献进行评价和研究的文章，其中包括文化和旅游部艺术司、非物质文化遗产司与中国艺术研究院在资华筠先生逝世五周年之际联合主办的“资华筠舞蹈艺术成就座谈会”上的发言文章以及其他学者撰写的纪念文章。这部分内容与《资华筠全集》一起出版，有助于增强读者对资华筠先生所处时代及其成就的理解。

此书自2023年10月开始筹划，在中国艺术研究院院领导的支持下，舞蹈研究所主持工作的副所长卿青与副所长刘春召集了本所副研究员毛雅琛、资华筠先生的博士首都师范大学史红教授，以及三名在读硕士研究生平丰瑞、邵泽宇和吴婉莹组成了最初的编辑队伍。团队初期的主要工作内容包括：1.搜集资华筠先生的著作和发表的文章以及各种纪念文字，约300万字。2.对所有内容进行梳理，尤其是对其中重复的几十万字进行了甄别和筛选。3.将所有内容进行分类，形成了《资华筠全集》(全四卷)及附卷《资华筠纪念文集》，共五卷本。

随着全集内容的最终确定，团队又邀请了中国艺术研究院文学艺术院研究员段妃，舞蹈研究所副研究员廖燕飞，学术秘书李瑶，资先生的博士、河南省舞蹈家协会主席韩瑾，北京舞蹈学院人文学院副院长王欣、副教授李北达，天津音乐学院舞蹈系教师赵金领，中国艺术研究院舞蹈学博士研究生文学、硕士研究生吴婉莹、刘奕含和刘黄可馨，以及首都师范大学博士研究生王麒媛等分别承担了各卷的文字和图片编辑任务。整个编辑过程也得到了文化和旅游部艺术司司长明文军、南京艺术学院舞蹈学院名誉院长于平、北京舞蹈学院院长许锐、中国艺术研究院舞蹈研究所名誉所长欧建平等专家顾问，以及资华筠先生女儿王蕾女士的大力支持，在此对上述所有领导和参与者表示衷心的感谢！

编辑和出版这套书是对资华筠先生最好的纪念，也是对其艺术贡献和学术成就的一次建设性回顾和总结。作为后辈，这套书的编辑过程还是一次理解资华筠先生并向其学习的宝贵经历。我们能体会到她作为理论家对舞蹈现状的深刻洞察力以及敢于批评的精神；我们也充分认识到，她与学者王宁、资民筠共同创建的“舞蹈生态学”是中国舞蹈界迄今为止少有的自主知识体系和开拓性的舞蹈学科方法论；她对我国非物质文化遗产保护的理念、机制、方法等内容的思考，尤其是她提出的相关工作建议如今看来也具有相当的远见。

我们相信，这套书的出版会为后辈学者提供进一步了解和研究资华筠舞蹈思想的丰富史料，有助于学者们从前辈经历和成就中把握新中国舞蹈发展史和学科建设的脉络，也反映出舞蹈研究所对中国艺术研究院学术传统的珍视和继承。

最后，我们借此机会向文化艺术出版社王红总编辑及该书的编辑魏硕、江楚锐、吴梦捷、贾茜、邓丽君表示衷心的感谢！没有她们的辛苦付出，这套书难以在这么短时间面世。

借先辈之光，愿舞蹈艺术长青，舞蹈研究硕果累累！

《资华筠全集》全体编委

2024年10月

目录

第一部分　资华筠舞蹈艺术成就座谈会发言

第二部分　桃花潭水深千尺
——半个世纪的老友

第三部分 海内存知己
——各界友人

第四部分　天下谁人不识君
——同行好友

第五部分 桃李不言 下自成蹊
——历届学生

第一部分　资华筠舞蹈艺术成就座谈会发言

（2019 年 12 月 9 日）

2019 年 12 月 9 日，为纪念资华筠先生逝世 5 周年，文化和旅游部艺术司、非物质文化遗产司、中国艺术研究院和中国舞蹈家协会在中国艺术研究院第五会议室联合举办该座谈会，会议由艺术司司长诸迪、副司长明文军先后主持。本部分文章顺序以座谈会的发言顺序排序。

——编者注

2019 年 12 月 9 日，资华筠舞蹈艺术成就座谈会合影

在资华筠舞蹈艺术成就座谈会上的发言

周和平

今天是资华筠先生逝世五周年，文化和旅游部艺术司、非物质文化遗产司，中国艺术研究院和中国舞蹈家协会召开资华筠舞蹈艺术成就座谈会，借此机会，我谨向资华筠先生表示深深的怀念。

资华筠先生是我国著名的舞蹈表演艺术家和理论家，在舞蹈表演、舞蹈理论、舞蹈教学等方面取得了令人瞩目的成就。我和资先生相识于非物质文化遗产保护工作提出之初。2005 年，按照国务院办公厅《关于加强我国非物质文化遗产保护工作的意见》的要求，文化部成立了国家非物质文化遗产保护工作专家委员会，资先生因其学术造诣和在业界的权威被聘为副主任委员。文化部召开专家委员会第一次会议，我刚落座，资先生便问："谁叫周和平？"我连忙起身作答。资先生说："文化部怎么老换部长？我都不认识了。"就这样开启了我们的合作。

文化部的工作刚刚开始，很多方面需要听取专家的意见，集思广益，专家会开得比较多，资先生每会必到，且知无不言、言无不尽，她对非遗保护事业不遗余力，如有建议，会随时打电话给我，尽其所言。

她用对非遗保护的满腔热情和深厚的业务功底，提出了很多意见，对相关工作的制定发挥了积极的作用，资先生不顾自己身患白血病，常深入非遗保护一线调查研究，并结合基层情况提出意见和建议，这种精神难能可贵。为非遗保护事业，资先生从不考虑个人得失，敢于仗义执言。

2008年，文化部刚批准“三定”方案，有人提出将非物质文化遗产司划归国家文物局，资先生和几位专家联名致信总理，在总理的直接过问下，非遗司才得以在文化部顺畅运转。

资先生讲话诙谐幽默，寓意深刻。在非遗保护工作开始不久的一次座谈会上，与会的几位主管领导竟无一人能将非物质文化遗产这一概念完整表达。事后，资先生常说，严重的问题是教育领导，强调各级领导干部对非遗保护的重要作用。

我国的非遗保护工作从2005年开展以来，取得了令人瞩目的成绩，得到了党和国家的高度重视以及全社会的广泛认同，已成为我们培育文化自信和继续弘扬中华优秀传统文化的重要内容。我国的非遗保护工作之所以在不长的时间内取得这些成绩，一个很重要的原因就是决策者和专家之间的密切合作，其中凝聚着资先生等一批专家学者的心血和智慧。

在座谈会召开之际，让我们对资先生再次表示深深的敬意。

（周和平　国家图书馆名誉馆长，原文化部副部长）

在资华筠舞蹈艺术成就座谈会上的发言

李 群

各位老艺术家、各位同志、各位朋友:

今年是著名舞蹈表演艺术家、理论家资华筠先生逝世五周年，今天我们召开资华筠舞蹈艺术成就座谈会，回顾资先生的舞蹈艺术成就，学习她精益求精的艺术追求、敢为人先的创新精神、无私奉献的高尚品格。

首先，我受文化和旅游部部长雒树刚同志的委托，代表文化和旅游部向资华筠先生表达深切的缅怀和崇高的敬意，对资华筠先生的家属表示亲切的慰问，对此次座谈会的顺利召开表示热烈的祝贺。

资华筠先生是新中国培养的第一代舞蹈表演艺术家，历任中央歌舞团艺委会副主任、中国艺术研究院舞蹈研究所所长、中国舞蹈家协会副主席、中国艺术研究院学术评议委员会副主任、国家非物质文化遗产保护工作专家委员会副主任委员等职务，是第五届至第十届全国政协委员，中国艺术研究院终身研究员和中国舞蹈艺术终身成就奖的获得者，她是目前我国舞蹈界唯一获评一级演员、研究员两项正高职称的专家，无论是在舞蹈表演还是在舞蹈理论、舞蹈教学方面都取得了令人瞩目的成就，为我国舞蹈艺术事业的繁荣发展做出了杰出贡献，也是我们学习的好榜样。

我们学习资华筠先生，首先要学习她精益求精的艺术追求，资华筠先生 1950 年考入中央戏剧学院舞蹈团少年班，自此开始了她的专业舞蹈生涯。1951 年，她进入中国青年文工团，参加了第三届世界青年联欢节舞蹈比赛，这个比赛是在柏林举行的，表演藏族群舞，荣获了金奖。1952年，中央歌舞团成立，她成为第一批建团演员，从领舞到独舞、领衔演员、教师、艺委会副主任，创作了一批经典的舞蹈作品，如《飞天》《孔雀舞》《荷花舞》《思乡曲》《长虹颂》《金梭与银梭》等。1955年、1980年，两度在国内外舞蹈比赛中获奖。1981年至1983年，她与王堃等合作举办了舞蹈晚会，在全国各地巡演，引起强烈的社会反响。资华筠先生深邃的思想内涵、精湛的舞蹈表演点燃心灵，成为新中国舞蹈表演艺术的代表性人物之一。

我们学习资华筠先生，就是要学习她敢为人先的创新精神，针对舞蹈本体研究和基础理论薄弱的现状，资华筠先生自担任中国艺术研究院舞蹈研究所所长以来，始终孜孜于对舞蹈的基础理论和方法的研究，她创立了舞蹈生态学，将属于自然科学的生态学的核心概念和方法运用于对民族舞蹈文化发展规律的探索，同时汲取语言学、心理学、文化学等学科的理念，对民族舞蹈生存发展中的诸多现象进行描写和阐释。这门新兴学科的开拓意义和基础原理已为越来越多的舞界、学界人士所认可。

资华筠先生还常年主持国家级、院级的重点课题研究，出版了《中国舞蹈》《舞蹈美育原理与教程》等十余部著作和《繁荣中的忧思》《话说中国舞蹈》等舞论、舞评、散文等约300万字，获得过“五个一工程”奖和“中国文联评论”一等奖，其舞蹈理论评论大力倡导“三真精神”，就是真实的感受、真实的表达、揭示艺术的真起源，对当代艺术的发展产生了深远的影响。

我们学习资华筠先生，就是要学习她具有忧患意识的担当精神。资华筠先生长期关注与积极倡导非物质文化遗产的保护，早在20世纪90年代就提交了关注文化生态保护的全国政协提案；2000年，她在人类学国际会议上提出的“非物质文化遗产是人类的精神植被”的理念得到广泛的认同。她还针对非物质文化遗产价值判断问题提出了优质基因理念，倡导以生态学的视野、理念来引领文化生态保护区的建设，并澄清了一度被混淆的原生态概念。她提出设立中国非物质文化遗产保护中心，文化部亟须增设文化遗产保护的司局建制，以及加快非物质文化遗产保护的建议，为我国非物质文化遗产保护工作发挥了重要的作用。尽管如此，资华筠还是很谦虚地说，我个人只不过是世界洪流中的一滴水。

我们学习资华筠先生，还要学习她甘为人梯的奉献精神。资先生是有名的严师，她曾说，她确实对学生非常严厉，因为在她的心中，学生比天大，唯恐因自己的疏漏而误人子弟，但是她并不要求学生盲从导师观点、引用导师著作，导师的责任首先是在规范学风的基础上，根据学生的知识积累、学术的追求和他们的特长个性开发其潜力，引领研究路径和给予科学方法的指导。同时她也说，自己和学生是教学相长，她自己教的同时，也是在学习。“桃李不言，下自成蹊”，正因为有了这样的严师，她的一众学生也成就斐然，不少人已经成为文化事业的管理者或学科带头人。

资华筠先生的一生是为舞蹈艺术辛勤奉献的一生，也是让我们崇敬敬仰的一生，我们大力弘扬资华筠先生的艺术和学术精神，始终坚持社会主义先进文化的前进方向，积极培育和弘扬社会主义核心价值观，创作生产更多的不愧于时代、不愧于人民、不愧于民族的优秀作品，永攀艺术高峰，为实现“两个一百年”奋斗目标和中华民族伟大复兴中国梦做出新的重大的贡献。

（李群　文化和旅游部党组成员、副部长，
国家文物局局长、党组书记）

在资华筠舞蹈艺术成就座谈会上的发言

王文章

尊敬的李群部长、尊敬的各位艺术家和各位学者：

今天下午我们来参加资华筠舞蹈艺术成就座谈会，我感到是非常有意义的。资先生离我们而去已经有五年的时间，但是她的形象，她对中国的当代艺术创作理论和实践教育的贡献，在我们心里越来越清晰。

资先生是中国著名的艺术理论家，也是舞蹈表演艺术家、艺术教育家，还是一位作家，为中国当代的艺术创作的繁荣和建设做出了重要的贡献。

首先，我想她是一位勇于探索、立足现实，对中国的舞蹈艺术建设做出重要贡献的人。她确实立足于中国的现实，勇于探索。资先生是一位著名的舞蹈表演艺术家，像《飞天》《孔雀舞》，有的我看过，《金梭与银梭》是我印象最深的。作为一名表演大家，她投入舞蹈艺术研究的岗位，她刚来报到的时候就说“我不是来上任的，我是来学习的”。在中国艺术研究院学习，更多的是向实践学习，她把实践的经验做了深刻的很难讲清楚的研究，涉及文化学、社会学、艺术人类学、艺术美学，很多学科交叉。她作为一位舞蹈表演艺术家，来研究这么一个复杂的可以说是综合立体的前沿的舞蹈学科、前沿的学术问题，难度可想而知。

但是我想她为什么要来研究这个问题呢？就是她非常深刻地感知到了我们当代学术研究的发展，从平面的、单一的、比较孤立的研究进入了一个综合的、立体的，从文化学理论研究艺术现象的时代，所以她来探索这个问题。对这个问题的解释，不仅为舞蹈艺术的理论开拓了一个新的理论和新的视角，而且对其他艺术门类的研究起到了引领和启示的作用，追逐前沿，提出新的问题，这是了不起的。

此外，资先生把自己的经验运用到实践中，身体力行地参与中国文化遗产保护和建设的各个方面。我们创作的很多剧目，她都去指导，跟那些作者、表演艺术家切磋，怎样提高剧目的质量。对于非物质文化遗产，她深入基层去考察、去研究、去总结现实的经验。作为一个大家，她下到基层以后，不怕苦，我想她的精神体现了我们中国当代优秀的学者、艺术家关注现实、身体力行地推动现实艺术的发展、文化的繁荣，她的精神也是值得我们学习的。

我们对资先生的印象是非常深刻的，到中国艺术研究院以后，我和她一起探讨。她讲道："我是一位做舞蹈表演的，我做理论研究，人家不承认我，也不是没有想过这个问题，我看到这个问题，就讲这个问题。"理论形态现在已经改变了，在新的时代，一些对现实发展有用的要去研究。创作思想的总结也是理论形态，像戏曲的这些理论很多是对创作思想的总结，艺术家总结你的创作思想，这不也是理论形态吗？还有适用性、对策性的研究，这些理论形态是不同的，但是资先生在创作思想研究和理论研究方面起到了很大的作用。

资先生是一个纯粹的真诚的艺术家，她不断探索，值得我们永远铭记和学习。刚才李群对资先生的贡献等方面做了很全面的总结，讲得非常准确。今天我参加座谈会，我要向资先生学习。

（王文章　原文化部副部长，中国艺术研究院原院长）

青筠摇曳谁著史

——在资华筠舞蹈艺术成就座谈会上的发言

韩子勇

李部长、王部长、各位专家：

今天在座的多是资先生的同事、学生和舞蹈学方面的专家，大家在年末，在冬天坐在一起，缅怀资先生温热和精进的人生和学问，我觉得这是一种好的传统。我和资先生不熟，但是在新疆工作的时候，也曾经接待过她，她的敬业、正直，以及对舞蹈事业的全身心投入、为舞蹈大声疾呼，都给我留下了深刻的印象。

我在国家艺术基金管理中心工作了五年，资先生是艺术基金的理事，我们曾登门请她提出对艺术基金工作的意见，她那个时候身体不太好，要周期性地去医院做透析。但是一谈到事业，她的精神状态就被点燃了，意见专业而中肯。比如艺术基金的一个支出类别，叫“传播交流推广”项目，原来叫“宣传推广”项目，就是吸收了她的意见而修改的，修改之后语境更加宽阔，也更贴近艺术的规范和特点。

印象中，她对昆舞人才培养也很关心，还关心对传统的挖掘。我们艺术基金按照程序能做的就是指导申报，深入理解相关指南，把项目的前期论证和准备搞扎实，以期能够受到评委们的青睐。一年以后，当她得知项目评审立项时，电话中她是那么的高兴。资先生是中国艺术研究院的终身研究员，我到艺研院工作以后，深感到艺研院创所、建所和在重要的发展时期做出巨大贡献的一大批前辈学者是艺研院宝贵的财富，他们中的许多人都堪称共和国艺术科学的奠基人，对中华民族艺术各门类的学科体系、学术体系、话语体系的建设功莫大焉。

中国艺术研究院的影响和光彩很大一部分是这些先贤前辈带来的，这样一份光荣的传统和习近平总书记提出的以马克思主义为指导，打造具有中国特色的学科体系、学术体系、话语体系的要求不谋而合，这是先贤前辈为我们开创的血统，也是新时代党和国家对我们的要求，我们不能丢，不能忘，要继续努力，为中华文化的伟大复兴尽心尽力。

今年，艺研院出台了《推进“三大体系”实施的意见》，同时我们也广泛征求了各个单位的意见，把为艺术科学奠基的前辈学者的肖像悬挂在艺研院的研究生楼，让榜样照耀着我们，激励着我们。我们也安排了艺研院的雕塑院为这些学者塑像，将来立在艺研院的院子里，让他们日日夜夜陪伴着我们，让优良的学术传统这样一条河流流过我们，沐浴我们。

从去年 7 月至今，我们已经先后为梅兰芳、黄宾虹、王朝闻、杨荫浏、陈涌、李希凡、郭汉城等前辈举办研讨会、文集首发式、追思会，或者以他们的名字命名了一些展览和研讨活动。在我们挂像的这些先贤前辈中，舞蹈学方面的还是比较多的，其中就有吴晓邦、王克芬和资华筠三位老师。今年的《传记文学》配合新中国成立 70 周年庆祝活动，连续做了一系列的深入报道，我们策划了“共和国艺术科学的奠基者”专栏，这个专栏在中宣部做期刊评比的时候，被给予了高度评价，觉得艺研院还是人才济济。

下一步，我们将以“三大体系”建设为抓手，以这些先贤前辈的名字来评选我们各个艺术学科的年度优秀成果。今天，文化和旅游部艺术司、非物质文化遗产司、中国舞蹈家协会和中国艺术研究院共同主办资华筠舞蹈艺术成就座谈会，我觉得确实很有必要，很及时。资先生虽然已经驾鹤西去，但是她留给我们的学术遗产永存，就像她名字中的这三个字，永远是一竿自给而青春的竹子，摇曳不止，舞蹈不止。谢谢！

（韩子勇　中国艺术研究院原院长、党委副书记）

飞天归鹤影，心灯永传薪

——在资华筠舞蹈艺术成就座谈会上的发言

明文军

今天，我们隆重举行资华筠舞蹈艺术成就座谈会，共同缅怀资华筠先生的艺术生涯、学术研究、非遗工作。这不仅是为了纪念她所留下的宝贵经验和精神遗产，更是为了进一步认识她为舞蹈界和艺术界所树立的典范。我代表文化和旅游部艺术司向座谈会的成功举办表示衷心祝贺。对前来出席座谈会的各位领导、专家、学者表示诚挚的感谢。

资华筠先生已经离开五年了，她的音容笑貌犹在眼前。回想起她生命的最后数年，资先生始终坚强、坦然地面对疾病，真诚而通透地面对生命。她身患重病，仍然在最后的岁月修订、整理、出版《舞蹈生态学》，为我们留下这部探讨学科基础问题的理论专著，甚至指导她的学生们建设舞蹈生态学课程。她对学术的坚持，对生命的通透，都汇成了一股精神力量，至今激励着我们。

资华筠先生艺术之路的起步正好与新中国第一次优秀传统文化的创造性转化、创新性发展的“实践潮”相遇。在这一火热而影响深远的潮流中，资华筠先生转益多师，与舞蹈界如戴爱莲、金明等前辈学习、合作，多次参加世界青年联欢节，收获了优异成绩，在传世佳作《飞天》《孔雀舞》等作品中留下舞台倩影。她还与李少春等其他艺术大师学习，进一步将自己的表演艺术与中华优秀传统文化相结合。这使得她的艺术之路走得非常“正”，既继承、提炼传统表演艺术文化基因，又饱含时代特有的精神风貌，与其他新中国第一代舞蹈表演艺术家共同摸索出一条体现中国美学品格（中国气派）的舞蹈表演艺术之路。

她古道热肠，对人非常热心，任中国艺术研究院舞蹈研究所所长时，她做了很长时间的政协委员，经常收到一摞一摞完全不认识的人的求助书信，比如，一个普通女工求助于她，她就在全国政协会上积极地帮助这位不曾见过面的人去解决问题，提出社情民意。她说：“我不能看着弱势的人受欺负，我不能忍受。”由此，我们看到了一位具有高尚品德的人。

她在中国舞蹈最“繁荣”的时刻，保持着对危机清晰而准确的判断，撰写了《繁荣中的忧思》一文，其中所批评的那些问题，今天我们才开始有共识。可见其远见卓识，从中让我们看到了一位深谋舞蹈之远虑的人。

资华筠先生的治学之路，是一条“而今迈步从头越”的长征路。她离开熟悉的演员岗位，到中国艺术研究院担任所长，到任第一天，她就说：“我不是来上任的，我是来学习的。”从表演转向学术研究，这中间不仅需要“重整河山”的勇气和毅力，还要经历洗经伐髓般的思想转变。表演实践与学术研究需要两种不同的理路，但资华筠先生做到这种转变，甚至将艺术经验转化成学术研究的“养料”，借鉴生态学、语言学、人类学等学科建立了舞蹈生态学。

舞蹈生态学对当代舞蹈艺术研究具有开创性的意义，迈出探索中国舞蹈自主知识体系建设具有里程碑意义的一大步。中国舞蹈研究在较长的一段时间处在有材料、有观点而无方法论的状态。舞蹈生态学力求让中国舞蹈研究有自己的观察之眼、分析之手、阐释之语。

当我在中国艺术研究院追随她攻读（舞蹈生态学方向）博士研究生时，她的三点治学精神深深印刻在我的心里。第一是她与当时“言必称希腊”的学术风向截然不同，特别嘱咐学生不可凭借对西方学术理论的表浅认识，轻易用此解释中国现象，由此得出“削足适履”的结论。第二是她摆脱了舞蹈实践者常见的对“术”的迷恋，而是深入对“道”的追问。她鼓励、引导学生的研究不要止于表象的描述与解释，更要挖掘深入肌理的规律。第三是她强调“实践出真知”，要求学生的研究方向必须与个人实践相结合，避免“纸上谈兵”。

当前哲学社会科学界正在探索建设中国自主知识体系，艺术学界亦紧跟步伐。在此大背景下，我们是否还能有资先生直面学科内部痼疾与荒地的胆魄，是否还有宁可“从头再来”“脱胎换骨”的勇气，是否还有静下心、沉住气，披荆斩棘，勇攀高峰的毅力？资华筠先生的治学精神犹如一面镜子，让我们照见自己。

资华筠先生的非遗工作之路与中国非物质文化遗产事业几乎同时起步，她在此方面的成就有目共睹。2009 年，文化部举办一场全国非物质文化遗产展演，资华筠先生是这场展演的学术顾问，我担任展演总导演。我记得，她当时身患重病，却坚持“盯住”展演的排练、合成、彩排及三场演出的全过程。她在现场严格把关，要求现场导演不能过多干预代表性传承人的原初状态，又要求舞台呈现形式能突出非遗项目的文化特征，更要求整场展演的起承转合能紧紧抓住观众的心。正是这种极高的责任心、严肃的态度，严格的要求在当时让导演团队、各地非遗代表性传承人、带队的学者和文化管理者都为之震撼。

现在回想起来，当时大多数人未能清晰地认识非遗“保护”的内涵、“传承”的思路、“运用”的边界，而资华筠先生在展演准备过程中的各种要求，展现出超越时代的眼光与智慧。这与当前创造性转化、创新性发展优秀传统文化的时代要求有着穿越时间的精神共鸣。这不得不让我们钦佩。

今天，我们倡导守正创新，什么是“正”，如何走在“正”的路上，如何沿着“正”的路创新好，可以说资华筠先生的舞蹈艺术生涯无疑为舞蹈界树立了榜样。守正创新的艺术实践、勇克艰难的学术选择、超越时代的眼光，资先生走过的三条路留下的不仅仅是作品、论著和工作实践，更是丰富而立体的精神财富。这值得我们反复体味其中珍贵之处，使我们不断获得继续向前的力量。我想，今天的座谈会是一次总结，更是一个新的开始。

（明文军　文化和旅游部艺术司司长，教授）

写在资华筠先生逝世五周年之际

韩　瑾

应该说，我是资先生招收的第一个实践出身的博士，也是中国古典舞这个舞种乃至整个学科的第一个博士。于我而言，是荣耀，是压力，是使命，更是缘分。

资老师和我的硕士生导师——中国古典舞创始人之一唐满城先生是世交，我和老师的缘分也来自师辈的传承延续。2002 年年初，经由唐老师推荐，资老师审定了我的硕士学位论文的终稿，对我这个实践出身的年轻老师有了最初的印象。次年，我报考了资老师的博士研究生。缘分使然，我由此完成了中国古典舞学术传承向着更高一层级的迈进。我既是桥梁也是载体。

跟随资老师的三年，是我快速成长的三年。与一般人见导师发怵有所不同的是，我还挺喜欢并时常去叨扰资老师。同门在舞蹈学术方面都有一定的造诣，起初我非常有压力，但资老师给我创造了一个相对宽松的学习环境，并另辟赛道制定学习目标。

她对舞蹈作品或艺术现象的认识以及创造力的培养永远不是教导与判定，而是从不同层面、不同角度，多元立体、触类旁通地启发我自觉地独立思考、独立判定、独立承载……这些能力是我人生中享用不尽的精神力量。在指引我完成博士学位论文《当代中国古典舞教学体系建构与发展》的过程中，资老师不断强调需通过对传统的再认识来探寻解决现实问题的方法和发展创新的途径。资老师对于当代中国古典舞本体特质是这样界定的：描述、分析当代中国古典舞的形成与构建，可以基于三个层面展开。第一，“它继承了戏曲舞蹈等传统文化的精粹”。第二，它“提炼了东方神韵的审美特质”。第三，它“借鉴了西方舞蹈体系化构建的经验”。资老师从语言体系、审美特质、结构方式三个层面对中国古典舞进行界定，阐明了该舞种多层次的概念和可伸缩的界面，准确、精辟地揭示了这一“新”舞种的本质属性与理论前提。同时，在教学体系层面，她指出：“首先，中国古典舞在技艺层面已基本能够轻易而准确地训练学生和使其获得自由的身体，已具备相对成熟、实用的科学方法，多年来培养出了一大批技艺高超的舞蹈表演人才；其次，在神韵层面，她拥有鲜明的东方文化基因特征，在训练与表演上找到了解决其风格化的重要途径；最后，已经形成了一个‘自洽’的舞蹈语言体系，具有相对完善的审美、表意功能，同时遵循了循序渐进、由浅入深的科学化教学规律。”这些扎扎实实的理论输出与学科定位，从根本上支撑了我的博士学位论文。与此同时，资老师反复强调实践与理论并存的重要意义，她指导我运用舞蹈生态学的方法论完成了在中国古典舞学科创建与发展中的科学分析与大胆预测。事实证明，这对于解决当今的中国古典舞问题也非常有效。

其实，资老师于我来讲，不仅仅是卓越的表演艺术家、教育家、理论家，更是一位杰出的、具有独立精神和独立品格的女性楷模。她的坚定坚忍、她的稳定包容、她的行动力与责任感，对于今时今日的女性都是闪闪发光的精神力量与榜样。

（韩瑾　河南省舞蹈家协会主席，副教授）

在资华筠舞蹈艺术成就座谈会上的发言

雷喜宁

各位专家、各位老师：

大家好！首先说一声抱歉，不管是从声望也好，还是从资历也好，抑或是从地位也好，都不应该是我第一个发言，因为单位的确有一些急事等着我回去处理，我就向明司长做了一个申请，申请第一个发言。

我认识资华筠老师应当说还是比较早的，因为我在 20 世纪 90 年代末的时候，曾经在文化和旅游部艺术司工作过一段时间，那个时候，经常在工作当中向资老师请教、请艺，她是一位非常和蔼、非常有学问的老师、老专家，那时候我们经常见面。相对来讲，我年纪还不算大，她见到我一般就“阿雷、阿雷”地叫，现在想来，还是音容宛在。

刚才听到李群副部长，还有文章、和平两位老领导，子勇院长，双白主席的讲话，应该说对资先生的事迹、她的为人有了进一步的了解和更清晰的认识，心灵又一次受到熏陶，很受教育。

我觉得这次座谈会是一次感恩和缅怀的追思会，也是回顾梳理资先生一生的社会贡献的总结会。刚才各位领导也谈到，资先生是我国著名的舞蹈表演艺术家、理论家，也是一位教育家，同时是为我们舞蹈艺术发展做出了重要贡献的社会活动家。在 2013 年 12 月底成立国家艺术基金的时候，资先生受邀出任第一届理事会的理事，这也是她生前一直担任的社会职务。

任职期间，资先生充分运用了她在舞蹈艺术创作、舞蹈理论研究和舞蹈人才培养方面积累的丰富经验，在确定国家艺术基金的资助范围、资助重点、资助方式当中，她的远见卓识、积极地建言献策、把关定向，发挥了重要的作用，为国家艺术基金达到科学、规范、专业的要求，实现平稳起步做出了重要贡献，为国家艺术基金几年来的健康发展打下了坚实的基础。

资先生对国家艺术基金，特别是对管理中心的工作贡献是很大的，我回顾总结了一下，有这么几点，跟大家一块分享。

第一是积极地运用她的学识、运用她的智慧建言献策。国家艺术基金应当说是全面深入文化体制改革，推进国家文化治理体系和治理能力现代化的一个新的举措，前不久闭幕的党的十九届四中全会提出了治理体系、治理能力现代化应当是上承十八届三中全会的精神，我们就是十八届三中全会精神的产物。

应当说这是一项没有先例可循的开创性事业，需要广泛地听取各方面的意见，尤其是用好名家大师的经验积累。在管理中心征求资华筠先生对资助体系的意见的时候，资先生提出，资助项目申报指南意见稿中的“宣传推广”项目应该改为“传播交流推广”项目。刚才我们的老主任韩子勇同志在讲话当中也提到，这是一个很重要的观点，我们在设计这个资助项目的时候，设计资助的对象、重点、范围的时候，这是非常重要的一环。它使这个概念在内涵和外延两方面更好地体现了艺术传播的规律和特点，也有利于在国内国际上推广中华优秀传统文化和我们的艺术。

理事会和管理中心采纳了资先生的意见，“传播交流推广”作为国家艺术基金重要的项目类型一直延续到今天，为推动国家艺术基金的健康发展发挥了积极的作用。

第二是关心舞蹈事业。作为一名资深的舞蹈艺术家和理论家，资先生站在实践和理论两座高峰之上，深刻了解我国舞蹈艺术发展的现状，同时也热切地盼望舞蹈艺术能有更大的发展。国家艺术基金成立之初，她对舞蹈艺术在各类项目中的规划定位都提出了具体的意见和建议，希望对舞蹈艺术的发展能够给予各方面全过程的支持。目前，国家艺术基金对舞蹈艺术的资助已经覆盖了舞蹈艺术创作、传播交流推广、艺术人才培养和青年艺术创作人才等四个项目的类型。

2014—2019 年，国家艺术基金共立项资助各项舞蹈艺术项目 335 项，提供资助资金总额达到 3.8 亿元。近几年来，《沙湾往事》《八女投江》《草原英雄小姐妹》《天路》《永不消逝的电波》都产生了广泛的影响，许多深受群众欢迎和好评的舞剧都是国家艺术基金的资助成果，这也与资先生当年的呼吁和努力是分不开的。

第三是支持基金的发展。资先生患病以后，仍然以高度的事业心和责任感积极地参与基金会的工作和艺术基金的工作，有两次甚至是先到医院输液治疗，调整好状态以后，再精神饱满地参加艺术基金的活动，即使因身体状况不佳无法出席，她也坚持认真地研读相关的文件资料，及时地反馈意见和建议。她关心艺术基金成长的每一个环节，提出艺术基金的工作重在制度、程序和实践的检验。

在资助项目的实施过程中，应当注意处理好管理中心与项目主体之间的关系，配合好、协调好，相互监督、相互促进，希望管理中心牢固树立服务意识，以服务意识取代管理思维，以宽松自主的环境氛围调动项目主体和艺术工作者的积极性、创造性，实现财政资金使用效率的最大化。

资先生对我们的意见，我们一直在贯彻落实，我们是个服务机构，我们的定位是非常清楚的，就是为艺术家服务，为艺术单位服务，为艺术创作和我们的艺术发展服务。资先生的意见，我们在工作中一直在落实，今后也要把它落实好。

资华筠先生是一位学识、品德、胸怀和视野兼具的人，她是一位令人敬仰的舞者和理论家，也是一位值得尊敬的老师和教育家。对国家艺术基金来说，她是一位参与创建工作的开拓者和奠基者。今天我们在这里怀念资华筠先生，她的离去是中国舞蹈事业和国家艺术基金事业的损失，但她阳光、敬业、热情、坦诚的人格与学识，她的品德修养和高尚情操将激励我们继续探索前行。我们也会带着资先生的嘱托和希望，不断地推动国家艺术基金事业向前发展，为繁荣发展社会主义文艺，为推动舞蹈艺术向高峰迈进而不懈努力。谢谢大家。

（雷喜宁　国家艺术基金管理中心原主任）

在资华筠舞蹈艺术成就座谈会上的发言

彭清一

我非常想参加这个会，因为我和资华筠先生，从她 15 岁出国，一起在国际上最早获得了金奖，几十年在歌舞团相处，我是团委书记，她是组织部部长，我们都在艺委会，我是教研组的组长，她也在那儿，我们一起跳舞、一起唱歌，也一起挨批、一起哭。五年前，她乘鹤西去了，我含着泪参加她的追悼会，她的孩子都叫我叔叔，我们有几十年的友情。我的夫人也离开我整整一年了，之前有一天，她在病中突然说：“你去看看小资。”我说：“你糊涂了，她离开我们了。”这说明我们夫妻跟资华筠和她的爱人关系很亲近。

我前天刚在韶山讲完课，去韶山之前我在井冈山。我跳了 32 年舞，演讲了 38 年，到前天为止，我讲了 5339 场。人家说还要再讲下去，我说不能讲了，我要回北京，我的老朋友走了，我很怀念她。舞蹈界再出这样的人是很困难的。

真正能称为舞蹈理论家，像资华筠同志这样的人，在舞蹈界并不多。我习惯叫资华筠“小资”，因为我们从小在一起，太熟了，我经常到她家里去看望她，她的爱人做饭做得很好，两家人关系很亲近。

资华筠同志在舞蹈界成为一个教育家，能够到外国讲课，在国内讲课，理论上创造那么多，我虽然跟她关系很近，但她并不会在我面前表现。她可以随便批评我，但她也欣然接受我的批评。她可以在公开会上对哪个领导说这个不对，但事情完了就完了，不会因为一件事情得罪那个人，而是看事不看人。我觉得在我们的舞蹈界、在艺术界，这种人不多，她干什么都全力以赴。

我们这代人就是这样，敢说真话，我们不怕得罪人，我们不是对这个人，而是觉得这件事情不能这样做。因此，我觉得资华筠同志的品格，我们在座的人都要好好学习。你看于平、明文军、罗斌、冯双白、史红、段妃、许锐、韩瑾，都是资先生的学生，这些人都是领导者了，电视上谈得相当有理论水平，你们都能当资先生的学生，你看资先生的学生是多么广泛，她有多深的学问。

比如著名舞蹈家杨丽萍，她的《云南映象》，有四个人的发言，资华筠是一个。她在会上提出来一个很重要的理论，什么叫原生态？资华筠先生说了原生态的定位，她经常说自己的观点，不管你同不同意。我觉得这是很难得的人才，今后舞蹈界还有这样的人才吗？我们可以讲舞蹈演员的表演艺术，但让我讲理论，写什么东西，能力都达不到。

资华筠是个奇才，是舞蹈界难得的奇才、理论家、实践家、教育家。她去世了，我流了好几次泪。我今天也哭了，因为很怀念这位同志，她怎么那么直言，对我们的艺术那么负责，对我们的同志那么坦诚。资华筠同志走了，我真的很想念她，真的觉得舞蹈界应该多些这样的人，这样我们的舞蹈事业才能够更快地发展。

（彭清一　中国东方演艺集团终身荣耀艺术家，国家一级演员）

怀念我的小资儿姐姐

赵汝蘅

彭清一老师把我想说的话都说了。他是我的老前辈、老大哥，他的夫人浦春昭是我一年级的同班同学。我 11 岁就知道资华筠的名字了。当时在天津考舞蹈学校时被袁水海老师、陈伦老师拎出来问我：“你是‘小资儿’的妹妹吗？”我一愣：“谁是小资儿？”他们觉得我们俩长得很像，从那以后我就知道在中国舞蹈界有一个“小资儿”。

真正见到资老师是她和王堃、姚珠珠在北京展览馆的那场由三人表演的晚会。资老师和姚珠珠表演的是由戴爱莲先生编舞的《飞天》。至今我都不能忘了这三位舞蹈家，因为他们各有特点，资华筠老师和姚珠珠代表的是中央歌舞团，王堃代表的是天津歌舞团（这里还要特别提及的是王堃老师当时是地方团演绎洪常青最棒的一个）。他们的演出给我留下了很深刻的印象，至今还能回想起在北京展览馆看演出的情景。

外界对我们搞舞蹈的有种说法——四肢发达、头脑简单，无非说我们没文化，我并不完全赞同。我对我们舞蹈界的资华筠老师怀有一种崇敬而惊叹的认识，她从舞蹈演员到舞蹈理论家，还带出很多学生，而且这些学生都是舞蹈界的领军人物，我特别惊讶。就像彭清一老师说的，我们舞蹈界很难再出这样的人才，她的与众不同表现在她不仅深通舞蹈理论，而且她看问题有前瞻性。在这里，我念一段她在 15 年前看完《红色娘子军》后，在评论文章中和受邀参加中芭两次座谈会上说的一些话。她说：“当然，艺术呈现的形式感是至关重要的，这部作品实现了多层面的探索和创造，首先是音乐的成功，奠定了极其重要的基础。”她还说：“舞剧创作沿着音乐的基调，主要在双重层面进行艺术媒质的转换，实践民族化的探索。”“从电影到芭蕾舞的艺术媒质转换就是用了一个最好的方法，把《红色娘子军》转换成了芭蕾舞剧。它是整个语言载体的彻底转换，因此具有原创性。”资老师还说：“这一代编导对艺术的理念是将自我的个性融入大我的革命性、民族性，是心甘情愿、表里如一的，他们对民族艺术的学习积累得天独厚。”

2004 年是我们芭蕾舞团建团 45 周年，那年我们开了研讨会，请了很多海外人士，资老师也被邀请，她对我们和张艺谋导演共同创作的《大红灯笼高高挂》的评价是“一只眼睛看过去，一只眼睛向未来”，这里她有很多自己独到的分析。

在以上表述中可以看出资老师在 15 年前对艺术创作最主要的两个前提，即“音乐”在创作中的地位，对“原创”二字认识上的前瞻性和重要性。

结合现在的很多舞剧不重视对音乐的创作，音乐往往成为背景音乐，而柴可夫斯基等多位艺术家几百年前就已经在他的创作中奠定了音乐在舞剧中的灵魂地位，他所创作的音乐伴随着舞剧的故事流传至今……

而“原创性”是今天很流行的词了，呼吁创作时总是会谈到“原创”，但令人遗憾的是，在一些舞剧中看不到原创的真实存在。

在资老师走了五年以后召开这样的座谈会，我觉得很有现实意义，从今天无数“有高原缺高峰”的作品的现实角度来说，我们很需要像资老师那样，站在一个前瞻的、专业评论的角度来引导舞评表达了真实的见解。她发表的文章、会议的发言以及与我们的对话，都思路清晰、言辞犀利且中肯，从不随波逐流地说大话。她能够走在我们舞蹈评论界的前沿，真是一个领军人物，但我觉得现在缺少这样的文艺批评与评论。

她生病以后，曾约我到她家。那天她打开门的时候我很惊讶，因为她已经没有头发了，她希望用这个形象跟我说话，跟我面对面地交谈。我回家以后心里久久不能平静，思绪也很乱、很难过。我从一个普通演员到领导者，其实什么都不懂，但我很幸运地遇到了很多像资老师这样的人，他们能够在我前行的路上十分中肯地告诉我对与错。她可以鼓励你，可以批评你，而我觉得在她说的话里，我看到了自己工作中应有的前瞻性。

今天来怀念我的姐姐资老师（大概我们俩真的有一些相似之处），她对我的疼爱和知心，令我始终难忘。我很感谢文化和旅游部让我能够有机会参加这个会，使得我们能够重温在舞蹈界这些带有光环的人物的过往。在场有资老师的很多学生，我们想想怎么像资老师那样对待我们今天的舞蹈创作？我觉得这是一个很值得深思的问题。尽管大家都很积极地投入创作，但像《红色娘子军》这样流传至今而票房不衰的作品什么时候才能再有？我觉得这是一个特别值得深思的问题。

即便我们现在老了，头发也白了，奔 80 岁了，但是我们这一代人都发自内心地关心舞蹈在中国的成长。现在我们处在人才辈出的年代，用什么滋养他们？我们要走的路很长……现在体制内、体制外的年轻人以各种形式努力繁荣创作，不管是舞协还是各方面都在尽力，但是我们怎么才能创作出好的作品来？我想最重要的还是真诚地继承传统、学习过去，同时也要视野开阔地创造未来，遵循艺术的规律，创作有温度、有个性、有价值的作品服务于人民。

今天在这里纪念资老师特别有现实意义。谢谢。

（赵汝蘅　中国舞蹈家协会名誉主席，中央芭蕾舞团原团长）

在资华筠舞蹈艺术成就座谈会上的发言

赵　青

我跟资华筠生前是无话不说的好朋友、知己，拿现在时髦的话说是闺密，所以今天的座谈会我怎么都要来，哪怕不讲话，我在这儿坐一坐，听一听，表示思念，也是我再一次向她学习、致敬。我们俩的关系是君子之交淡如水，她对我的关心支持比我对她的关心支持多得多，我借这个机会向她的家人表达感恩之情。

我演《宝莲灯》的时候，双绸当时跟很多人学。资先生对我的教导是全心全意，把里面的小窍门都告诉我，因为没这个窍门动作就会差一点。后来我的绸子耍得极好，就是因为她，演《宝莲灯》以后，我的代表作常出，受用一生。她就是这样的人，在艺术上无私地教给我，我非常感动。

就像今天双白说的，困难中见真情，我父亲被关进监狱了，我成了“黑帮红人”，谁理我？她来了，带着许淑媖老师看我。我爱人做饭还是可以的，吃完饭我们三个人学蒙古族舞，在那种时候能这样，还热爱自己的艺术，而且敢这样接触我。后来在她的感召下，我也改变了，我本来跟爱人说不生孩子，后来我们生了两个儿子。我带着孩子到她们歌舞团的宿舍，就在那时候，我们不忘自己的这种善良、真心、事业。我觉得困难之中见真情，这就是可交的人，我们从此以后就是非常好的朋友。

我非常佩服她，第二个艺术春天来了，因为她们的演出在“文化大革命”以后不像我们那么火，但是她们除了独舞以外，还有双人舞，她就是独舞，有她的个性，在台上弹钢琴。我前几天看《挑战不可能》，我觉得华筠就是“挑战不可能”的人。

后来她来到舞蹈研究所接任吴晓邦先生为所长，她竟然承担这么大的重任。从第五届到第十届，我们两个人都是全国政协委员，冯骥才、张贤亮都是她的好朋友，她好学，有意识地在文学上打基础，跟人学。后来她自学到什么？听说她到国外讲课用英文，是自学的，非常了不起。她还很尊敬原来的那些舞蹈理论家对新进后辈的关心，因为傅兆先跟我一起演《宝莲灯》，没解决房子问题，她给解决了，说明华筠非常关心所里的所有人，无论大事小事。

全国政协积极参政议政，她经常受到表扬，她的提案经常是优秀的提案。

刚才说打抱不平的事，《人民政协报》专门写过一篇表扬她的文章，以“大侠资华筠”为题，这个名字起得好，完全符合她的性格。其实我并不知道她做了什么。我是她的第一个精神的鼓舞者、支持者，她什么好事坏事都告诉我。经常有记者采访我，我说你们找资华筠，我的大事小事她都知道。

自从我跟华筠两个人都担任了第七届中国舞协的副主席之后，我看到她对舞蹈家的关心，首先是维吾尔族的哈利，她是康巴尔汗的学生。华筠把她介绍给我，嘱咐我说：“赵青，你要好好向她学习。”她反过来还要动员哈利来支持我。2003 年我去香港演出，她就动员哈利让新疆的人大常委会委员来给我捧场。

此外，资华筠对马家钦也特别关心，特别关爱。她也是搞昆舞的，成立的会一开始叫我去，我去不了，她便要求我写一篇祝贺文章，我就写了祝贺文章。后来她告诉我，马家钦的昆舞拉到了赞助。我觉得马家钦更能感觉到华筠对她的关心。

朝鲜族崔善玉也感到华筠的好。为什么？崔善玉生活上有一些困难，她动员我说：“赵青，你拿点钱出来。”我说没问题，所以我跟她的好朋友都成了好朋友。其实我跟陈翘接触不多，但是资华筠的话里都是陈翘跳得怎么好怎么好，所以我脑子里都是陈翘的好。她的好朋友就是我的好朋友，她可以为好朋友两肋插刀，她就是这么一个人。

最令我感动的就是当她病重时，我是她的知己，是她贴心的人。当我问她的病情时，她总说见好。在座的几个博士研究生顶呱呱，舞蹈界的领军人物，我觉得了不起，哪有一个导师能教出这么多个国家的栋梁之材，这是贡献。而且她总是教育他们，病的时候都不讲自己，这种大公无私的精神，难道不值得我们好好地敬重、爱戴，好好地学习、传承吗？

我在心里有点歉疚，因为她从来不跟我说病重，但是我知道她病重的时候，中国艺术研究院的王文章院长，还有医疗界的名家、名医都拿出了各种办法，跟她的病魔作斗争，但五年前她还是走了。

我回想起来，在人生的最后，她老用“见好见好”的话迷惑我，作为数十年的好朋友、知己，我心中一直很自责，我做得太差。

最后我想表个态，我现在 80 多岁了，老了，但是我感恩她对我的支持、关爱，我要传承资儿的无私无畏，一心为他人、为事业奉献的崇高精神，向她致敬学习，并付诸行动。

最后，我有个祝愿，我参加了舞研所新任所长江东组织的新中国成立 70 周年舞蹈艺术名家座谈会，从年初到现在一直没停，做得非常漂亮，我很感动，我坚信舞研所新的领导、新的接班人一定会继承资儿的遗志，一定会越办越好，一定会为伟大时代做出新的贡献。

（赵青　中国歌剧舞剧院国家一级演员，
新中国第一代舞蹈表演艺术家）

舞蹈家的精神世界

——在资华筠舞蹈艺术成就座谈会上的发言

田　青

我接到开这个座谈会通知的第一个反应是惊诧，原来资老师离开我们已经五年了，觉得时间过得真快。我跟资老师情同姐弟，无话不谈，我跟她有很多共同点，尤其是在她的晚年，我们共同为非遗做事情，成为一个战壕里的战友。说“战友”这个词不是乱说的，有时候的确有大战，有不同的思想交锋，等等。

我们两家有一个家庭的友谊，很多人不知道，资老师的父亲跟我的父亲有一个共同的朋友，资老师管他叫陈大哥，我叫陈叔叔，所以资老师跟我开玩笑：“你别管我叫姐，你比我低一辈了。”有一个家庭的友谊的渊源。但是从我们两个认识之后呢，我们有真正的姐弟一样的感情，虽然我学音乐，她学舞蹈，但是在性格上有一些共同点，比如说直言，对艺术的爱，有时候不考虑别的，还有比如一些对朋友的那种义气，好像都是一些共同之处吧。

我们这几十年的确接触很多，而且她还为我做了一些我永远都会记得的事情，就像赵青老师刚才提到“感恩”两个字，我对资老师也应该感恩，起码我的个人生活问题她关心我，我们夫妇当年的两地分居问题她也努力帮忙解决。像这类的事情她可能早忘了，因为她帮助别人的事情太多了，但是每一个受过她帮助的人都会念兹在兹，永生不忘。包括在我人生最低谷的时候，遇到一些挫折的时候，她始终像姐姐一样关心、鼓励我，当然，她有她的方式。所以今天我必须来参加这个座谈会。

资老师，我曾经为她写过两篇文章，后来都收录在我的文集里。有一篇是她的一本书的前言，还有一篇是她从艺 60 周年我写的文章，也都发表过。我记得在第一篇开始的部分写了这么一段话：资华筠，她的命运既有不幸的一面，也有幸运的一面。

我所谓的不幸，是她身为一个舞蹈家，生在几百年来舞蹈在我们的生活当中，尤其是汉人的生活当中被逐渐边缘化的这样的一个时期，我们古代就有乐舞的传统，但是在宋以后，汉人在跳舞方面似乎都是“四体不勤”。

我也曾经说过玩笑的话，我们五十六个民族，除了汉族之外的所有民族，介绍的时候都会加一个定语，就是能歌善舞的某某族，如能歌善舞的朝鲜族，能歌善舞的蒙古族，能歌善舞的彝族，等等。我们的汉族前面也有一个词，“吃苦耐劳”，我们有各种的苦难，舞蹈几乎从我们汉族的生活当中消失了。只有两种存在，一种是最底层的草根的民俗的活动当中还有舞蹈，而且也都是了不起的舞蹈，就像资老师始终关心的安徽花鼓灯。另一种是极简单的动作放在礼之后的，包括祭祀这些活动。

“李白乘舟将欲行，忽闻岸上踏歌声”，只存在于我们的想象中，尤其是汉族的知识分子对舞蹈是轻视的，包括资老师后来之所以成为学者，之所以华丽地转身，努力地自学英语，都跟她早年学舞蹈不被人理解，包括她最亲密的家人都反对有关，这是资老师的一个心结。里面还有一层自卑感，但是这个自卑感不但没有让她消极，甚至抑郁，反而成为她始终不断奋斗的一个动力。

舞蹈演员生下来就在用自己的生命奋斗，从小就要进行严酷的训练，除了杂技以外，恐怕没有一种艺术会对从艺者的身体有这么多几近残酷的训练。

但是资老师又是幸运的，她的幸运不是每一个人都能有的，比如说在她最年轻貌美的时候，在她身姿曼妙的时候，她可以用形体、舞蹈展现她对艺术的追求；而当青春渐去，中国有一句话，说人生最悲哀的事情就是英雄老去、美人迟暮，但是就在许许多多的美人为自己的形貌身材有变化而苦恼的时候，她似乎完全没有，她的华丽转身对很多人应该说是一个启发。当然，她最后一直到老，身材一直很好，这是她的幸运之处。

在她生命最后的十几年，我们在一起学习的时候，她还曾经在晚会上跳了一段舞，那个时候她已经有 60 岁了，仍然还在跳。但是她的晚年的华丽转身的确是成功的，也是罕见的，因为作为一个舞者所受到的训练常常和一个学者所应该受的训练，不仅仅是有所缺失的问题，甚至是完全相反的。一个思想者要求摆脱身体的羁绊，一个残废的人躺在床上可以写诗，可以思考哲学，跟身体几乎无关，舞者所受的训练却和这个相反，但是她最后成功了，而且培养出这么多的学生。刚才彭老师讲，她是一个天才，一个奇才，一个奇迹般的存在。的确，很少再有一个像她那样成名的舞蹈家最后成为成功的学者。

所以我想到如何继承资老师，上个星期，我在我的老师杨荫浏先生 120 周年诞辰纪念会上总结的时候也讲到这一点，当时我引用了多年前北大的王力先生在郭沫若去世之后发表的一篇文章，我读的时候很年轻，但是我始终记着。王力在纪念郭沫若的文章里说了类似的这样一段话：郭沫若所从事的这些领域，从文学、诗歌、小说、考古、古文字、历史等等这么多领域里，一定会有人超过他，也应该有人超过他，但恐怕没有一个人能够在郭沫若涉及的所有领域里都超过他。我在想，对于成功的人物来讲，可能都有这个问题。这句话可以反过来理解，我们不可能要求一个现在的舞台上像她那样出名、得过金奖的舞者，最后成为一个学者，我们也没有办法要求一个舞蹈学的学者去跳她那样精彩的舞蹈，但是我们可不可以在她涉及的所有的领域里，在她不同的领域里继承她，甚至超过她。我想，如果有学生能够超过她，这是一个老师最高的期望，她会欣慰的。

如果我们不能够在她的艺术和学术上超过她，那么我们能不能在她做人的启示里发现一些至今让我们怀念，同时也是让我们大家今天济济一堂来怀念她的原因。在做非遗的时候她有一句名言，这句话也应该万古流芳，她把毛主席的语录“严重的问题是教育农民”篡改了，说成“严重的问题是教育领导”。

刚才周和平老部长的那封信里也讲了这个，她在领导面前始终保持着一个学者的尊严，没有丝毫的奴颜媚骨。这不仅仅是一个态度问题，也不是一个待人方式的问题，而是的确像陈寅恪所说的那句话，是“独立之精神，自由之思想”，它不是为了表现我一个学者的身份，不是我故意表现出我有尊严，我不去巴结你，不仅仅是如此，实际上她始终是平等地看待这一切。而且正因为如此，她才能够在她的一生当中不断地帮助需要她帮助的人。同时她认为，有些事情应该提出来，而且提出来之后就对国家有利，遇到这类问题，她会直言。

这一点我觉得很多她的朋友都一样，包括赵汝蘅，我现在管赵汝蘅也叫姐，我们在政协时是一个组，她不像资老师一样，资老师是钢炮、连珠炮，我这个姐只要讲话，没有废话，而且都是直言，而且是打中靶心的话。我觉得舞蹈界的人是不是真有这么一个传统，有更多这样的人，也许跟她们从小受到严酷的折磨有关系，她们没有我们的文明糟粕的那一面，非常直接，非常感性，从很多舞者身上我都能看到这些东西，他们天真，没有社会上这些陋习，有时候甚至是“无知”，但是那个“无知”的后面是一种干净，我们照样可以继承它。

当然，她也因此得罪了不少人。双白说她得罪人，人家最后都不恨她，不一定，有时候她让人下不来台。我刚才突然想起来，就在中国艺术研究院，有一次，我们也是在这儿开完会，坐电梯，正好我、范曾和她下电梯，范曾手里拿着烟斗，更多的是要一个派，资华筠上来一句话：“电梯里不能抽烟。”范曾很尴尬，说：“我没有抽，这个烟斗是灭着的。”像这类的事情，对她来讲非常平常，她不管你是谁，她要说出来，让人下不来台。

资老师是可学习、可效仿的，但是也像齐白石的那句话，“学我者生，似我者死”，你们真要学资华筠，你们学不了，你要学资老师肯定“死”，但是我们要学习她的那些精神，包括她对事业的那种忠诚。

我就说这么多。谢谢大家。

（田青　中国艺术研究院音乐研究所名誉所长，
研究员，博士生导师）

“舞蹈生态学”视域中的舞蹈批评

——在资华筠舞蹈艺术成就座谈会上的发言

于　平

一、资先生留给舞蹈界的最后叮咛

资先生于 2014 年 12 月 9 日清晨 6 点 30 分辞世。仅仅还在此前一个月的 11 月 5 日，第九届中国文联文艺评论奖颁奖典礼在苏州举行，荣获“著作类”特等奖的资先生还在同期举办的当代中国文艺论坛上发言，大力倡导文艺批评的“三真”精神。她说：“对评论对象要有真切真实的感受，这是第一个‘真’。第二个‘真’，是对你所得到的感受要有真切生动的表达，使读者和受众跟你有一种共鸣。第三个‘真’，是在前两个‘真’的基础上，追求揭示规律性的探索，这样才能使评论有公信力和前瞻性。”她还特别强调：“‘三真’精神最重要的是人的真诚，是人的信仰，是人一生对崇高信仰的坚定不移的精神。”资先生可能没有料到，她大力倡导的“三真”精神也成了她留给舞蹈评论界最后的叮咛，而这事实上也体现出她毕生追求的执着担当。

二、清醒意识自身所处的“社会生态位”

记忆闪回到1998年9月，还是我随资先生读博的当年，先生的舞论自选集《舞艺·舞理》由春风文艺出版社出版。在这部27万字的论著中，先生以《实践体验与理论探究的汇流》为题作了个“自序”。她说：“这本集子是从近10年来发表的100多万字的舞论、舞评中选出的。虽然‘淘汰率’不算低，但还是觉得不怎么拿得出手。我希望从这些留下的文字中，呈现出自己对舞蹈的思考——多维的、多层次的、贯穿性的，表达的方式则是多样化的。”10多年来，先生每年发表的舞论、舞评有10余万字之多，可谓动笔甚勤、运思至深了。先生说：“1987年，当我走上中国艺术研究院舞蹈研究所所长的岗位，开始真正的学术生涯时，才体会到与演员修炼一样，科研工作是另一种‘炼狱’。许多人劝我从实践性比较强的科研课题入手（如表导演研究或作品、人物研究等），我却选择了难度较大的基础理论和方法论研究。我渴望尽快把自己的实践体验予以系统化的科学探究，也渴望对舞蹈学科的方法论构筑，做出自己应有的贡献。舞蹈生态学课题的确立概出于此。”这本文集中放在首篇的是《〈舞蹈生态学〉回眸》，由此可以看出舞蹈生态学研究在资先生学术生涯中的重要地位以及对舞蹈学研究的重要启迪。这篇文章从该书入选“世界人文科学交流中心年度（1994）百本书目”入题，记下了推荐者、美国学者屋大维博士的评语，说该书“用语言学方法、数学计量方法于舞蹈研究，追求准确表达艺术形象的可行性。中国当代唯理性艺术论代表论著”。资先生自己的“尾语”则写道：“回眸已经走过的历程，对于学科最大的收获是科学思维的自我锤炼。它的意义不仅限于艺术研究成果，而且涉及对人生真谛的感悟。如果把人类与环境相互影响相互作用的问题研究透，随时清醒地意识到自己所处的‘社会生态位’，正确地发挥主观能动作用，不仅会在实践中少走许多弯路，而且将使人生境界得到新的升华。”

三、舞蹈批评的讲真话、明真相与析真理

在谈及文艺批评和舞蹈批评现状时，大家都知道资先生不断强调“讲真话”。2008 年 9 月 12 日的《中国艺术报》，以整版篇幅刊发了资先生的高论《专业舞人的职业尊严和对“舞蹈研究”的思考》。为了营造“舞评的健康生态”，资先生的主张可以归结为讲真话、明真相、析真理。对于舞蹈批评而言，这是不断深入的三个层次；对于批评家而言，这是不断提升的三个境界。所谓“讲真话”，用资先生的话来说叫作“心口如一，实话实说”，她认为，“讲真话”不过是批评的底线。我认为这既是道德底线也是学术底线。以我多年所从事的舞蹈批评而言，“讲真话”虽是底线，但却不容易做好。因为就批评主体而言，树立“职业尊严”虽解决了操守问题，而与此相关的能力问题却要看是否具备“职业学养”；就批评对象而言，对象的存在一方面会受到解读环境的影响，另一方面也受制于创作者所追求的独特言说方式。因此，“说真话”不只意味着批评主体有“真心诚意”，还要看主体认知与对象意义生成的“双向建构”中能有多少“真凭实据”。提供较多的“真凭实据”是“讲真话”能取得较好效果的内在依据，而这就使我们的批评走向了“明真相”的层次。事实上，“讲真话”不是仅凭“真心诚意”就可以达到的。就实现“明真相”的“讲真话”，需要更多地挖掘对象的“真凭实据”，因而也就要求言说的主体有更多的“真才实学”。舞蹈批评主体只有具备“真才实学”，才能使舞蹈批评的“讲真话”具有较高的含金量，才能上升到“析真理”的层次。这也就意味着批评家在“真心诚意”的操守和“真才实学”的能力中，实现舞蹈批评的“真知灼见”。

四、爱之深、虑之远讨伐“舞八股”

我时时会静下来想想资先生本人“讲真话”的特点，我认为其特点一是敏捷，二是犀利，三是通透，四是友善。《舞艺·舞理》文集中有一篇题为《舞坛不寂寞——’95 舞蹈纵横说》的厚重舞评。虽是评说 1995 年的舞事，但却具有广泛而深远的影响。文中有一段叫作“编导‘大腕儿’的兴起及讨伐‘舞八股’”，其中说道：“‘腕儿’级编导有许多施展的机会。除个别人有甘于寂寞、积蓄力量的明智之举和少数略见创新之作外，大都‘高产’而不优质（艺术创作不同于计算机的更新换代，我们并非苛求每一部新作都要超过‘成名作’），一些作品有明显的‘快餐’‘速冻’味道，看似机灵的‘鬼点子’，却有雕虫小技之感。如果说‘腕儿’级编导有点‘老本儿’（生活与艺术的积累）和‘熟能生巧’的技法，应付着眼前任务的话，那些盲目的追随者们，却以更蹩脚的方式，争相‘复制’他们的‘快餐’配方，于是，频频出现于荧屏和舞台的‘舞八股’大有愈演愈烈之势。”资先生所批评的“舞八股”：一是模式化地图解主旋律；二是华丽的包装与舞蹈本体的萎缩；三是假招子代替真功夫；四是“通用粮票”加“风格性装饰”；五是任意杂交的不伦不类；六是人体变形加扭捏作态；七是形体裸露度的无限扩大；八是堆砌技巧的杂技化倾向。指出之后，资先生批评道：“‘舞八股’纵然有诸多表征，总体症状却是造情、矫饰、偷巧和品位的低俗，病源则是长期缺乏营养的‘代偿’性劳作所致……”

五、提出“七戒”对舞蹈批评“自我讨伐”

2008 年 7 月，资先生第二部舞论自选集《舞思——资华筠文论集》由文化艺术出版社出版，也是 27 万字。其中最引起我关注的是《反思文艺批评之七戒》。她说："面对'研讨公关化，评论广告化'的时风，面对各种'关系网'的羁绊，即使你有勇气坚持批评的独立品格，花力气写出有一定见地的文章，往往势单力薄，难成气候。""如果我们怀有职业的责任心，倾听读者的反映，将目光投向'评坛'的'内因'进行认真的反思，应该有勇气对现时存在的文风问题，进行一番自我讨伐。"这个"自我讨伐"就是资先生鲜明指出的"七戒"。她说：一戒"腻"。指的是作品评论不能"溢美之词"过甚，这类"甜话"缺少与创作者荣辱与共的执着，倒人胃口。二戒"套"。指的是作品评论以相同的模式评说，形成了一种通用性的"套话""套路"（其中还夹杂着不同程度抄袭的"套用"），这种评论读来味同嚼蜡，还会连累所评论对象黯然失色。三戒"泛"。指的是游离艺术本体特征的泛论，这种评论犹如隔靴搔痒、雾里看花，且"泛"与"套"还极易"交叉感染"形成并发症，效果堪忧。四戒"涩"。指的是名词爆炸、概念罗列的云山雾罩，形成可读性极差的晦涩之作，令人生畏乃至生厌。五戒"讳"。指的是故意不把某些"异样""另类"的观点讲清阐明，与读者玩起"捉迷藏"。六戒"花"。指的是评论家成了"化妆师"，玩弄文字上练就的硬功夫，对读者产生审美误导。七戒"霸"。指的是强加于人的上纲上线，缺乏理性的发泄和抨击，根源于学术民主修养不足。

六、树立舞蹈批评的文化品格

《舞思——资华筠文论集》中题为《舞蹈批评的文化品格与规律性》一文，是从正面来加以阐释的。资先生说："从舞蹈生态学的角度纵观舞蹈发展史，制约舞蹈发展的重要社会因素除强化政令、经济投入之外，另一个'生态项'就是权威性评论……在'专业圈'内，舞评人应该担当起对舞蹈创作（作品）进行科学的价值判断、对创作思潮进行舆情分析的任务。面对公众，则应担负起社会审美消费的引领作用，促进舞蹈美育的普及和健康发展。”评论的“权威性”，在于其公信度和影响力，它的依据在于评论的思想深度和感召力。为实现这一目标，资先生认为重在“树立舞蹈批评的文化品格”。在资先生看来：“舞蹈批评的文化品格与舞评人自身的人品、文风、学养、激情与创造性思维的综合素质密不可分。它是舞评人自我修炼的依据，也是衡量其职业化水准的要素……我们曾不止一次强烈地呼唤舞蹈创作的‘三真’精神，即：真实的生活感受、真诚的创作冲动、真切的艺术呈现。其实舞蹈批评同样需要‘三真’精神：对作品的真实感受、心口如一的真诚表述、对艺术真谛的求索、揭示。这是做人、作文的标准，也是树立舞蹈批评之文化品格的基点。”我认为这也是我们今天追思、纪念资先生最重要的缘由！

（于平　原文化部艺术司司长、
文化科技司司长，教授，博士生导师）

人格的力量

——纪念资华筠先生

田黎明

资先生是一位有时代影响力的舞蹈学家，一位勤于实践、有着广泛影响力的民族舞蹈家，资先生开创了舞蹈生态学体系，开拓出民族舞蹈科学化的先河。

我是一名美术工作者，有幸在中国艺术研究院研究生院工作，资先生是舞蹈所导师，在教学与工作中对我们产生了深刻的影响。记得先生定时定期给学生们上课，尤其是在论文开题中，资先生对学生论文所给予的学与问的指导思想及勤能补拙的箴言让人难忘。那时资先生带病坚持给学生授课，她对学生的呵护与严谨治学和认真授课影响了许多舞蹈系学生和老师。资先生始终持有着家国情怀，虽年事已高，但仍参加研究生院招生工作，并对如何公正招生和教学科目设置提出了要对大局负责的理念，资先生倾注教与学的思考和尊重学术的建言，对研究生院建设和发展起到了非常重要的推进和深化作用。资先生谈研究生教学改革，提出从学生角度，希望多设一些共同课和选修课，发挥中国艺术研究院多学科优势，以培养有综合素质的优秀专业人才。资先生对舞蹈专业学生提出了舞蹈生态学传承，要从基础好的博士生选拔，资先生对有才华、有人品的青年学者给予了很大鼓励，并希望能为他们创造更好的学术平台和发挥才能的高端平台。资先生在教学中，注重中国传统文化的传播，注重专业学术创造方式培养，注重尊重人才等方面的教学改革和教学思维。记得资先生在研究生院每年的招生典礼与毕业典礼上介绍各位导师时，提出了应该尊重学术、尊重名师、要优先向学生介绍名师的建议，体现了资先生对学术立院、学术立人的尊重和推举。我们看到一位温柔敦厚的长者，为教育事业、为中国舞蹈事业的人才培养不辞辛苦，虽重病在身，仍以赤子之情为教学的完善、为培养优秀的人才忘我地工作。记得我们研究生院工作班子一行三人与资先生的两位博士研究生一起聆听资先生讲述关于博士研究生培养计划，那时资先生身体已经非常虚弱，我们都劝资先生要好好休息保重身体，资先生忘却病痛，仍以平常心与我们和博士研究生一起，谈人才培养，聊家常，谈艺术。资先生正是一以贯之地为舞蹈事业倾注全身心力，恪守不渝，使我们的心灵在净化中看到了一位大学者，为舞蹈事业、为培养人才不断提出问题，研究问题，完善课题。

资先生的治学精神与人格境界渗透着老一辈知识分子的良知和学术精神的崇高境界，资先生的《舞蹈生态学》创立了舞蹈生态学的基础理论体系，探讨着中国民族民间舞蹈的发展，以更科学化的方式培养出更多的年轻的中国舞蹈家。资先生立足民族文化，全心全意以自己舞蹈实践的坚实基础与深厚的学养和高度凝练的艺术理论融会贯通，探索着民族文化的舞蹈精神，从现代科学的方法开拓出舞蹈生态学的学术价值和民族民间舞蹈的科学研究方法，总结与创造了现代民族舞的内在规律和教学纲要。作为一代舞蹈学家，以躬行如耕的实践，还有广阔的田野调研考察所形成的理论源自生命体验而生生不息，填补了民族民间舞蹈理论和实践教学这一学科的空白，为中国舞蹈事业做出了巨大贡献。资先生在民族民间舞蹈理论的创造性和科学性，如资先生在《舞蹈生态学》中讲道：“不同物种有不同的审美特质和语言体系，不过追求中国风格，中国气派应是当代吾人的共同信念。”这与向着华夏文化特质和中国文化精神与时代人文精神的融合是一致的，资先生对中国文化深厚的情感，倾注在舞蹈所具有的科学性中，提升、归纳和完善着可持续发展的民族民间舞蹈。有学者曾讲道，中国讲真、善、美有两方面的意义，一个是万物的真，另一个是情感的真，若缺一，就不能成为艺术。以自己丰富的舞蹈实践人生，把自己对中国舞蹈的情感转化和融化在具有以科学化的传承为己任的中国民族民间舞蹈教学中，将自己全部精力融入在传统与现代的人文舞蹈语境和科学研究里，尤以科学规律来把握民族舞蹈内在生命的延伸，资先生以生命的奋进和以身许国，尽心尽职地投入学术人生的教学与研究中，升华为生命的崇高意义，这对于一代一代舞蹈学人和舞蹈后学将产生深远的影响。资先生是我们后学的榜样，一代舞蹈宗师，资先生的学问与人格就呈现在平凡的教学岗位上，资先生是一位刚正不阿、风骨铮铮的学者，是一位知行合一的践行者，是一位文、行、忠、信的好师长。

（田黎明　中国艺术研究院国画院名誉院长，教授，博士生导师）

资华筠同志生平

——在资华筠舞蹈艺术成就座谈会上的发言

欧建平

资华筠是中国艺术研究院终身研究员、博士研究生导师、院学术学位评审委员会副主任、国家非物质文化遗产保护专家委员会副主任委员、国家艺术基金理事。她在与白血病顽强抗争并坚持工作了 10 年之后，不幸于 2014 年 12 月 9 日清晨 6 点 30 分在北京去世，享年 78 岁。

资华筠同志是中国共产党党员、新中国第一代舞蹈表演艺术家、中国艺术研究院舞蹈研究所第二任所长、第五届至第十届全国政协委员、享受国务院政府特殊津贴专家，《中国大百科全书（第二版）》舞蹈学科主编、第八届中国舞蹈家协会副主席、第八届全国妇女联合会执行委员、'95 世界妇女大会北京“妇女与艺术”NGO 论坛主持人、首都女艺术家联谊会会长、中国少年儿童文化艺术基金会副会长、中国红十字会理事、国际全球艺术委员会执行委员、中国舞蹈家协会“卓越贡献舞蹈家”称号和“荷花奖”终身成就奖获得者。

资华筠同志原籍湖南，1936 年生于天津，汉族。她自幼学习芭蕾和钢琴，1950 年初中毕业于南开中学，同时考入中央戏剧学院舞蹈团少年班，从此开始专业舞蹈生涯。

作为舞者，她在 1952—1987 年历任中央歌舞团的群舞演员、独舞演员、领衔主演、教员、艺术委员会副主任，先后表演过《飞天》《孔雀舞》

《荷花舞》《长虹颂》《金梭与银梭》等近百个中外民族民间舞作品，并曾在国内外的舞蹈比赛中获得金奖和铜奖。

作为学者，她自 1987 年调入中国艺术研究院，出任舞蹈研究所所长以来，先后主持了多项“八五”规划至“十一五”规划中艺术学科的国家级课题，独著了《舞蹈和我》、《我的爱——中外艺术家特写》、《舞蹈艺术欣赏》、《华筠散文》、《学而年轻》、《人世婆娑》、《过电影》、《舞思——资华筠文论集》、《舞艺·舞理》(中英文版)，合著了《舞蹈生态学导论》、《舞蹈生态学》、《中国舞蹈》(中英文版)、《舞蹈美育原理与教程》，主编了《舞蹈生态学论丛》《影响世界的中国乐舞》《怀念兆先》，三大类 20 余部，共计约 300 万字。其间，她还主持了《中国当代舞蹈精粹·大师系列片》多集，为中国当代舞蹈研究留下了宝贵的视频资料。她撰写的论文、评论、散文曾获中国艺术研究院、中国文学艺术界联合会等机构颁发的一、二等奖，主编并合著的《中国舞蹈》曾获第七届“五个一工程”奖，为《中国大百科全书（第二版）》担任舞蹈学科主编的工作曾获“重要贡献奖”，主编并合著的《舞蹈生态学》2014 年曾获“第九届中国文联文艺评论著作特等奖”。

作为学科带头人，她此生的最大贡献应是从“舞蹈生成发展的规律及民族文化的特异性”出发，虚心求教并与相关专家合作，潜心研究和写作的硕果——《舞蹈生态学》。该书 1991 年的初版、2012 年的修订再版，标志着她本人完成了从舞者到学者艰巨而成功的转型，继续依靠科学方法引领，最终达成的文化自觉，并在全国舞蹈研究与高等教育中产生了重大的影响；而她用这种方法论培养出来的博士研究生和博士后流动站合作学者不仅数量多，而且促使他们毕业后在各自的领域中成为更加出色的领军人物。

作为正能量的代言人，她的敏锐与犀利历来令人钦佩——在舞蹈界，她一贯倡导并身体力行的“三真精神”(真实的感受、真切的表达、真谛的揭示），早在十年前便对舞台奢靡之风进行的严厉抨击，均具有极大的影响力；在社会上，她经常发表文章，鼓励善良民风，批评不良习气，均体现出一位艺术家应有的责任心。

作为“非遗”保护专家，她高度关注并极力推动这项中国文化界最大的保护工程，而在由她提出的“精神植被”“优质基因传承”“原生态的科学界定”等理念中，有多项被中央领导同志采用。

作为中外文化交流的使者，她曾出访五大洲的50多个国家，从事表演和讲学，先后获得美国名人传记中心的“20世纪成就奖”、英国名人传记中心的“世界杰出妇女奖”等国际荣誉，并入选英、美多国的《世界名人录》，是享誉国内外的著名舞蹈家和研究家。

资华筠同志永垂不朽！

中国艺术研究院

资华筠同志治丧小组

2014年12月12日

注：本文是我出任中国艺术研究院舞蹈研究所第五任所长期间，受王文章院长委托后用心撰写的，并在资老师的告别会上散发。5年后，我在资老师的追思会前和此刻结集出版时，先后两次对它进行了补充与修订。

（欧建平　中国艺术研究院舞蹈研究所名誉所长，研究员，博士生导师）

资华筠先生与她的舞蹈生态学

方李莉

我觉得有时候关注一下既不是领导，也不是舞蹈学界的人很重要。我是资先生的好朋友，我比她晚一辈，是学生辈。资先生对我非常好，我学人类学，跟舞蹈没有任何的交集，大家都说资先生这个人的脾气不好，但是她对我非常尊重，从后来我们一起在非物质文化遗产领域里面有很多的交集我就知道了，因为她研究生态学，她觉得生态学和人类学很有关系。我看了她的《舞蹈生态学》，2012 年 9 月出版，10 月她送给我，让我给她指正。我认为她很谦虚，资先生有两个特点，一是讲话很直，二是非常谦虚，我并不是说她是很了不起的一个人，但是恰好我学了人类学，我们是费孝通先生的学生，她说她的爸爸跟费先生也相识。资先生对我很支持，对我这个学科也很支持，因为我这个学科不容易，艺术人类学，它是一个新兴的学科，在中国艺术研究院想站起来很难，很多人不理解这个学科，我们最后成立一个研究所，不光得到领导，也包括资先生的大力支持。

我觉得资先生的在天之灵可能很想知道，作为我们这些人类学专业的人怎么看待舞蹈生态学，我想这可能是她最大的愿望，她最大的希望。

我在座谈会之前，好好地读了一下这本《舞蹈生态学》，读完以后，对资先生充满了崇敬之情，作为一个研究理论的人，对她充满敬意是很不容易的。我们家书太多了，我会把重要的书放在我的书房的桌上，以便随时可以拿得到，这本书就一直放在书房的桌子上。我研究艺术人类学，虽然不是研究舞蹈的，但是我也会关注不同分支学科的人对人类学的认识，这本书对我来讲很有启发。

一方面，她讲了舞蹈生态学的学科定位，她把舞蹈生态学定位为什么？舞蹈科学，这跟早期的格雷塞尔一样，之所以把它定位为科学，对舞蹈艺术进行描写，对于舞蹈的各种现象进行解释，而且找到它发展的规律，并且进行提炼总结，揭示舞蹈作为人类文化的本质。所以我看了资先生的文章以后，我对舞蹈学充满敬意，因为以前我很少看舞蹈学方面的理论。舞蹈生态学定位是什么？舞蹈生态学的目标和特点是什么？书里她讲到了艺术与人类的关系，从这个角度来讨论艺术的本质，成为各艺术门类的路线，但是她认为舞蹈又特别重要，重要在什么地方呢？因为其他的艺术多有媒介在支持，比如音乐有乐器、美术有画笔、雕塑有泥巴，唯独舞蹈艺术是以人自身的形体来表示的，这个又应该非常重视。

她提出舞蹈生态学是舞蹈与生态学的交叉学科，她把舞蹈这种人类学作为研究的核心物，她认为这个核心物是主导的东西，其实我觉得她把人类学里面很多东西应用起来了，她就不仅谈到了舞蹈自身的关系，谈到了舞蹈跟生物体的关系，也谈到了舞蹈跟社会的关系，就是人有双重属性，一个是社会属性，另一个是生物属性，她把这两个属性都谈到了。她还谈到了舞蹈跟环境的关系，因为舞蹈学，人和动物是不一样的，像生物学里面研究动物是在一个特定的环境里面去观察动物是如何繁衍的，动物是如何传递信息的。作为人来讲，不仅有动物的属性，还有心理的属性。

（方李莉　中国艺术研究院艺术学研究所名誉所长，
研究员，博士生导师）

资华筠：舞着　学着　思着　写着

江　东

资华筠先生生前在中国舞蹈艺术领域做出重要贡献，在她离世五周年后的今天我们聚在一起共同缅怀她，这本身就是对资先生最大的致敬。资华筠从一名舞者到一名学者的成长，在业务领域和行政工作上皆有建树，于舞蹈表演和舞蹈理论研究两个方面，均做出了让人刮目相看的成绩，完全得益于她的聪慧和勤奋，特别是她和王宁先生共同创建的“舞蹈生态学”，在学术事业上做出突出贡献，在中国舞蹈界开一代先河。从理论层面来判断，“舞蹈生态学”能够注重学理价值，为舞蹈理论一般性和特殊性相结合的研究架设了一个具有方法论意义和功能的桥梁，这在中国舞界十分难得，在国际舞学中也不多见。毫无疑问，“舞蹈生态学”的问世，影响了一代舞蹈学人和学生，他们采用这个方法对中国的舞蹈业态做出了具有突破性的研究，并取得了一大批有目共睹的学术成果。在中国舞界取得如此成果的今天，我们无论如何都不能忘记资华筠先生作为该领域开拓者的功劳。正像《舞蹈生态学》这部著作确立了她在舞蹈学界的地位一样，资先生辛勤的耕耘换来了她登上中国舞蹈理论领域的制高点。她一篇篇经过字斟句酌、才华横溢的文章，在舞蹈界甚至在艺术界都产生了不小的影响，她睿智的深思和干练的笔墨以及成熟的表达，均显示出一位舞坛智者的胸怀和心智，更让一位舞坛知识分子的忧患和情操跃然纸上。

资华筠自幼习舞，曾是一位出色的舞者，后步入学界，又成为一名影响颇深的学界翘楚。在这里，“舞者”与“学者”，这两者的“奇妙组合”，并非像它们自身文字所呈现出来的两个极为普通的概念那样看上去那么简单，其中蕴积了一个人的独特人生历程和在这个历程中“不积跬步，无以至千里”的人生积累。这积累是独特而难得的，它让我们透过这样一个独特而难得的经历窥测到一份成长的坚毅和意志的挺拔，也让我们切身体会到一份心志的高古和人生况味的乐观与豁达。

为什么会产生如此感受？这与我们的寻常观念不无干系。在我们身处的这个现代社会中，不难观察到一个非常鲜明的标志，就是各专业领域十分严格而精细化的分工。拿艺术领域来说，在寻常人眼里，艺术工作充其量不过是唱唱歌、跳跳舞、演演戏而已；人们大都不会关心分工问题，在艺术这个大范畴中，其实在分工上是极其细致的，比如，唱歌的不跳舞，跳舞的不画画，画画的不唱歌……在这个领域中，各司其职是基本要求。

大的艺术范畴是这个情况，从属艺术领域的舞蹈也同样如此，虽然它是一个更小的范畴。在舞蹈这个艺术大范畴里的小范畴中，分工也同样是非常细致的，而且越来越细。一般来说，常人很难想到：舞蹈艺术领域居然还分实践和理论这两大领域。而且，即使在以跳舞为主的“舞蹈实践”领域，居然还进一步分成多个不同的领域：从职业上看，有人是演员，有人做编导，有人当教师；从舞种上看，则更为出奇，有人一生在跳民间舞，有人则以古典舞为生，还有人居然是除了芭蕾舞以外一辈子也没跳过别的舞蹈种类……凡此种种，证明了当今社会的分工精细化以及由此而形成的彼此诸多“互不搭界”的领域。因此，长此以往，舞蹈演员别说无法跨越舞种门槛，更不消说从一个舞者到一个学者的难于上青天般的根本性嬗变了。现代社会的精细化分工，让我们在各自的领域内各得其所、各司其职，因而跨界现象比较罕见。

在舞蹈界，跨界之所以难，是因为在这个领域中“理论”（指学术研究，其实理论也是一种社会实践）和“实践”（指演艺活动）这两个领域所需要的积累和素养迥异，“道”和“器”的修为自始至终是彼此不同的两种途径，一个用的是脑力，一个用的是肢体；一个舞文弄墨，一个手舞足蹈；一个属学术圈，一个在技艺层。于是，通过这样的分析，我们自然会看到舞蹈领域内的“理论”和“实践”这两大领域，虽然其核心关注物都是舞蹈，但在述说方式上则是完全通过不同的途径来表达和发挥效能的。尤其是在舞界，由于形体训练必须起于幼年，又十分严酷，舞者的实践大都消耗在练功房，文化学习受到影响，致使这两个领域难以兼顾，能够横亘于两大领域的人物就只能是凤毛麟角了。

而资华筠正是一位在此两大领域中都能够庖丁解牛、游刃有余的当代舞坛名家。她用自己奇异的成长经历，书写了一个传奇式的人生成功个案。这种个案，应该说是很难复制的，然而，通过对该个案的展示和剖析，我们同样可以获得清晰的认知价值，并进而总结出其可能含有的普遍意义及其规律。

2009 年，为庆祝新中国成立 60 周年，作为共和国培养的第一批代表性舞者，资华筠应约为《光明日报》“我和我的祖国”栏目撰写了名为《新中国召唤我走向舞蹈生涯》的文章。该文刊出后，受到相关领导的关注和好评，并批示：“情真意切，令人感动！资华筠同志既是艺术家，又是理论家，可请华筠同志在光明讲坛讲讲中国舞蹈。”[①] 于是，2009 年 12 月 17 日，《光明日报》的“光明论坛”，以两个整版的篇幅刊载了资华筠撰写的一篇题为《话说中国舞蹈》的宏文。该文以一种大气而干练的笔触，思接千里，上下贯通，行云流水，纵横捭阖，就中国舞蹈艺术的产生与成长，以一种审视和入木三分的文化关怀，将中国舞蹈之古今的方方面面一气呵成地呈现在读者面前，举重若轻，气势磅礴，洋洋洒洒数万言，

① 参见单三娅《与众不同的学者》，载《甲子归哺：资华筠舞蹈艺术生涯 60 年纪念文集》，文化艺术出版社 2010 年版，第 243 页。

尽显作者的大家风范与气度。文章刊发后，立即在学界引起非同寻常的反响，各网站纷纷转载，中国舞协《舞蹈》杂志还专门举办了由部分舞界高端学者参与的座谈会。一时间，该文在舞坛、学界掀起了一股不小的旋风。

实际上，读者们并不知道，写这篇文章时，资华筠已是一位患有白血病、白内障的病人，天性乐观豁达的她戏称自己是“双白”患者。她是 2004 年被查出患上白血病的，但是，一直以来资先生都没有过丝毫的消极和悲观，和她一起就医的病友们都亲切地称她为“阳光大姐”。更为难能可贵的是，多年来边治疗边工作，她从未停止自己的学术研究工作和对学生的指导。所以，资先生的这份乐观与豁达，让人为之动容。毫无疑问，她是一位坚强的女中豪杰，于古稀之年，克服了身患重疾等困扰，挥洒自如地完成了各项在常人眼中简直是不可思议的任务并在业界取得交口称赞的盛誉，同时还在如此艰难的身体状况下，为祖国的舞蹈事业培养出多位舞蹈学界的高端人才。

智慧是以思考为台阶的。资华筠老师虽然经常自谐自己是一个没有接受过高等教育的博导，然而她机智的思维能力和缜密的思辨能力，以及精到的思考结果，经常令人拍案叫绝。这些自然源于她超常的思考习惯和不懈的经年积累。

除以上这些外，资华筠先生还是中国艺术界不多的几位能在国际场合进行学术交流的人物。良好的英语水平，让她可以代表中国在世界范围内阐发中国艺术家的观点。这样的才能同样来源于她的聪慧和不懈的坚持。

一个人一生居然能做出这么多成就吗？资华筠的人生履历似乎是山重水复，让人难以穷尽。然而要评价资华筠的成就，其实又很容易，因为她如鲜花般怒放着的一路风景是如此浓郁而芬芳——当演员是出了名的突出、做学问是出了名的严谨、带学生是出了名的严格。这就是她，一个简单却不凡的资华筠。

虚怀若谷，有容乃大，在事业上登上峰巅的资华筠先生，在完成了人生自我“完善”的历程之后，令她始终念念不忘的是“感恩”，她认同“感恩是进取的动力”这样的人生信条，始终感念教诲和帮助过她的恩师良友，“感恩”一词成为在她话语中出现频率非常高的词语。她从不忘感念前辈恩师的教诲与鞭策；对同道从不吝惜赞美之词，也常常仗义执言；对后学更是给予提携与帮助，“学生比天大”，她乐此不疲，更不遗余力。

成功只眷顾那些有准备的人。资华筠先生之所以能够成为中国舞坛之翘楚，能够成为一位承前启后的舞界精英人物，自然不是偶然的。勤于思，敏于思，善于思，当资华筠先生用她一生的努力为自己的人生画出了一个美丽而圆满的句号时，她的舞艺、舞风、舞学和舞思之路，在为社会提供了一个奇特而不凡的成功个案的同时，也完全让这个榜样的普世价值和普遍意义昭然若揭。

资华筠先生之所以能够成为一位承前启后、厚积薄发的舞界精英，从追求“美”到追求“真”，完成了从舞者到学者的转变，这自然不是偶然的。她一生为舞蹈而生，其热爱舞蹈的炽热之情纵贯一生。她不啻用一种科学的态度、理性的高度来对待舞蹈艺术，她渴望用舞蹈艺术灌溉干涸的人生心灵之田，她寄望于舞蹈的恩泽能教化更多的人、指引更多的人，提升更多人的审美趣味、为更多人搭建起富有崇高境界的理想精神家园。对待自己，她又始终是一个不服输的人，勇于接受挑战，这成为她一生的主题。正因为这份征服挑战的意愿和态度，让她不仅在舞蹈表演领域中不断挑战自我、创造出不俗佳绩，同时还在舞蹈教育、舞蹈理论、非遗保护、文化立法、对外交流、参政议政等领域不断超越，不断做出新的贡献。

有了资华筠先生这样在舞蹈艺术道路上的作为，这个社会又多了一份在文化上的升腾和在人格魅力上的温暖。

（江东　中国艺术研究院舞蹈研究所原副所长，
研究员，博士生导师）

刹那芳华，三世青筠

——怀念敬爱的资华筠先生

许　锐

转眼资华筠先生离开我们已经五周年了。回想五年前北京寒冬的清晨，先生走得非常安详。到现在我都觉得，那个时候她并不相信自己会离开，而到了今天，我也不相信她已经走了，她只是换了一种方式还在陪伴着我们。先生从艺 60 周年的主题是“舞蹈点燃心灵”，我更觉得她是用自己的生命点燃了舞蹈。

在这个资讯爆炸的时代，先生一生的成就在网络搜索中俯拾可得。但一个人真正的学识和品格，却不是冰冷的网络所能够传递的。古语云“高山仰止”，是对崇高品德的敬仰。在我的心里，资华筠先生就是一座令我“仰之弥高”的巍巍山峰。之所以如此，是因为先生有着岩石般坚忍的意志，有着不断攀登的学术精神，更有着登高望远的博大胸怀。所以我是如此庆幸，2004 年能投在先生门下，跟随其左右度过博士寒窗，结下珍贵的师生缘分。那不仅仅是一段学业，更是一段难得的人生历练。

刚刚开始读博士研究生的时候还颇有点惶恐，因为资老师的“严厉”和她的学问一样出名。后来看先生挺和颜悦色的，渐渐就放松了“警惕”。先生的很多学生都是我的师长，作为年轻后辈能够亲自跟随先生学习，自然有点小小的得意。觉得自己硕士研究生已经毕业，又已任教多年，读博应该不会有什么困难。加上学校工作繁忙，学业上自然有所懈怠，资老师几次提醒我都没有太放在心上。于是先生专门找了一天时间和我闭门长谈，“抽筋扒皮”的批评让我真正见识了先生的严厉。先生丝毫不留情面，言辞之切让我深受震动，自己那点小心思完全无所遁形。“师者，所以传道、受业、解惑也”，韩愈的《师说》名文从上中学开始就倒背如流，那是老师背诵课文的要求。可岁月流逝，不仅那些刻在脑中的文字渐渐模糊，就连文字的真义也轻飘地远离了。自己身为人师，道之未闻，业之未精，却沾沾自喜，早忘记了严谨和勤奋才是治学之本，而这恰恰是先生最为看重的。

此后不久先生就罹患慢性白血病。在之后漫长的十年间，我亲身见证着老师以超级乐观的心态和坚强的意志，一边和疾病抗争，一边争分夺秒地钻研学术，培养学生。老师每次谈起自己的病情，都是以坦然轻松的态度，说自己命好，不怕。很爱美的她也从来不愿意以病容示人。出席活动或与人见面的时候，永远都会很细心地把自己打扮好，从头发到小小的饰物都精心搭配，以最精神和靓丽的状态出现在大家面前。我们开玩笑地说老师是舞蹈演员出身，有“舞台感”，永远都想着把美留给别人。可谁知道，无数次的医疗检查，无数次的药物适应，她要忍受着多少痛苦去和病痛作斗争！我永远记得，先生眼睛布满血丝，还要坚持审阅每一个学生的论文。厚厚的论文稿是专门为她打印的加黑加粗的三号字体，空白处歪歪扭扭的字迹是她坚持着亲笔批阅的意见。当我仔细辨认着那些不易看清的字迹时，泪水又让它们都模糊了。即使这样，她还若干次地因为学生的学业活动，咬牙坚持，推迟自己的治疗日程！

在这个过程中，我深深感受到先生身上的学术风骨和自信。作为一名演员出身的实践者，自我求索走上理论探究的道路，她对自己经过实践磨炼、摔打得到的学术观点和理论架构有着坚定的自信。而她的这种自信恰恰来自她对自己的严格要求——在她对别人严格要求的背后，是她对自己更加严格的自律。

记得在典礼台上接过毕业证书的那一刻，我的眼光穿过熙攘的人群，看到我的导师资华筠先生静静地坐在观众席里，带着浅浅的微笑。韩愈的那一句千古名言再次闪过脑际，终于发现对这句话的理解根本无法在字面的解释中得到，而是要穷尽时间去体验。就像先生，根本不是在“教”我，而是用她自己的生命在示范、引导着我。她的“严”不仅仅是对别人，更是对自己。所以她才会说“学生比天大”，所以她才会以坚韧的意志与白血病抗争了整整十年。而就在这十年间，她的学术研究硕果累累，她的门下弟子桃李芬芳。

先生经常说自己和学生是“教学相长”，她自己“教”的同时，也是在学习。然而她对学术孜孜不倦的热忱追求却经常让我汗颜。在她患病后期，她仍然坚持带博士研究生。我说老师啊，我想当关门弟子是没指望了。她笑说，能多留下一颗种子就要多留一颗。如今她播撒的“种子”已经在舞蹈的领域生根开花，老师欣慰之余，却从未停下自己前行的脚步：主持“中国舞蹈学”课题，修订“舞蹈生态学”，论证非物质文化遗产保护项目……她总是把自己的日程排得满满的，哪里像一个患病的老人。就在先生去世前不久，她的《舞蹈生态学》刚刚获得了中国文联第九届文艺评论奖著作类的特等奖，她高兴得像个孩子。对于先生的成就而言，其实根本不缺这个奖项，她却告诉我，她很高兴为舞蹈学科争了光！舞蹈学科应该也必须和其他的艺术学科并驾齐驱！

不由得想起有一次先生曾做了生动的比喻，一个学科就像一座山峰，学科中的每一个人都在奋力攀登。可大家不能只顾自己，而要群策群力，添砖加瓦，才能登高望远。因此，舞蹈要和别的学科比较、竞争，才能做好做强。如果舞蹈学科本身是一个小山头，就算攀到了顶峰，又有什么意思？只有学科发展成珠穆朗玛峰，个人的攀登才更有价值和意义。正是有了这样无私的胸怀和开阔的视野，先生才会成为舞蹈学界的一面旗帜。

先生的成名作中有《飞天》，著名美术大师叶浅予先生曾为她作画，并题曰“敦煌有飞天，华筠能舞之”。如今先生“飞天”而去，背影依然曼妙，向着那舞影翩跹的天国。我愿她仍然如当年舞动的飞天，尽情徜徉在她钟爱一生的舞蹈世界里。我注定将远望先生的身影，一生去追随。

先生离开的时候，我把先生的名字嵌入两句话中来送别先生，那也是先生一生的写照——“刹那芳华，三世青筠”。美好灿烂的年华不过弹指刹那间，青竹般坚贞的志节却会穷尽过去、现在、未来的三世！

（许锐　北京舞蹈学院院长、教授，国家一级编剧，博士生导师）

我的导师资华筠：舞蹈生态学创立者

史　红

2019 年 12 月 9 日是一个特别的日子，这一天是导师资华筠先生仙逝五周年的日子。资先生既是舞者，也是学者。她的《飞天》《孔雀舞》《荷花舞》，舞姿翩跹，舞态婆娑；她的《舞蹈生态学》，为舞蹈学最有特色的创新性交叉学科，其理论与方法独树一帜，且获中国文联文艺评论奖的著作类特等奖。虽然她已经离去，但是她创立了一门学科，留下了一座精神宝藏。

我于 2000 年考入中国艺术研究院，有幸成为资先生的博士生，聆听她的教诲。资先生主讲的“舞蹈生态学导论”课是在她自己家里上的。当时，她的家在西坝河，房子不大，但艺术气息浓郁，家里摆放着不少名人赠送的艺术品。资先生对我提出的要求是上课不能迟到，所以，我每次上课都尽量早去。曾经有一次她给中国艺术研究院研究生做讲座，有几个学生迟到，她严肃地批评了迟到的学生，认为这是对老师的不尊重。她的“舞蹈生态学导论”课讲解十分细致，几乎是逐句进行解释，并且都有她自己的亲身体验的具体事例予以说明。她说由于舞蹈艺术的自身特点，传统的舞蹈研究带有感性、描述性、模糊性的特征，难以对舞蹈进行准确、科学的把握，使得舞蹈研究发展缓慢，长期停滞不前。舞蹈生态学要改变这种局面，形成、确立具有科学意义的学术规范。舞蹈生态学就是力避含混笼统的泛泛描述，而根据舞蹈研究对象的特点，灵活地运用科学方法进行定量、定型、定序的描述与解释。因而舞蹈生态学在概念的界定、逻辑的推演、体系的完整、分类的方法、方法的自觉等方面，具有鲜明的科学性特征。每当资先生讲课结束后，还会留我与冯双白一起吃饭，品尝资先生的丈夫王寿印老师做的可口美味的饭菜。资先生讲授了一学期的课，我在她家里白吃白喝了一学期。她不仅给了我精神食粮，又给我以物质食粮，我倍感亲切、温暖，至今难忘。

在博士学位论文选题阶段，资先生给了我一些建议。她看到舞蹈界知识产权问题是重要问题，但是无人研究，曾经建议我以“舞蹈知识产权”为博士学位论文选题。由于我没有学习过法学，也不太知晓知识产权理论，所以最终没有选择这一选题。2018 年，舞剧《红色娘子军》引发了著作权纠纷，她所担心的舞蹈知识产权果然出现了问题。现在想来她当时的选题建议是多么有远见，而我没有接受，感觉既遗憾又佩服。遗憾的是没有选择舞蹈界知识产权进行研究，佩服的是她的前瞻性、洞察力，使得她预见了舞蹈发展会遇到的一些棘手问题。

在博士学位论文写作期间，资先生对我的论文写作要求十分严格，论文初稿上满目皆是她修改意见的红色字体。她从内容结构、具体事例到标点符号都进行了认真指导。她说，内容结构要严谨、互有关联；举例要经典，有代表性，不能随意举例；标点符号要规范，不得马马虎虎。她进一步说，人不能放低对自己的要求，特别是博士生一定要以高标准要求自己，否则对不起“博士”称号。我的博士学位论文反复修改了多次，在把自我感觉良好的论文送去印刷后，我又受到了批评。她说，最终版一定还要她再过目认可才能够印刷。我当时认为她的要求过于苛刻，过于追求完美，但现在感受到了她的良苦用心。她采用严格方式教育学生，目的是将学生都培养成她心目中的高质量研究人才。我在资先生的严格要求下，论文写作期间，“减肥”十斤。在言传身教中，资先生给我树立了一个真正的学者榜样，并逐渐教会我所应该遵守的学术规范，即严肃的研究态度、认真的钻研精神、严谨的逻辑推理、严格的概念界定、准确的语言使用、清晰的意义表述、科学的最终结论。资先生的教诲在我心里留下了深深的烙印，使得我在后来的学术研究中，一直踏踏实实做研究、认认真真做学问。

我受教于资先生三年，刚开始对舞蹈生态学并不太理解，但是随着学习的深入，才逐渐领会其中精髓，并从中汲取了许多知识与学术养分。首先是舞蹈生态学的方法论。舞蹈研究发展在很大程度上取决于方法发展，真正具有生命力的舞蹈研究方法是随着舞蹈实践而不断前进与发展的。舞蹈生态学提供的不是现成的教条，而是一种方法论。其主要思想是把研究的基点放在可操作、观测的经验事实上；考察核心物与环境的关系时，必须分析出可观测的因子；研究环境与舞蹈的某种具体关系时，要分清相互作用的结合部、层次与侧面；运用科学方法进行定量、定型、定序的描述和解释。舞蹈生态学方法论的意义在于使舞蹈本体“纵深处”研究与“横断面”研究相结合，为舞蹈学与自然生态环境和社会环境之间架设了一座桥梁。可以说，舞蹈生态学给我的重大影响、最大启示就是方法论，它对我的研究起到了触类旁通的作用。

其次是舞蹈生态学的思维范式，它是一个人思维探索特点的凝结与体现。舞蹈生态学打破了一般学术研究的直线式思维模式，确立了一种独特的思维范式，并以此去构筑自己的理论体系。它从舞蹈本质与特性的研究，到舞蹈形态的分析，再到舞蹈与生态之关系的研究，由舞蹈核心向边缘扩展，由内及外、层层递进、交错切割、综合分析地进行舞蹈研究，注重宏观与微观、整体与具体的统一。注重多维多元的全景式来思考舞蹈，就是这一思维范式的特点。这一思维范式影响了我以网络立体式地研究、思考有关问题。

最后是舞蹈生态学的研究视野。舞蹈生态学不仅仅局限在舞蹈本体研究与探讨上，而是拓展观察舞蹈所处的自然生态环境与社会文化环境，使我们跳出狭窄的舞蹈本体视界，从而为舞蹈研究展示出广阔的前景。结合舞蹈生态情况的观察以及对舞蹈的功能、源流和播布区的综合分析，就能得出舞蹈形态的共性、特性与必然性，特别是对舞种的源流、功能、形态与环境的关系进行分析，还需把宗教信仰、审美意识、服饰装扮、地理气候、生产劳作方式等因素考虑进去。舞蹈生态学的研究视野启发我的是，学术研究要开阔思路与眼光，要勇于跨界，善于向相关学科学习、借鉴，为我所用。

除了知识学习以外，我还感受到了资先生的研究态度的端正与研究精神的可贵。在未成为资先生的学生以前，我就知道她是著名舞蹈家，也曾经暗自好奇，著名舞蹈家为什么要成为舞蹈理论家？她是如何成为舞蹈理论家的？在成为她的学生之后，才得知这一华丽转身依靠的是她的建构舞蹈学理论的志向、锲而不舍的精神、勤奋好学的态度。她虽是著名舞蹈演员，但并不满足于只是在舞台上表演，更希望对舞蹈有深刻的理解与认识。她认为舞蹈是经验性动觉艺术，以往大多是抽象、模糊的描述，不能科学、准确地解释舞蹈。所以，她认为舞蹈一定要从身体运动经验上升到舞蹈理论，要有一种独特的、适用于舞蹈的分析理论与方法。这种从经验到理论的自觉理性认识，就是她创立舞蹈生态学的缘起。她感觉舞蹈学没有自己的理论与方法，学科地位低。舞蹈学又与其他学科不同，简单套用其他学科的方法并不适宜，所以她认为舞蹈学一定要有自己的理论与方法。因此确立舞蹈学自己的理论与方法，就成为她的愿望与梦想。资先生说，为了创立舞蹈生态学，她看了许多资料，草稿纸几乎有一麻袋之多。同时也虚心请教了不少专家，广纳博采、兼容并蓄，把一些相关领域的知识都吸收进了舞蹈生态学理论中。她学习过许多民族舞蹈语言，出访过许多国家，十分了解舞蹈语言，但是她认为缺乏对舞蹈语言的有效分析系统，而语言学成果较多，所以，她吸纳了语言学理论与方法，建构了独特的舞蹈语言系统。她 1991 年写就的《舞蹈生态学导论》，目的是确立舞蹈生态学科的基本方法、理论精髓，明确研究范围、性质和任务；建立学科的术语体系和提供可操作的方法；提炼学科自身所具有的基本规律。因为是“导论”，她认为文字要少而精，所以她反复修改，直至最后删减为10 万字左右。《舞蹈生态学导论》出版之后，其学术价值就受到学界的特别关注，1994 年入选“世界人文科学交流中心年度（1994）百本书目”，且为中国艺术领域唯一品种。推荐者 L. F. 屋大维对《舞蹈生态学导论》的评语是：“用语言学方法、数学计量方法于舞蹈研究，追求准确表达艺术形象的可行性。中国当代唯理性艺术论代表论著。宏观地揭示民族舞蹈艺术特性和舞蹈差异的社会人文原因。三种学科的交叉与合作……”在资先生患病之后，仍旧惦记要修订《舞蹈生态学》。她认为原来的《舞蹈生态学导论》只是理论性引导，一些内容还有局限、缺陷与不足，她的理想是建立完整的舞蹈生态学理论知识框架。当我劝她以身体为重，好好养病时，她说不修订好《舞蹈生态学》，她是不甘心的。当 2012 年凝结了资先生全部心血的《舞蹈生态学》终于出版时，在发布会上我感受到了她实现夙愿之后内心的真正喜悦。为了让更多人知晓此书，在发布会上，她还特别赠送了 50 本书给参会的学生。资先生认为舞蹈生态学是一个开端、入门。作为一门交叉性学科，舞蹈生态学所涵盖的生态环境和舞蹈现象是纷繁多变的，这就使得开放性成为舞蹈生态学的特性。舞蹈生态学提出了学科的研究范围、性质、任务，方法论原则、基本规律等一系列导引性问题，留下了充实理论体系的广泛空间。资先生希望有更多的人学习、参与课题研究，发展舞蹈生态学。她举办了多次普及性讲习班，推广舞蹈生态学理论与方法。她说舞蹈生态学理论不是封闭的，而是要不断地吸纳新的经验、新的研究、新的证明，它具有巨大的理论潜力。她很希望学生们可以运用、补充舞蹈生态学，以新的成果去发展舞蹈生态学。她谦虚地说，这是教学相长。

我博士研究生毕业之后的学术道路，是一条沿着舞蹈生态学的方向指示标不断探索之路，是一条按照舞蹈生态学的学术思路不断耕耘之路。舞蹈生态学成为我学术研究的指南针，获批的项目与论文都得益于此。2004 年，我根据舞蹈生态学着眼于“舞蹈播布区与环境因素的研究”，获批了北京市教委的“舞蹈新时期社会文化环境与舞蹈美研究”项目。2009 年，我基于舞蹈生态学研究舞蹈的“形态、功能、源流与播布地域”的思想，提出地域舞蹈生态群落的“舞蹈群落”概念，获批教育部“北京地区的舞蹈群落与人文环境研究”项目。2013 年，获批北京社会科学“北京舞蹈群落研究”项目。2019 年，我把北京舞蹈生态与舞蹈文化建设相结合，提出“北京舞蹈生态与中国舞蹈文化建设研究”，由此获批国家社科基金艺术学重点项目。我获批的项目与舞蹈生态学有关，同样，论文也与舞蹈生态学有关。如《舞蹈生态与中国民族舞蹈的特异性》《舞蹈产业链：经济生态项的关系与影响》《互动：北京舞蹈群落与经济》《基于舞蹈生态学的北京舞蹈群落》《北京舞蹈群落的现代舞种群的生态分析》《舞蹈生态学视域下的身体分析》等成果，希望以此推动、掘进舞蹈生态学。可以说，资先生创立的舞蹈生态学，对舞蹈学地位的提升贡献巨大，对我的学术研究的发展、引领更具有特殊意义。虽然她人已离去，但是她的精神永存。未来，我还会继承资先生的遗志，坚定不移地继续推广、普及与研究舞蹈生态学。“你信舞蹈生态学吗？我信。”这就是我对待舞蹈生态学的态度。

（史红　首都师范大学政法学院哲学系教授，博士生导师）

归来兮

——舞蹈艺术大师资华筠

段　妃

2019 年 12 月 9 日，是资华筠先生离去五周年的日子，借此文追思我敬爱的导师。

资华筠，是新中国培养的第一代舞蹈表演艺术家，舞蹈理论家、教育家，在当代舞史中有着十分重要的地位和作用。她自 1950 年开始专业舞蹈生涯，她曾首演戴爱莲先生的传世之作——中国第一个取材于敦煌艺术的舞蹈《飞天》，以其端庄的舞风和典雅的表演风格，赢得世界的声誉；她的《舞蹈生态学》开创了舞蹈理论研究的新领域，为我国舞蹈学科的基础理论建设做出了开拓性贡献。她历任第五届至第十届全国政协委员、中国艺术研究院舞蹈研究所所长和终身研究员、中国舞蹈家协会副主席、国家非物质文化遗产保护工作专家委员会副主任委员等职务；她是“荷花奖”中国舞蹈艺术终身成就奖获得者，她更是我爱戴和敬佩的导师。

1936 年，资华筠出生于天津一个书香浓厚的中产家庭，可谓家学渊源。她从 9 岁开始就接受舞蹈教育，师从于俄国圣彼得堡芭蕾舞校毕业的瓦谭柯老师，11 岁时主演两段经典芭蕾舞作品《天鹅之死》和《仙女们》，她的剧照被刊登在当时天津出版发行的俄文报纸上。父母亲对于资华筠的品德教育和文化教育要求很严，并且遵循“认理不认人”的原则。契诃夫的名言“闲散的生活是不纯洁的生活”是他们的生活格言，深深地影响了孩童时代的资华筠，良好的家风家教为资华筠成长为舞蹈家、学者，奠定了良好的基础。

资华筠的专业成长经历在同一时期的舞蹈家中并不多见，她是极少数没有进过专业舞蹈院校、没有任何专业舞蹈学历的舞蹈家，但由于自身的优秀条件和突出的艺术潜质，加上许多名家大师的精心指导、帮助和培养，她的事业起步格外耀眼。其中对其影响最为深远的是舞蹈大师戴爱莲和京剧大师李少春。1950 年，资华筠被中央戏剧学院舞蹈团少年班破格录取。她刻苦磨炼，不懈追求，进入少年班学习不到一年就被选拔参加了第三届“世界青年与学生和平友谊联欢节”的舞蹈比赛，表演《西藏舞》并获得了金奖。在《西藏舞》的排练过程中，资华筠得到了戴爱莲先生的启蒙教育和悉心指导，使她的藏族舞蹈水平有了很大提高。而戴爱莲这种忠于作品风格、艺术标准高于“自我”的理念，一直影响着资华筠的艺术观。戴爱莲创作的女子双人舞《飞天》，对资华筠更具有特殊意义。以当时舞蹈艺术的水平，独舞、双人舞非常稀有，像《飞天》这样具有开创意义和高度技艺性的作品，更是绝无仅有。资华筠作为双人舞《飞天》的首演者，既是一种幸运，更是个人综合能力的体现。《飞天》不仅获得第五届“世界青年与学生和平友谊联欢节”舞蹈比赛的铜奖，而且成为“中华民族 20 世纪舞蹈经典作品”。

对资华筠具有重要影响的另一位大师是李少春。1952 年，新中国第一个歌舞团——中央歌舞团成立。那时，专业舞蹈学校尚未建立，院团培养成为唯一的途径。当时的中央歌舞团名师云集，资华筠先后得到过京剧、芭蕾、现代舞大师的言传身教。在资华筠成为歌舞团的主要演员之后，她意识到自己从气质到审美取向都有“洋味”，与民族舞蹈的审美特质有距离，于是资华筠广泛求师，尤其注重向传统艺术学习。她利用与中国京剧院一起出国演出的机会，向著名京剧艺术家李少春求教。李少春为后辈的学习精神所感动，在出国途中，一连几个小时专门为资华筠一个人

“开课”，讲述自己的艺术经历和体会。回国后，资华筠又专门造访李少春先生，把当时正在排练的表现封建枷锁下痛苦挣扎的维吾尔族妇女的独舞，表演给李先生看，请教如何塑造人物形象。李少春细致地帮她分析角色，深深影响了她的表演风格和艺术追求。

作为大家闺秀出身的资华筠，从小接受西方传统芭蕾教育，其形成的“阳春白雪”风格，与当时中央歌舞团的主要任务——表演民族民间舞蹈，以及新中国成立初期的文化环境——倡导、推崇的“泥土气息”和“下里巴人”的艺术风格产生了距离，这成为长期困扰她的问题。资华筠在《舞蹈和我》中写道：“当我真正步入民族民间舞的领域，深入地进行学习和实践时，我逐渐发现自己的基本素质和审美情趣与之相去甚远。那时团里常常采取‘请进来’的办法，把发掘出来的原始民间舞蹈素材，请当地的著名艺人来教。我跟在艺人的身后，模仿着他们的动作，感到兴趣索然。特别是许多民间舞都有‘三道弯’（出胯）的形体特征，我当时觉得一点也不美；原始的民间舞蹈中，还有不少是谈情说爱——甚至调情的内容，我很难接受；那听惯了钢琴、交响乐的耳朵，对于唢呐、锣鼓声也很不适应……我不时偷偷对着镜子摆着各种芭蕾舞姿，对于风度优雅而又有着严格的形体规范的芭蕾舞无限留恋。觉得自己的胳膊、腿似乎就是为芭蕾舞长的，而要跳那乡土气十足的民间舞，恐怕得重新‘安装’才行呢！由于精神涣散，三心二意，接受能力似乎特别迟钝……”[①] 客观地分析，作为农耕文化的民间舞，源自乡村，是农民自娱自乐表达感情的方式。而资华筠从小没有接触过农村生活，显得先天不足。即使这样，她也必须根据团里的任务来发展自己。从小的家教和革命的理想主义教育更使她努力按照祖国的需要，克服自身的弱点去适应组织的要求。她得以跨越自我与角色之间的鸿沟，逐渐爱上民族民间舞蹈是通过日后深入农村，“深入到人

① 资华筠：《舞蹈和我》，四川文艺出版社 1987 年版，第 67—68 页。

民的生活中去和他们一同劳动、一同欢度节日，跟着锣鼓和秧歌队走街、串村，一路几十里忘情地跳啊，乐啊！那时才真正体会到植根于人民生活之中的民族民间舞蹈的生命力所在”[①]。于是，她慢慢理解了“民族舞蹈是祖国的血肉和灵魂不可分割的一部分，我的心中渐渐地滋生了对她的挚爱”[②]。这痛苦的自我改造，促进了其情感的变化与认识的升华，这建立在“理解”基础上的“感觉”引领她日后的艺术实践，在多彩的民族民间舞蹈百花园中，汲取着百家奶而渐渐成长。

在之后的采风中，资华筠勤于思考，以文化自觉引领着艺术实践：“如果仅仅满足于对民间舞蹈的原始风貌——外部特征的模仿，像完成课堂‘组合’动作那样规范而准确地去跳完一个节目（尽管‘规范’和‘准确’对于任何舞蹈表演都是必要的），而缺乏自己对生活独特的观察和体验，并把这种体验（各种形象的记忆）注入到自己的舞蹈中去；如果仅仅把民间舞蹈当作一种‘死’的素材来学习，而忽略了对她所植根的那块土地以及世代生活在这块土地上的人民群众的了解和研究。显然，这种舞蹈表演，无异于一个小学生的‘作业’，距离真正的艺术创造还相差十万八千里啊！”[③]资华筠的文化底蕴开始发挥作用，她不再以单纯的个人喜好判断民间舞蹈的价值，而是身入、心入民族民间舞的魂魄深处，探究她的内在生成和发展规律，在钻研舞蹈的同时，广泛汲取文学、音乐、美术、雕塑等各门类艺术的滋养，极力追求舞蹈的外部形象与内在气韵的结合……这种追求虽然不是一朝一夕可以奏效的，却使她较早地获得可贵的文化自觉。

从 1952 年到 1988 年，资华筠刻苦磨炼，不懈追求，不仅形成了“资华筠式”的高雅表演风格，还在尊重民族文化色彩的基础上，力求从

---

① 资华筠:《舞蹈和我》，四川文艺出版社 1987 年版，第 70 页。

② 资华筠:《舞蹈和我》，四川文艺出版社 1987 年版，第 70 页。

③ 资华筠:《舞蹈和我》，四川文艺出版社 1987 年版，第 72 页。

形似到神似。她先后表演了古今中外风格各异的舞蹈近百个，代表性的首演舞目有《飞天》《孔雀舞》《长虹颂》《思乡曲》《金梭与银梭》以及亚洲、非洲、拉丁美洲、欧洲、美洲等的舞蹈，享誉国内外舞坛。她所表演的《孔雀舞》，不以妩媚、俏丽见长，而是具有矜持、端庄的“公主”风度；她所表演的《飞天》，并不刻意强化敦煌伎乐舞神的“三道弯”形态，而注重塑造香音女神的纯净、典雅的气质，含蓄而从容地表现对“翱翔天宇”的向往；等等。她不仅以自己的感觉在舞蹈，而且以理性思考在舞蹈，其艺术修养逐步从舞台实践向理论总结深化，从舞台表演向舞蹈艺术乃至舞蹈文化升华。

1980 年，她应邀参加第一届全国舞蹈比赛舞蹈家示范演出，被授予具有终身成就意义的“优秀表演奖”①。

1981—1983 年，由资华筠领衔与王堃、姚珠珠合作的舞蹈专场晚会，在当时的舞坛引起不小的轰动，具有较为深远的影响。这台舞蹈专场晚会，首演于 1981 年的京、津两地，获得好评。后经过加工，于 1983 年在青岛、大连、上海、南京、广州、深圳、珠海、中山等诸多城市进行巡演，反响热烈。与同代著名舞蹈家的专场晚会相比较，他们的专场晚会有着共同的时代背景，但又独具艺术特色和创造性。它的剧场效果和艺术感染力，超出了许多同行的预想，也得到全国各大报刊、媒体的高度评价。其原因有三：首先，与其他舞蹈家的晚会设计不同，它虽然也是个人艺术成就的展示，但不以突出个人为最高目标。资华筠没有以自己为核心，选择资质浅的青年舞蹈家做“陪衬”，而是诚邀具有艺术实力的中年舞蹈家平等合作。在晚会设计方面充分发挥每个人的特色，相互映衬——形成“合力”，从而使这台晚会达到“1+1 > 2”的效果。其次，在节目组构方面，没有局限于汇集自己拿手保留节目，而是以创新为主。在当时民族舞

① 获此项殊荣的仅有贾作光等十位舞蹈家。——笔者注

蹈的“票房”日渐低落的情况下，除了保留她的代表性获奖舞目《飞天》外，其余全部是她自编自演的新节目。如：表现海外华人思乡之情的独舞《思乡曲》，讽刺“丑县官”的假面双人舞《醉塑》，取材于龟兹壁画的《快乐的舞神》，壮族独舞《丹凤朝阳》以及在学习墨西哥民间舞蹈“哈拉拜”基础上加工的双人舞《帽子舞》……体现了她对民族舞蹈文化的深刻理解。最后，这台晚会首创性地实行了“三总”制——总导演、总排练、总设计，用资华筠的话说，就是为自己设置“镜子”和“标尺”，使这台晚会在“客观视角”审视下，保证高品位、高质量。

在这台晚会出演的三位舞蹈家中，资华筠最年长。她与分别小她4岁、8岁的舞伴同台献艺，是对自己舞台形象、体力、技艺的严峻考验。她的勇气与自信来自长期积累的艺术经验和扎实的艺术功底。事实证明，在这台晚会中她的表演最有韵味、有分量、有深度，而且对晚会的文化品格起到了支撑作用。无怪乎一些戏剧表演艺术家看了这场舞蹈晚会后，不约而同地说：“看资华筠跳舞，是在品味一种文化……”

资先生既是优秀的领导者，也是舞蹈理论家。1987年，资先生走马上任中国艺术研究院舞蹈研究所所长，凭着深厚的文化功底和长期的舞台实践，转身理论研究，成为一位建树颇丰的学者和桃李芬芳的严师。先后著（含合著、主编）有：《舞蹈生态学导论》《舞蹈生态学》《中国舞蹈》《舞思——资华筠文论集》《过电影》《影响世界的中国乐舞》《学而年轻》《我的爱——中外艺术家特写》等专著和文集，特别是《舞蹈生态学》的出版，开辟了舞蹈研究的新视野。她将舞蹈作为“核心物”，探索“核心物”与环境的相互关系和作用，以科学的研究方法，建立了舞蹈动作与特征的术语体系，拓宽了舞蹈理论研究的范围和方法，提高了科学的可操作性。《舞蹈生态学》（与王宁合著）是我国舞蹈研究领域的开山之作，具有里程碑式的意义。它不仅把舞蹈研究从普通的文艺理论和艺术理论研究中剥离出来，使之成为独立的学科，而且很大程度上拓宽了舞蹈研究的领域与方法。《舞蹈生态学》的问世也奠定了资华筠在舞蹈研究领域的崇高地位。

资华筠既参政议政，又身体力行。作为资深的全国政协委员，资先生是我国非遗保护工作的先行者、倡导者和推动者。在 20 世纪 90 年代，她就提出了“关于文化生态保护”的全国政协提案。2000 年，她在人类学国际会议上提出的“非物质文化遗产是人类的精神植被”理念得到广泛认同。而“优质基因”理念又是资先生在非物质文化遗产保护中提出的极具建设性和可行性的工作指导方针，这对于厘清什么是非物质文化遗产，哪些是值得保护的非物质文化遗产，哪些是亟须保护的非物质文化遗产都十分必要，也很及时。作为学者往往会忽略工作中的制度建设，资先生则不然，她的“关于设立中国非物质文化遗产保护中心”“文化部亟须设立主管非物质文化遗产保护的司局建制”以及非遗立法进程的提案及建议，确实有效地推进了非遗保护工作。

与此同时，资华筠先生秉承“教学相长”“学生比天大”的理念和严于律己的治学态度，为中国舞蹈界培养了一批舞蹈事业的领路人、带头人，她高尚的思想境界、积极的人生态度、敏锐的思辨能力、忘我的工作热情和博大的胸怀永远为我们、为中国舞蹈界指明了前进的方向。

作为她的学生，先生对舞蹈事业执着而深沉的爱深深地影响着我的人生观、价值观！教会了我如何做一名艺术家，一名学者，一名教师。

资先生虽已远去，但却是中国舞蹈界永远的丰碑！

（段妃　中国艺术研究院研究员，国家一级演员，博士生导师）

严师慈母，心系群众

李北达

跟随资华筠先生求艺十余载，对于艺术的发展历程来说，这个时间可谓很短暂，但相对于我自身学习、成长而言，其影响将贯穿我的一生。

资先生在日常生活中和蔼慈祥，爱说笑，一旦涉及学术问题，就立刻变得很严肃，观点鲜明，判若两人。对待学术保持严谨的态度，才能保证纯正的学风，律己育人。在我跟随资先生学习的过程中，先生的一言一行每时每刻都在感染着我，影响着我做学问与做人的态度。人生中能遇到先生这样一个能够给自己指引方向的良师，实在是大福气。

先生很注意细节，她经常教育我："细节往往决定成败。"在带我出国讲学前的准备一丝不苟，行程中也注意细节。先生要求我把讲学用的服装道具随身携带，怕行程远——飞机不能直达，万一行李运输有误，会耽误工作。先生常说："有如战士'人在、枪在'。"先生对自己也精益求精，讲解中的舞蹈示范环节反复加工，随时向使馆的翻译请教英语，这种进取精神，凡接触她的人，都十分感动。这一切，对我都是极好的熏陶、示范。

先生的成就可以用"前无古人，后无来者"来概括。提到资华筠先生，大家都会想到"舞蹈生态学"。"舞蹈生态学"的意义不仅仅是一个方法论，对于"生态位"在各个领域的应用都是指导性的，特别是"舞畴"的提出把原来的动作分析提到了一个非常高的高度。"特征提取、因子分解"的八字原则更是对指导舞蹈教学、舞蹈研究和非物质文化遗产的项目界定起到了重要作用。先生的严谨使舞蹈界有了一个享誉中外的舞蹈本土理论，先生的慈爱为舞蹈界培养了很多艺术管理和舞蹈科研人才。先生的心怀群众使很多相关项目落地。

先生作为全国政协委员，对待公众权益问题始终保持着“匹夫有责”的关切。最令我难忘的是毛里求斯文化中心的危房改建一事。在毛里求斯讲学时，我们仅逗留三天半，除两次讲座、文化部部长接见、记者直播采访外，使馆为我们安排了亲如一家的联欢活动。在联欢会的闲谈中，几乎所有成员都谈到了文化中心大楼及工作人员宿舍的安全问题。由于对当地的地质、气候特征勘察不足，中国文化中心建筑物的地基出现倾斜、坍塌，当时已变成一座危楼。每逢台风、暴雨季节，就需拨专项款让工作人员在外租房住宿、办公，这样的办法治标不治本。

在听到中心同志们的述说后，先生立即实地勘察危楼并拍下了照片。回国数月后，在全国政协十届二次会议上提交了《关于毛里求斯文化中心急需解决危楼重建的建议案》(并附上了危楼照片)，先生在提案中强调：“人才是最宝贵的，如果因此出现外交人员生命安全问题，谁能负责?”并提出“采取小修小补或临时搬迁、租房等办法，日积月累实际上是更大的浪费”……由于提案考察细致，论据有力，得到文化部特别是财政部的重视与支持。

数年后，一座崭新的中国文化中心大楼拔地而起，坐落在遥远的毛里求斯，成为“资格最老，建筑最新”的中国文化中心，了解此事原委的人都感慨于“来此讲学的人不计其数，资老师是有心人、热心人”。

上述看似是“小事”，但它是一项伟大的事业。资先生能有今天如此强大的影响力，与她毕生的努力是分不开的。艺坛能有这样一位心系天下的长者，照耀古今的奇葩，确实值得我们每一个人深深景仰。

我永远怀念：我的恩师、我的“老妈”、我一生的榜样——资华筠先生!

(李北达　北京舞蹈学院人文学院副教授)

生命因爱而升华

杜晓青

2014 年 12 月 9 日，资华筠老师永远地离开了我们。噩耗传来，我当时人在国外，无法回北京参加追悼会与老师作最后的告别。五年后的同一天，文化和旅游部艺术司举办了隆重的追思会，缅怀这位在中国当代舞蹈史上做出杰出贡献的领军人物。许多当年因工作关系与资华筠老师相识相知的部院级领导、舞蹈界和文化艺术界的知名专家学者、资老师的生前好友、她历届的学生弟子等悉数出席。我也收到了邀请，无奈当日我正在医院的病床上接受化疗，无法参加。与恩师五年前的最后告别以及五年后的追思会就这样阴错阳差被错过，心中留下万分遗憾。提笔之际，已是清明时节。遥想老师当年，她的音容笑貌历历在目，谆谆教诲犹在耳边。老师离开的时间越久，她在我内心深处的影响反而越强烈，这是我以前不曾意识到的。

与老师的最后一面

那是 2014 年 4 月的一天。那天春光明媚，我如约去看望老师并向她道别。之前，我的先生接到通知将派驻伊朗工作。那时伊朗于我是很陌生的国度，对这个安排我多少有些意外。我曾与我的先生说过：“最好和最不好的地方我都会跟他去，不好不坏的地方就不一定去了。”话虽是玩笑，但也是认真的。伊朗当然不是最不好的地方，但却是很特别的国度，至少当时的我是这么认为的。

到老师家坐定之后，我把这个消息告诉了她。老师的反应有些出乎我的意料。她说："好呀，伊朗很重要！"当时在场的还有另一位朋友。朋友听后道："怎么是伊朗，去欧美国家多好……"言外之意是伊朗生活比较艰苦。老师听罢说道："外交官为国出使，出国是工作，不是为了享受。"接着，资老师和我们回忆起了她的家族中两位长辈20世纪五六十年代的外交官生涯。在旁人眼里，外交官自带光环，但那时的中国家底薄，加上美欧等西方国家对新中国的排挤打压，中国外交官在国外的工作生活环境远非国人以为的那样"高大上"，工作生活中往往会遇到不少困难，甚至不乏惊心动魄的"险情"。老一代外交官为新中国的外交事业开疆拓土，虽然物质生活和工作条件艰苦，却充满了为国出使的神圣感与使命感。老师的一席话让我备受鼓舞和激励，为国出使的豪情也油然而生。

交谈的间隙，打进来一个电话。电话那头像是邀请资老师出席某大型表彰活动，双方交谈了一会儿后资老师婉拒了。放下电话，老师若有所思似的自言自语道："把人间的位置、荣誉让给别人吧，我不再需要这些。"望着老师超然、安详的神情，我内心充满敬意和感佩，只有看淡生死、心灵高贵的人才能有这样的境界。

也许是受到老师话语的激励，我鼓起勇气向她谈了我的想法。我说此次去伊朗可能会好几年，我不希望光阴虚度。以前我曾数次受中演公司派遣赴加拿大、瑞士和美国执行商演任务，有国外工作生活的经验，如有机会参与大使馆文化处的工作我将非常荣幸和珍惜。老师听罢沉思了片刻说："（文化部）外联局对外派人员要求非常高，这事我需要考虑一下，不能马上答复你。"我当即表示完全理解，即使没有这样的工作机会，我也愿意为两国间的文化交流做些力所能及的事。那天老师兴致很好，愉快的交谈让时间过得飞快。临别时刻，老师对我再三叮咛，就像亲人、长辈，我心中倍感温暖。

离开老师的家，我还在半路上就接到老师打来的电话。她说："你的想法有一定道理，我可以试试。"并嘱咐我写份报告，重点是在国外的工作经历。资老师就是这样，别人的一点小事她都放在心上，而且片刻不肯耽搁。

在我随丈夫去德黑兰半年后，真的收到了文化部通知，任命我为驻伊朗大使馆文化处主任。看到任命通知我百感交集，眼泪夺眶而出，因为就在三周前亲爱的老师刚刚离去！我在心里默默地对她说：一定竭尽全力做好工作，绝不辜负您的信任与教诲。

大使馆文化处加我总共两个人，工作要求高、任务繁重。在领导支持和同事的共同努力下，除了完成既定工作，我们还自主策划做成了几件大事，如与伊朗文指部达成协议，将原来在大使馆内部举办的"欢乐春节"落户在了德黑兰著名景点尼亚瓦兰宫，让"欢春"真正走进当地普通民众，成为中伊友好的年度盛会；借助伊朗主流文化平台，在城市地标建筑德黑兰电视塔会展中心举办中国文化节、图片展等；与伊朗国家电影馆联合举办中国电影周，6 部国产影片在伊朗 5 大城市同步展映，让更多伊朗人领略到中国电影的魅力。我还广结善缘、做好上层人士工作，通过伊朗外长扎里夫的夫人，代表中方向当地多家孤儿院慈善捐助；积极参与使团活动，为各国驻德黑兰的大使夫人们做中国茶文化讲座。这些工作受到大使馆和国内相关机构的肯定与好评，我本人也在这个过程中得到了多方面的锤炼。德黑兰五年的工作生活成为我人生中一段难忘的经历，我心中对老师的举荐和信任充满深深感激，也十分感谢文化部给予我这样难得的机会。

由师生而成为作者与编辑

1993 年我考入中国艺术研究院研究生院，有幸成为资华筠老师最早的入门弟子之一。三年学习中，老师特别注重对我独立思考和理论思维的培养。她常对我说：读书要精选，对经典文本需要下点笨功夫，但切忌读死书；要把厚书读“薄”，提炼成思想精华的“鱼肝油丸”。她一贯重视理论联系实际的学风，从实践中求得真知真识，再以创造性思维提炼升华为具有真知灼见的学术思想和观点。老师自己的治学之路始终践行着这样的理想。

资老师的严谨与严格是她的学生们共同的感受。记得写毕业论文时，从选题到篇章结构、论点论据，乃至细节描述、语词是否准确，她都严格把关，不容任何粗疏或随意。写作过程十分艰辛，遭遇瓶颈甚至想放弃的念头都有过，就像《围城》里描述的那样：这时真盼着来场战争，论文不用交，人也稀里糊涂毕业了（大意）。当我压力太大时，老师也会鼓励我说“好文章都是改出来的”。最后答辩顺利通过，我的论文还获得了当年度优秀奖。读研三年顺利拿到学位固然重要，但更重要的是，三年的学习对我的理论素养和思辨能力的锻造。

后来我进入舞蹈杂志社工作，从编辑、编辑部主任到副编审、编审、副主编，一干就是二十年。这期间与资老师由师生之外，又多了一层作者与编辑的关系。那时老师做研究、带博士研究生任务繁重，但仍然关心舞蹈创作，关注舞蹈批评和业界全局，对创作及各种舞蹈现象思考不断。在《舞蹈》和全国各主要文艺报刊上发表了大量文章，其中《繁荣中的忧思》等许多评论和思考影响深远，甚至在十年以后还引起过热烈讨论。譬如，她针对舞蹈创作时弊历数种种带有普遍性问题的怪异现象，旗帜鲜明地提出反对“舞八股”；评论上她积极倡导“三真”精神，即评论者要有“对作品的真实感受、心口如一的真诚表述、对艺术真谛的求索与揭示”。资老师的思考于宏观处着眼，许多问题和见解都带有全局性和前瞻性。多年前她就关注对大众审美与文化消费的培养和引领，探讨如何使文化艺术环境得以优化并健康发展的政策路径。她曾写道：“如果我们能够适度调整检验‘文化政绩’的标准，不过多强调以获奖论英雄，而是向各级文化主管要‘累积性’‘后延性’成果，把目光投向更具长远意义的专业队伍素质培养、文化消费的审美导向，有更大的耐心孕育精品自然分娩……”这些文字今天读来仍然具有警醒和启示作用。资老师文如其人，思维敏捷，笔锋犀利，针砭时弊，针针见血，体现出她深邃的思考和对艺术、对舞蹈“爱之深而责之切”的真诚与率直。作为《舞蹈》的编辑，老师对我谈论最多的内容都事关学术、创作及评论。即便到了晚年她疾疴在身却依然精力旺盛，文思泉涌。她时常会在电话里说“我要写点东西”，我说“杂志期待着”。几天后老师就把文稿发来，还不忘附上一句“请小青编辑把关”（老师一直叫我小青，而不是晓青）。我感觉老师这话是幽默，又不仅仅是幽默。对文章中某些提法她甚至会认真与学生探讨，希望了解我真实的第一想法。不少人往往只看到资老师严格和眼里不容沙子的一面，其实她非常率性、洒脱，从来不喜欢庸俗和虚情假意的东西。她看重的是人与人交往中的信任，以及思想学术上的坦诚相见。老师的这些品格都深深吸引着我。

生命不息、学习不止的典范

一个人能够成为著名舞蹈家，或者在舞蹈理论上成果斐然、卓有建树，事业就已经圆满，这样的人在任何界别都是凤毛麟角。而资老师在舞台上和学术上创造了两座“高峰”，她用一生实现了别人两辈子也难以企及的成就，不能不令人钦佩和敬仰。然而，所有的成功都绝非偶然。除了天赋、才华，还需要坚韧的意志和始终如一的追求与付出，而支撑这一切的原动力只能来自内心，这就是爱和信仰的驱动。因为爱舞蹈、爱事业，坚信自己的选择，并愿意付出一生的努力而无悔无憾，资老师正是这样的人。

当年因为一场演出触发了她对舞蹈的向往，那时她正在南开中学读书。不久她拿到了两份录取通知书，一份是去北京学舞蹈，一份是保送南开中学高中。前者代表了少年资华筠的浪漫理想；后者意味着通往前程似锦的学业生涯，同时也是她家族的传统与厚望。彻夜的辗转难眠后她含泪放下南开中学高中通知书，毅然选择了舞蹈，却也在心底埋下了巨大遗憾。这遗憾变成了一颗种子，在她内心深处，在未来的岁月里生根发芽、默默生长，直至有一天枝繁叶茂。人们常说资华筠由舞蹈表演家成为舞蹈学者"实现了华丽转身"，殊不知这"转身"是她用一生的不懈努力和锐意进取实现的。演员生涯中，她见缝插针从未放弃学习，年届四十还重拾英语，在巡演途中甚至半夜的睡梦里都在念念叨叨说英文……日积月累的学习为她日后步入学术殿堂，以及后来在国际文化交流中自如行走打下了基础。更重要的是，表演生涯让她有机会去全国各地采风，又随中国歌舞团作为文化使者出访亚洲、非洲、拉丁美洲及东欧各国，学习表演过上百种不同地域、不同民族文化背景下风格各异的各国民族民间舞蹈。丰富多元、风格迥异的舞蹈样式触发了她对这些表演节目背后的文化传统、人文环境乃至身体文化本质特性的极大好奇和深层思索。她渴望通过系统、深入的探索找到答案，这也成为她创立舞蹈生态学最早的逻辑起点。

舞蹈生态学是资华筠舞蹈理论最重要和具有独创性的建树。它受生态学和语言学研究的启发，追求对舞蹈本体特质的科学化分析，对民族舞蹈文化特异性的研究，以及强调舞蹈与人文历史、自然环境等相互作用的综合、多维关系中进行考察，为舞蹈学科的基础理论做出了开拓性贡献。舞蹈生态学成型于20世纪90年代早期。1994年，《舞蹈生态学导论》入选世界人文科学交流中心年度百部书目，美国学者屋大维曾给予高度评价，称它是"中国当代唯理性艺术论代表论著"。今天回过头看，舞蹈生态学的研究角度和基本原理与文化人类学多有相通之处。20世纪八九十年代，受当时社会条件的种种局限，我国人文艺术学科的学术视野远没有现在这样开阔，国际交流也相对匮乏。在那样的条件下舞蹈生态学得以问世，实在堪称奇迹。

由舞蹈生态学的理论视角进入非物质文化遗产保护是再自然不过的。资老师以她丰厚的生活艺术积累、深厚的人文学术修养、开阔的国际文化视野，为国家的文化战略特别是在非遗保护领域做出了杰出贡献，也成就了她人生中的又一段华彩乐章。不仅如此，这期间她还带出了一批又一批博士研究生，而这 10 年也是她与病魔抗争、赛跑的 10 年。老师曾在一篇回忆文章里谈到她的父亲资耀华先生，自豪地称他是“共和国年纪最大的公务员”，90 多岁高龄还在为中国金融业奉献。资华筠老师自己又何尝不是这样，她也是退而不休、终身学习、终身工作和奉献的楷模。生命不息，学习、探索、攀登不止。在她生命的最后 10 年里，资老师的学术生命不仅没有丝毫褪色，反而在舞蹈研究与教学、理论与实践，以及社会人文、非遗保护等相关领域齐头并进，达到了让人难以企及的高度，获得无数荣誉和光环。但资华筠老师在公开场合和私下都曾多次说：“其实自己没做什么，得到这么多荣誉，除了感激，还觉得受之有愧。”老师所言不是虚词套话。她侠肝义胆、充满家国情怀；关心文化艺术发展，期盼社会更加文明进步；对学术她永远保持着谦逊和敬畏，这些高贵品格也得益于老师优秀、厚重的家学家风的浸润和濡养。资老师越是到晚年越能够胸怀坦荡、虚怀若谷。

很多次，我仰望遥远的星空，心中一遍遍回忆起与资老师最后一次见面的情景，老师慈祥的笑容永远地留在了 2014 年的那个春天里。

（杜晓青　中国舞蹈家协会《舞蹈》杂志原执行副主编）

对艺术的执着与担当精神永不褪色

——回顾和研讨资华筠舞蹈艺术成就具有现实意义

刘平安

著名舞蹈表演艺术家彭清一回忆起从小与“小资儿”一起练舞、表演，一起流汗流泪的往事几度哽咽；著名舞蹈表演艺术家赵青说起知己“资儿”患难时的不离不弃以及在专业上无私传授“窍门”深情满满；中国舞蹈家协会名誉主席赵汝蘅想起“小资儿姐姐”病中与她的畅聊，至今叹服于她的远见卓识与真性情；著名音乐学家田青毫不掩饰对老姐姐的欣赏和感恩；于平、冯双白、史红、许锐、段妃等更是直言“没有资先生就没有我的今天”……

资华筠以怎样的人格魅力和艺术成就影响了几代人？去世五年后，她对艺术的执着与担当精神，她的“直言”在今天有何现实意义？12月9日，资华筠先生舞蹈艺术成就座谈会在京召开，资华筠做人、做学问的坚守及其一生探索留下的理论财富和宝贵经验，不断焕发光彩，永不褪色。

“她在舞蹈艺术领域的贡献是开创性、开拓性的”

“资华筠是新中国培养的第一代舞蹈表演艺术家，她是目前我国舞蹈界唯一获得一级演员和研究员两项正高职称的专家，也是中国艺术研究院终身研究员和中国舞蹈艺术终身成就奖获得者。”文化和旅游部党组成员、副部长李群介绍："资先生无论是在舞蹈表演还是舞蹈理论、舞蹈教学方面都取得了令人瞩目的成就，为我国舞蹈艺术事业的繁荣发展做出了杰出贡献。"

从 1950 年起，资华筠从中央戏剧学院舞蹈团少年班到中国青年文工团，再到中央歌舞团，创作了《飞天》《孔雀舞》《荷花舞》《思乡曲》《长虹颂》《金梭与银梭》等一批经典的舞蹈作品，数度在国内外斩获大奖，成为新中国舞蹈表演艺术的代表性人物之一。从 1987 年起，资华筠开始担任中国艺术研究院舞蹈研究所所长，正式开启学术生涯，相继出版了《中国舞蹈》《舞蹈美育原理与教程》等十余部专著和《繁荣中的忧思》《话说中国舞蹈》等，大力倡导"三真精神"，讨伐编导"大腕儿"自我复制、自我抄袭、艺术上不讲创新的现象与模式化媚俗化等"舞八股"陋习，针对"研讨公关化，评论广告化"的时风及各种关系网的羁绊，反思文艺批评之"七戒"，引领了舞蹈艺术批评。她与王宁合著的《舞蹈生态学》成功入选"世界人文科学交流中心年度（1994）百本书目"，舞蹈生态学成为重要学科。

中国舞蹈家协会主席冯双白指出："资先生在现当代舞蹈艺术研究领域的贡献是开创性的、开拓性的。她的舞蹈生态学在研究方法论上做出了重要贡献。曾经很长时间，整个中国舞蹈艺术研究只能借助一般的文艺概论和一般艺术学的评论和方法，没有自己独立的研究方法。资先生用了极大的毅力和勇气创立了舞蹈生态学，把舞蹈理论史学的研究提升到可以独立研究的高度。"

无论是早期近乎残酷的舞蹈训练，抑或是转型后艰苦摸索的理论研究，苦难可想而知。资华筠曾说："1987 年，当我走上中国艺术研究院舞蹈研究所所长的岗位，开始真正的学术生涯时，才体会到与演员修炼一样，科研工作是另一种'炼狱'。"每一点成绩都离不开日积月累和执着的坚守。资华筠第一届毕业生，也曾一起共事的茅慧清晰记得："舞蹈研究所刚买电脑的时候，谁都不会用，资老师就到处找稿子，‘你们有稿子要打吗？给我。’她天天在那儿练指法。她来任职的时候已经51岁了，那种求知欲却是不可遏制的。”资华筠早期的博士研究生于平回忆说：“离世前，资先生得白血病已经有十年，好多同志劝她，你都生病了，就不要再玩命做学术了。但是她从没有停下来。”资华筠自己也曾在《舞蹈生态学》发布会上说过：“由于患白血病8年，白内障日趋严重又不宜手术，因此三年多的写作是在与‘双白病’作斗争中进行的。一度靠定期住院输血，身体衰弱不支与思维的空前活跃奔涌形成反差，是信念和友情支持我坚持下来。舞蹈学科的建设任重道远，让我们以高度的紧迫感和坚定的信念为之共同奋斗！”

资华筠留给后人的不只是在舞蹈实践和理论研究方面开创性的累累硕果，更是其为人和做学问的点点滴滴。她像一座闪光的灯塔立在那里，指引方向，正如田青所说：“我们不可能要求一个像她一样优秀的舞者，成为一个学者，我们也没有办法要求一个舞蹈学的学者去跳她那样的舞蹈。但是我们能不能从她的为人和做学问中获得启示，在她所涉及的某一个领域继承她甚至超过她。我想，如果有学生能够超过她，这是一个老师最高的期望。”

“尽管直言不讳地批评了很多人，但真正恨她的没几个”

与资华筠有过接触的人都对她的“直言”印象深刻，同时也赞赏有加。除了在艺术上的严格要求外，在舞蹈艺术批评上的深刻尖锐，生活中资华筠同样是眼里容不得沙子，有话就直说。

“资老师是钢炮、连珠炮，我这个姐只要讲话，没有废话，而且都是直言，句句打中靶心。”田青记得，“有一次开完会，我和范曾乘电梯，他手里拿着烟斗，本来只是摆个范儿，资老师上来就是一句‘这里不能抽烟！’范曾委屈又无奈，又无力反驳。像这类的事情，对资老师来讲非常平常，不管你是谁，她要说一下就说出来，不管你能不能下来台。”关于抽烟的事，于平回忆道：“以前每次开会，有几位老师总是抢占刚进门的位置，一边匆匆点燃香烟，一边悻悻然说：‘待会“林则徐”来就抽不成了。’他们口中的‘林则徐’就是主张会议室禁烟的资先生。”

原文化部副部长周和平与资华筠相识于非遗保护工作，他说：“资先生讲话诙谐幽默、寓意深刻。记得在非遗保护工作开始不久的一次座谈会上，与会的几位省市主管领导，竟无一人将‘非物质文化遗产’这一概念完整表达。事后，资先生常说‘严重的问题是教育领导’，强调各级领导干部对非遗保护的重要责任。”

“有意思的是，尽管资先生批评了很多人，但是真恨她的却没有几个。很多人事过多年后，依然觉得她说得很有道理，还是心服口服。”冯双白说出了很多人的心声。资华筠做人坦荡、正直、热心肠，做事认真、严格、高标准，批评也从来都是一针见血，对事不对人，这些基本是熟悉她的人的共识。

彭清一说：“她可以随时批评我，也可以随时接受我的批评，她可以在会上公开说哪个领导，哪个同志，哪个方案对不对，对不好的现象，她会给予非常明确的批评，事后有变化，她也毫不吝啬鼓励，她从来都是对事不对人。”田青说：“资先生始终坚持‘独立之精神，自由之思想’，保持着一个学者的尊严。正因为如此，她才能够不断地帮助需要她帮助的人，有人被孤立的时候，她不会躲，有人求助无门的时候，她为之四处奔波。同时她认为应该提出来，而且提出来之后对国家、对集体、对他人有利的事情，她会直言。”

多数与会者在与资华筠的相处中都深受其影响，敢于批评，敢说真话。但他们认为，资华筠的“直”和一针见血的批评在今天尤为可贵，甚至是稀缺的，不只在舞蹈批评领域，在很多领域都值得所有人学习。

“我们在她面前常常处于胆战心惊的状态”

严师出高徒。如今，更多的“资华筠”已经在不同的岗位上像曾经的资华筠一样发光发热。

“资老师的确是严师，我们在她面前常常处于胆战心惊的状态，因为她确实毫不客气。但是她的严是因为她对事业有一份忠诚之心，她希望我们都好，这也成为我的一种坚守。”冯双白回忆道。史红则分享了一段关于毕业论文的故事：“我现在常跟人讲，当年写博士学位论文，真是掉了十斤肉。因为资老师特别严格，选题和写作都要反复探讨，每句话每个字都给你看。本来觉得写得挺完美的，她看一遍回来，满篇都是红笔批注。她对每件事，尤其是对我们学生非常认真、严格。这给我留下极其深刻的印象，以至于现在我去教育我自己的学生，改文章也会逐字逐句改，她教会我一丝不苟，教会我矢志不渝。”

资华筠女儿王蕾说：“母亲指导博士生和博士后的工作大都是在她生病期间完成的。”北京舞蹈学院副院长许锐至今保留着资先生批注他论文的草稿，他记得：“那时候资老师批注我的论文，因为在生病，字迹很不清楚，要费很大力气去辨认，她对自己，对我们都很严格。资老师对我影响至深，我现在也做老师，有一次论文答辩，因为论文质量当场发飙，全系师生都感到震惊，我觉得这才是我老师的皮毛而已。”资华筠的关门弟子塔来提·吐尔地常常想起资先生批改论文时颤抖的手，他说：“资老师经常讲学生比天大，我就是那个比天大的学生，我是受益者。我觉得不能辜负老师，一定要学习，一定要拼命。一路走来，我很幸运取得了一些成绩，未来不管我的事业在哪里，我会始终牢记恩师教诲，有担当，有作为。”

资华筠曾说：“我确实对学生非常严厉，因为在我的心中，学生比天大，唯恐自己的疏漏而误人子弟。”桃李不言，下自成蹊，正是因为有了这样的严师，她的一众学生成就斐然，不少人已经成为文化事业的管理者或学科带头人，资华筠的生命也在传承中得以延续。正如段妃所说："资先生一直影响着我们，从未走远。"

（刘平安 《光明日报》记者）

让信仰之光烛照

——资华筠舞蹈艺术成就座谈会侧记

曾　婕

从舞者到学者:“一个不断自我革命的革命者”

作为一名优秀舞者，因为“艺痴”，所以“技良”。她在苦恋中苦练，把自己的名字连同《飞天》《春游》《孔雀舞》等经典舞作一同印刻于时代封面。她的表演艺术生涯在与王堃、姚珠珠合作举办的三人舞蹈晚会中辉煌谢幕，而后开启了由舞者向学者艰难却华丽的转身。正如有与会发言者所指出:“从一个舞蹈艺术家到学者，二者所应该受到的训练不仅仅是‘缺’的问题，甚至可以说是背道而驰。”然而资先生不仅成功实现了由舞者向学者的转身，更以自身的真才实学和敢为人先的创新精神刷新了我们对于舞蹈学术研究的理解与认知。

“如果只是做口述史或者一般的评论，资先生也是一位很有影响的人物”，有与会者说，然而她并不满足，“开创了舞蹈生态学这一涉及文化学、社会学、艺术人类学、艺术美学等多个交叉学科的研究”。作为一名舞蹈表演艺术家来研究这么一个复杂、综合、立体的舞蹈学科前沿问题，其难度可想而知，然而资先生却“偏向虎山行”，与会者认为，这一方面在于“她是非常深刻地感知了当代学术研究从平面、单一、孤立的研究逐渐进入综合、立体式研究，以文化学理论研究艺术现象的时代方向，从而开启了舞蹈艺术研究的新视角”；另一方面则在于作为“一个不断自我革命的革命者”，资先生通过“自身以艺养学、以学补艺的经历洞察了舞蹈学科的特殊性”；对于舞蹈艺术而言，“由于它的实施者（主体）和被实施者（客体）都是人体自身，从而决定了舞蹈学的研究既是对于自然客体的人的研究，也是对于主体的人的研究，舞蹈学所要构筑的知识体系一定是同时兼及自然科学和人文社科，二者所共有的知识体系”。

正是基于这一对于舞蹈学科研究特殊性的洞察，与会者指出，“舞蹈生态学”的创立不仅建立了一套对于舞蹈特征和动作进行描述的概念术语体系，“将科学的定性、定量分析作为研究的基本立场”，同时其既汲取百家之长，借鉴、吸收了生态学、人类学、语言学、心理学、文化学等学科的理论、方法，又在根本上探索改变在他学科理论框架中植入舞蹈材料的舞蹈学惯常研究方法，是对舞蹈本体研究自洽与独立性实现的重要探索。此外，正如有学者在文章中指出：“舞蹈生态学的创建自觉地将全人类的各种舞蹈现象放在其独特的自然及社会历史文化环境中进行考察，力图在相互的关系与作用中揭示舞蹈现象的本质规律，这样的学术抱负和尝试可谓在某种程度上填补了世界舞蹈理论研究的空白。”

从优秀的舞者到杰出的学者，与会者指出，“资先生的华丽转身可谓天才、奇才”，这源于她终生对于学习的满腔热情和孜孜以求的厚积薄发。19岁正当表演艺术生涯如日中天之时，她到北师大中文系学习写作和文艺理论。20世纪80年代初期，正值她恢复舞台生涯的盛年，她开始学习英语，继而自如地运用英语进行国际交流。“来到艺术研究院舞蹈研究所的时候，她已经51岁了，那个时候盛行386电脑，所里买了一台，谁都不会用。看到年轻人无人问津新科技，资老师带头苦练电脑打字，到处问有没有稿子要打，天天在那练指法”，与会者回忆说，“她那种强烈的求知欲真是不可遏制的”。她用自己的一生践行了何为文舞相融、德艺双馨，也以一生勤于学习、敏于思考灌注而成的舞力、脑力、目力与笔力，成就了自身对于舞蹈学研究入木三分的认识和开创性贡献。

知行合一，止于至善

她不仅仅是一名杰出的舞者和学者，更可谓身先士卒的行者、仁者、师者。资先生曾身体力行并且不遗余力地参与到非物质文化遗产保护、国家艺术基金等重要国家文化政策方针的制定与完善之中。基于自身的丰富艺术经历和深厚学养，加之学以致用的思想自觉、强烈忧患意识的担当精神，她有着先天的敏锐和预见性，总是能在第一时间提出准确且切中要害的意见或建议。比如与会者指出，早在 20 世纪 90 年代，资先生就向全国政协提交了“关注文化生态保护”的相关提案；2000 年，她在人类学国际会议上提出“非物质文化遗产是人类的精神植被”理念得到广泛认同。此外，她针对非物质文化遗产价值判断问题提出“优质基因”理念；倡导以生态学的视野、理念来引领文化生态保护区的建设，以及对于曾一度混淆不清的“原生态”概念的澄清；关于设立中国非物质文化遗产保护中心，文化部亟须增设主管非物质文化遗产保护的司局建制，以及加快非物质文化遗产立法进程的提案与建议，都为我国非物质文化遗产保护发挥了重要的作用。再如在国家艺术基金设立之初，她提出应当将资助项目申报指南意见稿中的“宣传推广”项目改为“传播交流推广”项目，从而“使得这一名词概念的内涵和外延能够更好地契合、体现出艺术传播的规律和特点，也更加有利于优秀艺术作品的国际推广，对国家艺术基金的平稳起步和如何实现科学、规范、专业要求做出了贡献”，来自国家艺术基金的相关负责人如此回忆。

她关心国家包括舞蹈在内的文化艺术事业的发展，护卫优秀传统文化的决心和不遗余力则更让人难忘。“资先生将自身源于实践经验的理论总结与提纯身体力行地反哺于舞台创作的提升、非物质文化遗产的保护和建设等实践方面，并且在非遗保护之中注重进一步深入基层的考察和研究、总结现实经验”，与会者感慨而动情地回忆，即便是得知自己身患顽疾，她依旧不辞辛苦，奔走于祖国的大江南北，“这体现了当代中国优秀学者、艺术家关注现实，身体力行地推动艺术发展、文化繁荣的责任和担当”。

她对学生极为严厉，因为她对自身的要求更加严苛。她的学生回忆，每一遍的论文修改，她从来都是一字不落地批阅，要求“每一句话都要特别严谨”。她曾说：“我确实对学生非常严厉，因为在我的心中，学生比天大，唯恐自己的疏漏而误人子弟。”同时她也说“自己和学生是教学相长”。正是因为有这样的严师，她的一众学生成就斐然，不少人已成为当下中国舞蹈乃至文化艺术事业的中流砥柱。

立德与立言：锋芒下的仁心

“一直以来，资先生对于舞蹈界的繁华和危机始终保持着清晰的认识”，与会者指出，她大力倡导文艺批评的“三真”精神：“对评论对象要有真切、真实的感受；对于所得到的感受要有真切生动的表达，使读者和受众产生共鸣；追求揭示规律性的探索，使评论有公信力和前瞻性。”成为她留给舞蹈评论界的最后叮咛，也是她毕生的执着追求与担当。

针对中国舞蹈界的不良现象和问题，她总是毫不客气地予以非常尖锐的批评。比如讨伐“舞八股”，直指“‘腕儿’级编导……大都‘高产’而不‘优质’，一些作品有明显的‘快餐’‘速冻’的味道。看似机灵的‘鬼点子’却有雕虫小技之感……那些盲目的追随者们，却以更蹩脚的方式争相‘复制’他们的‘快餐’配方”。比如直指“大晚会”的“制作代替创作”“‘艺术激素’代替创作激情”“假招子代替真功夫”“套用、抄袭代替适度借鉴”“媚俗化的感官刺激替代观赏性”“舞蹈本体的萎缩”。再如对舞蹈批评的自我讨伐，提出“七戒”：舞蹈批评当戒

“腻”“套”“泛”“涩”“讳”“花”“霸”……她不仅敢于批评、直言不讳，而且铁面无私，对所有人都一视同仁。“非遗”保护工作开始不久，在一次座谈会上，与会的几位主管领导竟无一人将“非物质文化遗产”这一概念表述完整。事后，资先生常说：“严重的问题是教育领导。”

虽然她是那样的锋芒、犀利且不留情面，但“从来都是对事不对人，因事情而坚持正义”，也正因如此，与会者指出，“尽管她批评了很多人，但是被她批评的人里真恨她的人却没有几个，很多人事隔多少年后还是觉得她说得有道理，心服口服”。她曾说自己“作檄文讨伐，实乃爱之深而虑之远矣”，亦如有学者所概括资先生“讲真话”的特点——敏捷、犀利、通透、友善，她一生的斗士风采都浸染着仁者情怀。更何况即便我们于今天重读她的那些振聋发聩的“口诛笔伐”，“那些她所批评的问题至今也没有得到完全的解决”，敬佩先生的深谋远虑，更待以之为镜的自省自思。

她立言，更先立德，学问的厚度与人生的境界相辅相成。好友回忆与她“淡如水”的君子之交，却在“十年浩劫”之时患难见真情：当时谁都对被划为“黑帮”的她退避三舍，唯有资先生登门拜访，一起吃饭、一起习舞，这一特殊时期的平常犹如雪中送炭，至今温暖犹存。她不仅仁爱，而且兼爱，常为伸张正义而打抱不平，由此收获了“资大侠”的美誉。与会者回忆说：“她担任了很长时间的全国政协委员，经常有完全不认识的人写信向她求助，然而哪怕是一名陌生女工求助于她，她都会在政协会上积极地帮助别人解决问题，反映社情民意。”面对他人“这样不仅累，另外社会上这么复杂，难免会得罪人”的好心提醒，她仗义执言：“我就是不能忍受弱势的人受欺负！”

“你信生态学吗？”一位学生回忆自己刚入门时面对资先生的提问，一时语塞，资先生随即说：“我信仰生态学！”或许，正是这样一份对于理论的信仰、对于事业的信仰、对于爱和正义的信仰，为她一生的锲而不舍、开拓进取、行侠仗义以及对于“独立之精神，自由之思想”的真正践行注入了无穷动力。

资先生已离我们远去，然而“资先生从未离我们远去”，她所点亮的信仰之光仍将烛照中国舞蹈的未来之路……

（曾婕　《舞蹈》杂志编辑）

“永远的恩师”
——在资华筠舞蹈艺术成就座谈会上的发言

塔来提·吐尔地

此刻，我的心情非常激动。我是资老师生前最后一位学生，关门弟子，在座的各位领导、专家，师哥、师姐的发言都非常真诚，使我十分感动。刚才有前辈讲到，资老师经常讲学生比天大，我就是那个比天大的学生，我是受益者。有了在艺术研究院的学习，有导师的悉心指导，还有诸位导师的帮助，我在最后的学习期间，资老师已经病重，但依然给了我巨大的支持。每当看到她颤抖的手在批改我的论文，包括跟助理导师们沟通到很晚的时候，我就想，不能辜负老师，一定要努力学习，一定要拼命。最后因为老师的指导有方及各位专家的帮助，我获得了北京市优秀博士毕业生称号，还是为数不多的院长奖学金的获得者。

回到新疆开展工作后，我被重用，担任了新疆艺术学院院长，后来又去驻村，当第一书记，搞扶贫工作，打脱贫攻坚战。每次遇到问题，我就想起资老师的教诲。关于舞蹈生态学，我认为不仅应当在舞蹈界作为一个方法论，也应将其参与公共事业的管理。

我用舞蹈生态学的方法论研究驻村工作，研究如何去极端化，结果这个办法很好，最后我的事迹也被拍成电影《塔克拉玛干的鼓声》，原型是我，表演是别人。

我在新疆艺术学院工作了 43 年，领导考虑到我在一个单位工作的时间太久，应该再加锻炼，所以把我调到政协社会法制港澳台侨外事委员会担当主任，我对这个领域很陌生，但是我用舞蹈人的眼光去审视我的工作的时候，感觉挺得心应手。这次我在喀什驻村，刚好赶上休假，接到通知以后飞到北京。在驻村期间开展的工作，大家问我怎么看问题这么准？怎么跟别人不一样？为什么能一下发现一些问题的症结，而且搞得这么好？我觉得国家请了第三方单位对脱贫攻坚战进行评估，我们村被评为优秀，让我们写典型材料。别人说你为什么能做得这么好？我说，你们学舞蹈的话也会搞得好，用舞蹈生态学的方法论就能开展管理工作。

所以从我个人的工作经历来看，舞蹈生态学不仅限于研究舞蹈，它还可以应用于其他领域。我从事舞蹈 40 多年，我就是舞蹈人，但我不管将来担当什么样的职位或者做什么工作，我都会始终谨记导师的教诲，在工作中有所担当。

［塔来提·吐尔地　国家二级教授、硕士生导师，新疆艺术学院原党委副书记、院长，新疆维吾尔自治区政协、港澳台侨外事委员会原副主任（正厅级）］

其他参会者的发言

马盛德、茅　慧、张　萍、张延杰、王　舸

受会议时间限制，以下发言比较简略，依次记录如下。

马盛德：资老师的成就不仅限于舞蹈艺术界，在其他领域都非常精彩。我是 1991 年作为艺术研究所的成员在兰州参加了她的舞蹈生态学西北片理论研讨班。资老师以及王宁老师的课改变了我的命运，让我有了考研的想法，当时，舞蹈工作者考研是个天大的梦，不可想象。但是这次研讨班给了我这么一个启迪。有时候大师的一句话、一堂课对一个人而言非常重要，我自己就是一个受益者。

资老师的去世我很难过，写了一篇悼念文章发表，也是讲讲自己的心里话。资老师给舞蹈理论提供了一个重要基石，即舞蹈生态学。上个月，王宁教授在北舞搞了一个舞蹈理论讲座，一上午的时间没有人离席，大家都觉得受益匪浅。我们舞蹈学科和其他学科的差距主要是在方法论这种理念上，如果这一块不攻克，我们学得再多，创造的东西再多，有时候也留不下太多东西，所以，要珍惜舞蹈生态学理论的建设。

资老师在非遗保护方面的成就也非常大，不光是非物质文化遗产司的建立、非遗法的出台、非遗十大门类怎么举例，同样一个舞种，申报的时候怎么捆绑，具体的做法，在今天的非遗保护里非常具有操作性。舞蹈生态学可以用于人和环境的关系以及遗产和环境的关系研究。出台文化生态保护区是一大探索，也是一大创举，资老师在其中发挥了核心作用。

我发现对遗产进行单独的保护不可行，必须考虑到对遗产依存的生态保护，这个项目才能活得好。仅保护一个剧团是不够的，还得营造保护的生态，这种理论对我们今天非常宝贵。

［马盛德　原文化部非物质文化遗产司副司长、一级巡视员（主持工作），国家非遗展示保护基地专家委员会主任，研究员］

茅慧：资老师 1987 年来我们所里当所长后，我是她上任后留所工作的第一个硕士毕业生，被她领导，我要感恩。在她的任上，我担任了《舞蹈艺术》丛刊的编辑部主任，虽然很快那个杂志由于经费原因停办了，但还是在她的直接领导下办了好几期。

再就是感恩她，原来舞研所是比较学究性的、象牙塔式的，资老师当所长以后，我们所开始更多地与舞蹈实践亲密接触，所里主办了“三峡杯”舞蹈展演、中日舞蹈国际交流活动等，帮助我们开阔了眼界，打开了思路。

我很敬佩资老师，虽然她已经驾鹤西去五年了，她身上的一些特质是我们今后年轻的学者应该好好学习的。比如曾经盛行 386 电脑的时候，我们所买了一台，但谁都不会用，资老师率先学习电脑操作和输入法，经常主动向我们索要稿子进行打录练习。她那时已经上了年纪，但对新生事物的热情甚至高过我们年轻一辈。通过这件事，我强烈体会到她是多么好学和勤奋。她来任职的时候已经 51 岁了，她的那种求知欲是不可遏制的，非常强烈，不受年龄的限制，这点特别鼓舞人心。我觉得她能够有今天的艺术成就，跟她的只争朝夕和奋争上游的性格与精神直接相关。她说一定要做到每天打出 1000 字来，所以她作为一个演员出身的人能够华丽蜕变成一个有胆识有魄力有观点的文化学者，这是特别令人敬佩、特别值得年轻的学生们学习的。

（茅慧　中国文艺家协会副主席、
中国艺术研究院舞蹈研究所研究员）

张萍：因为我在中国舞蹈家协会工作了 20 年，我和资老师既有工作关系，也有间接的师承关系。我对资老师比较立体、比较深邃的认识则是通过抽象的文字，我们可以看到，资老师会关涉比如从史论评到教学表演，其研究视角特别宏阔，但她的基本路径和方法都是舞蹈生态学。舞蹈生态学为什么伟大呢？前面提到很多舞蹈跨学科的内容，为什么最具有学理价值和学理意义的是舞蹈生态学？我觉得资先生通过对学问的探究，洞察到了舞蹈学科特别特殊的一点，这一点与生态学十分接近。我们总说舞蹈的实施者和被实施者都是人体，舞蹈艺术的主体和客体都是人本身。舞蹈学和生态学从某种意义上构筑的知识体系是社会科学和人文社科共有的知识体系，是一门大学问，特别了不起。我觉得资先生以艺养学、以学补艺的经历很不一般，我愿意称她为开拓者，因为她洞察到了舞蹈这门艺术的学科特性。

我其实一直在学习先生，我觉得先生留给我的重要启示就是反思的问题，在某种意义上，我要学会复杂地思考。

（张萍　中国文联舞蹈艺术中心常务副主任，
中国舞蹈家协会《舞蹈》杂志执行副主编）

张延杰：今天我带着编辑部的同事们一起来参见这个会，了解资老师的学术成就和学术遗产特别有收获。从《北京舞蹈学院学报》的角度来说，这些年论文文章的选题并没有涉及舞蹈生态学，我认为未来学报的选题方向也应考虑资老师的这个学术贡献，这也是对资老师的学术遗产和精神遗产的继承。

（张延杰　北京舞蹈学院教授、《北京舞蹈学院学报》副主编）

王舸：我就说一句，我对资老师当时鼓励我的一句话一直铭刻在心："你不耻下问的精神，那个劲，搞创作可以，坚持就能成。"我谢谢她，我会一直记住这句话。

（王舸　中国舞蹈家协会副主席，国家一级导演）

严母的慈爱

——怀念我的母亲资华筠

王　蕾

一转眼，母亲离开我已经有五年了。我一直很想写一篇文章怀念我亲爱的母亲，虽然我心中思绪纷繁，真到写时，又不知该从何落笔。

每当我端详母亲的照片时，母亲的形象就会在我的眼前浮现。很多记忆就如同电影里的片段，在我脑海中交错闪过。母亲是著名的舞蹈家、学者，当她在舞台上表演“飞天”时，母亲美丽高贵如仙女下凡；当她端庄地坐在台上发言，在电视里接受采访的时候，母亲又是一位风度翩翩的学者。在生活中，母亲身上既有教导我时体现的严厉的家长气质，又有搂着我在沙发上聊天、斗嘴的家常范儿。在我与母亲共同度过的时光中，有着太多温馨和难忘的回忆。我们是母女，也是最好的“闺密”。

童年时，在别的小朋友眼里，我的母亲是位有名的艺术家，因此他们都很羡慕我，我却偷偷地羡慕他们。那时我的理想妈妈，是一位能让我随时撒娇的妈妈，也是一个能在生活上细致照顾我的妈妈。但我的母亲总是很忙，同时又是个不折不扣的“严母”。母亲对我的期望值很高，因此对我显得过于严格，有时甚至让幼小的我觉得她有些不近人情，因此就有点怕母亲。那时候我比较胖，母亲怕我有肥胖症，带我看过很多医生。她为了防止我发胖，总是不许我多吃零食，特别盯着我不许吃巧克力，必须严格按她给的食谱吃饭。在学业上，母亲把我的日程安排得很满，我从 5 岁半开始练习弹钢琴、学习舞蹈，上小学后每周末跟老师学习唐诗宋词、英文课程。有几次我生病了，她一边给我洗漱，一边让我背拼音，一点儿也不放松。我练琴时经常被骂得直掉眼泪；考试得了 96 分也得不到妈妈的表扬，还被问那 4 分扣在了哪里；她帮我复习功课时，着急了还“骂”我笨……我小时候甚至怀疑，这真是我亲妈吗？

童年时有个小插曲让我记忆深刻。那时的我非常淘气，总是喜欢和小朋友在院子里疯玩。有一次，我从很高的台阶上摔下来，把膝盖磕破了，流了不少血。当时母亲带我到中央歌舞团的医务室治疗，医生用水清洗我的伤口，母亲却一再要求医生用碘酒。医生觉得会比较疼，怕我忍受不了。但母亲坚持这样做，她认为这样才能从根本上消毒，避免感染。晚上，我以为我的膝盖受伤了，可以偷懒不练钢琴了，谁知母亲一点儿不“可怜”我，到了规定的练琴时间照样监督我练琴，还说定好的日程不能轻易改变，要求也一点儿不能降低，小手指翘了，就还要“打手”。当时，我心里很是不满。但现在想来，这件事体现了母亲独有的教育我的方式。母亲关心我的身体，坚持要彻底消毒伤口，以避免创伤给我的身体造成其他的影响。同时，母亲也不因为我的身体情况而溺爱我，依旧对我严格要求，意图培养我坚忍不拔的意志。

不过，母亲虽然对我严格，但她也很民主，她经常鼓励我表达对人和事物的看法。每次母亲带我去看她的演出，回来就一定让我给她的表演打分，认真听我的点评。后来，我也是她文章的第一读者。她经常学我的语调重复我对她的评价：“妈妈，我觉得您今天的表演不够酣畅……”我们家中的气氛一直非常自由。我高中毕业就希望能去美国读大学本科，她和父亲都很支持。母亲一直鼓励我自由地追求自己的梦想，不给自己设限，是她让我相信我的未来有无限可能。

我有一个大大的旅行包，里面满满当当地装着我留学期间父母与我之间往来的书信。当时是 20 世纪 90 年代初期，没有如今这种便捷的通信条件，所以我大部分的零花钱都用来和父母打越洋电话了，电话里说不完的就写在信里。每一封母亲写给我的信的开头都是“亲爱的蕾”，信尾也都会写上“妈妈爱你和想你”。那时我一个 17 岁的女孩，只身来到千里之外的美国，十分想家，我每次看到父母的信都会哭。后来，等父母的信成为我留学生活中的精神寄托。信里点点滴滴都有父母的爱、期许和关心。现在的我偶尔拿出来看看，还是非常感动。

回味从前，我很感谢母亲在我儿童时期是个严母。她从小培养了我良好的学习习惯，她教导了我去自己找到解决问题的思路，教会我坚持、保持如一的标准，教会我要过自律的生活……如果没有这些理念的支撑，我在留学期间和在后来的职业生涯中也不会克服一个又一个困难，也不会成就今天的我。她的民主，给予了我自由的空间，培养了我对事物的好奇心，这大概就是所谓“养成”教育吧。她还启发我从小要拥有发现美的眼睛，在人生旅途中不断自我唤醒、激发、联想、创造；告诉我作为女性不仅要追求美，更要自尊、自强，拥有独立的价值理念，坚持追求和实现自己的梦想。一直到现在，我在做事情时还常常不由自主地想起母亲的话，以及母亲教导我的点点滴滴。

在我成年以后，母亲越来越像一个慈母了。她很开明，我们相处得如同朋友，可以随时随地像“闺密”一样聊天，可以分享彼此的各种小秘密，坦陈彼此的意见、观点。我有时问她：“为什么您小时候对我那么严厉，现在又对我这么宽容？”母亲回答说：“我那时要磨砺的是你的品质，要培养你的学习习惯。有了这些做基础，现在的你完全可以把握自己的人生。”我的“闺密”母亲非常可爱，我穿的衣服、我拿的手袋都会引起她的兴趣。她常常问我：“这件衣服也适合我穿吗？”“你这个手袋好看，我有时出席场合也可以拿拿，先给我用吧。”每次出席重要活动，母亲也会在穿戴方面征求我的意见，我是她的小“造型师”。每年生日，母亲都会让父亲包个大红包给我。记得有一次我过生日前，正在海外出差，看到一只手镯，很是喜欢。正好母亲打电话来，知道我的位置后，母亲说："你买吧，回来我给你报账，算我送你的生日礼物！"之后每逢生日，我都会戴上这只手镯。只要戴上它，我就能够感受到母亲对我沉甸甸的爱。我出差频繁，总在天上飞来飞去。经常飞机在机场刚落地的那一刻，我就会接到母亲的电话。我在外工作时，也会接到母亲的短信，关心我的身体和工作进展。她总是盼着我能早点回家。在我从职业经理人转换到自主创业的过程中，母亲给了我各种支持，鼓励我跟着自己的内心走，勇敢追求自己的梦想。她常常用我小时候学的李白《将进酒》里的诗句鼓励我："天生我材必有用，千金散尽还复来。"她总是说："没事，不管遇到什么情况，妈妈都永远支持你！"当我在事业上取得一些小成绩时，母亲总是很开心地同我分享喜悦。听父亲说，母亲也经常在背后表扬我，不在我面前说是为了不让我太过骄傲。

随着年岁的增长，我也开始逐渐认识了家庭之外的母亲。我发现母亲对我严格的教导来源于她对自己的严格要求。而她对自己的严格要求，则来源于她对艺术、对学术孜孜不倦的追求。对于母亲来讲，艺术就是一切，即便是她罹患慢性粒细胞白血病之后，她也依然坚守自己的梦想。

母亲是一名舞蹈表演艺术家，在51岁的时候，她接了吴晓邦先生的班，担任中国艺术研究院舞蹈研究所所长，开始从事学术理论研究。她就职演说的第一句话就是："我不是来上任的，而是来上学的。相信只要自己想学，任何时候都不晚。"母亲认为舞蹈学科的本体研究基础理论薄弱，所以自己要在学术上"啃硬骨头"。因此，母亲以自己多年来在舞蹈实践中的困惑和思考为基础，在语言学家、自然科学家的帮助下，从研究舞蹈之生成、发展与其诸多环境因素的关系出发，选择了舞蹈生态学这一课题进行研究。在母亲的努力下，她于1991年出版《舞蹈生态学导论》。1999年，母亲卸任舞蹈研究所所长以后，仍主持过国家、院级重点课题。2010年，母亲荣膺中国艺术研究院首届终身研究员，成为当时舞蹈界唯一的终身研究员。但母亲并未止步于此，2012 年，她又推出了全新修订版的《舞蹈生态学》。《舞蹈生态学》在研究方法论上为舞蹈学界做出了重要贡献，把舞蹈理论的研究提升到了一个新的高度，具有开创性和开拓性。这门新兴学科也因此得到广大舞界和学界同人的认可。正如母亲在《舞蹈生态学》发布会上的发言里所说："这本专著可以说是我毕生实践积累和思考研究的成果。舞蹈生态学研究是我从舞蹈演员走上学术研究岗位的一个艺术研究课题，它缘起于我 30 年表演各种民族舞蹈的经验和困惑。《舞蹈生态学导论》出版于 1991 年，虽然很不成熟，但得到了各科专家的帮助指导，令我终身受益。经过了 20 多年的实践检验，得到舞界、学界的认可，我自己的思考也日渐成熟，决定重新撰写舞蹈生态学……由于患白血病 8 年，白内障日趋严重又不宜手术，因此三年多的写作是在与'双白病'作斗争中进行的，一度靠定期住院输血维生。身体衰弱不支与思维的空前活跃奔涌形成反差，是信念和友情支持我坚持下来……舞蹈学科的建设任重道远，让我们以高度的紧迫感和坚定的信念为之共同奋斗！"每每想到母亲的发言，我就会想起我陪伴母亲度过的病中时光，也能想起她在病中也从不放松对自己的要求的坚忍精神。

母亲与慢粒白血病抗争的十年间，主治医生一直提醒她不能过于劳累，也总叮嘱我要监督母亲好好休息。作为女儿，我也希望母亲可以更长久地陪伴在我身边，有更多时间一起去分享简单的亲情时光。我觉得她在事业上已经取得了一定的成就，不用再那么较真地为事业拼搏。但母亲有她自己的追求和信仰，她对艺术奥妙永不止息的探寻，她的纯粹、勤奋和顽强不息的精神感动了我，我也开始全力支持她的工作。我经常帮她整理电脑里的文件，帮她发送电子邮件。为避免母亲用眼过度，我会随时帮她念一些手机里的短信。在这个过程中我也更加理解母亲，心疼母亲。她因为免疫力低和供血不足，眼睛常常出血，还一度感染病毒性神经炎，非常痛苦，但她一直坚持工作。她的坚持既是出于她生病后对生命的珍惜，更是出于她对舞蹈学科建设的激情和信念。这是她的选择、她的追求，她愿意为之奋斗，让生命更加璀璨。

同时，患病并没有使母亲停下追求的脚步，反而使她本身就具有的助人之心更加热忱了。母亲罹患慢粒白血病后，由于年龄关系，不能采取移植骨髓的方法彻底治疗，她却鼓励我给红十字会捐赠骨髓样本，希望我的骨髓可以帮助到其他需要帮助的人。母亲就是这样的人，从小就鼓励我帮助他人，把好东西分享给别的小朋友，此后也一直支持我做公益活动。母亲曾经是中国红十字会的理事，我刚刚参加工作有了自己的收入，她就引导我和她一起支持“春蕾计划”，我们俩一直资助四川贫困山区的两个女孩上学，直到她们高中毕业。我在北京举办帮助湘西贫困地区年轻妈妈们的公益活动时，母亲也给予了我最大的支持。2008 年，我参与策划了一项公益活动，母亲那时虽然已经生病，却仍然亲临现场。汶川地震后，母亲第一时间捐款，并且主动提出少数民族文化传承人的保护问题。作为国家非物质文化遗产保护工作专家委员会副主任和非遗专家，母亲多次强调非物质遗产保护中，最为关键的一环便是对非遗传承人的保护。在地震后，母亲第一时间致电四川省文化局副局长杨莉，向她询问羌族非遗传承人的情况，建议震后应关注羌族文化传承人保护问题。母亲还在 2009 年 9 月初亲自到四川汶川映秀镇看望羌族民间艺人、非遗传承人。在她的倾心帮助下，羌族文化传承人纪实录的项目得以在文化部和国家非遗保护中心的关注、支持下，论证、立项并获得专项经费。母亲在担任第五届至第十届全国政协委员的 30 年间，一贯关心民生及弱势群体。《人民政协报》曾以“大侠资华筠”为题在头版刊发报道她的文章。母亲的很多优秀提案都被收录在册，比如，母亲建议为见义勇为立法，在天安门广场为普通民众修建公共厕所，在奥运会前呼吁要提高公民文明素质。她一生助人无数，为我树立了真正的榜样，母亲教会了我心中要有大爱，要承担更多的社会责任。

母亲指导博士生和博士后的工作也大都是在她生病期间完成的，她把每个学生看得都很重要，为每个学生都操着心。我很少陪母亲参加学术活动，只有两次，由于母亲身体不好，我必须陪同她参加。一次是2014年夏天母亲的最后一个博士生答辩会。当时她的白血病已经向急性发展，血小板急剧下降，但她坚持一定要先完成学生的答辩会才肯住院治疗。她说学生比天大。另外一次就是2014年11月5日，《舞蹈生态学》获得第九届中国文联文艺评论特等奖，我陪同母亲参加当代中国文艺论坛及颁奖典礼。那时母亲非常高兴，特别跟主治医生请假，我便陪同母亲赶赴苏州参加典礼。因为她当时血液的各项指标都很低，血液循环又不好，走路都有些困难，但母亲一贯好强，她坚持不坐轮椅，也不要我扶她上台。母亲在台上说："我们都是艺术洪流中的一滴水，力求是纯净的，是真切的，是优秀的……"当时坐在台下的我，看着母亲，激动又骄傲。母亲的情怀和精神永远鼓励着我，不断追求向上，在人生的任何时候，都期待着能遇到更好的自己。从苏州领奖回来后，母亲因病情急性发作再度入院，一度抢救闯过一关，各项体征也平稳了。可谁知，病势又有反复，最终人力不可逆转。那天，我陪了母亲整个白天，临时需要离开医院去办事情，母亲摸着我的手说："我没事，你走吧，晚上在家好好休息，明天再来。"我放心不下，晚上又回到病房，看到母亲在特护的协助下坐在床上吃东西，她让我回家，还跟我飞吻……那是母亲昏迷和离别前跟我的最后互动。

斯人已逝，但关于母亲的记忆却越发清晰。我与母亲共同经历的点点滴滴，都被照片定格了下来。每当我思念母亲的时候，我就会看看她的照片，尤其是我与她共同拍摄的照片。记得我在留学期间的第一次寒假，回国看望父母，母亲有好几个晚上跟我睡在一张床上，紧紧地搂着我。那个寒假我们拍了一张紧紧拥抱在一起的合影，这张照片后来还收录在《甲子归哺——资华筠舞蹈艺术生涯60年纪念文集》中，题为"母女情深"。母亲在给我的这本文集扉页上写下："To Leilei, love you forever, mom.

妈妈永远爱你！”多希望时光永远定格在那一刻！今天我又像往常一样在母亲的照片前放上一束她喜欢的鲜花，照片里的她对我宠爱地微笑着，我心中感觉暖暖的。母亲给予我的爱会在未来的岁月里继续陪伴着我，让我永不孤单。

（节选自《传记文学》2021 年第 3 期“流年述往”栏目）

（王蕾　资华筠先生的女儿）

第二部分　桃花潭水深千尺

——半个世纪的老友

本书第二部分至第五部分内容除刘厦静文章以外，均选自罗斌主编、许锐副主编《甲子归哺——资华筠舞蹈艺术生涯60年纪念文集》，文化艺术出版社2010年版。文章顺序略有调整。

——编者注

资华筠的成功之路

王　宁

我和华筠相识 55 年，半个世纪的交情。我为她写过评论和书序，见证了她每一个阶段出色的成功经历，也有过几次很重要的合作。现在，她的学术生涯又上了一个台阶。我想试着认真地总结她的成功之路。

资华筠少年投入舞蹈表演艺术时，只有在南开中学初中的学历，她从舞台的成功起步，经历了关于舞蹈的各种实践方式——编舞、教舞、收集舞、组织舞、评论舞，最后达到研究舞蹈规律、创建舞蹈理论的博士生导师的地位。在舞蹈这个行业里，这样全面又成功地面向各个实践过程和研究过程的人是不多见的。现在是崇尚学历证书的时代，而资华筠以 70 多年走过的这一条成功之路，充分证明了学院正规学习之外的另一条卓有成效的成功道路，资华筠的成长历程很独特，但确是带有普遍启示性的。

一、及时转换角色的舞者

作为舞人，资华筠的舞蹈生涯从参加第三届（柏林）世界青年联欢节舞蹈比赛表演藏族群舞《春游》获金奖开始，她的形体表现力是几经证明了的。不要忘了，在排演《飞天》的时候，她一开始还是跟在徐杰后面的 B 角，导演戴爱莲老师起用了她，把《飞天》改成了双人舞，使她成为 50 年代无人不知的舞蹈的首演者。到青年时代，“资华筠”的名字与《荷花舞》《孔雀舞》《飞天》这些50年代著名的民族民间舞蹈早就联系在一起。那样热爱舞蹈的资华筠，因为“十年浩劫”耽延了舞台生涯。1981年刚刚45岁，她便与王堃、姚珠珠合作，成功地举办了三人舞蹈晚会，展示了对民族舞蹈的审美追求之后，宣布不再参加售票公演，为职业表演生涯画上了完满的句号。对于这个举动，她有过极为深刻的解释，她说：“专业舞人的真正悲剧还在于，当你的形体充满青春活力——具备着最大限度的可塑性时，你不一定真正懂得黛尔勃西荷拉世界的奥秘。在相当长一段时间里，似乎练功本身就是一切，目标是不明晰的，而当你走向成熟时，形体已开始老化，心、形、体、魂终难合一。”她说：“终有一天，我的头脑像触了电，黛尔勃西荷拉输入了一条闪光的信息：喂！朋友，你应有足够的明智认清，你的舞体与舞魂正在不同的两条轨迹上运行着，那相交相触的时机已经错过，永难挽回。”她说：“我突然感受到，我心中的舞蹈，恰似永远追求不到的‘情人’，他完美、理想，却可望而不可即，于是，我毅然结束‘苦恋’的历史——退出舞坛，义无反顾，无怨无艾。”[①] 每当我读到华筠的这几段独白时，心里总是泛起深沉的感伤与无限的敬意。华筠在少年时代选择了舞蹈作为职业，她爱上舞蹈时并没有想到，舞蹈是用自己的身体来体现美的，舞蹈的生理年龄很短，而美感的成熟却需要很多的体验积累，心理的年龄需要高于生理的年龄很多。她在苦恋中苦练，舞技日渐精湛，把美奉献给观众；她也在苦恋中体验，美感日渐成熟，却把体验留在了心中。1980年，我三次去看资华筠、王堃、姚珠珠的三人舞蹈晚会，在我看来，资华筠的舞蹈水平并没有下降，她的形体表现力还游刃有余；但作为观众的感受，与她自己的感受是有一定距离的。她以高标准要求自己，用心去跳舞，才能感受到舞体与舞魂能否全然

---

① 资华筠：《永远追求不到的“情人”》，载《华筠散文》，百花文艺出版社1994年版，第7—8页。

合一，才会知道自己之所想是否能够完全变成自己之所舞。华筠不能容忍二者有丝毫的脱离——她把二者的脱离看作对舞蹈的亵渎，是对观众的欺瞒，是对理想的背叛。她因为热爱舞蹈而退却，像她这样明智而隐忍的成名者真是不多见的。

中国传统所说的“春蚕到死丝方尽，蜡炬成灰泪始干”，是一种燃烧自己成就事业的境界；但“明者因时而变，智者随事而制”也是一种境界，那是一种不断转换自己的角色，求得长远发展的境界。这两种境界，资华筠都达到了，她始终没有离开自己热爱的舞蹈，体现了前一种境界，而她根据自己的条件和事业的需要及时转变了角色，又体现了后一种境界。她是智者，一个怀着为事业献身的责任心永不停步的智慧的舞者。

二、永不停止进取的学者

在我和资华筠相识相知的50多年中，没有哪一个时候她不在学习。她擅长的是民族民间舞蹈，但她学习芭蕾、学习中国戏曲、学习西方艺术、学习对绘画和音乐的鉴赏。我经常举她的例子告诉年轻人：在专业成熟的道路上，多种学科的滋养是在无形之中使自己的成果丰厚的，而滋养是通过学习才能被吸收的，只有勤奋的有心人才能像海绵一样吸收。

19岁，正当她舞蹈事业如日中天的时候，她到师大中文系来学习写作和文艺理论。这些功课与舞蹈并没有直接的关系，但是却提高了她跳舞、评舞、编舞的品位，给她的舞思带来多角度的联想。资华筠不是一个用四肢和体态跳舞的人，她懂得舞蹈内在的思想，也就懂得舞技应当从属于舞思。如果不是具有这样的思想，她不会在45岁以前就发现了舞蹈的内涵和外形需要完美协调的道理。

1981年，正是她恢复舞台生涯的旺季，文化部拟派她赴美作为期一年的访问学者，她在当时安全部副部长陈忠经同志的鼓励下，到陈翰笙老师那里去学习英语。在陈老的悉心教导下，她的英语迅速熟练。我和她一起开过几次国际会议，知道她能用纯熟的英语介绍节目、主持会议和作学术发言。这一点，即使是我们这些一直没有离开高等学校的人，也是难以做到的。华筠 50 年出访过世界 50 多个国家，英语口语熟练给她带来很大的方便自不待言。

表演是一种舞台艺术，作为一个舞蹈家，资华筠不再进行职业表演之后，如何延续自己与舞蹈的缘分？她以舞蹈题材的电影剧本《敦煌的梦幻》[①] 为练笔，开始用笔来表现舞蹈，发表、出版了多部专著、文集和大量有影响的舞评、舞论，约 300 万字。学习使她有了更多为舞蹈献身的工具，学习使她有了更多观察、创作、发展舞蹈艺术和舞蹈科学的角度，在中国现代舞蹈史上，资华筠是占有一席重要地位的。

当舞蹈生态学的创建提上日程以后，资华筠的学习进入了一个更高的层次，她要面对语言文字学，面对生物生态学，面对人体科学甚至数学。这些学科彼此的距离都很远，对于任何一个单学科的专门家来说，把这些学科交叉起来也是不容易的。而资华筠却在这些学科之外把舞蹈放在了中心。让这些学科中有用的理论和方法向舞蹈艺术辐辏，于是，在舞蹈生态学里，资华筠找到了一条研究舞蹈规律、把握舞蹈共性的道路，进一步提升了她认识舞蹈、发展舞蹈的能力。

资华筠的学习是有她自己的特点的。她获得舞蹈的核心知识，首先是对前辈学者的继承，她从戴爱莲、吴晓邦、陈锦清等舞蹈艺术家那里充分汲取直接或间接的营养。其次是她向国内外艺术家用心地学习，到中国艺术研究院以后，她对舞蹈史的学习就是如此。但是有一点是更重要的，就是她能边学习边思考，求得所学知识和经验的系统化，更能把所学的知识与自己的实践紧密结合，所以她的舞蹈知识不论来自多少个途径，都是系

---

① 资华筠、王宁:《敦煌的梦幻》,《女作家》1985 年第 4 期。

统的。

至于学习其他领域的知识，她曾这样说：“自取百家奶，各门功课都是‘半瓶子醋’，但也庆幸免受应试教育之苦。”她还说过：“重视他人的鲜活经验，将所学知识‘格式化’后储存于脑海，随时灵活调用。”其实，这是一种“体验式的学习”。这种学习的特点是：第一，先有自己精通的核心知识，再把吸收的各种其他知识梳理到核心知识的主线之中；第二，先有感性体验，再提升为理性认识；第三，先从实践中发现知识的欠缺，再根据需要从其他学科中补课；第四，吸收任何学科的知识剪掉枝枝蔓蔓，抓住精神，把握方法。

其实，这种学习方法在今天的知识爆炸时代具有一定的普遍意义，是对正规学院式的学习的一种有效补充，但不是所有人都能采用这种学习方法而成功。能够这样做，首先必须具有自己核心知识的体系，而且在这个方面有非常高的造诣。其次，必须懂得学习的重要，对自己素质的提高有强烈的追求。同时，还必须有学习的毅力，有自觉地、勤奋地、不停顿地活到老学到老的精神。资华筠具备了这难得的三个条件。我们真的盼望，已经进入实践的年轻人，能够因具有资华筠的精神而获得资华筠式的成功，这正是我们今天提倡的“素质教育”的另一条适合更大范围的人的成才道路啊！

三、追求理论创建的研究者

1987 年，资华筠作为吴晓邦先生的继任者，担任中国艺术研究院舞蹈研究所所长。这对她是一个跨度很大的角色转移，就任的时候，她是面对许多怀疑的眼光和观望的神态的。她就职演说的第一句话是：“我不是来上任的，而是来上学的，相信只要自己想学，任何时候都不晚。”

她在中国艺术研究院的学习是从舞蹈史开始的，首先虚心向舞蹈所的舞蹈史研究专家学习，而且，她认真读起古代的舞蹈史文献。我还清楚地记得她在我的建议下读《毛诗序》和《礼记·乐记》的情况，那么难读的先秦典籍，她硬是给啃下来了。她由此了解了舞蹈的实质，很快就运用到理论创建上去。我在她修订的《中国大百科全书（第二版）》中描述“舞蹈的起源、发展及原初功能之演变”中看到了那些阅读带给她的“底气”。

“舞蹈生态学”的创建，使资华筠的研究走上了一个新的台阶。舞蹈学科的本体研究基础理论薄弱，从哪里着手去创建基础理论？必须把握两个“度”：第一，是舞蹈艺术与舞蹈科学的区别度。舞蹈是艺术，艺术有着极强的人文性，包容极为强烈的个性，而科学是讲求共性也就是共同规律的。一门艺术不能没有共同规律，否则就会失去自身的素质，脱离社会审美，不成其为艺术。但是强调艺术的科学规律过甚，必然导致创作的僵化、刻板，损坏艺术的创造力。创建艺术科学要有限度，不然就会成为伪科学。第二，是定量和定性、分析和综合方法使用的限度。科学不能没有适当的定量，但艺术带有模糊性，不能采用过于精确的定量；科学不能不讲系统，不能没有分析，但艺术审美带有综合性，不能过细分解。采用哪些定量的方法，要素分解到什么程度，都必须清楚。艺术科学是人文科学，采用自然科学的方法一定要切合人文科学的特点，过分精确的量化和过分强调分析都是会背离艺术特性的。鉴于舞蹈本体的基础理论的匮乏，舞蹈生态学借鉴了语言学中音位学和语义学的理论方法，对舞蹈外形进行了中观至宏观的分析。中观分析基本单位为“舞动”，仿照音位归纳原则，将舞动归纳为“舞畴”，并将其连接为线性的“舞畴序列”。宏观分析以“舞目”为基本单位，仿照义场类聚原则，将舞目类聚为“舞目类群”；又根据形、功、源、域的综合因素，设立了“多维舞种”的概念。舞蹈生态学的主要任务是在对舞蹈本体分析的基础上寻求舞蹈与生态环境的关系，因此它不但要关注自然生态，更要关注社会、人文生态。它将生态环境分解为“生态项”“生态因子”“生态网络”等单位，提出了“生态幅”“生态位”等分析要素。《舞蹈生态学导论》[①]已经出版20年，它的创建使舞蹈有了科学描写的手段，也使舞蹈的存在与发展的原因有了可解释性。资华筠在创建舞蹈生态学的过程中将诸多学科——特别是语言学和生态学应用于舞蹈学，当然也是经过她艰苦的“体验式学习”的，而在创建舞蹈生态学的过程中，表现出她对舞蹈艺术深刻的理解和独特的感受，也可以看出，她作为一个舞蹈实践家在形象思维之外，逻辑思维也是十分清晰明确的。

舞蹈生态学的创建，使资华筠的舞蹈评论和研究步入更加理性的阶段。把她前后期的文集加以比较可以看出，她在2001年后的舞蹈评论有了更强的理论推论能力，有了更准确的对民族舞蹈特点的把握能力，有了把舞蹈置于社会和自然环境中的宏观思维深度。2008年，资华筠出版了《舞思——资华筠文论集》，这部书的出版是资华筠的研究和实践走向更为理性的重要标志。她完成了舞蹈基础理论的创建后，用了20年的时间，把理论运用于舞蹈实践，从而丰富了理论。例如：她在《试论花鼓灯的“舞蹈生态幅”》[②]一文中，提出了舞蹈传承中的“舞种裂变”问题，并且提出了这种现象与生态环境变化的关系。在讨论当代亚洲舞蹈的发展时，她又提出了保护民族民间舞的“优质基因”的问题[③]……这些涉及民族民间舞蹈的重要理论问题，既是从舞蹈生态学中生发出来的，又对舞蹈生态学有所推进。非物质文化遗产保护问题提出后，她把舞蹈生态学的理论运用于非物质文化遗产的确定和保护，提出了许多有价值的意见和建议。例如，在中国民族文化走向世界的当口，她注意到了一种“文化围城”的现

① 资华筠、王宁、资民筠:《舞蹈生态学导论》，文化艺术出版社1990年版。

② 资华筠:《试论花鼓灯的“舞蹈生态幅”》，载《舞思——资华筠文论集》，文化艺术出版社2008年版，第124—132页。

③ 资华筠:《强化优质基因　交流、汲取、共同发展——当代亚洲舞蹈展望》，载《舞思——资华筠文论集》，文化艺术出版社2008年版，第137—144页。

象[①]，及时指出了中国文化盲目求“洋”求“新”的趋势，建议重视中国特色遗产的保护和传衍；她同时也注意到了另一种“遗产爆炸”现象，及时提出要防止“原生态”的滥用。有鉴于此，她指出“原生态”的三个“自然”特性——自然形态、自然生态和自然传衍。[②]她提出了“精神植被”的问题，建议要“争取人类精神秩序的优化”[③]……这些充满着智慧和观察事物的极大敏锐性的建议，都可以看出在创建舞蹈生态学之后资华筠对舞蹈、对文化、对民族遗产理性思考水准的提升。

她没有停留在舞者的感性阶段，也没有停留在学者的吸纳百家的阶段，她从一个成名的舞蹈表演者起步，最终达到了成功的理论研究者的高度。

四、永远关注社会和人民的爱国者

在21世纪到来时，人们经常强调人文社会科学研究要起到为国家建设咨询的作用。在这方面，资华筠的贡献也是十分突出的。

在资华筠做全国政协委员的30年中，常常为普通人的困难和各种社会问题提提案，而且在提案提出后，一定追踪解决。她一生中帮助过多少人解决疑难问题，真是很难数清了，这也使她获得了一个“资大侠”的不俗不雅的称号。资华筠快人快语，有人说她有一点儿“霸气”，我说，那要看对谁。面对前辈学者、有真才实学的同辈学人，她是十分谦和的，那谦和不一定是表现在语言上，而是表现在真心的吸收、学习和认可上。对

① 资华筠：《探索具有中国特色的非物质文化遗产保护》，载《舞思——资华筠文论集》，文化艺术出版社2008年版，第237—246页。

② 资华筠：《探索具有中国特色的非物质文化遗产保护》，载《舞思——资华筠文论集》，文化艺术出版社2008年版，第237—246页。

③ 资华筠：《探索具有中国特色的非物质文化遗产保护》，载《舞思——资华筠文论集》，文化艺术出版社2008年版，第237—246页。

需要帮助的底层大众，资华筠充满了同情和爱护，给他们指路，帮他们找门儿，不惜时间甚至不惜钱财。但是一旦看到那些不正之风，她的“霸气”就会上来。小至对恶劣的服务态度，她会不顾任何人的面子严加指责；大至一些反科学、毁艺术的奇谈怪论的提出，她会板起脸来反驳。例如，她在全国政协十届一次会议上提交的提案“保护文艺批评和支持文化打假”就是义正词严地指责了地方保护主义的危害。我常常想，在社会风气如此不尽如人意的今天，我们需要这种“霸气”。这种“霸气”应当认为是一种坚持正义的“侠气”。和资华筠在一起，我常常感觉到自己的怯懦、妥协，还很愿意沾染上一点儿她的那种“霸气”呢！

几十年来，资华筠不只是在小事上关注个别人，更重要的是，她能够用自己的知识、能力和胆识关注到自己能够涉足的国家大事。从70年代末我和她一起到宁夏去讲学，她就开始关注各级学校的艺术教育。她探讨了“舞蹈美育科学化”的问题，提出了“优化‘理论评论生态’”的问题，这些都是当前在艺术家和艺术教育界亟须解决的问题。

舞蹈是艺术，艺术不仅是被人欣赏的“节目”，也是一种与国家文化建设直接相关的事业。资华筠是一位永远关注国家艺术事业发展的艺术家。早在80年代，她在出国访问中，就注意让国际朋友了解中国，进行“舞蹈外交”。这种外交不是说教式的宣传，而是通过中国艺术的魅力和中国艺术家的魅力来改换在外国朋友头脑中的中国形象。她在非物质文化遗产的保护事业中，频频提出关于如何建设文化生态保护区的理念、机制和方法的问题。[①] 除了正面的建议外，作为全国政协委员，她还通过提案毫不留情地指出，要遏制大型综艺晚会过多、过滥的问题[②]；提出文艺评奖

① 资华筠：《理念　机制　方法——建设文化生态保护区的要素阐释》，载《舞思——资华筠文论集》，文化艺术出版社2008年版，第247—252页。

② 资华筠：《遏制大型综艺晚会过多过滥》，《舞思——资华筠文论集》，文化艺术出版社2008年版，第257—260页。

中的诸多弊病。[①] 在那些知无不言、言无不尽的呼吁中，体现了她站在艺术事业的前沿无比热情的爱国志向。这里还要提出的是：资华筠关注国家的利益，关注人民的需要，但她从不用艺术去图解政治任务，她是严守艺术家的美学理想和艺术自身的规律的。她反对配合任务的大型综艺节目泛滥，提出演出要着重培育精品，就是这种艺术良心的表现。想一想那些为了自己的名利不惜伤害他人的疯狂竞选，想一想那些仅仅把艺术当成赚钱工具的“商品化销售”，想一想那些迎合一部分人口味甚至损害艺术美感的庸俗异趣，资华筠和一些真正艺术家们的责任心和正义感难道不应当大力提倡吗？

五、题外的话

资华筠从表演到研究的道路上充满了进取和创造，60 年前从艺，30 年前转型，20 年前从研从教。她的成功让我们不敢完全用贴上的学历、“人才”等标签来看人，她的成功给由于客观原因一开始就专注于实践的自学者一种启示、一种信心，她的成功也应当给那些一味迷信学历、不看能力和品德的人才需求单位一点启发。然而资华筠的家庭、师承、机遇和自己的努力毕竟是不可多得的，这条路上铺满的艰苦跋涉的脚印也不是侥幸者、惰怠者甚至投机者能够踩得上去的。

资华筠凭着自己的责任心以及用心的研究和实践提出了那么好的建议，对这些建议做出了有说服力的论证，但是有多少已经被采纳了呢？缺乏质量的大型综艺晚会被遏制了吗？“遗产泛滥”被消除了吗？文艺评奖清洁了吗？地方保护主义杜绝了吗？……以资华筠现在的地位，她还是一

① 《文艺评奖机制有瑕》，2000 年资华筠在九届全国政协的提案，后载于 2002 年 3 月 5 日《人民政协报—文化周刊》。

个“说得上话的人”；又有多少说不上话的好建议被搁置了呢？看来，在理想和现实面前，资华筠和一切有良心的艺术家们任重而道远，长途跋涉还不能停步啊！

（王宁　北京师范大学文学院资深教授，博士生导师）

回忆　纪实

——南开中学的同窗好友资华筠

樊佩琳

南开中学是有着百年历史，享誉国内外的名校。资华筠和我是1947—1950年南开女中的初中同学。

女中部成立较晚，1926年校舍落成，日本侵华期间又被炸毁。抗战胜利后，女中部迁至天津甘肃路南开大学分院的旁边，男中仍在南开区。授课老师要奔波于男女校之间，非常辛苦。但师资、课程没有任何差异，我们与男生享有同等高质量的教育，非常幸运。不过，女校经历波折较多，“文革”中更名，恢复校名较晚。我们1953届的同学（含1950届初中毕业生）一直与男中同属一个校友会，同学间始终保持联络，我和华筠是联系密切的同窗好友。

我们1950年的初中毕业生，是中华人民共和国成立后的第一届。天津解放前，一些国民党高官和阔家子女，纷纷随家庭飞往中国台湾、中国香港，这届毕业生减了将近三分之一，学校实行了合班，这使得我们俩接触的机会更多，关系也更好了。

资华筠在班里年龄最小，但她学习成绩（包括体育）很好，经常考第一。她不只是搞好自己的学习，还关心、带动全班的学习，并且热心于课外活动。因此我们成为全校德、智、体全面发展的优秀班级。每当天津市有外国代表团来参观时，总是选拔我们班参加活动，我也沾了不少光！

1996 年，樊佩琳与资华筠合影于母校

华筠是银行家的女儿，家庭条件好，课外读物多，父母教育有方。她门门功课都很好，尤其是作文写得漂亮。老师曾把她的作文当范文，读给同学听，评价说："行文流畅，用词妥帖……"鼓励她将来当作家，我们都很羡慕。

不过，她的理科也很好。我们的物理教师是南开大学的著名教授倪守正，讲课深入浅出，引人入胜。华筠经常提课本外的问题，涉及力学、电学……有些是高中的物理课程，似乎在考老师，其实是她联系实际的思考。老师很高兴，鼓励她将来学物理。教化学的余老师是鸵鸟牌墨水和爱尔染色配方的发明人，也很棒！华筠对化学也有很大的兴趣，也爱提问题。如："物质的外围电子如何参加反应？""温度变化又会引起怎样的现象？"还利用酸碱中和原理，回家制作汽水，于是又有了余老师让她将来学化学的建议。

有时我们问她究竟喜欢哪门课？她说都有兴趣。她虽学习上如饥似渴，但从不死读书。下了课，一溜烟地跑向操场玩耍，体育课、文娱活动都很活跃，是垒球校队的投手（南开的垒球队是市里的冠军）。她口才也很好，曾获天津市中学生演讲第二名。

资华筠 11 岁进中学，个头又瘦又小，是个出了名的调皮学生。喜欢模仿老师的语气、姿势，而且惟妙惟肖，同学很爱看。我们的地理老师讲课每句后面爱加个“哈”字，大家都觉得可乐，华筠在听课时悄悄为老师的“哈”画“正”字（做统计）。下课后，她举着一张小纸条对老师说，您一堂课讲了 43 个“哈”，引得同学哄堂大笑！老师立即考问她刚才讲课的内容，她对答如流。弄得老师哭笑不得：“你这个小同学，手不闲着，倒没耽误听讲。”

初三的历史课老师兼教政治课，刚解放，老师对新名词有个熟悉过程。她把“计划经济”和“经济计划”的定义讲反了，华筠立刻举手纠正，老师有些尴尬，事后找她谈话。她毫不畏惧，坦率地对老师说：“如果不及时纠正，同学们搞错了怎么办？”老师觉得有道理，反倒挺喜欢她了。

华筠就是这样活泼可爱、真诚待人、助人为乐。她的家教很严，从不给零花钱。她喜欢吃小摊上卖的烤红薯、煎饼果子，就拿从家里带来的高级午餐和同学换着吃。父亲坐小车上班，从不许她顺路搭车。她穿着布鞋，从初一开始步行，后来是骑自行车上学，外表绝对看不出是有钱人家的孩子。

最开心的时刻是，学校组织晚会，华筠是活跃分子。一次，我与她同台演出哑剧《×× 大夫》。此剧由华筠编导，她让我演主角——大夫，她演患者。主要情节是大夫用各种荒唐的方法进行“身体检查”，最后拿起兽医治病的锯子为患者动手术，把患者吓晕，连滚带爬地逃跑……没有台词，完全用肢体动作，大家不仅看懂了，而且笑得抱着肚子流眼泪。演出给班里争了光，我也过了把瘾。

万万没想到，毕业考试第一名的华筠，本可以保送高中，她却因为看了一场革命大歌舞，毅然放弃学业准备去北京报考舞蹈团。这使得那些期望她当物理学家、化学家、作家的老师伤心透顶，感到不可理喻！后来听说她报考舞蹈团时日期已过，幸好经戴爱莲先生主考得以破格录取。不过，我们高中班的老师得知她去"跳舞了"仍感到惋惜，甚至盼望她学不下去，再回来上学。

其实，华筠到舞蹈团一年后，就被选入中国青年文工团，参加国际舞蹈比赛得了金奖。后来，我们班的许多同学，高中毕业后都考上了北京的大学，虽与华筠见面不多，却能互通音信。在我的印象中，她很快成为中央歌舞团的主要演员，而且经常出国演出，为国争光。偶尔有机会见面，她总是十分亲热地对待昔日同学，丝毫没有著名舞蹈家的架子。同学们还不时地议论她，究竟坚持读书考大学更有成就，还是搞舞蹈更适合？相当一部分同学坚持认为如果她学理科，一准儿能当"院士"。其实，生活哪有"如果"呢？

不过，以华筠今天的成就来看，实在令我惊叹！不只是因为她舞跳得好，国内外获奖，足迹遍天下。更难得的是，她以初中毕业的文化程度，不断自学、进修，文章、外语都拿下！如今已是著名舞蹈理论家、学科带头人、博士生导师，谁能说她选错了行呢？

她虽然在 1950 年初中毕业后就离校了，但我们仍把她纳入"1953 届校友会"。校友中"人物"不少：戏剧家王景愚，清华大学原校长王大中院士，建筑设计家王维珍……还有些人走上了高层领导岗位。但每每校友相聚，大家有如回到了同窗求学的时代，有说不完的话。华筠在大家眼里是耀眼的大艺术家，她却仍然像当年一样天真、单纯、热情。尤其是对校友会的事，总是有求必应，不辞辛苦。譬如：百年校庆晚会请"明星"遇到周折，临演出的前夜找到她求助，她当时重病在身，但还是勉力为之，连夜奔波，把难题解决。大家为此非常感动，她却说："南开是我的'最高'学历，也是我的母校。孩子对母亲的要求，当然要有求必应！"

不久前，接到她的电话，让我帮她查询在校的档案，并告知今年是她从艺60年，准备出纪念文集，希望能够找到一些在校学习时的资料、图片。世事变迁，女中的档案已荡然无存，幸好还有几张我们初中时期的老照片，她如获至宝，连连感谢。其实，少年时期同窗的美好记忆、诚挚友谊，永远留在了我们的心里，比照片更清晰、更珍贵……

（樊佩琳　国防工业高级工程师，资华筠先生的南开中学同窗好友）

老“妹子”资华筠

彭清一

我和资华筠相处 60 载，如今人们都称她“资先生”。老同志、老朋友照样叫她“小资”，这是交情的象征，是亲昵之称。

我和小资同一师传学艺，同一教室练功，同一大院居住，同一大锅吃饭，同一舞台起舞，并于 1952 年在同一艺术圣殿——维也纳金色大厅演

1951 年,《白毛女》小道具组合影（资华筠：前排左二）

出——第一次展示了中国青年舞蹈家的风采!

这些共同的经历铸就了我们志同道合的战友情，它将珍藏于我们的一生。

我们从 1950 年起，经历了共和国前进中的风风雨雨、曲折艰难，将自己的生命融入共和国创业的历程中。年轻人或许不大理解，什么是战友情、同志情?我们毕生从没有为“钱”而计较、埋怨，但特别珍惜这 60 年沉淀下的情重谊深。因为正是它共同铸就了我们对祖国对事业的伟大忠诚。

作为小资的老同志、老战友，我想从三个方面，谈谈她在我心目中的印象。

第一，一位真正的舞蹈表演艺术家、理论家。真正的艺术家是心怀坦荡的，是把自己的理想、信念、追求无私地融入自己生命搏击的全过程，资华筠是这样做的。

她表演过多少节目?跳过多少种舞蹈?塑造了多少美好形象?几十年来难以计数，但可以自豪地讲，她作为共和国第一个国家歌舞团的主要演员，无论是平日练功还是登台献艺，无论是在人民大会堂还是在国际艺术殿堂，也无论是在国防前线、农村土台子上演出，她始终是以兢兢业业、认认真真、一丝不苟、全力以赴的态度，献出自己最饱满的激情、最精湛的艺术。作为艺术家，一个时期可以很出色，而一辈子如此忠贞不贰地注入激情就不易了。她以自己一生的忠诚树立了榜样。她以同样的忠诚对待理论研究，永远不停地思考、探索着，以最真实的笔触表达自己的真知灼见，与表演艺术一样充满激情。

第二，她是一个克己奉公、忠于职守、严于律己也敢于捍卫真理和原则的人。我认识她时，她还是个 15 岁的“红领巾”。1951 年，为执行新中国第一次大型对外文化交流任务，由全国各地抽调已有相当成就的艺术家组成“中国青年文工团”，在 300 多位成员中，资华筠是年龄最小的演员。然而，却担任了国际舞蹈比赛的任务，表演西藏舞《游春》(4 男

4 女群舞）获金奖。当时，她是从尚未结业的舞蹈团少年班学员中选拔出来的（我和其他几人都在演员队，比她年长四五岁），这源于她的先天条件，更源于她的刻苦努力。她在生活中非常调皮，出国期间也免不了爬房、下海……为此挨过批评。但是对待工作任务，却极其严肃认真。我们除舞蹈表演外还担任歌剧《白毛女》的群众演员兼“小道具组”成员，负责抢场和保管道具，她都出色地完成了任务。她也很注意学习，老同志们都爱给她讲故事、分析观摩过的作品，她认真地记笔记……

“文革”非常岁月，我们都受到严重冲击，被剥夺了上舞台的权利。后期，一旦形势有所“松动”，我们都千方百计地设法恢复练功。无论是躲到“体操队”去练功，还是后来有条件在团里自己打扫教室、生炉子集体练功，我们都是心往一处想，劲儿往一处使。国家培养我们的本领，不能轻易荒废掉，即使在艰难岁月里，也要忠于职守——保住人民培养的专业技能。这种信念，使得我们在“十年浩劫”后的不惑之年，又重新登台表演，并走出国门继续为国争光。资华筠最后还开了专场舞蹈晚会。

一个国家、一个民族的伟业，是由各行各业的人坚守住自己的岗位，认真履行职责，凝聚成巨大的能量而得以完成的。如果没有始终如一忠于职守的精神，那么为伟业奋斗就是一句空话。我认为小资在艰难中，这种坚持不懈的精神是难能可贵的。

毋庸讳言，文艺界有“文人相轻”的习气。可小资却对同行的成绩怀有真诚的赞美之情。记得中央 7 台给我作专访，舞蹈家里我请了小资。她非常忙，而且电视台在五棵松，地址不好找。黑灯瞎火，她颇费周折地按时出席，非常热情、真诚地介绍了我的成就。电视台的领导认为她讲得十分精彩，那是真情流露，令我为之动容。

一次闲聊中，她听说我没能按时读到《舞蹈》，立刻给杂志社打电话建议“对这样有成就的老舞蹈家要主动送上门”。后来我就按期收到了《舞蹈》。

她对同行的支持、褒奖并不影响她对你的不足坦率地提出批评、建议，包括我这位“老大哥”，其实这才是更真诚的友谊。现在，能够坚持原则，以高标准互相激励的朋友实在不多了。我想，她培养的博士生之所以那样优秀，如今在各个岗位上挑大梁，也缘于她的这种高标准、严要求，一心为了学生长远的发展。

第三，立意高远、摆脱庸俗，始能体现大爱无疆。如今有些人，片面提倡“难得糊涂”“赏识教育”，喜欢话到嘴边留半句，调和、中庸成时尚，甚至说些廉价、虚伪的好话，几乎完全舍弃思想领域里的辩证法——批评与自我批评。酿成学术界、同志间的庸俗作风。我认为周恩来总理倡导的“活到老，学到老”，如果没有同志间的相互提醒、帮助是很难实现的。

小资对自己几十年如一日的严格、严谨，造就了她如今的突出成绩。她对别人的严格要求、积极建议是希望大家都能提升自己。这是脱离了低级趣味的爱与责任，也体现了她“君子坦荡荡”的胸怀。她对“知无不言，言无不尽，言者无罪，闻者足戒”执行得比较彻底。对别人提出的批评是“闻短则喜”的态度，对他人的不足是真诚相助的动机。她对我就是如此，几十年过去了，如今我每每想起，总是十分怀念那种坦诚和善意的批评，它对我确实有益。

这种大爱，体现在她重病缠身，毫不畏惧，仍然坚持工作、奉献，传播人类文明，启迪社会良知，开发弟子的智慧……她就是这样一个脱离了低级趣味，有着高尚情操的人。只为追求一种完美的人生境界和理想。几十年来，我们相处的日日夜夜，有如天空的星斗相互照耀，而非沙滩的顽石互相撞击。这种战友情深永远值得珍惜！

（彭清一　中国东方演艺集团终身荣耀艺术家，国家一级演员）

有灵魂的人

——好友华筠

赵　青

我父亲赵丹生前曾要我记住电影《海魂》中水手女儿的一句话："海洋上的事业，是有灵魂的人干的。"这句话在我脑子里生了根，勉励我一生。是啊！有灵魂的人才能干好海洋的事业，有灵魂的人也才干得好舞台上的事业、银幕上的事业……在我眼中，华筠就是有灵魂的人。

1951 年 9 月我考入中央戏剧学院舞蹈团时，小资和后来成为我丈夫的刘德康等正在国外演出。这批"尖子"回国后的一天，我在练功房外透过玻璃窗看到一位身材修长的姑娘在弹钢琴，同屋张宜秋向我介绍：她叫资华筠，大家叫她"小资"，爸爸资耀华是银行家，弹一手好琴，她的身材适合跳芭蕾，但偏要跳民间舞。不久，组织宣布，未满 18 岁的尖子演员，每天可配给两个鸡蛋，我和小资当时 16 岁，荣幸地被定为"蛋级干部"，这样就拉近了我和她的距离。1953 年，我和小资都参加了贺老总率领的第三届中央赴朝慰问团，为中国人民志愿军、朝鲜人民军演出。我担任了领舞"白荷花"及《花鼓灯》中的"抢手绢"等，她是《红绸舞》《军民联欢舞》的领舞。虽然是停战后，环境依然很艰苦。我们朝夕相处，一起经受了锻炼和考验。

1954 年，由于业务表现突出，中央歌舞团保送我和刘德康去北京舞蹈学校上学。华筠也在入选行列，但她正在排双人舞《飞天》，准备参加

1955 年在华沙举行的青年联欢节国际舞蹈比赛。因此放弃了进修，我们就此分开了近 3 年。

1957 年年初，我被调往中央实验歌剧院舞剧团搞舞剧，为了演出《宝莲灯》中的三圣母，不仅向京剧界老前辈学长绸舞，我又回到歌舞团向红极一时的《飞天》舞者徐杰、小资学绸舞。两位大姐热情地轮番教我，她们的绸子很长、很飘，不用棍儿，全是真功夫，很难学。（后来我舞的长绸加了两根短棍，轻松多了）小资非常认真地教我手腕、手臂如何用力，窍门在哪儿，连同《飞天》中的全部“绸花”都毫无保留地教会我。数十年来，我在海内外表演舞剧《宝莲灯》中的双绸，自编自演独舞

赵青与资华筠合影

《长绸舞》，以及《红绸舞》中的领舞，所获得的成功离不开这两位启蒙老师的无私传授，真是终生难忘。

我和小资真正深交是在“文革”中。当时我父亲被关进监狱，小资父母同样遭受严重冲击，去农场劳动。我俩同是“黑尖子”“狗崽子”“修苗子”。可小资竟然勇敢地带着朋友多次到我家看望我和德康，我们深感人间自有真情。在她的感动下，我和德康也带着“文革”中出生的两个儿子去看望过小资、王寿印，悄悄地议论过对“时局”的困惑，商量如何写申诉材料……这种患难之交必然地久天长。

粉碎“四人帮”后，迎来了第二个春天！我们都再次重登舞台，艺术获得新生。我演出保留舞剧和新编舞剧，小资也依然是中央歌舞团的主要演员。1983 年，她和王堃、姚珠珠合作举办独舞、双人舞专场晚会后，就逐渐告别了舞台。又接过舞蹈宗师吴晓邦的班，扛起舞研所所长的重担。我们虽不在一个“行当”，但是心永远是相通的。多少年来我们一直互通情况，相互关心、帮助，互相支持。小资真不负众望，挑重担后利用业余时间，攻读学问，钻研理论，进修英语……当我听到小资在国际会议上用英语发言，很是感慨。她已人到中年，除天分外，没有毅力和苦读精神是做不到的。不仅如此，她的著作一本一本地出，她那既有实践又有高深见解的舞蹈理论和评论，一篇一篇地发表，后来她竟然当上了人人尊敬的没有“高等学历”的博士生导师。真让我惊叹并为她骄傲！作为所长，她关心同志疾苦，尊重老同志。例如：她曾为我《宝莲灯》中老舞伴付兆先的职称、待遇，四处奔波不遗余力，在他去世后为其张罗经费出纪念文集，兆先的家人很为小资的真诚而感动！

小资对朋友、对他人、对老百姓的事真可谓是“两肋插刀”。我和她都是第五届至第十届全国政协委员，30 年来，她积极参政议政，为维护老百姓的利益，敢于直言。《人民政协报》曾在头版以“大侠资华筠”的大字标题刊登她的事迹。她的提案多次被评为“优秀提案”。例如：1989

年，她去人民大会堂参加活动，司机向她反映天安门广场周围没有公共厕所，非常不方便。她当即写了紧急提案。北京市政府很重视，当年得到解决。此提案就是其优秀提案之一，从中反映出她的性格秉性，是一个关心民生、体恤民意的好委员。

如今我和小资都年逾古稀，我们的友谊依旧。近年来，尤其是她得重病之后，她的灵魂更升华了。她不仅勇敢地、科学地对待疾病，战胜病魔，更竭诚地把自己的爱献给其深爱的祖国、人民、事业、朋友、学生和亲人。近年来，在党和国家的重视下，非物质文化遗产保护工作很有成效：学术论坛，遗产日活动，国家名录和传承人评选，国际交流……小资和非物质文化遗产保护的专家们非常投入，共同努力做出了显著成绩。正如温总理指出的“文化是一个民族的精神和灵魂”。

每次通话，知道小资一会儿开会、一会儿审查演出、一会儿陪领导参观展览，忙得不可开交，我总要嘱咐她重病在身，不能超负荷。她总是乐观地说：“放心！我会注意的。”我知道，放下电话，她不定又“飞”到哪里去了。

去年 12 月，《光明日报》在光明讲坛整整两版发了小资写的《话说中国舞蹈》，反响热烈。这篇极有分量和大家风范的重要论文，为舞蹈界争了光，成为中国舞蹈史上一篇集舞蹈史、论、编、导、演、教育为一体的权威性指导文章。我们都为她骄傲。她向我透露，是中宣部部长批示后，《光明日报》来征稿的。她很感念领导对舞蹈学科的关心和对她的信任，努力为之。就在她撰写文章的同时又在为东、西、南、北的各方好友“两肋插刀”办事、奔波，因操劳过度而病倒入院。我为这位老友心疼得直掉眼泪。

小资多次对我说：“我现在是为亲人、朋友和学生活着。”她真的身体力行，为每个学生费尽心血，每篇论文都要亲自修改、督导许多遍，直到他们以优异的成绩毕业。即使毕业后走上领导岗位的学生，她仍然挂念着，继续严格要求，随时给予帮助。

据闻，今年毕业的一位博士，在答辩后致感言时声泪俱下。我深知“男儿有泪不轻弹”，他是被导师的精神深深感动了！大家反映这位学生不仅学术水平提高很大，而且人品也有了很大进步，“像是变了个人”。小资欣慰地对我说：“再累也值了！”是啊，能为国家不断培养出优秀人才，意义和影响是多么深远啊。

华筠的故事可以讲许多。我认为：为人类造福并能献出生命和全部爱的人就是有灵魂的人。在我眼中，华筠就是有灵魂的人。

（赵青　中国歌剧舞剧院国家一级演员，
新中国第一代舞蹈表演艺术家）

小资　小资！

张宜秋

“小资！小资！”我这样称呼资华筠同志有 60 年了。大概中央歌舞团的人都这样称呼她，连青年演员也在“资老师”前加上个“小”字。因为我们同属于新中国第一代舞蹈演员中的小字辈（我还比她大半岁）。

新中国第一部音乐舞蹈史诗《人民胜利万岁》，我们没赶上，中央戏剧学院舞蹈团成立后（1950 年年初）我才考入。因为是“单兵”，所以直接归入演员队作实习团员。

还记得上第一堂芭蕾课时的狼狈情景：组长把我安排在业务好的人身后，让我跟着做动作。由于从未接触过芭蕾，连脚的“一位”“五位”都搞不清，只能对付着跟着做，眼睛一眨都不敢眨，仍然跟不上……真不知道一堂课是怎样熬过来的。但下课后，大家却鼓励我，还安排专人辅导我。那时，革命队伍中人与人的关系，就是这样温暖、亲切。

半年后，小资他们考入舞蹈团少年班，是学员，接受正规训练，有班干事专门管理，专业课之外还有音乐课、文化课等，我好羡慕他们。不过，我们这代舞蹈演员都是半军事化管理，生活、学习、工作都由领导安排。同志间互相帮助，亲如手足。天不亮就起床在院子里练早功，踢腿、下腰、跑圆场……早饭后上芭蕾课、古典舞（戏曲身段）、新兴舞（德国流派的现代舞）；下午、晚上排练，有时是文化课、政治课或者小组会，安排有序，十分充实。我俩虽性格不同，却相处得很好。

1951 年，我和一部分同志参加“治淮”慰问演出，小资等少数演员被选拔出国参加比赛。初次离京，亲友分别，不免常常想念。一次，团部来人手中拿着一摞信件，大家都抢着伸手要，盼望着有自己的。忽然有人叫我的名字，原来是小资从遥远的东欧给我来信。信中详细地讲了她们在国外演出的见闻，还鼓励我好好锻炼，争取早日入团。我认真地读着每一个字，一股暖流从心中涌出，这件事写进了我当晚的日记，令我终生难忘。

1952 年，新中国第一个国家歌舞团——中央歌舞团成立，初期团址仍在大翔凤胡同 20 号那座中式四合院。在紧张的学习、工作之余，闲暇时大家聚在宿舍小院里，有说有笑、又唱又跳。聊得最起劲儿的是最近看过的节目和电影，不时有人绘声绘色地模仿其中的角色。记得小资和赵青的拿手戏是表演苏联电影《彼得大帝》中阿利克赛王子和妻子吵架的那段

1955 年，在肖邦故乡波兰联欢节，张宜秋与资华筠合影

戏（赵青演妻子），她俩惟妙惟肖的表演，引来阵阵喝彩，后来还在全团联欢会上表演过。小资还爱学李凌等领导的“广东腔国语”、学贾作光老师边走路边和人打招呼的姿态……她的“调皮”和善于模仿，把我们逗得捧腹大笑，大家好开心啊！

舞蹈队的女演员特别爱唱歌，我们可以扯着大嗓门儿，用真嗓子唱民歌，也可以二声部唱苏联歌曲。如果出游，一路上歌声不断；全团联欢，我们的小合唱加表演，也颇受欢迎。小资、赵青都是主力。

中央歌舞团有着健全的考勤考绩制度，除基本功之外，还排练世界著名舞段作为实习。记得来自列宁格勒的苏联教师为我们选择了《睡美人》片段，主要角色从教师、学生中挑选，小资因为少儿时期学过芭蕾，身体条件好，成为“公主”A 角（与四位“王子”合舞）。老师要求穿足尖鞋，但北京没有，要到上海定做。时间来不及，经济条件也不足。小资回家翻箱倒柜，把她以前穿过的足尖鞋都搬到了团里支援排练，并且把那双美国进口的最考究的新足尖鞋送给了我。虽然这段芭蕾没能正式搬上舞台，但是这双漂亮的足尖鞋，我至今还珍藏着。而且在 1954 年，与苏联音乐剧院交流时，又派上了用场。

那年正好北京舞蹈学校成立，从全国抽调舞蹈骨干组成师资进修班，后来又保送插班生入学。我们和师资班一起学跳“四小天鹅”片段，四人中有我和小资。我们个头虽不整齐，但由于基础好、学得快，苏联专家把我们从“后排”调到了前排，后来又选择我们汇报，很“露脸”！这应该归功于戴爱莲先生一贯重视基本功训练和中央歌舞团一贯严谨的艺术作风，我和小资都受益匪浅。

小资是我的入团介绍人，我是她的入党介绍人（先后都只差一两年）。由于是“非劳动人民家庭出身”，我们俩从入团到入党，历经 30 年的考验！尤其是她——银行家的女儿、业务尖子，脾气又直，喜怒哀乐全写在脸上……她称我“政委”，主动要求我帮助她克服不分场合地直抒己见，办事方法简单化的毛病。每逢开会，她要我坐在旁边，一旦说话“走火”，让我拍一下她的大腿以示警告。但是情绪一上来，她却全然忘记“暗号”，说话像机关枪似的压不住火。我把她的大腿都拍红了，她居然当众问我：“你要干啥？”弄得我哭笑不得……事后，她依然真诚恳求我继续监督提醒。对于自己真正的缺点，她还是很乐意改的。党的十一届三中全会以后，我们先后入了党。

60年的友情，脑海中泛起的回忆实在是太多了！近来偶翻相册，看到自己年轻时围着羊绒头巾的相片，那是小资的母亲亲手编织的。年轻时爱美，冬天不想戴棉帽子，看见小资围着漂亮围巾，很是羡慕。于是，她就让母亲为几个好朋友一人织了一条颜色各异的毛围巾，大家喜出望外。我还美滋滋地到照相馆专门拍了照。为此，她在运动中却挨了批判，说是“以资产阶级的糖衣炮弹腐蚀群众”。她很受委屈，不过，大方和乐于助人似乎是小资的天性，并未因屡受打击而有丝毫改变。

优越的家庭条件、父母的严格教育确实使她受益。早年学习钢琴、芭蕾，考舞蹈团时，能演奏贝多芬《月光奏鸣曲》三个乐章。她的身材修长，柔韧度好，学习芭蕾得天独厚。组织上也曾考虑保送她进舞蹈学校学芭蕾，但她选择了自己看上去并不熟悉和擅长的民族舞蹈。除去当时她在排练《飞天》，要去参加国际比赛之外，她对从事民族舞蹈事业有自己独到的价值观和奋斗目标。这种抉择，经过了几十年的实践，才看出她的抱负和实现抱负的成果。是啊，人生路上随时面临选择，进退、得失、取舍、易难……不能只看眼前，而应胸怀大志，坚忍不拔！小资正是这样坚持的，所以才能克服种种困难走到今天，取得这样的成就。小资啊小资，你的精神令我佩服，更值得我们学习！

（张宜秋　曾任中国定位法舞谱应用科学研究中心副主任，国家一级演员）

60 年同舟共济的友谊

曹育华

翻开老照片，半个多世纪的一切历历在目。

1951 年以中央戏剧学院舞蹈团的名义，派我们 8 个舞蹈演员，随中国青年文工团赴民主德国柏林参加“第三届世界青年与学生和平友谊联欢节”。在这次联欢节上，我们演出了戴爱莲先生创作的西藏舞《游春》，并在舞蹈比赛上获得了金奖。当时我 17 岁，资华筠只有 15 岁半。联欢节之后，我们到苏联和东欧 10 多个民主国家进行了为时一年的友好访问演出，这段时间使我们增加了阅历，为今后事业的发展奠定了基础，同时我和资华筠也建立了深厚的友谊。

回国后的几十年间，我们一起摸爬滚打。中央歌舞团的演出任务是国内外并重，我们一起出国去完成国家和周恩来总理亲自交给我们的“外交文化先行”的任务。广交朋友，宣传中国。在国内我们一起到全国各地巡回演出，以及上山下乡深入生活进行慰问演出。记得最深刻也是最有意义的两次：1964 年去海岛体验生活创作《女民兵》，1965 年去革命老区西柏坡和南滚龙沟大队慰问演出。

1964 年，文化部号召学习“乌兰牧骑”的榜样，组织小型演出队上山下乡深入基层为群众服务。我们团建立中央直属单位乌兰牧骑试点队，赴老区平山县西柏坡和南滚龙沟等地进行慰问演出。我团以孟于同志为队长，演员共 30 多人（我和资华筠都是主动报名参加的），我们背上自己的行李和演出用的衣物、道具便出发了。送我们的交通工具先是汽车，后来换了毛驴车，最后什么交通工具都不能用了，我们只好步行爬山，而全部行李道具也只好是我们自己人拉背驮地到达目的地。

一路上，老八路孟于同志走在最前面，有说有笑，是我们的榜样，让我们忘掉了疲劳。李学敏会打快板，资华筠笔头快——写鼓动词。他们穿梭于队伍中间，每到一个拐弯处就见到他们站在山坡的大石头上，给大家打着快板念顺口溜和打油诗，鼓舞大家士气，队伍过去后，他们再编一段，再次跑到队伍前面，等待大队到来，继续鼓动，真像一支战地宣传队。当听到敲锣打鼓的声音时，知道目的地已经快到了，只见老乡们排着长长的队伍站立两旁，举着大幅标语“欢迎中央文化部慰问团”“老八路

1964 年，在海岛体验生活（资华筠：左一）

又回来了”等等。我们见到老乡看到这样热烈的欢迎场面，就像见到了亲人，热泪盈眶，很是感动。

南滚龙沟是河北省平山县学大寨模范大队，我们在那里跟老乡同吃、同住、同劳动，并进行慰问演出，有的住在老乡家，也有的就住在牲口棚里，每天演出两三场。记得有一家老乡住在高山上，只此一家，我们还是派了一个小分队上山为这家人演出了一场。资华筠还是我们队里的“小医生”，每天背着小药箱。老乡称她为“会扭的大夫”，她还真大着胆子凭借着自己的一点医学知识给那些从未见过大夫的人治好了病。在他们眼里资华筠还真成了神医了。在这里共待了几个月，平山县委将我们的事迹上报中共中央，办公厅批复后，进行了全国表彰（资华筠等被点名表彰）。

在毛主席的诗《为女民兵题照》中的诗句“不爱红装爱武装”的鼓舞下，我们一行五人——赵宛华、资华筠、李淑子、刘莉和我，深入海岛和山东省海洋县高家庄荣城部队参加民兵训练，和民兵尖子班一起摸爬滚打、站岗放哨，准备创作一个反映女民兵的节目。记得是通过武装部，乘坐潜水艇到达海岛的。在潜水艇里我们不敢深呼吸，四周封闭，只有一个小窗口可以看到海水的流动，有时也会看到鱼。异样的环境使我们几乎不敢深呼吸，所幸我们都不晕船，感觉很快就到达了。我们住在民兵队长大嫂家，在这里，我们与民兵同吃、同住、同劳动，同站岗放哨，夜里一起在海边巡逻。白天和渔民在一起拉网，织渔网，摇木船。晚上分头和民兵大嫂各自背上装有实弹的枪，拿上手电筒，光着脚丫子，在海边上从这块石头跳到那块石头，这漆黑的夜晚只听到海水拍打礁石的声音，伴随着海水的冲击我们睁大眼睛认真进行边防巡逻。

在这里我们体验到渔民生活很辛苦，男性渔民都出海打鱼，十天半月才回来一次，家里只剩下老人、妇女和小孩，做着后勤工作，保卫着我们的海防边疆，等待着丈夫和亲人的顺利归来，每到亲人归来之日，全岛老少集聚海边去迎接，场面很是动人。在海岛我们还吃上了鲸鱼肉饺子，这是我一生中吃到的绝无仅有的美味了。

我们还参加了山东省荣城一个部队尖子班的训练体验生活，在这里我们学习了擒拿格斗（至今我还记得“顺手牵羊”“锁喉”“背摔”等动作）；还学会了实弹射击和刺杀、匍匐前进等。在这里有一位我们都非常佩服的王连长负责我们的训练，这位连长水性特别好，上海战役中，他曾在水中泡了7天7夜，为解放上海立下赫赫战功。但在荣城的训练后期，有两个战士水性不好，练习武装泅渡时未按时归来。连长一头钻到了水里去救战士，第一位战士被救上来了，连长又去救第二位战士，这时一个水流将战士和连长一起卷走了……听到这个噩耗，我们都忍不住失声痛哭。

这次在荣城，我们得到了很大锻炼，创作了《海岛女民兵》，搬上了舞台，和当地民兵建立了深厚友谊。

以上是我与资华筠半个多世纪摸爬滚打的两个小片段，在我的印象里，资华筠是一个不畏艰险，敢于坚持己见，又是多才多艺，敢于付出，有着远大理想的人，在这里借此文祝资华筠平安幸福。

（曹育华　原中央歌舞团一级演员）

在奉献中成长　在成长中奉献

——祝六十年老战友小资同志从艺六十年纪念活动圆满成功

谭嗣英

如何完成“组委会”的约稿呢？

左思右想……查找了箱子底，选了几张具有历史文物性的照片，精心编排以表千言万语吧！

远在南疆边陲小镇的老舞伴小谭敬贺。

祝贺篇

六十年　春夏秋冬

六十年　友谊友情

六十年　追求理想

六十年　美好人生

文艺外交篇

六十年　春夏秋冬

六十年　足迹天涯

六十年　追求爱国

1955 年，参加波兰华沙举行的“第五届世界青年与学生和平友谊联欢节”舞蹈比赛合影（资华筠：左四）

六十年　友谊长青

“少年班”成长篇

六十年　春夏秋冬

六十年　无私奉献

六十年　追求新风

六十年　璀璨群星

服务大众篇

六十年　春夏秋冬

六十年　生活多彩

1953 年赴朝鲜

1992 年，部分中央戏剧学院舞蹈团少年班学友与老师合影

1992 年，中央戏剧学院舞蹈团少年班部分学友与老师合影（右二）

六十年　追求实践

六十年　传统继承

风采大舞台篇

六十年　春夏秋冬

六十年　经验宝贵

20 世纪 80 年代，中央歌舞团时期资华筠（左二）与洪星（左三）、谭嗣英（左四）等合影

与舞蹈家戴爱莲（左三）等合影

20 世纪 90 年代，和陈翘（右一）、谭嗣英（左一）等老友合影

2006 年，在安徽参加花鼓灯艺术节

2006 年，在安徽参加花鼓灯艺术节，与中央歌舞团老友张宜秋（右二），谭嗣英（右一），姚亚南（左一），凤台县老艺人、国家级非遗传承人陈敬芝（艺名“一条线”）（左二）合影

六十年　追求创新

六十年　突破观念

新世纪奉献篇

六十年　春夏秋冬

六十年　勇闯人生

六十年　追求高峰

六十年　舞蹈巨擘

资华筠 60 年从艺一路领先，贵在变革，贵在创新，贵在不拘一格的哲学思想的力量，贵在具备马列唯物辩证的动力。值此庆典之际，衷心祝福老战友事业更辉煌！生活更美好！身体更健康！永葆青春！

（谭嗣英　中国艺术研究院副研究员，国家一级演出监督）

挚友　偶像

陈　翘

20世纪50年代，由于我创作的舞蹈《三月三》被中央歌舞团选中——带去日本演出，又参加了莫斯科“第六届世界青年与学生和平友谊联欢节”的演出，使我争取到在中央歌舞团随团学习的机会。这在50年代是唯一的学习、提高的途径，多么难得的机遇呀，我十分珍惜。除参加低班的基训外，也学他们上演的“十大姐”“花伞”等节目，但最享受的是到演员班观摩基训课。记得我第一次有机会坐在角落里看课时，一个身材修长、面容端庄的演员跃入眼帘，她那与众不同的气质深深地吸引着我，当轮到她做劈叉、倒踢紫金冠大跳时，两条修长的腿、极好的柔韧度、力度——做大跳时那个飘呀、高呀，那个美呀……那一刻她成了我的偶像。因为她在演员班的基训课上最为突出也最为吸引眼球，我经常等在演员下课的门口为了可以近距离地看她一眼。这时的她，对我们这些来自各省基层的随团学习的演员，总是礼节性地点头微笑，在这微笑点头中我感受到她那与生俱来的骨子里的高傲。难怪她们团里人常议论她的“高傲”(背地里称她为“骄傲的公主”)。我却常在心里为她辩护，有本事才能骄傲，要不你试试看，你能像她那样大跳，那样表演“孔雀”“白荷”“飞天”吗?

舞蹈演员常被贬“四肢发达、头脑简单”，不能否认，选择了舞蹈这个既美又痛苦的职业，舞者都要从十一二岁的小小年纪就开始训练，在不讲文凭的五六十年代往往更注重专业方面的成就，所以也造成一支文化水平偏低的舞蹈队伍，我是其中的一员。一直以来十分崇拜那些有文化、能挥洒自如地写文章的人，特别是当我在舞坛上渐渐成熟时，更感文化底蕴的不足。看到舞蹈界的许多现象以及创作上的迷茫，我苦于无能力提升为理论性的文章加以表达。但我的偶像却能敏锐地以她的笔锋一针见血地抨击不良的“舞八股”，在舞蹈界引起震撼！文章把我一直郁闷于心的话说了出来，我像吸了一股清新空气似的痛快。又比如某“文化名人”评论“中国舞蹈大都是皮相敷衍……与国际现代舞接通了血脉，才能直逼生命的本真”，还认为“舒巧是追随台湾林怀民之后而获得进步”。对这些看法我很反感，却无力辩驳，她却写下十分中肯的文章予以理论。

她也是从小练舞，仅有初中文凭。五六十年代，已是国家歌舞团的主要演员，在许多光环和鲜花簇拥中保持清醒，自觉地到北京师范大学中文系进修；后来又刻苦勤奋地学习英语，如今，出国讲学不用翻译，在世界论坛用英语发言……经过多年的修炼，她著书立说写出了几百万字的文章，是舞蹈界唯一享有双项正高职称——国家一级演员、研究员的人，也是表演艺术家唯一获得博士生导师资格的人。她带出的博士生（于平、冯双白、罗斌、明文军等）都是舞蹈界的领军人物、理论家。我从心底里佩服这个同年代的偶像！

由于艺术上和做人、做事方面的看法相一致，我们成了无所不谈的挚友，同时也是能够互相提意见的诤友。一次舞代会期间，我们促膝谈心，谈及我俩共有的毛病“得理不让人”时，她说了句：“看来你比我处理得好些……”谁说她傲慢、不虚心，其实她时时在反省、提醒自己要尽量做到平和待人。而凡是与她接触较多的人，尤其是像我这样深交的人，都真切感受到她是个极具侠义心肠的舞侠，爱打抱不平、为民请命。朋友有困难找到她，她可以两肋插刀。跟她在一起，常说的话题是“某某的才华没有得到充分发挥”“某某的职称应该呼吁一下”，甚至与她并无交情的人求

陈翘（左一）与资华筠（中）合影

她帮忙解困，她也为之奔波……一次，我说起很想到某地看看，她立即拿起电话和相关的朋友联系，细枝末节交代得清清楚楚。对方的接待非常周到细心，如她亲临现场一样。从中看出她与朋友们都是真心交往，关键时刻显真情。

我在大病中，她是第一个帮助“问医寻药”的。这次我办“从艺六十周年活动”，希望她能参加，又怕她身体不好来不了。但她却说：“你的人生大事，爬也要爬来。”大会发言时她的第一句话“我的挚友陈翘”使在场的人为之动容……

我为我俩近一甲子的友谊而骄傲，为有这样一位美丽、风韵依然的学者做挚友、偶像而自豪！由衷祝福小资健康长寿！保重！再保重!!

（陈翘　著名舞蹈编导，
中国舞蹈家协会原副主席、广东省舞蹈家协会原主席）

挚友小资

刘　凤

每个人的一生中，总有一些特别的人在心中珍藏，翻开记忆中的页面，挚友小资赫然眼前。

我和小资的交往是从“一个爸爸”开始的。那是1955年，我正在北京舞蹈学校上学，将要出国参加“第五届世界青年与学生和平友好联欢节”的舞蹈表演。当时每个出国演出人员的生活物品（行李箱、衣服等）都有一个编号，必须牢记各自编号以免在行程转移中发生混乱。马大哈的我犯难地跟组长说“我最不会记数字了”，一旁的小资马上说：“你是多少号？”“188。”“哎，太好记了，188就是你有一个爸爸！”顷刻间她就帮我解决了难题。我知道她叫资华筠。观看出国节目彩排时，她和徐杰的双人舞《飞天》那仙女般的舞姿，把我都看呆了。当时我这个没见过什么世面的学生各方面都显得很拘谨，而小资像大姐姐似的带着我。我一直保留着一张以华沙“二战”后标志性建筑为背景的照片，这是她带我跟中央歌舞团的大姐姐们一块儿活动的纪念。小资，一位聪明、热情、见多识广的朋友。

随后我从舞蹈学校毕业回原单位——武汉歌舞剧院工作。在那个“大跃进”的革命年代，我们各自奋斗在自己的工作岗位上，她便是我见面有话说、分开无牵挂的朋友。

“文革”后期，我去北京姑妈家，终于有机会和小资见面。她刚刚解除“劳动改造”，竟然因为有人敢到家里去看望而感动得热泪盈眶。“文革”中相同的处境、相似的遭遇，使我们的心灵得到交流。和当时广大知识分子一样，我们讨论了社会的变化、心灵的成长、舞蹈、练功等诸多话题。说不完，道不尽……由于她表达准确、深刻，看问题明晰透彻，总觉得跟她交流是那么酣畅淋漓，无比愉悦和享受。我一直视她为睿智博学而有思想深度的朋友。

小资不遗余力帮助他人的故事很多，从对我家人的关心帮助上可见一斑。1976 年夏，由于工作繁忙，我把孩子寄养在姑妈家，当我谈到想让孩子在北京上小学遇到困难时，她立即表示帮我想办法。没过几天她就请朋友解决了孩子的就读问题，姑妈问我是不是小资神通广大？我只知道那是她尽心所致——帮助朋友解决难题。我的表妹因动乱未成年就进工厂当了工人，超常繁重的体力劳动使她落下严重的腰疾。小资怀着深切的同情找熟悉的老中医帮助治疗。后来得知我姑妈罹患癌症，她更是十万分牵挂，一次次帮忙联系去资深专家李大夫处就诊，并反复嘱咐姑妈不要客

1955 年于莫斯科合影（资华筠：右一，刘凤：左三）

气。她还经常替我到姑妈家探望，比我这亲侄女还要尽心尽力。姑妈和姑父常常说她："这么热心肠，一点儿也没有名演员的架子。"在我心里，她就是这么一个用行动去表达爱和关怀的朋友。

1992年，作为全国政协委员，小资赴三峡考察后，经武汉专程去云南参加艺术节。一天突然接到她的电话要我马上到宾馆。见面才知道同行的专家医生发现她的高血压临界危险，必须马上治疗。当我将煎好的药装了好几大瓶送去，并劝她留下来休息或者干脆回北京治疗时，她却放不下工作坚持立即去昆明。据说，她因过度劳累险些昏倒在英语老师家。她说她就是想多学点、多干点，以补偿"十年浩劫"的损失。小资，一个为了热爱的事业可以"玩命"的朋友。

随着"四人帮"倒台和动乱的结束，小资像火山爆发一样飞速地提升自己。由杰出的舞者成为学者型的专家，为新中国舞蹈的发展研究贡献了巨大的力量。多年来，小资拥有良好的公众形象和显赫的社会地位，可她却始终如同诸多的传统学者一样朴朴素素地做学问、做人。她，一直是我敬佩的能文能"舞"的朋友。

还有一件事让我难以忘怀——她和我先生的一次"不欢而散"。

动乱结束不久，被压抑了十年的"文艺战线的尖子"们纷纷用自己的专业特长迎接文艺的春天。不少同志建议并支持我举办个人专场舞蹈晚会。我是多么渴望回到多彩的舞台上啊！然而面对着专业队伍青黄不接的局面，我停住了。一花独放怎是春？考虑再三后我决定放弃舞台，去培养舞蹈新生力量。于是我辞去了歌舞剧院副团长的职务，潜心在一个小角落，与几位志同道合的战友办起了舞蹈演员培训班。这个决定得到了我先生的大力支持。先生赴京出差，在姑妈家巧遇前来探望的小资。两人虽是初次见面，却为我是否应该举办个人专场而激烈地争执起来。小资深知舞蹈演员获得艺术生命的艰辛和国家培养人才所付出的巨大代价，她认为当即放弃舞台不仅是个人的损失，更是国家财富的浪费。一番辩论之后他们不欢而散。我先生回到家还余气未消。我却为他们的争执倍觉温暖和感动，我知道小资所说的一切都是出于对我最真挚的爱，对我舞台生命最深的关切。虽然我对自己的决定义无反顾，但心中很明白过早放弃舞台是一种艺术的牺牲。这种牺牲的痛苦，只有小资——我的艺术和生活的知己，才能深刻地理解和体会。

小资，我艺术道路上的同行者，我生命中珍爱的挚友！

（刘凤 湖北省舞蹈家协会终身名誉主席，国家一级编剧）

挚友真情

洪　星

那是1951年5月，我随中南文工团赴京参加文艺会演。在一次观摩演出后，我们一些人在东单电车站等车，我旁边站着一位梳着辫子的纯情小姑娘，不禁问了一声："你是哪个学校的？""南开女中。"啊！我们竟是同一学校、同一年级的校友，而且在此期间，我们都在怀仁堂向党和国家领导人汇报演出。同校、同行、同台，真是有缘分！

洪星与资华筠合影

如今，一个甲子了，她为当代中国舞蹈史留下了光辉的一页，她更是在咱们学校校史馆里熠熠闪光。我看过她的许多论述与文章，我更看到许多文字对她的赞颂。我和我的同行们都由衷地为她的成就，为她的完善之身，敬佩不已。作为校友、好友，她给我心灵深处那一块净土上增添了一颗珍贵的明珠。那就是“真”，是真人、真心、真情、真语。一个“真”字可是了得?！虽说这应是做人的本分，但如今是难能可贵了。我仰视她，参天大树，根深叶茂。我俯视她，冰心玉洁，婀娜多姿。就在她那一圈又一圈的光环中，我总是看到她那位笑容可掬、任劳任怨、精心呵护她的好丈夫——王寿印的身影。正是在这样的爱巢里营造了她的美丽人生。在那光环里我更看到前辈恩师们、同事们，给我们创造了伟大的时代，给我们铺设了金光大道。

（洪星　武汉歌舞剧院舞剧团原团长）

我的老友 我的湘西

——老友华筠湘西考察纪行

贾肇巽

华筠是我多年的老友。“老”字既可以指交往的时间长，也可以指我们的年岁。我们的交往始于 1950 年中央戏剧学院舞蹈团欢迎新同志的联欢会，她弹奏了一曲优美、流畅的《月光曲》，震惊四座，也给我留下了深刻的印象。当时我就记住了这个开朗、豪爽、热情、自信的女孩。之后我们成了同事，因为共同的舞蹈事业，我们逐渐熟识、了解。

1963 年，我与妻子张莉茹响应国家民委支援民族地区的号召，去了湘西工作。华筠与我虽远隔山山水水，但始终保持联系。其间无论我是在湘西歌舞团工作，还是在吉首大学任教，都多次得到了她的指导与帮助，受益匪浅。

从认识伊始，时至今日，屈指算来，我们相识已有 60 年了。如今她已年过古稀，我已过耄耋之年。这个老友的“老”字可谓名副其实。

60 年的相处，我们彼此建立了深厚的友谊。她严谨的治学态度、对事业的忠诚、对后辈的呵护关爱，以及她为人行事的许多细节都给我留下了难以忘怀的记忆。尤其是她的湘西考察之行，更令我终生难忘。或许对她而言这只是一件微末小事，但是由小可以见大。

那是 2004 年年初的事情了。当时非物质文化遗产保护工作在全国才刚刚兴起，我任职过的湘西州文化局担负着全州民族民间文化遗产保护的重任。但“非遗”保护工作究竟该如何规划、实施，大家没有任何经验。同时第二批全国民间文化保护试点单位也开始了评审工作。当地领导想让这项工作有所起色，也想通过“非遗”工作使湘西的民间艺术得到更好的保护和传承，并逐步向外推介，使山外人了解湘西。这既是当地领导和人民的愿望，也是离休后我一直想尽微薄之力的愿望。

奈何我的力量薄弱。踌躇之时，我想到了老友华锊。早在 20 世纪 90 年代初，她就提交了“关注文化生态保护”的全国政协提案。2000 年，她在人类学国际会议上提出的“非物质文化遗产是人类的精神植被”理念得到广泛认同。她的“关于设立中国非物质文化遗产保护中心”等许多提案与建议，切实有效地推进了非遗保护工作。她对探讨非物质文化遗产的理念、机制、方法等孜孜以求，多有著述。我想请她到湘西去考察指导，以推动这方面的工作是最好的办法了。

2004 年，在湘西做田野考察

但拿起电话时，我还是有一点儿犹豫。毕竟当时华筠已担任研究员、博士生导师、中国艺术研究院学术委员会副主任、国家非物质文化遗产保护工作专家委员会副主任等诸多重任，工作繁忙。而她的健康状况也让我有些担心。况且湘西地处山区，交通不便、气候寒冷、条件艰苦，当时又正值春节，是阖家团圆的日子……怀着有点儿忐忑的心情，我拨通了她的电话。电话那头，她几乎没有丝毫考虑就愉快地应承下来，并很快来到了湘西，进行实地考察。

2004 年 2 月 3 日，华筠到达长沙后又换乘汽车，在崎岖的山路上行进了十多个小时。她旺盛的精力超乎了大家的想象。从长沙到吉首一千多里的车程，她一直情绪高昂，与大家侃侃而谈。谈舞蹈、谈艺术、谈“民保”、谈写作、谈学术、谈湘西、谈经历、谈生活……她说自己对湘西有一份特殊的感情，因为湘西人特有的纯朴、智慧和灵动，因为湘西悠久灿烂的历史文化，还因为湘西的老友。

4 日一早，天上飘着小雨。华筠在州文化局长瞿新华等同志的陪同下，驱车一百多里到达凤凰县山江镇。在当地苗族博物馆的院坝里，她观看了湘西苗族传统鼓舞、苗族绺巾舞、上刀梯表演。之后，她在湘西原副州长龙文玉的陪同下参观了博物馆的部分实物。下午考察结束之后，大家再乘车返回吉首市。一天活动下来，她还不休息，晚上继续找我了解情况。

5 日中午，我们一行人动身前往湘西州龙山县。那是离州府最远的一个县城，地处湖南、重庆、贵州交界处。从吉首出发车程要七八个小时，沿途的路况很差，还要经过曲折难行、事故多发的铁路坡、砂子坡。但华筠不仅克服了颠簸之苦，似乎比平时更加神采飞扬。

6 日清晨，出发去龙山县的农车乡和靛房乡。龙车是湘西州大摆手活动保存较完好的乡。当天的活动是在当地有名望的掌堂师张明光的率领下进行的。摆手场上男女老少几百人在掌堂师的率领下变换各种队形，群众跳得如痴如醉，华筠也兴奋地下场和群众一起舞动起来。看到北京的贵客如此重视、喜爱他们的民间艺术，与他们共舞，群众更加情绪高昂，队形急速变换着。

活动结束后，大家又马不停蹄地赶赴靛房。听闻有贵客到访，因骨折卧床的老梯玛（梯玛，土家语意为敬神的人）执意要亲自给大家表演梯玛活动。接着大家还考察了当地的对山歌、咚咚奎演奏、哭嫁歌、打溜子及挖土锣鼓。

结束一天紧张的行程，晚上大家就住在了当地村民的家里。华筠同主人拉家常，关心他们的生活，关心年轻人的学习问题。亲密的接触使她很快就同主人亲如一家。热情的主人饭前安排了打粑粑（打粑粑在湘西不仅是一项劳作也是当地人过年中一项欢愉的活动）。华筠和大家在欢声笑语中一起轮流举槌操作，打的打做的做，气氛欢快而热烈，像是一家人过年的感觉。次日清晨，临别之际，主人目光中流露出太多的不舍，心底充盈着感动，一再叮嘱她要再来，似乎他们早已将华筠看作自家人了。

7 日的坡脚之行，大家不仅欣赏到了土家族传统的打溜子、咚咚奎、土家族山歌，还欣赏到了具有研究价值的土家族舞蹈茅古斯。活动最后也安排了摆手舞，坡脚摆手的动律与其他地方大同，但其动作风格的变化又有自己的特点。活动中华筠再次下场和老乡们一起舞动起来。群众掩饰不住内心的喜悦加快了摆手的速度。在咚咚扁咚咚的锣鼓声和呼唤声中我们结束了坡脚的活动。

晚上回到龙山县城，华筠不顾连日的辛劳，专门看望当地知名民间艺术家，并欣赏了他们表演的打溜子、咚咚奎、山歌等。这些精湛的表演既保留了传统艺术的精髓又有艺术家自己的创造，深得华筠的赞许。

9 日，华筠在湘西自治州人民政府第一会议室举行了湘西自治州民族民间文化遗产保护学术报告会。会议由副州长梁秋松主持，湘西州有关领导、州县市相关部门负责人及当地一些学者、教授都参加了此次报告会。

当天会议室内座无虚席，会场充满着期待的气氛，大家热烈欢迎华筠。会上华筠发表了学术演讲，娓娓道出她在非物质文化遗产保护方面的研究工作。会议中，华筠高度评价了湘西的文化底蕴、民族文化，赞扬了致力于保护民族文化的仁人志士和有成就的民间艺术家。同时，她还就保护非物质文化遗产的意义、保护的方法、存在的问题做了深入分析和论述。她那广阔的艺术视野，丰厚的文化素养，独到的学术眼光，缜密的逻辑思维，准确的语言表达，让与会者大开眼界。这场既有学术价值又有实际操作性的报告会使许多人深受启迪和教育。湘西电视台对此作了专题采访，湘西州《团结报》也在头版刊发了有关此次活动的专题文章。华筠的这次考察和学术报告为湘西民族文化的发展和非遗保护工作开启了新的篇章。

通过这次考察，华筠那孜孜不倦的、执着进取的敬业精神使我深受感动。7 天的时间里，行程几千里。虽然每天都在奔波，有时途中颠簸异常，但华筠没有一丝抱怨或不快。一路上，我们沐浴在土家族、苗族民间艺术的海洋中，亲历了湘西的民情风俗，参与了当地各种形式的艺术活动。

而这紧张的 7 天湘西考察之行，仅仅是她为湘西非遗保护工作默默奉献的一个缩影。无论是从申报书的拟定与撰写，申报片的拍摄、文字资料的搜集等诸项工作，还是具体的保护计划与措施，湘西非遗保护的每一步无不浸透着华筠的劳苦与心血。没有华筠的帮助，湘西的非遗工作恐怕还得假以时日才能有所收获。她为湘西非遗保护事业的起步、发展做出了突出的贡献。她的业绩和精神也激励着湘西的同人，继续为发展湘西的非遗保护工作去努力奋斗。在湘西民众的心里，为湘西非遗保护工作立下不朽功劳的她，就是湘西一份宝贵的“非物质文化遗产”。

（贾肇巽　中央民族歌舞团舞蹈队原队长，
新中国第一代舞蹈家，国家一级演员）

魅力人生

冷茂弘

60 年在人类的时间长河里只是一瞬间，而资华筠同志 60 年的艺术生涯却璀璨多彩，她向我们展示了一幅魅力无穷的人生画卷。

无论是婀娜多姿的“飞天”，还是亭亭玉立、美丽动人的“孔雀”“荷花”，她所塑造的生动形象和精彩的表演仍然让人久久不能忘怀，她从事舞蹈表演艺术时就显示了巨大的魅力，叶浅予特别为她作画赞美她表演艺术的造诣：“敦煌有飞天，华筠能舞之。”这是一位美术大师对她的最高赞颂。她作为中央歌舞团的独舞演员，走遍了五大洲，通过舞蹈同各国人民搭起了友谊和心灵的桥梁，她的表演艺术获得了国内外观众的一致好评。她追求和展示的都是美，20 世纪 50 年代看中央歌舞团和她的演出是一种美的享受。后来她从事舞蹈理论和研究工作，以她的博学多才对舞蹈理论进行了多视角、多层次、多方位的哲理思考。她的“舞思”“舞艺”和“舞理”以及早期《华筠散文》代表了她对舞蹈理论的探索。她的气度、胸怀和渊博的知识，对中外、古今各种类型作品的剖析，以深刻的洞察力对各种潮流的评介，对舞蹈走向的关注，对中国民族民间舞的论述特别是关于“舞蹈生态”的研究和保护非物质文化遗产的倡导，都具有重大的理论价值及历史和现实意义。

资华筠具有强烈的社会责任感，她从历史高度谈道：“跨入 21 世纪的人们，在享有着漫长的文明进程中所造就的前所未有的物质和精神成果的同时，也应负有保护、优化我们生活的共同家园——地球的历史责任。”提出了“为地球减负，注意自然生态保护，旨在维护人与自然的和谐”。

同时她也谈道：“我们是否也应更响亮地倡导‘维护地球的文化色泽，关注文化生态保护’。”提出了“非物质文化遗产是人类‘精神植被’，要对它进行保护”。在1999年的国际会议上，资老师的论述博得了各国学者的高度关注与认同。

当时，非物质文化保护并不为人们所理解，现在已经是一种国策了。作为全国政协委员、社会活动家，她却经常思考着事关全局、国家、文化发展的大事。她“每每看到隆隆的机器声打破了秀美的自然村落的宁静，随着现代化酒店商厦的拔地而起，原属于这片土地散发着泥土芳香的固有文化被粗暴摧残、吞噬或是被劣质香水侵袭——面对着社会急剧变革中各

冷茂弘与资先生在文代会上合影

种民间文化受到严重冲击，民间艺术的传人处境艰难，不免生发像自然科学家面对林木滥伐、水土流失、河流污染同样的忧虑，文化保护的自觉在忧虑中油然而生”。她感到有保护我们共同家园——地球的责任。资老师的胸怀是这样博大，思考问题是这样高瞻远瞩，这不只是理论研究，而是社会实践的运用，解决了长期为国内外困扰的理论和实践问题，国家高度重视。资老师在陪同温总理参观非物质文化遗产成果展时，温总理谈道：“非物质文化遗产为什么能传下来，千古不绝，就在于灵魂……文脉就是一个民族的灵魂！”资老师所做的一切就是为了振奋民族精神，她已从一个舞蹈家、学者，走向了全国乃至世界。

资华筠胸怀全局，关心国家大事，同时又非常细致，视普通人为知己。在参观四川金沙博物馆时，她和女解说员亲切交谈，使人难忘。从金沙起源谈到发掘价值，从天文谈到地理，从历史谈到今天，她的博学多才使人惊叹。她们还互相聊生活、理想，甚至待遇和脚上穿的鞋。最后她对我说：“解说员很热爱她的职业，是个人才，我要找机会推荐她。”她就像慈母一样关心所有人，爱生活爱一切人。在峨眉山，她对服务员讲维护自己的权利，要对客人宣传在公共场合不能吸烟，这是服务员对自己权利的尊重，第二天服务员就履行自己的职责，感到自己人格受到了尊重。替我们开车的驾驶员开始很傲气，人们称他为司令，他说：是我送中央部级干部上山的！后来为资老师的平易近人，对普通人的尊重所感动，反复询问这是什么人！她就是这样关心、关爱所有人，尊重别人，关怀普通人，这就是她的爱心，她的人格魅力。

四川是资华筠关爱的一个地方，这里有她众多的“粉丝”，从领导到编导都深感她的魅力。记得一次我们去吃名小吃“赖汤圆”，她把包忘在了桌上，我立即反应过来，快步跑回去找到了包。她笑着对我说：“您以‘啰唆’快速地回去了。”反映出她对朋友的情谊！《阿惹妞》的成功问世从编到排，她都具体过问。她经常参加四川的少数民族艺术节，中国艺术节也亲临指导。汶川大地震后，为了关心羌族文化的保护发展，她支持羌族节目到北京非物质文化遗产演出。她多次讲课，把自己的知识、文化和信念都毫无保留地传授给了大家。她的演讲从不说套话、空话，深入浅出，逻辑性强，观点明确，思路清晰，具有很强的感染力，听一次她的讲话大家都感到受益匪浅。近年来她病魔缠身，就是这样她仍然显示了顽强的生命力和意志力，还忙于事业的奔波，为指导博士生操心，参加国际讨论会，策划、指导着非物质文化遗产的演出。汶川大地震一周年之际，她风尘仆仆走着崎岖不平的山路到汶川映秀看望羌族传统艺术的传承人。“资老师来了！”大家奔走相告，热泪盈眶，千言万语表达不尽感激之情，一个经历了大地震灾难的民族，一个民族文化濒于崩溃的民族，她们最懂得爱，懂得感恩！资老师对传承人是那样的亲切、熟悉，手拉着手，聊家常，因为她热爱他们，热爱终身执着追求的舞蹈艺术，更爱创造艺术的人民，这就是一个艺术家、一个学者的风范。她的心永远和人民在一起，和群众心连心。

资华筠爱憎分明，是非清楚，观点犀利。支持什么，反对什么，非常明确。她在担任全国政协委员期间参政、议政，对社会的腐败现象、官僚主义的抨击从来都是尖锐的，她的代表作《舞思——资华筠文论集》《舞艺·舞理》，观点是那样犀利，灌注的爱是那样深沉，不只是舞思，也是人生的思索，是对整个国家和社会的思索。我和她多次共同担任“荷花杯”和全国比赛的评委，她办事公道不讲私情，肯定和否定都很公正，都深得人心。一个好作品、一个人才出现，她呕心沥血为之呐喊，而对有些脱离生活编造的作品，媚俗的表演，不论是谁她都尖锐地给予批评。这种高尚的品格构成了她魅力的一生，从学生时代的智慧天赋，到作为演员时代的光彩夺目，到对外文化交流的魅力，到做理论、学者的博学多才，到参政议政的博大胸怀。她一生谦虚为人，经常提到的是感恩，对学生孜孜不倦的教导的感恩之情，这种情操多么伟大而高尚，因此得到了党和政府的高度关怀和重视……我作为舞蹈界的一位挚友深为她高兴，分享她的荣誉，是我们舞蹈界大家的光荣。人的一生做一点好事不难，可像资华筠这样一生都为国家、为社会、为事业做好事做贡献就难了。60 年来，她在各个阶段、各个领域里，都光彩夺目，显示了巨大的人格力量和人生魅力，是非常不易的，是伟大的，永远是我们学习的楷模，她的这份宝贵的精神财富将世代传承下去。

（冷茂弘　中国少数民族舞蹈艺术指导委员会原主任，
国家一级编导）

舞蹈学者的典范

——资华筠从艺六十周年感言

隆荫培

今年是中国艺术研究院舞蹈研究所前所长、60 年前的我的小师妹资华筠从艺 60 周年，回想我们这一甲子的友谊，真是感慨万千，不知先从哪里说起……还是先从 60 年前的一件趣事开始吧！

小诗友的情谊

1951 年，资华筠从中央戏剧学院舞蹈团少年班结业后，我和她同是舞蹈团的演员，我们同师学艺，我年长她几岁，所以她是我的小师妹。由于她才华出众（能弹一手好钢琴、略通英语，有时为芭蕾舞教师芭兰诺娃做临时翻译。在芭蕾课堂上她舞姿优美、准确到位，常被教师叫到课堂中间做示范），再加上她说话比较文雅、待人亲切、乐于助人，所以我们这些小伙伴们都非常喜欢她，愿意接近她。而我和她有一点更易于接近的是我们都热爱文学，特别是诗歌。有几个热爱诗歌的小伙伴能经常和她在一起读诗、谈诗，如谁发现了好的诗歌就把大家召在一起共同欣赏。记得一天下午，我们（有资华筠、我、孙景琛等）四五个热爱诗歌的小伙伴在一间坐南朝北的房间里欣赏、朗读普希金的诗，在更换另一首诗的中间，资华筠递给我们每人一块包着玻璃纸的糖块，大家边吃糖边谈论诗（那时我们刚参加工作，生活费不多，能吃到糖的机会太少了）。我在小伙伴中是比较顽皮的一个，所以在吃完这块糖以后，我用一个小纸条，给资华筠写了一首“歪诗”，至今我还记得很清楚，诗云：“你的糖——很甜：甜在我的口里，甜在我的心中；如果你还有，请再给我一块！”我把这个小纸条递给她，她看后默默一笑，便满足了我的愿望。

不断给予我鼓励

20 世纪 50 年代中期，我调入中国舞蹈艺术研究会从事编辑和舞蹈理论研究工作，我和在中央歌舞团担任独舞演员的资华筠接触的机会不多了，可是我们的心还是相通的——每当她表演的舞蹈在国际或国内获了奖，我都为她欣喜和庆幸；而当我的研究工作取得成绩时，如我在报刊发表重要文章，或与人合作出版了专著，她还热情地给我打来电话，给予我鼓励，希望我继续努力，取得更好的成绩。

既放手又严格要求

1987 年，资华筠调任中国艺术研究院舞蹈研究所所长，兼任《舞蹈艺术》（季刊）主编。那时我是舞蹈所的舞蹈理论研究室主任、《舞蹈艺术》的副主编。很庆幸她是我的直接领导。多年来在她的领导下，我工作得非常愉快，因为她对下属是“既放手又严格要求”。举例来说：在编辑工作中，“如何办好刊物”？“我们应当办成什么样的刊物”？她以此为题发动全所的同志展开讨论，让大家都来关心刊物的发展和成长；每一期刊物的选题，让我们执行副主编先提出方案，她再提出修改意见，经编辑部认真讨论最后审定执行。重要的稿件她都要亲自审阅。对待我们的研究工作，她也是如此。如我们舞蹈理论研究室组成的《中国舞剧史纲》编写组，完成初稿，请她审阅，她就给我们提出很严格的修改意见。在我1989年11月15日的笔记中就记录了资所长对“舞剧史纲”修改意见摘要，她说：“整体构思要加强文献性。材料要翔实，在材料的组织过程中，就要有论点了。情节叙述要精练，艺术形式要加强，评价上应更客观。绪论要重写，要大大精练。代表人物要推敲一下，要注意平衡，要留有余地，要准确、精练……”正由于她的严格要求，我们较好地完成了编写任务。

她的学术成果，丰富了我的艺术修养

在我的书房的舞蹈类书架上，摆放着资所长从1987年至今20多年来赠送给我的她的专著和主编的图书11本。它们是：《舞蹈和我》《我的爱——中外艺术家特写》《舞蹈生态学导论》《舞蹈生态学论丛》《华筠散文》《人世婆娑》《舞艺·舞理》《怀念兆先》《影响世界的中国乐舞》《舞蹈美育原理与教程》《舞思——资华筠文论集》。在我的记忆中，这些书大多是一出版，她就及时赠我；也有个别的书，出版后过了好多天她没送我，我便厚着脸皮向她讨要，很快地就收到这本书，了却了我的学习心愿。她的这些论著，文笔流畅，内容叙述深入浅出、通俗易懂；对舞蹈本体、本质进行准确、详尽的分析；对舞蹈艺术现状全面把握和了解以及对取得成绩和存在问题的敏锐感觉，大胆提出自己的见解等，都极大地增长了我的学识，丰富了我的艺术修养。

文艺批评的勇士，真情、真话的楷模

资华筠是我见到的对当下文艺批评中“研讨公关化，评论广告化”不良现象提出问题的第一人。她在2002年第一期《舞蹈》杂志上发表的《反思文艺批评之七戒》就针对文艺批评中的时弊提出“七戒”，即“腻”“套”“泛”“涩”“讳”“花”和“霸”。她在文章的最后说：“……上述七戒的根子是伪、媚、违。伪——虚假，媚——媚俗，违——违心，当然也存在理论基础不足之弊。批评的灵魂在于‘真’——真话、真情；批评的智慧来自学养；批评者与创作者的理想关系应该是诤友——在貌似‘铁’与‘酷’的面孔后面，跃动着一颗火热的心，蕴积着深厚的情谊。”在 2006 年黄山青年舞评人培训班上，她又提出舞蹈批评需要的“三真”精神：“对作品的真实感受、心口如一的真诚表述、对艺术真谛的求索、揭示。”这是“树立舞蹈批评之文化品格的基点”。

她的关于舞蹈批评的真知灼见和精辟论述来源于她的艺术批评的实践。如在她 1997 年出版的《人世婆娑》一书中收入的《舞蹈编导“大腕儿”与“舞八股”》一文就明确地提出某些“大腕儿”常见的“八股罪状”是“模式化媚俗化地图解主旋律”“华丽的包装与舞蹈本体的萎缩”“假

1993 年，在云南火把节上隆荫培与资华筠合影

招子代替真功夫”“‘通用粮票’加‘风格性’装饰”“任意杂交，不伦不类”“人体变形与忸怩作态”“形体裸露度的无限扩大”“堆砌技巧的杂技化倾向”。她指出：“‘舞八股’纵然有多种表征，共性症状却是：造情、矫饰、偷巧和品位低俗，病源是长期缺乏‘营养’（生活孕育和艺术滋养）的‘代偿’性运作和自我膨胀所致。”另外，在2003年发表的《繁荣中的忧思——舞蹈创作现状的思考》一文中，她首先肯定了舞蹈创作繁荣和发展是主流，同时提出值得注意的“‘大晚会’综合征”的问题。她指出，“‘大晚会’综合征的主要表现”是“制作替代创作”“‘艺术激素’替代创作激情”“假招子替代真功夫”“套用、抄袭替代适度借鉴”“媚俗化的感官刺激替代观赏性”“舞蹈本体的萎缩”。其后她提出，“与此相关的倾向性的问题”是“‘三贴近’的差距”“重‘大’轻‘小’”“民族舞属性的淡化”“学术品位的滑落”。在这里我只引出了文章中的不同段落的小标题，而她在这些段落中还做了深入的分析和例证，因限于篇幅我不能详引（可参见《舞思——资华筠文论集》一书所收入的该文）。

我们从她这一类文章中，既可以看到她对社会主义文艺事业的高度热爱和责任心，又可看到她的有胆有识——有胆来自有识，有识是有胆的强大后盾。即使是国内著名的文人，对我国舞蹈事业的发展发表了错误的言论，她也能予以公开批评，以免谬种流传，对舞蹈事业的未来造成不利的影响。她的这种精神和作为，正是我们从事舞蹈理论研究和评论者应当学习的楷模！

（隆荫培　中国艺术研究院舞蹈研究所原理论研究室主任，研究员）

第三部分　海内存知己

——各界友人

贺资华筠先生从艺六十年

苏　民

久闻资先生，
快人快语风。
此说偏表象，
双快非确评。

资华筠（右二）、苏民（右三）等人相聚黄山

兼听是为聪，
敏察是为明。
公允诚为本，
大爱满心胸。
真善原具美，
美寓真善中。
三位浑一体，
相辅又相成。
聪、明、诚、爱、真、善、美，
六十年综合练就舞蹈功，
舞蹈练身复练心，
身心交融功始通。
艺思通，创无穷，
快人快语掷地才有声。
行与知，知与行。
形与神，神与形。
中国人的辩证法，
奉歌请教资先生。

（苏民　北京人民艺术剧院演员、导演，
北京人民艺术剧院原副院长）

不断升华的生命

——资华筠从艺六十周年庆

田　青

“人生有涯”，一个偶然的生命从呱呱坠地到走向众生平等的必然，中间的过程构成了无限重复与无限变化的种种可能。遗憾的是，绝大部分人的生命过程是重复大于变化，只有绝少部分人能够在生命过程中不断升华，就像一个高高跃起的舞者最大限度地延长滞空的瞬间一样难得，资华筠从艺的60年，就是一个不断升华、不断向上的生命过程。

从一个优秀的金牌舞者，到一个创立学派的舞蹈理论家，再到一个关心社会、关注人生、在社会生活中独具影响的真正意义上的知识分子，资华筠生命中的每一个阶段、每一次升华，都像一次由蛹化蝶的过程，在最后轻盈一跃、展翅腾空之前，也许有着许许多多不为人所知的困惑、彷徨、挣扎、求索，也一定付出了超出常人想象的努力。假如说她早年放弃读书考大学的“正常”途径而做了专业舞蹈演员需要克服的困难主要是来自社会、家庭对舞蹈事业的偏见的话，那么，当她“功成名就”，成为万人瞩目的著名舞蹈家之后在舞蹈理论研究领域孜孜以求，最终开宗立派，以《舞蹈生态学》等一系列著作成功地“华丽转身”而成为舞蹈理论家，则要克服包括自身在内的许多障碍和不足。艺术的实践与理论之间，既有着密切的通道，也有着森严耸峙的壁垒，真正能够打破这壁垒的人，真是太少太少了！这一点，在所有艺术领域里，舞蹈领域尤甚。因为舞蹈实践主要靠的是肢体，靠的是从早期即开始的严格甚至严酷的肢体训练。而理论家所需要的，恰恰是能够摆脱身体的羁绊、“上穷碧落下黄泉”、遨游六合之外的心与脑的历练。我曾在一个座谈会上亲耳听到一位著名舞蹈家谈到资华筠文章时由衷的敬佩与赞叹。那位舞蹈家说：“我读华筠的文章时总在想：她怎么能读这么多书呢？”这句话，是真诚的，同时，也是真实的。它真实地反映了绝大多数舞蹈实践者对资华筠的看法和认识，也同时衬托出资华筠从肢体舞动到思想舞动这个升华过程的难能可贵。

毋庸讳言，在我们目前的教育体制下，常常是从少年就开始的艺术训练普遍存在着重技能轻理论、重技术轻艺术、重身轻心的现象。而基本是从大学本科才开始的理论教学，又普遍存在着脱离实践的弊病。一方面，艺术实践的教师不强调读书、动脑；另一方面，理论教学的教师又远离艺术实践，“纸上谈兵”，喜欢玩玄之又玄的“纯理论”。当前，许多歌手和舞者的表演常常让你觉得他（她）们似乎一辈子没有读过一本书！而读一些所谓“元美学”的文章，你又会觉得作者似乎一辈子没有听过一首歌、没有看过一幅画、没有观赏过一段舞蹈和一出戏！令人尊敬的著名美学家朱光潜最令人尊敬的一句话是他搞了一辈子“美学”之后的大彻大悟：“不通一艺莫谈艺，实践实感是真凭！”

资华筠从舞者到学者的升华给人的启迪很多，先贤曾把一个人的成功归结为三种原因或三种力量的结合。唐代著名的史学家刘知几最早提出一个治史者要具备才、学、识三种不同的优势。清代的大学者袁枚更清晰地把三者的关系比喻为“学如弓弩，才如箭镞，识以领之，方能中鹄”。“才”是天生的，尤其是在艺术领域，“才”是第一位的，没有“才”，就是无镞之箭，称不上是武器。“学”是后天的，是后天的学习与积累。有“才”而无“学”，终难成大器。所谓“江郎才尽”的悲剧，常常是恃才轻学的结果。而“识”却很难说是先天即有还是后天习得，它常常是“直觉”“悟性”与经验统一后形成的正确判断。资华筠有舞者之才，有后天不断的努力与学习，更有在关键时刻“翻身下马”和“纵身上马”的勇气与识见。妙龄之时，她“翩若惊鸿，婉若游龙”，在舞台上“大显身手”；韶华渐逝，她通过艰苦的努力，把“眼、耳、鼻、舌、身”与“色、声、香、味、触”这佛教所说的“五根”“五识”及时过渡到依心而起的“意”，从“色法”而“心法”，从物质的色界转为心与脑的灵界，才能在古稀之年仍在无形的舞台上展现另一种智慧之美。

从追求“美”到追求“真”，是舞者到学者的转变；而追求“善”与“善行”，则需要另一种升华。作为朋友，我最欣赏资华筠的其实是她多年如一日的直心、直言与直行。资华筠的直言，是留给所有认识她的人最深刻的印象。她可以拖着病体为朋友和需要她帮助的人奔波，也常常会不顾对方的感受和“面子”随口扔出一句让人不免尴尬的话语。因此，有一些朋友会把自己想说而不敢说的话“委托”她去说，她也曾因言而得罪一些人。以资华筠的聪明，她不可能不知道言行的因果，但她常常不顾后果，

田青（左一）与资华筠（右一）合影

"仗义执言"，也曾经多次当众"批评"领导，实践她自己"篡改"领袖语录而形成的"名言"："严重的问题是教育领导。"就是在这样一种"忘我"的状态下，资华筠完成了她生命中最后的升华，成为一个关注社会和普通人生活的知识分子——知识分子，无关所学专业，更无关学历、学位和职称，而是"关心个人利益之外"的事务的人。作为一个真正的知识分子，资华筠对她个人利益之外的公共事务表现出极大的热情。从数届全国政协委员的提案，到她对周围人与事的臧否与牵挂；从提案在天安门广场为普通民众修建公共厕所，到为了保护中华民族优秀的非物质文化遗产而呼吁、奋斗。应该说，她作为一个公众知识分子的形象是高大的，虽然这个角色身上的光辉没有舞蹈家在聚光灯下那样耀眼夺目。尤其是在她年已古稀并身染重病的情况下，仍然积极关注非物质文化遗产保护的诸项工作，并身体力行，令人不禁在敬佩的同时感叹她生命力的旺盛与坚强。

当然，除了才、学、识之外，成功还需要命运的特别眷顾。讲到命运，我知道资华筠是长存感恩之心的。因为她不能不感恩，命运对她实在太好了，总是在她生命过程的不同时段给她那个时段最需要、最稀缺的东西：少时，给她姣好的容貌和婀娜的身姿；及长，给她学习的渴望与能力；渐渐老去的时候，不但给她智慧和慈悲的情怀，甚至依然让她长久保持着青春的激情、青春的体态、青春的肌肤！奇怪的是，对命运特别眷顾资华筠这件事，我和她的绝大部分朋友一样，没有丝毫的妒忌或不满。在庆贺她从艺 60 周年的时候，我真诚地祈祷：愿命运继续垂青这个美丽的生命，让她的生命成为一个永远的奇迹！她是值得的！

（田青　中国艺术研究院音乐研究所名誉所长，

研究员，博士生导师）

难以忘怀的美好记忆

连德枝

与小资相识于20世纪50年代。最初是看她在舞台上表演的《飞天》，让我入迷。后来又看了《红绸舞》《荷花舞》《孔雀舞》等那个时代的经典舞蹈，给我留下深刻记忆。特别是《飞天》，小资的表演牢牢把握舞魂，充分展现舞韵，每个舞姿都很讲究情与韵的和谐表达，犹如“仙女”在天上飞舞，使人感到出神入化。她很喜欢儿童剧，是我们的热心观众和支持者，因此每每相遇，都很有共同语言。

和小资真正相交、相知，让我从心里佩服她的学识、毅力与人品，是通过1995年一起参加第四届世界妇女大会和1996年中国女艺术家访问美国的那两次重要活动。我们朝夕相处，团结友爱，共同经历了艰辛、奋斗，最终获得成功的喜悦。

1995年，在北京召开的世界妇女大会，除在工人体育场的开幕式、人民大会堂的隆重大会之外，很重要的组成部分是在怀柔举办的NGO——非政府论坛。小资被全国妇联指定为“妇女与艺术”论坛主持人。面对这项政治背景复杂、政策性很强、谁都未曾经历过的工作，小资勇敢地承担了下来。从组织人员、确定论坛主题、策划方案到集训、排练，及至拉赞助出宣传画册……在一年左右的准备过程中，小资操碎了心！

她邀请了不同艺术门类有代表性的艺术家参与论坛。如中国第一个女指挥家郑小瑛、著名京剧演员李维康、藏族第一个女舞蹈教授慈仁桑姆、琵琶演奏家吴玉霞、著名女画家王迎春、何韵兰、扮演卡门的青年歌剧演员王蕾等 20 余人。完全是根据需要而非“关系亲疏”。譬如，她曾对我说：“请你来是因为妇女与儿童关系密切。”又如，她偶然发现了一位在孤儿院长大的群众舞蹈骨干，虽素不相识，但因其“有代表性”，也邀请为代表。

同样，以“需要为准”，确定了 10 名重点发言人。以“一个人一个故事”为主题，每人用 10 多分钟讲述自己的故事，并且把最拿手的才艺亮出来。她说：“通过个人真实的经历，使外国朋友了解我们是怎样沐浴着共和国的阳光成长的。”她鼓励大家“把自己最闪光的部分充分展现出来，不要怕‘突出个人’，要以个性化的特写，汇聚成‘中国妇女’的群体风采”。

这样的理念体现了小资多年来从事对外交流工作的经验（力避概念化宣传），同时，也充分地调动了大家的积极性、创造性。不过，难度也可想而知。小资陪伴着每个人，出点子、想办法，动脑、动口又动手，反复琢磨、演练，有她在，大家就有主心骨，感到特有谱！

小资没有安排自己重点发言，而是以流利的英语为我们“穿针引线”。记得举行论坛前夕，一位怀柔的摊贩认出了我：“啊！《马兰花》中的‘小猴子’连老师！我是您的小观众……”第二天，小资在介绍我时即兴地增加了这个内容。这件事，令我至今难忘！

9 月 8 日，我们的论坛在倾盆大雨中进行，听众十分踊跃，帐篷内挤满了各国朋友，外面还有许多人打着伞站着听。不仅现场效果十分热烈，散会后仍有不少观众一路跟随问长问短，直至用餐仍不舍离去，我们只好自掏腰包请他们“搓”了一顿。

听众中一位美国友好人士——21 世纪战略策划集团总裁魏加力夫人，盛赞“一个人一个故事”令人信服地展现了当代中国妇女的风采。在她及其他热心朋友的努力下，邀请了论坛的 10 名主要成员组成中国女艺术家代表团访问美国。这是世妇会后唯一被邀请的“NGO 论坛”。对方要求宣讲的形式不变，代表团不能有“官员”。时任文化部副部长的李源潮同志以高度的信任支持了这个“无先例”的对外交流项目，任命小资为团长，建议增加一位藏族艺术家——才旦卓玛一同访美。小资提名我任副团长。从未当过领导的我很紧张。她对我说：“从你这里能听到最直接的意见，可以帮我把关。”

1996 年 10 月，中国女艺术家代表团成行。15 天之内先后访问了纽约、费城、华盛顿、旧金山，一切按小资事先与对方签订的“合约”有序进行。不仅接待规格很高，得以在美国主流社团宣讲、与各界上层人物直接交流，而且先后在大都会歌剧院、百老汇、肯尼迪艺术中心、旧金山大剧院等欣赏了歌剧、交响乐、音乐剧、流行歌舞，参观了博物馆和风景名胜。

1995 年，第四届世界妇女大会合影（资华筠：第二排右三）

在世妇会论坛经验的基础上，大家放得更开，访美的宣讲更加成功。才旦卓玛的加盟为论坛增色不少，她以自己从“农奴到歌唱家”的亲身经历和放开金嗓子高歌一曲，技惊四座！王迎春讲述了作为民间艺人的祖母裹着小脚，从未离开过家乡；而自己考入了美术学院受到高等艺术教育，作品获得了金奖。两代妇女的命运形成天壤之别！临场泼墨赠画更受到热烈欢迎。古琴家余青心没有参加过“论坛”，但小资却选择她参加了访美代表团。开始有人还不大理解，担心这个节目过于典雅。但事实证明她的一曲《高山流水》和那只随身携带的宋代古琴，引起美国朋友极大的兴趣和崇敬之心，从中感受到中国文化的历史悠久、博大精深。如今古琴艺术已进入世界非物质文化遗产名录，更感到当年小资选节目的眼光。我的故事与小品“淘气的小猴”是讲培养孩子的诚实品格的，由于顾虑语言问题，自己提出没有孩子的场合就别演了，但小资却让我每场必上。她认为“人人都有童年，可以唤起美好回忆”。坚信我的表演无须通过语言就能使人理解，“要让美国人看看花甲之年的儿童剧演员还如此充满活力”。毋庸置疑，在她的精心组织下，每次宣讲都很成功。

在访美的日子里和小资朝夕相处，深感她的辛苦。每晚都要为第二天的日程精心准备到深夜！对外交流她谈笑自若，我却深知她内心的思想压力。她曾多次对我吐露心声：“咱们没有领导干部在场，事事得想周全了，千万多提醒我啊！”

她对一同出访的女艺术家反复阐述“外事无小事”，对内部纪律要求十分严格。这曾经引起一些同志的不理解，甚至有点儿“怕”她。但接触多了就会体会到她真诚地希望每个人好上加好的良苦用心。而且凡事她都以身作则，令人敬佩。

我特别佩服她能以英语自由交流，这也是我们代表团的优势。我比她小两岁，按我们的年龄段，在小学、中学时期多少学过一点英语，参加工作后大都淡忘了。小资却在 40 岁以后，以惊人的毅力再度进修英语，并修成正果。一次，我们参加美国高层女企业家协会的午餐会，原定只是一般性接触，但该协会主席却举行了隆重的仪式并致欢迎词。小资也只得用英语即兴讲话。事后我问她，为什么中途鼓掌特别热烈？她说可能是随机编出的一段话引起她们的共鸣："……女艺术家、女企业家虽职业不同，但都具有高度的想象力、创造力并通过自己的努力造福社会。这正是我们相互沟通的桥梁。"这样的"随机"是她以超人的毅力长期努力的结果。

在大家的同心合力下，女艺术家访美获得很大成功。不仅《侨报》连日长篇报道，而且美国主流媒体、电视台，均有采访报道。回国后，我们受到全国外事会议的通报表扬。女艺术家代表团虽只有短短十几天的相处，分别时却依依不舍。大家已成为好朋友，相互惦记着，得空就想聚一聚。

许多和小资相处过的人，都有这样的共识：和她相处一段日子后，会使各自所走的路有一个新起点、新高度。她希望每个人都能发挥出潜能，做到最好。以自己的身体力行影响着周围的人，给大家信心与能量。我想，这就是她的人格魅力之所在。

小资啊！在大家庆祝你从艺 60 周年之际，我们想念你，祝福你！要多多保重身体。今后的路还长着呢……

（连德枝 原文化部侨联副主席、
中国儿童艺术剧院艺委会主任，国家一级演员）

我敬重资老师

王洪华

认识资老师 13 年了，我对她十分敬重。

第一次见她是 1997 年的秋天，我刚从政府行政工作转入文化战线，在成都第五届中国艺术节颁奖后，听资老师作《反对舞八股》的发言，对问题鞭辟入里，不仅深刻精彩，而且捧出一颗专家对艺术真挚捍卫的坦荡荡赤诚之心，顿使我对她肃然起敬。

此后，更多了解感触她的做人做事，对她愈加尊敬。我认为，在中国舞蹈界里，她是一个非常了不起的值得敬重的人。

敬重资老师，是因为她 60 年如一日地挚爱舞蹈事业。我知道她 14 岁选择舞蹈之路时，是放弃了保送南开中学的机会，放弃了走入轰轰烈烈的新中国经济建设这些大多数人看好的机会，义无反顾地追求自认为“能点燃人心灵”的舞蹈，已实属难得，但那毕竟是一个少年人的追梦。能够从 14 岁到现在，一直忠于自己的选择，才真的是难能可贵。不难想象，60 年风雨如晦，她遇到了多少困难和挫折，但她从未动摇和怀疑过对舞蹈的选择。时至今日她依然怀着童年的天真、青春的激情，执着不改、热情不改，与时俱进地走着舞蹈之路。每每想到这点，我总会联想起毛泽东主席说的“一个高尚的人，一个纯粹的人”就是不见异思迁，不只做一件好事，而是做一辈子好事的人。

敬重资老师，是因为她对舞蹈不仅热爱，而且爱出卓越的水平，爱出辉煌的成就。我认为爱一件事并做出成果，才是大爱，才是爱的高度。资老师进入舞蹈界不久，就获得了世界大奖，为新中国捧回了荣誉。此后，在国际国内又获得了多项大奖。但她并不满足于此，而是在舞蹈领域，不断接受新的挑战，不断创造新的业绩。不仅在舞台上创造了女人跳孔雀舞等许多个第一，而且在舞蹈教育、舞蹈理论、文化遗产保护、文化立法等方面也做出了许多业绩。

敬重资老师，是因为她对舞蹈的爱是一种科学的态度、理性的高度。对于舞蹈这种伴随着鲜花和掌声的艺术，她并不是痴迷于舞台上的灿烂光焰，也不是迷恋在她年轻时舞蹈展现了她个人的美，更不是心醉于舞蹈带给她的种种荣誉。她爱舞蹈，是因为她深信“舞蹈能点燃人的心灵”！她不仅信，不仅实实在在地在自己身上去体现、去感悟、去领略，还从理论上为之佐证。她总是在很多场合引用《诗·大序》里的：“言之不足，故

与资先生合影

嗟叹之；嗟叹之不足，故咏歌之；咏歌之不足，不知手之舞之，足之蹈之也。”以及英国哲人的：“舞蹈是人类肉体生命和精神生命的最高象征。”是的，人类之初便有舞蹈，舞蹈是人的生命中本质的属性。她对舞蹈的爱早已超越了小我的境界，超越了感性的范畴。当告别“终究是属于年轻人”的舞蹈舞台后，她没有离开舞蹈，而是从直观的外在的表演舞台转到人们看不见的心灵舞台上开始了新的征程——舞学、舞研、舞思。她常说“Never say too late”，为了舞蹈研究，她能读的书都读了，能拜的师都拜了。她对舞蹈所作的执着耕耘，让人感觉到相比她在舞台上展现的美，除了相得益彰以外，上升到了更高的境界。马克思曾经说过：“思想的闪电一旦照亮了未开垦的人民的园地，德国人将成为解放的人。”我常常觉得，资老师就是寻求用理性的闪电照亮舞蹈园地的人。她渴望用舞蹈感动更多的人，指导更多的人，教化更多的人。她致力于提高公众的审美消费水准。她说：“审美主体的文化品位，直接影响他对于这门艺术的欣赏和审美获得的程度。当群众的欣赏水平都提高以后，那些散发着劣质香水味的东西就没人看了。”她想让大家真正懂得舞蹈的美。她不仅解放自己，还想把这个武器交给同行、学生。她到处奔走呼吁宣传，她就是拿着火种到处点火的普罗米修斯。

敬重资老师，是因为她对舞蹈艺术的捍卫。舞蹈的美丽是纯洁的，她对鱼目混珠的假艺术嗤之以鼻，一丝一毫都不能容忍。我记得在 1998 年全国少数民族舞蹈比赛评奖结束后，在给参赛的编剧们点评创作时，作为评委的资老师语重心长地说道：“历史给了我们艺术家一个舞台，我们应该还历史一个美丽，千万不要以为只要编出以前没有的动作就是创新，违背舞蹈美学的怪异动作其实是扭曲。”爱之深，责之切。对每一个舞蹈、每一场演出，资老师都会以神圣不可侵犯的姿态，以监护人的心态维护着舞蹈的真理。因此，当她剖析中国舞蹈界现状时，就如同手持正义之剑的法官，直击要害，切中时弊。记得一次和她谈到自己经历的一些现象时，她非常激动，感同身受地批判其中的种种不妥之处，酣畅淋漓，完全没有顾忌。事后她对我说：“你真是一位很有修养的人。”其实，她的慷慨陈词，也正是令我敬重的地方。她对艺术很真，做人也很真。我想，也正是因为这点，我们才能互相信任，成为挚友。

敬重资老师，是因为她有一颗博大的心。她在不断地超越自我，在钟爱的艺术道路上追求更高的境界，她不仅是在舞台上，而且是在人的心灵上舞动着美丽，她将舞蹈的精神扩大到社会，让舞蹈的真理和社会的真理一样照亮人们前进的文明道路。从单一关注舞蹈生态拓展为关注文化生态整个领域，资老师厚积薄发，视野拓宽到研究生态学，研究当前的社会文化。超越了单纯的对舞蹈艺术的爱，关注到现代文明下对舞蹈本体特质的认识，使其在当代社会中更加焕发出青春活力，起到健康人的体魄、美化人的心灵的重要作用。

在舞蹈事业的征程中，她总是孜孜不倦，似乎永远不知停歇。2004年，她已身患白血病，但无论是电话中的交流问候还是工作中的接触交往，她所传达的信息全然是一个健康人精神抖擞的工作状态。所以，我竟然毫无察觉。直到一次我去北京拜望她，我们依然是滔滔不绝地谈工作。她突然问我：“洪华，你知不知道我得病了。”我回答不知道，连忙问是什么病。她说：“我得了白血病。”语气平和。我顿时觉得时光凝固了，愣在那里。她笑着和我说：“学生们来看我时，泪流满面，我就告诉他们：‘还没到跟遗体告别的时候呢，千万别哭’，学生们又笑了。”

席勒曾吟唱过“时间在飞逝，飞逝向永恒，你若是永恒，他与你共存”。在庆祝资老师从艺60周年时，将这句诗送给资老师和她所热爱的舞蹈事业。愿舞爱永恒。

（王洪华　重庆市人大常委会原副主任、党组成员）

远看资华筠

吴文科

资华筠先生是当今中国舞蹈界成就卓著的通才与大家，更是中国文艺乃至文化界为数不多的复合型人才与领军人物。今年适逢先生从事文艺工作 60 周年，中国艺术研究院要为她举办隆重的祝贺庆典，置身此时此际，面对此情此景，我的内心对她充满了由衷的感佩与敬重！

虽然自 1987 年调入中国艺术研究院以来，我有幸与先生做了 20 多年的同事，但由于身处不同的研究部门，分属不同的代际与年龄，再加上隔行如隔山，尽管对先生的大名早有耳闻，对先生的身影十分熟稔，可与先生的实际交往，应该说是几近于零。因此，相当长的一段时期里，我对先生的具体“接触”与“了解”，除却单位院内会上与路上的相遇和邂逅，主要还是通过阅读报刊上先生所发表的我感兴趣的文章。

真正与先生有所交往，是从 2003 年我在中国艺术研究院中国民族民间文化保护工程国家中心（中国非物质文化遗产保护中心的前身）任职的时候开始的。这项自 2005 年与国际接轨而改称为非物质文化遗产保护的事业，给了我与先生真正建立交谊的契机，特别是在一次有北京师范大学中文系教授王宁先生参加的有关《非物质文化遗产概论》编写的专家座谈会上，先生得知我也毕业于北京师范大学中文系后，非常亲切和蔼地告诉我：她 1956 年至 1958 年曾在北京师范大学中文系长期进修，王宁那时也是她的老师，我们应该算是校友。或许因为这层因缘，从此以后，先生对我关心有加，处处呵护扶持，许多情节我还是事后才从别人那里获知的。提携后学，不遗余力；扶持同道，不图回报。先生于我，可谓恩厚心仁！

与先生交往多了，对其道德与文章的认识和理解也就渐渐地深了起来。但由于种种原因，我对先生的认识和理解，除却感情上的亲与近，很难达到真正的懂与通。这是因为，从艺术与学术的角度看，她像一座大山，又似一片森林，仿佛一方蓝天，更如一道风景：高峻、深邃、寥廓、迷人。只能远望和观赏，无法深入和登临。最多的感受，仍是景仰与崇敬。

先生早年从事舞蹈表演，是新中国培养的第一代舞蹈表演艺术家；中年转向舞蹈研究，不仅以创立“舞蹈生态学”的分支学科成为开山立派又造诣精深的一代宗师及舞蹈学研究专家，而且以中国第一位表演艺术家出身的舞蹈学博士生导师的身份成为一位高端的舞蹈教育家；进入 21 世纪以来，她又以在非物质文化遗产保护领域的突出贡献，成为大家公认的非物质文化遗产保护方面的领军人物，并因此拥有国家一级演员和研究员两个艺术表演及学术研究的最高职称。同时，她先后担任中央歌舞团艺术委员会副主任、中国艺术研究院舞蹈研究所所长、中国舞蹈家协会副主席、中国艺术研究院学术评议委员会副主任、国家非物质文化遗产保护工作专家委员会副主任委员和《中国大百科全书（第二版）》“舞蹈学科”主编等艺术、学术及社会与行政职务，连任过多届全国政协委员，是杰出的舞蹈表演、舞蹈教育、学术研究与事业发展的组织领导者及社会、文化与政治活动家。荣获过“世界青年与学生和平友谊联欢节”舞蹈比赛金奖、中宣部“五个一工程”奖和中国文联文艺评论一等奖等重大专业奖项。成就卓著，堪称大家。

尤为可贵的是，她以表演艺术家和著名学者的双重身份，在中国艺术研究院的众多知名学者中风采独具，卓尔不凡！也使她与曾任中国艺术研究院的前身“中国戏曲研究院”院长的京剧表演艺术家梅兰芳大师和曾任中国艺术研究院美术研究所所长与副院长的著名雕塑家、美术史家和美学家王朝闻等前辈一道，成为同时兼具表演与研究、融通艺术与学术、秉承将才与帅才、典范践行以理论联系实际为主要追求与特质的艺术研究“前海学派”之学术传统的重要领军人物与代表性学者。

凡此种种，均使资华筠先生的身份归属及价值定位，不再局限于舞蹈界或者文艺界，而是已然延展到整个思想文化界。

然而，在我看来，资华筠先生更加令人钦佩和感动的地方，还不是她所取得的艺术成就和所赢得的学术声誉，而是她的进取精神与为人品性。

与当下许多成功人士学历造假和履历失真的自我“塑造”与人为“神化”截然不同，资华筠先生从来都是坦然地述说自己仅仅拥有初中文凭。这不仅源于她的诚实品性和价值理念，更源于她的人生追求与内心自信，从而使她和虚荣划清界限，与浅薄彻底绝缘。且不论她并非由于考不取高中或者上不了大学，而是由于热爱舞蹈，迷恋表演，早早地入行，中断了学业。即使是在北京师范大学中文系进修的两年间，她也并未为着取得一纸文凭而被动敷衍，而是依照自己的理想与兴趣去主动充电，显示出她具有一般人很难完全做到的“只唯实而不图虚”的价值追寻与人生情怀。这让我联想到根植谷底的参天大树，并未因着“出身”与“起点”的“低微”即甘于现状，而是深扎根须，广摄营养，奋力向上，不断成长，直至与山顶的灌木并肩，拥有一片属于自己的天空与阳光。而以一个初中学历的文化基础成就了许多学士、硕士和博士都难以达到的专业水准与人生高度，这是何等的灿烂与辉煌！蕴含着怎样的奋斗与追求，挥洒过多少心血与汗水！所谓气度决定高度，性格决定命运，理想决定追求，资华筠先生的成功人生，因而成为一个堪称榜样与楷模的标本，值得一切有志于成才的人们思索、借鉴和汲取。从这个意义上讲，资先生的艺术成就与学术贡献固然巨大，但其进取精神与成功轨迹给予同行及后辈的人生启迪和精神价值，或许更为可贵。

中国文化的一个优秀传统是推崇为人做事的“温良恭俭让”，中国的文化人也向来而有讲求平和谦逊、追求温文尔雅的修行标准。但对于从事学术研究的文化人来说，追求真知、坚持真理的职业本色，不容许他们在学术理论问题上“温良恭俭让”，或者为了简单标榜平和谦逊与温文尔雅而虚与委蛇或妥协退让，特别是在艺术评论和学术批评领域，尤其需要求真知、说真话、维护艺术特质、推动创演繁荣的理论与批评，绝不能让人情评论和商业批评等代替艺术评论与学术批评。敢于批评，敢说真话，有真思想，见真性情，因而成为艺术评论与学术批评的基本标准！可在艺术评论和学术批评的文化生态不那么健全和良好的现代情势下，要做到不仰人鼻息、不看人脸色、不迷信权威、不人云亦云，实在非常艰难！资华筠先生的学术实践，除了主要建构“舞蹈生态学”的理论体系，还十分注重开展舞蹈的艺术评论和学术批评，并且具有上述学术理论研究和艺术与学术批评的优秀品质。她所撰写和发表的理论与评论文章，大都充盈着富于真知灼见的内涵和切中肯綮、一针见血的品格。有好说好，有坏说坏；不溢美，不隐恶。既讲道理，又摆事实；持之有据，言之成理。客观辩证而不刻板教条，讲求学理而又鲜活灵动。面对一些创演顽症和审美积弊，甚而还有鲁迅式“金刚怒目”及“横眉冷对”的猛烈与犀利。由于她在业界的地位与影响，如此这般的思想与文风，在一些人看来可能有些不客气甚至是霸气，较少谦谦君子的旁敲侧击和忠厚长者的循循善诱。但因“爱之深而责之切”所引发的“忧思”，与“哀其不幸，怒其不争”所激起的“愤懑”，逼迫着她不得不放下固有的“风度”、收起原本的“气度”，去挥洒理想的豪气，张扬思想的正气；心底无私，舍身饲虎：力图通过对于时弊的严厉批评乃至猛烈抨击，来唤醒沉睡的“主义”，引起疗救的“注意”！此等艺术评论和学术批评的性情与品格，同时也贯穿她参政议政的过程和建言献策的实践，体现在她敢于挺身而出、勇于“教育领导”、善于抓住一切机会为文艺乃至整个文化事业的繁荣与发展竭尽全力、奔走呼号的每一次努力和每一个细节。所谓立场决定角度，情感决定向度，思想决定深度。在我有限的亲身见闻中，资先生为了国家和民族的利益、为着文艺和文化的发展，敢于当着官员的面直接提出意见和建议，也敢于当面批评那些不正常的人与事，而这，都是一般人很难做到的。并且，这等言行之中所蕴含的道义担当与事业情怀，也不是一般的明哲保身的人和软骨侏儒思想所能体会并理解的。“知我者谓我心忧，不知我者谓我何求”，先生许多看似唐突固执的“不识时务”之举，正是学者“社会良知”品性的自然流露与本色体现。由于没有一己的私欲，所以不计个人的得失。豪气与侠气所包裹着的，是她内心激荡的浩然正气。正是这种脱去了奴颜与媚骨的文人气节与学者情怀，支撑、决定并最终造就了这样一个有成有就、有胆有识、重情尚义、见情见性的资华筠。

这就是我通过 20 多年的远距离观察和近些年来的悉心体会，眼睛里和心中的资华筠——一个进取精神与为人品性较之艺术成就与学术贡献更加值得我们重视和学习的艺术家、学者与博士研究生导师。

（吴文科　中国艺术研究院曲艺研究所名誉所长，
研究员，博士生导师）

阅读资华筠先生的学术思想

方李莉

我认识资华筠先生，首先是因为她是我们院人人皆知的名人，我能够近距离地接触她，是因为她是院学术委员会的副主任，而我是院学术委员会的委员。另外，她是国家非物质文化遗产专家委员会的副主任，而我是国家非物质文化保护专家委员会的委员。正是这些缘由，使我们不仅有机会常常见面，还能有机会听到她的许多学术见解。

我对资先生的认识可以说是由表及里，由浅到深的。记得第一次见到资先生，首先吸引我的是她的气质、她的风度、她的谈吐和举止。当时就有人向我介绍，她年轻时曾是一位著名的舞蹈演员，后来通过学习和努力成为一名舞蹈学的理论权威，并担任中国艺术研究院舞蹈研究所所长一职。由于专业领域的不同，对资先生的学术研究并没有很深的了解。只是她的每次发言都能引起我的关注，因为她总是能一针见血地看到问题的本质，这种尖锐的学术眼光和深刻的思想性，绝非一日之功，背后肯定有其深厚的专业研究作为支撑点。尤其是在非物质文化遗产保护的会议上，她提到的有关“精神植被”的问题引起了我的关注，因为我觉得这应该是一个人类学的问题，而不是一般搞舞蹈学的学者能提出来的问题。后来她告诉我，她曾经研究过“舞蹈生态学”，这引起了我的进一步关注，使我觉得在我们之间有了更多的共同语言。

两年前，她送了我一本她的论文集《舞思——资华筠文论集》，通过这本论文集，我了解到了她的许多学术思想。舞蹈学对于我是陌生的，但资华筠先生提出的许多关于舞蹈生态的理论，却使我感到似曾相识，因为里面有许多的研究理论及研究角度与人类学的研究非常相似。其不仅是在研究舞蹈本身的问题，而是将舞蹈置身于一个特定的自然环境空间、社会环境空间、历史环境空间来立体地审视，并关注舞蹈如何与特定的自然环境、社会环境、历史环境之间所形成的种种关系，而这些关系自成一体，形成了不同地域文化的表征特点。

她在论文《试论花鼓灯的“舞蹈生态幅”》一文中提出了一个“舞蹈生态幅”的概念，这使我非常感兴趣。她在文章中写道：“‘舞蹈生态幅’是舞蹈生态学科中的科学术语，在这门研究自然和社会环境与舞蹈的关系的学科中，我们把舞蹈作为核心物，置于相互联系相互作用的系统中进行宏观的多维的综合考察，研究哪些环境因素影响和制约了舞蹈以及它们以何种方式、何种程度影响和制约着舞蹈的发生、发展及其表现形式……这当然不能是空洞的泛论，而要通过系统的、可操作的方法论来实现。‘舞蹈生态幅’就是这个整体系统中的一个重要的理论概念，是观察分析舞种与舞蹈生态——与舞蹈发生关系的环境因素——相互影响与变异的一个特定的角度。”

从这一角度出发，她对花鼓灯进行了历史渊源考察、形态特征提取、语言的审美表意功能、“舞体”及传承方式等多方面的研究。其中使我感兴趣的是：花鼓灯“似乎比较明显的具有唐、宋交替时期的舞蹈文化印迹，这一历史时期的舞蹈人文环境，呈现出纷繁复杂的多维因素：在盛唐宫廷乐舞逐渐衰落的同时，宋代的民间舞队异峰突起。此后，‘勾栏’、‘瓦肆’的出现，又促进了民间艺术‘场地’化、表演化和民间艺人的职业化……我们或许很难根据上述的历史的环境因素，直接简单化地推导出花鼓灯的原生形态和功能，因此也很武断地确定其舞种源流谱系。但是，我们却可从最早——20 世纪 50 年代初接触到的花鼓灯的原始风貌中，体察到它的文化特质与唐、宋间历史文化背景的关系”。

从人类学的观点来看，历史的变迁虽然是以上层的政权更迭作为推动力，历史上的不同的朝代往往体现出不同的政治经济结构、不同的文化风貌，但这些明显的变化，大都是体现在文化的精英层和城市文化中，而广大的下层文化和乡村文化的流速却往往是缓慢的，有时近乎静止。许多远古的文化在精英阶层或城市中早已消失，但在民间或偏远的乡村中仍然保存完好，这就是为什么有“礼失求诸野”一说。而在资先生研究的花鼓灯中，我们也看到了残存于其中的唐宋文化的痕迹。

在读资先生的论文时，我一点儿也不感到陌生，而且饶有兴趣，因为她研究的虽然是舞蹈，但关注问题的角度及视野和人类学有许多相通之处，使我从中得到不少启发。

我对她《强化优质基因　交流、汲取、共同发展——当代亚洲舞蹈展望》那篇文章中的一些观点也非常感兴趣，在她看来，舞种或某些代表性舞目，虽然葆有其与众不同的固有特色（形态特征和文化内涵），但其中一部分舞蹈又在不同条件下汲取过异域文化的滋养。

她认为，任何民族的文化发展，都会经历与异域文化的相互影响与交融。中国汉、唐舞蹈发展的高峰，更具典型性。她在文章中举例说，“有文献可考的古高丽乐舞在唐朝传入中原不仅在宫中表演，也在民间流传——与中原文化进行交流。而韩国舞蹈家也曾向我介绍，源自我国唐宋时期的著名舞目《剑器舞》《春莺啭》等，在我国虽有文献记载却已失传，但流传到古高丽却得以保存至今。在传承过程中，既保留了原生基因，又发生了本土化演变。凡此种种在一定意义上，成为我们追溯、考察唐代舞蹈形态的某种依据。类似的‘你中有我，我中有你’现象，也出现在日本等国”。

她还曾在菲律宾的村落，看到与我国黎族形态酷似的竹竿舞，但服饰却迥然不同。其中的渊源，尚无足够的资料考察清楚，但她认为，通过对具体民族舞蹈的考察，或许可以追溯民族迁徙的印迹……

另外，她还举例，在我国甘肃省，历时千年之久驰名中外的敦煌莫高窟中有大量绘有乐舞形象的壁画，反映了我国不同历史时期的舞蹈风貌。其中早期的“天宫伎乐”舞姿图，明显受到印度舞蹈的影响（如 272 窟菩萨图，北魏，386—534 年；而盛唐时期的伎乐菩萨图，如 148 窟，唐，618—907 年），则呈现出中原文化特征——中国气派。

通过以上的论证，她认为，一个自信的民族，不应拒绝、惧怕异域文化的影响交融，而应视为必要的滋养。但一般来说，它是渐进性的，需经过自身的咀嚼、消化，历经岁月的磨砺、积淀，而非强行的劣质嫁接。

她在这里虽然谈的是舞蹈，但实际上所涉及的却是一般文化的内在规律，显示了其所具有的开阔的文化视野。她让我们认识到，我们要关注文化多样性中的各自特点，同时也不能忽视它们之间的相互影响和相互关联，人类的文明就是一件你中有我、我中有你的百衲衣。

我还关注到她的一篇文章《简论舞蹈的本体特质、演进与发展》。在这篇文章中，她对舞蹈的定义是：“舞蹈是以人的形体动作为媒质的人类有目的行为。它伴随着人类的生命活动和生存意识而产生，在人类文明演进——人类创造文化又被文化造就的漫长历程中，逐渐发展成为具有独立品格和独特审美价值的艺术门类。它是社会意识形态的一种反映：是以表现人类浓缩升华了的感情为追求目标的社会艺术活动。”正因为舞蹈是“以表现人类浓缩升华了的感情为追求目标的社会艺术活动”，所以其和同样是肢体运动的体育不一样，前者具有明显的国际通用性，而后者则更具民族文化特异性。

她认为，舞蹈从原初起，就带有以维系社系（部落）为目的的群体性，而非孤立的个人行为。也就是说，舞蹈不仅是一种可以娱乐的艺术或审美活动，而且也是一种社会的整合方式，是一种群体认同的重要文化形式。

而且通过舞蹈研究，她还关注到了中国文化中的大传统与小传统、上层的宫廷文化与下层的民间文化的互动问题。她在文章中写道："一个朝代的衰落，往往使宫廷乐舞走入低谷，但是，宫廷舞人流向民间以及社会动乱中的人口迁徙，客观上又促进了民间舞蹈的活跃和不同地域之间的文化交融。宫廷舞蹈与民间舞蹈相互渗透、交替发展，可以说是舞史演进中的普遍现象。汉魏、隋唐出现我国宫廷乐舞发展的两个高峰，固然与其国力强盛、经济繁荣紧密相关，民间舞蹈的发展为宫廷乐舞注入了新鲜血脉也是重要因素。"

"舞蹈在其发展过程中呈现出：原初功能淡化、变异；民间舞蹈与宫廷乐舞的相互渗透；民族文化交融的相互影响；统治者强化政令的促进和限制作用……无不与社会变革、环境因素紧密相关——形成了舞蹈自身演进的、内在规律性，而非与'改朝换代'形成绝对对应关系。如今，我们在各民族欢庆丰收、婚丧嫁娶等传统习俗中，在山村、沟寨的走会、社火、闹灯中，随处可见蓬勃发展的民间舞蹈仍留有古代舞蹈功能变异的印迹。我国56个民族的舞蹈遗产之丰厚为世界各国所望尘莫及，是中国舞蹈文化重要的血脉和根基。"她在这里，虽然用笔不多，却高度地概括了中国舞蹈文化发展的规律与根基。

通过她的文章，我们看到的是她具有丰厚的文化历史知识，对舞蹈文化的认识是多角度的，是全方位的，是整体性的。在这样的基础上，提出了"多维舞种"的概念，并希望能在此概念的基础上建立起科学的舞蹈分类体系。

虽然我不懂舞蹈，也不了解舞蹈界的理论研究状况，但通过阅读资华筠先生的文章，学习到了不少知识。在资先生的文章中，我了解到我们国家的舞蹈理论研究还相对薄弱，还有许多的研究空白需要去填补。但在我看来，资先生的舞蹈理论研究已经具有了很深的思考，并形成了自成一家的理论体系。这样的理论体系不仅是对舞蹈学本身，就是对人类学、社会学和文化学都是有启发的，这就是我作为一名舞蹈学的外行也对这样的文章具有浓厚的兴趣的原因。

在网上我搜索到有关资先生的介绍：“资华筠是新中国第一代著名舞蹈演员。她 14 岁以初中毕业学历开始演员生涯，从 1950 年初中刚毕业就考入中央戏剧学院舞蹈团少年班，到 1986 年告别舞坛，资华筠的演员生涯整整 36 个春秋。其间她担任过中央歌舞团独舞、领衔演员、教练、编导、艺术指导等，最辉煌时在世界青年与学生和平友谊联欢节上得过金质奖，曾与陈爱莲、崔美善、白淑湘、刀美兰、贾作光等一起被授予‘优秀表演奖’。”

在经历了被称为“炼狱”的艰苦探求之后，资先生的科研成果《舞蹈生态学导论》、《舞蹈生态学论丛》（与王宁、资民筠等合著）终于先后问世，她也成为中国舞蹈领域唯一兼有艺术与学术双项高级职称者。

在阅读了她的这些介绍以后，我不由得对她刮目相看，她曾经是一个优秀的舞蹈演员，经过自学成才的努力，又成为一名优秀的学者，而且还曾经担任中国艺术研究院舞蹈研究所的所长。中国艺术研究院是中国艺术理论研究的最高研究机构，能在这里担任一个专业所的所长，无疑就是这个学科的全国性的学术带头人。资先生不仅在舞蹈理论的研究中取得了令人瞩目的成就，她的英语水平也令人刮目相看，不仅能阅读，还能在国际会议上用英语直接发言。这可不简单，许多正规的具有博士学位的学者都很难达到这一点，她学习的努力与艰辛的程度就只有她自己才最有体会。

我常常想，资华筠先生如何能以初中毕业的文化程度取得如此辉煌的学术成就，第一是她的谦虚好学。为了弥补学习的不足，从 20 世纪 50 年代在中央歌舞团跳得最红的时候起，她就报考了北师大中文系刊授班，抓紧一切业余时间听课、看讲义、做作业，外出巡回演出时也不放松，硬是用两年的时间自学完成了大学中文系基本课程。资华筠的人生信条是“Never say too late”（永远不要说“太晚”）。40 岁以后，她又参加了陈翰笙先生的英语研修班，完成了 100 多篇时文选译，为她日后用英语直接交流打下了扎实的基础。而且任何时候，她都是将自己的架子放下，一切为学习开路。如当她上任中国艺术研究院舞蹈研究所所长时，她已经是一位知名的学者，但她说："我不是上任来了，而是上学来了。"虽然她只有初中学历，但她的一生从未停止学习，这样的学习经历何止是一个博士学位或硕士学位能够取代的。因此，只有谦虚的人，才会不断地努力学习，只有不断努力学习的人，才会在学术上走向辉煌。

第二是她的家庭背景与家教。资华筠出生于天津市一个银行家的家庭，父亲资耀华早年毕业于日本京都帝国大学和美国哈佛大学，母亲也是一位修养极好的知识女性，在这样一个家教严格的书香门第中，大姐资中筠毕业于清华大学，后成为国际关系学家，曾担任社会科学院美国所的所长，三妹资民筠毕业于北京大学，从事空间物理学研究。而资先生就是一位在这样的家庭中熏陶出来的学者，因此，她视野开阔，具有大家闺秀的气质，为人豪爽大气，文如其人，这些都为她成为学术大家奠定了基础。

在这里我要顺便提到的是，我在网上曾读到过不少资先生大姐资中筠的文章，她思想的敏锐与开阔，文章的犀利与深刻，在中国女性中是少有的，我对她由衷地感到钦佩。一个家庭出现如此多的人才，可谓难得。这样的家教，这样的家庭传统，值得人们颂扬。

今年是资先生从艺 60 周年，能趁这样的机会为先生写一篇文章，并阅读她的学术思想，是我的荣幸，只是不知道我写得是否贴切，是否对资先生的学术思想理解到位。总之，是一片真诚，一片崇敬。我为中国有如此的女性而骄傲，我为有幸与资先生相识、相知而骄傲。

（方李莉　中国艺术研究院艺术学研究所名誉所长，
研究员，博士生导师）

一生独爱真善美

沈铁梅

只要谈起资老师，我立即会想起英国罗素的《我为什么而活着？》里面的一句话：“三种单纯然而极其强烈的激情支配着我的一生。那就是对于爱情的渴望，对于知识的追求，以及对于人类苦难痛彻肺腑的怜悯。”

资老师对知识的渴求那么强烈，以至于人们都说她活了两辈子：一辈子是舞者，一辈子是学者。资老师爱憎分明，她对待同志后辈如同益友良师，对待观众如同亲人般温暖，而对待不公正之事她的语言则如同一根根竖立起来的钢针。

这份赤子与战士交织的品质是源于她心底深处的那份悲悯的情怀。这份情怀让资老师付出爱、渴望爱，她对于感情的渴望不止于爱情，更显于那份友情、师情、爱国情。资老师的性格、追求、事业、学养……我认为有着共通点，即真、善、美。

真·智慧的勇士

转眼已经认识资老师快十年了。最初，她给我的印象便是很漂亮、很知性，声音很好听，随后简单聊几句，就被她爽朗的性格感染。

我对资老师的事迹一早已有所知，为她的成就所折服，而出乎我意料的是，竟然是如此率真。

资老师的较真儿，是先从自己开始的。她是很厉害的人，在舞蹈上的造诣已经达到了一个相当的高度，她还长期坚持学习，苦学英语，发表各种论著逾百万字，甚至在重病之时，还在写作。

不论何时何地、何种处境，她只知道，她要捍卫中国艺术的品格。她是让人敬佩的艺术家。当今，很多人已经不愿意为了所谓的正义公平去得罪人，而她却是一个非常勇敢的人，一个敢说出自己观点的研究者。她如同鲁迅笔下之真正的勇士，敢于直面一切。

也许是人与人之间的投缘，我自认为能理解她的尖锐。她为何敢于批评不正当的文化现象？为何敢于揭露不符合艺术规律的现象？为何为注入一股清泉而牺牲咱们中国人常常非常重视的“人缘”？为何为了抵制道德缺失的不良现象甘愿放弃诱人的“利益”？

缘于感恩！因为她是新中国培养的第一代舞蹈表演艺术家、学者。她

沈铁梅（中）与资华筠合影

的真来源于对国家深切的、不掺一点儿杂质的爱。

爱之深，责之切。资老师大胆地对中国艺术提出批评，要求建立起完善的批评机制，要求在一片叫好声中涌现出真知灼见，为的全然是中国艺术。她如同一个医者，她要将伤口剖开，让那脓血流出，为的是从本质上治好疾病。

她是极其智慧的。总能切中时弊，鞭辟入里。记得她描述灯光师责任心缺失，这样说道："那哪是追光跟着我们演员走，是演员追着灯光走。哪里有光，我们就站到哪里去演。"让人捧腹，让人深思。资老师对艺术领域的浮躁跟风之举深恶痛绝，她总是敢于坦直建言，这份爱国之心，得到了党和国家领导人的尊重，他们都肯定着资老师。

源于这份理解，"不好相处"的资老师，原来是那么好相处。她看似理性的尖锐背后其实是感性的率真与热爱。

善·信短而情

"铁梅，重庆洪灾，很惦记你们，是否也在一线？千万注意安全。"

"身体很重要，铁梅要保重身体哦。"

"很珍惜、很在乎和你们的这份友情。"

夜深人静，我总要将资老师发给我的消息一遍一遍地看。地震、旱灾、洪灾，她都在我身边，成功、喜悦她与我共同分享。有师友如此，夫复何求？

"铁梅是能干人，铁梅非常有灵气。"

"我喜欢铁梅，很有灵气。"

"铁梅会做出很好的成绩来。"

"很关心川剧的非物质文化遗产的申报工作。"

资老师常看我的戏，那么了解我、肯定我，字字都是我坚持的动力。

资老师对我的爱护与关心，是我一生最宝贵的财富之一。

2001年与资老师相识，资老师曾任中国民主建国会中央妇女工作委员会主任和中央常委，她出于形势发展的需要和对我的爱护与信任，把我当成接班人来培养，由此我也在民建中央这个大集体成长。资老师还是我的大姐、亲人。只要有机会她总是请我去她家。朋友、学生送的好东西，也要和我分享。

资老师的善良之处，太多太多。她身患疾病，却没有一点儿抱怨和愁苦，她总是感谢国家、感谢医生。在任何处境中，这份感恩不变。记得我打电话给她，她声音沙哑，忍受着病痛，她没有一点儿不耐烦，而是亲切地对我说，“嗓子哑了，我们发短信吧”。每当想到这里，我都忍不住流泪。

为什么她总是这样为他人着想呢？生病了，还不忘对国家满心满意的报答，著书立说，贡献自己的一切知识。当学生们去看她，流泪的时候，她却说：“我都没哭，你们哭什么？”大家心疼之时，她却安慰大家：“为了不负大家关心，我要把身体恢复起来。”……这些小细节，展现了资老师的那份博大的胸怀。

“舞蹈能点燃人的心灵。”资老师说的这句话是她作为一个舞者奋斗终身的信条。

“不以善小而不为。”资老师这句话是她作为一个政协委员的心得。

“……我舞蹈禀赋平庸，感谢成长过程中所有扶持与帮助我的人。”这是作为一个成就非凡的艺术家对自己的评价。

“我在别人身上学到了很多东西，对很多人的艺术成就有敬慕之心。”这是资老师在“同行如冤家”的氛围中的操守。

岁月的沉淀让我了解了她的这份大善，便是——懂得分享快乐，收起不快乐留给自己。

美·雪地里的红色围巾

美是转瞬即逝的。能够拥有美又记录下来，是何其有幸。有一年冬天，资老师送我一条大红色的围巾。她说，这围巾很适合铁梅。在纷飞的大雪之中，我尽情地赏玩雪景，拍了很多照片。雪地里的红色围巾，火辣辣率性如我，融为一体。资老师对美的把握就是这么准确。有一年民建在上海组织了一个活动，我第一次在现场近距离地看到了她跳舞。那么美妙的舞姿已是一种莫大的享受，更动人的是，她以“美育”为核心内容，给我们示范各种舞蹈的特点，美在何处，如朝鲜族舞讲究气息深沉，维吾尔族的舞蹈则挺拔、俏丽……这也让我明白，艺术要提升须得会总结。

出于对我的关爱，资老师总告诉我，要多学习、多看名著，陶冶自己，使自己的艺术造诣上一个更高的台阶。回头再看看她所跳的舞蹈，美妙中凝结了多少的内涵啊。每一次听她手舞足蹈善于表达的讲座都是一次提升。

对美的追求，是她毕生的热爱。一来，她出身于书香门第；二来，她是一个杰出舞者；三来，她是一个出色的学者。她有着超乎常人的美感，但她对美的追求不仅在于自己，更在于推广美。正如她送我的那条红围巾，那是她心目中的铁梅之美。

资老师常讲，中国应该重视美育，一个国家之美，源于国民的内在之美。她不遗余力地呼吁美学教育的开展。她对于美的追求，时时在感染我。她的自信发自内心，不管是选择工艺品，还是选衣服，她都相信自己的眼光。就好似一件衣服穿到了她身上，衣服也有了自信。生病之后她以为会“脱发”，提前剃了头发，有一次我去她家里看望，门敲了许久她才打开，原来她仔细地戴上头套之后才开门，怕吓着对方以示尊重。但是，朋友知情后，她并不在乎“光头”见熟人。

虽然不能常见她，但她的自信、从容、豁达，总是影响着我。她的优雅和精气神影响的不只是我，我相信任何一个人，都是惊讶的、敬佩的。

行文之前和资老师通过电话，她说：铁梅，谢谢你百忙中想着写稿，我很在乎你的这篇文章。

在这里，我想告诉您，我也很在乎，资老师，我很在乎您。

（沈铁梅　重庆市文联主席，重庆市川剧院院长，国家一级演员）

先生，您何时再来湘西

刘世平（山人）

最早接触和熟悉“资华筠”是通过先生发表在全国各大报刊的美文。这些美文一部分是很感性的散文，一部分是理性的舞蹈评论或论文。前者如《烛光下的舞影》《伫立在沈老墓前》等，后者如《啊！〈土里巴人〉》《试论花鼓灯的“舞蹈生态幅”》等。其实无论感性或理性，资先生的文章总是充满激情。我喜欢资先生的文字，不仅因为它朴实、真实、厚实、坚实，更因为其不可言传的笔调，十分合我的口味，这或许也是一种缘分吧。凡当时的纸质媒体，只要有先生的文章我必读。我书橱里有先生的三本书，一本是厚厚的《舞艺·舞理》，另一本是散文集《华筠散文》，还有一本是其主编并撰稿的《中国舞蹈》。这三本书，我常读，尤其是那本大部头的《舞艺·舞理》，不知翻阅过多少遍，书中《“舞蹈生态学”回眸》一文，读得最多，先生建立学科理论的艰辛过程及提出的方法论，让我受益匪浅。每当写文章遇到困惑，创作遇到障碍时，我必复习先生的文字，让自己的逻辑和创造性思维以及情感浓度得到强化与提升。

我第一次看到资华筠先生是1999年6月26日上午在文化部艺术局会议室。自敬佩先生深厚的学养和喜爱其文字的那天起，我就心存一个愿望，若有机会见到资华筠先生该有多好，亲聆她的指点与教诲，一定乃人生快事。这天居然来了，来得那么顺理成章。我团创作演出的大型民族舞蹈诗《扎花女》应文化部邀请进京演出。也真运气，演出的前一天，先生刚从欧洲参加国际学术会议归来。当她早年的同事、我们的老团长贾肇巽邀请她来北京剧院看我们演出时，她二话没说，爽快应允。事后才知道，先生此时，因旅途劳累加上肠胃出了问题，正发着低烧，更难受的是，时差还未倒过来，人一直晕晕乎乎的。资华筠老师要来看《扎花女》的消息不胫而走，全团上下十分高兴。演出第二天，《扎花女》剧组在文化部听取专家意见。我们早早来到文化部艺术局会议室。应邀的各位专家先后到来。记得有北京舞蹈学院原副院长、学者于平老师，中国芭蕾舞剧院的舞蹈表演艺术家、编导家李承祥老师，作曲家刘廷禹老师，解放军艺术学院舞蹈系主任、教授越国政老师等。不知谁说了声：资华筠老师来了。我即刻向外张望。盼了半天，不见资先生进来。看看表，离开会的时间还有几分钟。我等不及了，走出会议室。会议室的隔壁有间会客室，里面传来一个脆脆的声音。我走到门前向里一看，一位高挑优雅气质不凡的老师正与一位熟人交谈。这位老师见有人在门外晃动，下意识朝门外一看，正好与我的目光相会。是她，就是她——资华筠老师！我见过她的照片，她比照片更年轻、更美。算来，11 年前先生已 63 岁了。专家会议上，各位老师对《扎花女》给予充分肯定并提出很好的意见。说实话，创作舞蹈诗《扎花女》是先生“用文学滋育舞蹈，用舞蹈外化诗情”的观点给我们的启示，不然，20 世纪 90 年代中期，生活在遥远湘西的创作者怎会想到用“舞蹈诗”这个艺术形式来表现湘西女人。“与当下动辄来北京请大腕的那些歌舞表演团体相比，湘西州民族歌舞团的创作者们，有腕力而无腕气！”听到资先生掷地有声的肯定，我们心里爽极了。其实我们知道，这只是先生对一个小小州级民族歌舞团自力更生精神的褒奖和鼓励。也就是这样的褒奖和鼓励，让我们更坚定了走自己民族文艺创作之路的信念与决心。

2000 年 8 月下旬的一天。湘西凤凰。沱江边，南华山下。沈从文独具特色的墓碑前。身着蓝色横格棉衫的资华筠先生向沈老的墓献上带露的山花，并深深地鞠躬。资先生的目光在墓碑“照我思索，可理解‘我’。

照我思索，可认识‘人’。不折不从，亦慈亦让。星斗其文，赤子其人”的文字上停留了许久。南华山的风在林木绿叶间轻轻絮语，清清的沱江静静地向远方流去。这是资华筠先生第一次到湘西。

听说先生应邀在张家界给来自全国各地的企业家谈旅游文化，老团长贾肇巽再次以熟相“欺”，将先生从张家界“拽”到湘西。那时我团正创作演出舞蹈诗《霞生山水间》，老团长的意思是要资先生来看看，拿拿脉。资先生照样二话没说，冒着酷暑与老伴王寿印老师一起到了湘西。这也是我第一次近距离与先生接触。从张家界到湘西，从湘西到张家界，我一路陪同。其间听她聊艺术聊人生，这种一对一的“上课”，较之读先生的书，其滋育效果更好。先生谈她的出身和教育背景，谈她如何从舞蹈演员走上学者之路，谈当下中国舞蹈创作的得与失……“一切错误从说谎开始，一切失败从迟到开始。”先生在张家界讲课时，少数听课者不按时听课，开场白中愤然说出自己的家训。家训出口，有点儿嘈杂的大课堂顿时鸦雀无声。那天先生从旅游文化谈到构建人的精神植被，从文化生态谈到人如何获得自我尊严……我安静地坐在最后，支起耳朵捕捉每句话，生怕其溜走。

讲完课，我陪资先生和王老师上张家界。黄石寨山顶，风光无限好。满眼奇异的山，茂盛的树。有人用手攀压一棵悬在岩石上的小树，使挺拔的树干弯折成弓。资先生心痛了：“你这是干吗？这么好的树，你把它弄成那样，忍心？”“关你什么事儿，我就这样，你把我怎样？”听口音，不讲文明的游客也是北方人。“你……”“你……”二人僵持着。“算了算了，你也是……”温文尔雅的王老师对着资先生嘀咕。进了黄龙洞，同样的事又一次发生。长长的溶洞里，长短不一的白色钟乳石，不时从游人的头顶“横空出世”，有人忍不住用手去抚摸，先生见之急了：“干吗？干吗？它招你惹你了？瞧，你那手多脏！”这次还好，先生话落，没人吭声，那多手的人立即将手收了回去。世上像先生这样眼里容不得沙子的人，有，但如此纯粹、如此敏感的，应该不多。当时，我想，各行各业多一些先生这样的人，也许我们的环境、工作与生活品质要好得多。

2004 年年初，湘西的风虽说有点儿冷，但文化艺术界人的心蛮暖和的。受州委州人民政府的邀请，资华筠先生以国家非物质文化遗产保护工作专家委员会副主任的身份，来湘西考察调研。先生从小在钢琴声与芭蕾舞中长大，一生偏偏与中国民族舞蹈结下不解之缘。在她作为舞蹈表演艺术家的那些年月，每跳一个新的民族舞之前，都会认真细致地查阅有关资料，向熟悉它的同事或老师请教，目的是更准确地把握其风格与味道。就是这种长期形成的对艺术一丝不苟的精神，为日后她的学术之路做了很好的铺垫。这次到湘西，她一头扎进土家山寨龙山县马蹄乡，她和土家人一同跳起摆手舞，正跳得起劲，天忽然下起大雨，可这丝毫没影响先生的舞步与热情；某高山土家自然村，天飞小雪，先生与大家一起在空旷的坪坝看梯玛跳神，一坐就是几个小时；深山里的靛房乡，精彩的土家族打溜子，一扫先生路途的颠簸劳累……那几天，土家人的大块腊肉、大碗米酒、大碗辣菜让先生着实尝到了土家人的朴实厚道和好客。原老副州长田荆贵同志盛情邀请先生到他山里的老家下榻。那晚，先生躺在用米汤浆过的土家人西朗卡普（花铺盖）的被窝里（还是冻得当了一夜的“团长”），在山风的歌吟中，对“民族民间文化保护”或许又有了新的思考？对建立的“舞蹈生态学”从内涵到外延或许有了新的发现？回到吉首，先生应邀在州人民政府大会议室做了关于文化遗产保护专题讲座，其演讲之精彩让每位与会的人记忆犹新。

2007 年 9 月，先生又一次作为贵宾受州委州人民政府邀请，来湘西参加“建州五十年庆典”活动。庆典当晚，我们在湘西大剧院演出了获第三届全国少数民族会演金奖的舞蹈诗《我的湘西》。演出后，在老团长贾肇巽的安排下，先生在下榻的州民族宾馆房间与《我的湘西》主创人员座谈。没有任何客套，我们一坐下，历来讲究时效的先生开门见山：“先从文字谈起吧。”先生看了我一眼，这是我熟悉的眼神。“解说舞蹈的太多，限制了人们对舞蹈的想象。不要替舞蹈写说明书。文字有简单化的倾向。”听先生的意见，我点着头。“整体看，节目还比较朴实，比较纯真。这很好。审美倾向不能摇摆，现在舞台上有媚俗化、蛮荒化或奢华化倾向。那种发嗲、勾引观众的现象很常见。编导编导，不仅要编，也要导。”从我们的创作联系到全国的创作，如此视野，不得不叫你心悦诚服。“审美感受身体机理的统一，是好舞蹈的基础。两个主角还不错，可技术一般。要练点民族民间的绝招。”先生总是那么一针见血。接下来她谈了州庆那台名为原生态大型民族团体操的表演。“原生态概念现在用得太滥。原生态要有三个条件：一是自然形态，二是自然生态（不脱离生存环境），三是自然传衍。现在在舞台上表演的这些所谓原生态歌舞，应该说都背离了这三个条件。我认为，现在舞台上命名的原生态歌舞不如界定为原生性歌舞更科学。应该坚持原生性，留下民族的记忆。一个民族要有尊严。这尊严来自优质基因的传承（即文化传统）。”听先生谈舞蹈创作意见，真是享受。

资华筠先生与湘西，与湘西的人是有缘的。这几年先生身体不好，湘西的领导与朋友，一直十分关心，大家在心中祈祷先生康健如初。去年在《光明日报》“光明讲坛”读到先生的长文《话说中国舞蹈》，觉得真了不起。此文在中国舞蹈界引起很大反响，湘西的朋友们一样为之高兴。不仅为其文，更为其学养、精神，为其越来越好的身体状态。先生，何时再来湘西？我们期盼着。

［刘世平　湖南省民族歌舞团（原湘西州民族歌舞团）编导、诗人］

相识资华筠

刘　茜

初见资华筠老师，是在20世纪80年代末的一次“两会”上。那时我在中国文化报社工作。由于报纸创刊时间短，加之当时的“两会”宣传还不像现在这样开放，因此，《中国文化报》没有被纳入驻会媒体的行列。于是，我以简报组工作人员的身份，被报社派驻“两会”，并分配到政协文艺组做简报编写工作。

由于工作的便利，我在顺利完成简报编写的同时，不仅为报社采写了不少“两会”报道，还结识了许多文艺界的政协委员，并且和他们交上了朋友。记得在“两会”即将结束的一个下午，不少委员都在收拾行装准备离开驻地，只有方掬芬委员的房间里传出热闹的谈笑声，我走进她的房间，也被热烈的讨论吸引。正在讲话的是一位很眼熟却叫不上名字的女委员。她戴着一副精致的眼镜，纯正的普通话清脆响亮，时时引得坐在周围的著名歌唱家张权、邹德华，著名舞蹈家白淑湘、崔美善、莫德格玛，以及著名话剧表演艺术家方掬芬等委员的插话。她谈振兴艺术，谈繁荣创作，也谈改革开放，踌躇满志，意气风发，显然是一位活跃人物。方掬芬委员告诉我，她就是中国艺术研究院舞蹈研究所所长资华筠，是政协文艺组的委员。

现在回想起来，资老师那时的意气风发，正与我们国家百废待兴、改革开放的时代风貌一样，充满了生机和活力。

那次“两会”之后，资老师竟记住了我这个普通的记者。时隔几年，第四届世界妇女大会在北京召开，资老师作为大会NGO“妇女与艺术”论坛的主持人，接受了我的采访。她对艺术的理解，对女性的感悟，对中国文化在世界文化中的地位与作用，都谈得头头是道，颇有一番见解，使我的采访文章写得格外顺畅。不久，我们共同主编了名为《当代女艺术家风采》的专访集，由百花洲文艺出版社出版。书中记录了十几位参加第四届世界妇女大会“中国女艺术家论坛”的国内知名艺术女性的成长发展历程。

编书的过程也是学习的过程，无论是确定采访人物，还是选择文章主题，甚至提供联络方式，落实交稿时间，乃至编辑修订……资老师都认真过问，甚至亲力亲为。当时我已对她格外“严厉”的治学风格有所耳闻。但真正接触起来，并无咄咄逼人之感。倒是她对工作、对事业、对学问的执着十分鲜明地显示了一个既直率又追求完美的专业女领导的性格特点，令晚辈总是不敢懈怠。

在与资老师共同编书的过程中，我还有机会比较详细地了解了她的家庭、她的经历和她在事业上的成就。尤其是听她讲述在不惑之年，拜学于我国著名国际政治学大家陈翰笙先生，苦攻英文的那段感人经历，不仅使我对资老师追求知识的非凡之举油然起敬，更从她身上感受到中国知识女性对事业、对学习一丝不苟、执着严谨的特质。

资华筠老师无论是在学界还是在表演界，都堪称一位名人。当年婀娜多姿的舞蹈表演光彩照人，闻名于表演艺术领域，并且受到毛泽东、周恩来等国家领导人多次接见。转入舞蹈理论研究后，著书立说，创立“舞蹈生态学”新学科，推动民族民间舞蹈的研究与保护……长期以来，她的文章专著频频面世，引人关注。不仅活跃在国内外学术舞台，还培养了一批成就卓著的舞蹈理论学者。

于是，我写下了《舞蹈家的学者梦——访资华筠》一文，发表于

1998 年《人民日报》文艺版。

在天地轮回的历史长河中，人生是有限的，人对事业追求的时限更是短暂的。面对资老师在事业上所取得的累累硕果，不得不让人敬佩她那孜孜以求、视事业为生命的感人精神。

其实，无论是马克思主义的人生观还是中华传统文化的价值观，都不否认人类追求自我价值体现的欲望。而这种欲望的满足，不仅需要客观条件，更要具备充分的主观因素。正如一位伟人所言：机会是永远留给有准备的人的。资老师的成就可谓是最能证明这句话的典范。

2002 年，我调入中国艺术研究院，有幸成为资老师的同事。对于她的学术成就和社会影响，有了更进一步的了解。无论是她那接连不断面世的厚重的学术专著，还是行云流水般的散文、随笔集，都越发显示出资老师在舞蹈理论研究方面的学问扎实厚重，独树一帜。

如今，资华筠老师事业生涯已满一个甲子，丰硕的收获虽然可以给她带来许多欣慰，但这位不知疲倦的行者依然笔耕不辍，志向远大，勤奋地耕耘在舞蹈理论的原野中。

这就是我所认识的资华筠。

（刘茜　中国艺术研究院原常务副院长，高级编辑）

走进她的世界

——为资华筠先生从艺六十年而作

楼　遂

在我参与编纂《中国大百科全书（第二版）》而有幸结识的众多著名科学家、学者和艺术家中，资华筠先生无疑是最独特的。她既有艺术家的奔放情感、率直言语和雍容典雅的外表，又有学者的敏锐眼光，以及深邃的思想和严谨求实的作风。她的自信和气质构成一股不可抗拒的魅力，与她接触的时间越久就越渴望走进她的世界，了解她、读懂她。

资华筠先生首先是位舞者，她为舞蹈而生。1950 年，年仅 14 岁的她，不顾家人的"不情愿"和老师对她这位优等生的惋惜，认定"舞蹈能点燃人的心灵"，"毅然选择了舞蹈生涯"。从此一跳就是三十几年。其间，在"文化大革命"的动乱中她被剥夺了跳舞的权利，可一旦有了机会，她又努力恢复训练，"将蕴积已久的激情付诸舞蹈"，重登舞台。她在国内外参加表演的作品大大小小有上百部之多，独舞、领舞的获奖作品累累，为人民大众提供了美的享受，为祖国争得荣誉，为舞蹈事业谱写了美丽而珍贵的篇章。

我没有看过资先生的演出，但曾在她文集的照片上一睹她当年的风采。她的端庄美丽把中国古典舞蹈的含蓄、委婉、优雅演绎得淋漓尽致。我似乎看到了舞台上她绰约的身姿，婀娜的舞步，翩跹的长袖，灵动飘逸的红绸，气韵空灵的飞天……还有那荷花的静、那孔雀的灵，无一不表达得如诗如画。在这美丽的背后我看到的是她对舞蹈的爱，对艺术的爱，对生命的爱。

然而，资先生又不是一般意义上的舞者，她是用头脑舞蹈的艺术家。她不但跳，而且想。她想用舞蹈唤起人们对生命的尊重，想用舞蹈陶冶国民的情操，想将传统艺术更好地继承，想向姊妹艺术学习和借鉴，想汲取国外艺术的优长，想舞蹈的推陈出新，想把祖国的舞蹈艺术推向世界，想为舞蹈事业开辟出更加美好的未来……这种自觉在她的一系列文章中袒露无遗。我正是从这些文章中看到了一个有着历史使命感和社会责任感的艺术家，一个了不起的令人起敬的艺术家。

看过舞剧《青春祭》后，她热烈地颂扬道："大幕拉开了，我们看到了舒巧怎样将'血液写成的大字'化作了内涵丰富而又质朴无华的人体语言——倾心追求着殷夫的人生和诗歌中那纯真、浪漫、崇高的气息——矗立起一部沉甸甸的舞剧作品。"看过舞剧《傲雪花红》后，她又写道：对刘胡兰"知道与理解，理解与感奋，则必须升华到精神领域的更高层次，这正是舞剧《傲雪花红》所负有的时代使命"。她不遗余力地"呼唤崇高"，为的正是要用舞蹈点燃人们的心灵。

资先生对于民间的艺术、大众的舞蹈，并不以"粗糙""不成熟"而小视，相反，她总是怀着极大的热忱给予关怀和鼓励。她应邀参加北京市第五届学生艺术节后，"不由自主"提笔赞道："清新爽眼，生机盎然"，"孩子们表演的各个民族的舞蹈大都风格纯正，生动活泼，肯下功夫。体现了平时训练的规范性，这不仅使节目十分精彩，而且对培养孩子们的良好学风和赋予其民族文化的熏陶大有裨益。"她对"大众秧歌""大众迪斯科"等群众舞蹈活动，认真进行采样调查和比较研究，并给出正确引导的建议。谈到中国古典舞，她一再强调对东方的审美特质和文化品格的文化倡导，引用傅雷先生的话说："'古典'意义的最高境界是其价值观念方面的追求'经典'意义，也就是追求历史地位上的独特性及现代意义上的魅力经久。”她把训练中能否把握古典舞的“手眼身法步”等基本形态与舞台上能否体现古典舞的动作流程与韵味相联系，勉励舞蹈的授者与学者注重自我修炼，提升文化自觉。谈到民族民间舞教学，她科学地界定“民间舞”“民族舞”的概念，提出“深入继承——追根溯源”“分析研究——取精去粕”，最后是“提炼优质基因，科学化传承”。她反对经验式的接力，“稀汤寡水”的传播复制。

对于舞蹈的普及和提高，她强调普及应注重：维护广大群众的文化权益和提高国民素质两个方面的作用；而对于舞蹈精品则总是善意提出可改进的地方，认为总结创作经验不是树立什么“模式”，而是总结普遍规律，致力于精品的“新的跨越”，创造出独特的“这一个”。对于舞蹈批评的问题，她主张舞蹈批评的独立思考和文化品格，强调批评动力的“善意”和方法上注意“不抹杀带有缺点的创造性探索”。同时，她又提倡批评者要做到“坚持、坚守”，渴望批评者与被批评者建立诤友关系。

资先生告别舞台后仍全神贯注于舞台风云，传统舞蹈的深层开拓、现代舞蹈的些许进步，无一不是她评说的主题。从宏观，舞蹈创作的题材、民族舞的区域文化内涵、舞蹈演员的素养提高，到微观，一部作品的结构样式、舞蹈语言载体、人物塑造以及舞台美术和舞蹈音乐的设计和运用等，只要涉及她心爱的舞蹈，她就有科学精当的分析和直率坦诚的阐述。

勤于思，敏于思，善于思，使资先生告别舞台后有可能且有能力迅速走进舞蹈学的理论研究领域，成为一名学者，进而成为一名学科研究的领军人物。舞蹈生态学的建立无疑是她学术生涯的一座高峰。

“世上有多少被高山、大河相隔相阻的国家、民族，就有多少种不同风格、样式的舞蹈……舞蹈的创造者是人，人又是‘物化’了的舞蹈创造品。”正是舞蹈的这两方面的特质决定了舞蹈与人类生存的自然环境和社会环境关系密切，“成为人与生存环境相互影响、相互作用的某种呈现方式”。这段看似浅显实则深刻的文字正是舞蹈生态学产生的理论出发点和前提。这门新兴学科有一套完整的理论体系和术语，有独特的研究方法，在它诞生后出现了一批自觉应用舞蹈生态学的理论和方法研究民族舞蹈的文章。对于这些，我虽然不能深入理解，但能明白地看到这门学科是将舞蹈放进生态和社会的大环境中，以舞蹈为核心，以切合舞蹈特性的方法来研究舞蹈，从而科学合理地解释纷繁复杂的舞蹈现象，揭示舞蹈自身发生发展的规律。

为创立学科，资先生投入了近十年的精力。每当获得高度评价，她总是强调是良师益友的支持帮助，认为“愈是深入认识到学科的涵盖幅和潜力，愈感到今后路途之遥远与艰巨”，“其意义不仅限于艺术研究成果，而涉及对人生真谛的感悟”。

“虚怀若谷”“海容乃大”是对资先生的美德的最好诠释。她没有“艺术大腕儿”的矫情，从不以“大学者”自居，待人永远是那么亲切坦诚。感念前辈恩师的教诲，对同人从不吝惜赞美之词，对后辈更给予提携帮助。

她的治学精神，集中体现在她任《中国大百科全书（第二版）》舞蹈学科主编的工作中。纵观舞蹈条目，在文字、条目精简的前提下，她团结、指导一批中青年学术骨干，高质量地完成了任务并有所创新。特别是，在她重病住院治疗期间，坚持逐字、逐条审阅，确保按时（实际是较早）交稿。她对我说：“我答应的事一定做好，不能拖‘大百科’的后腿……”

《中国大百科全书（第二版）》出版后，资先生等各学科的主编获中宣部等单位颁发的“重要贡献”奖状。她主动召集了撰稿人座谈会，感谢大家的辛勤劳作。并把别人捐献给她的“营养费”，分赠给中青年学者，鼓励大家继续为建设舞蹈学科奋斗。

对于资先生，越了解她就越尊敬她、热爱她、崇拜她。在我自己的内心里早已把她当成了我的师长、我的朋友、我的偶像。

［楼遂　《中国大百科全书（第二版）》舞蹈学科责任编辑］

她是文坛里的“这一个”

——作家资华筠印象

红　孩

在中国当代文坛，有很多很特别的作家。比如王蒙，他是名作家，当过文化部部长、中央委员，因为年龄的原因，他无缘担任中国作家协会主席，可在文化界他却有着领袖般的地位。再比如王朔，他什么官也没当过，甚至连作家协会的会员都不是，但他却以自己的语言和思想影响了这个时代。当代中国文学史，让谁写都无法绕过他。还有贾平凹。贾平凹本是个农民，上了西北大学，毕业后被分配到西安，做编辑，当作家，小说写得好，散文写得更好。现在还鼓捣书法，自成一家。他原本也没当过什么官，现在当了陕西省作家协会主席，可在人们心中，那个主席啥也不是。贾平凹就是贾平凹，这三个字字字有声。我常爱把这三个人放在一起跟文友谈论，他们都说我的眼毒，看得准，且狠。

写作是个人的事情。写得越有个性，越会形成自己的风格。在我所接触的作家中，绝大部分没有风格，或者风格还不是很突出。我喜欢有风格的作家。我常告诫一般的写作者，你要想在文坛上有一席之地，你必须向有风格的作家学习。你只有做到你是文坛里的这一个，而不是一群，你才会成功。

因此，我从很早就关注资华筠的写作。

资华筠是新中国培养的第一代舞蹈表演艺术家，也可以说，她是与新中国一路同行的艺术家。在昔日的舞台生涯中，她创造了很多优秀的舞目，如《荷花舞》《飞天》《白孔雀》《长虹颂》……代表祖国出访过几十个国家。可惜，由于年龄的差距，我没能亲眼看到她精彩的表演。20 世纪 80 年代末，她离开了热爱的舞台，出任中国艺术研究院舞蹈研究所所长，专门从事舞蹈理论研究，并带硕士生、博士生。由此，也开始了她背靠舞台，直面文坛的写作生涯。她出版了十几部专著，此外有散文、随笔集《舞蹈和我》《我的爱——中外艺术家特写》《华筠散文》《人世婆娑》《学而年轻》《过电影》等。

资华筠的写作分三部分：一是对舞蹈理论的写作，她最大的贡献是建立了具有开创意义的“舞蹈生态学”学科；二是对身边人和事的记述，这部分主要是散文写作；三是文艺批评，这部分随笔、杂文体现的是她的个性张扬。此外，她还有诗歌作品、报告文学、电影文学剧本等发表在《诗刊》《女作家》等文学刊物。但比起前三部分来，自然没有那么厚重。

我不是专门的舞蹈演员，也不是舞蹈理论的研究者，对资华筠专门的舞蹈理论没有系统地通读，但从她带过的硕士生、博士生以及舞蹈界的同行对其评价来看，用高山仰止一词一点儿也不为过。当下，全国从事各种理论的人很多，形形色色的理论家也不少，仅就文艺理论家而言，真能让我服气的并不多。像过去的周扬、张光年、冯牧、陈荒煤那样的理论家今天已经非常罕见。我总认为，一个真正的理论家，其所以被称为“家”，他（她）必须建立起自己的学科，有一套完整的思想理论体系，否则，只是对别人的继承与附庸。资华筠能够在舞蹈界树立自己的权威，除了她在舞台实践中为华人舞蹈留下了经典舞目，以及乐于助人、仗义执言的性格外，还与她通过多年的实践与研究建立了自己的舞蹈生态学学科，形成了自己的完整的舞蹈理论体系有着直接关系。

提到作家，人们大都认为是专门写作文学作品的人。而在我看来，从事理论写作的人也应该包括在内。过去，有人提出作家是杂家，既要掌握各种知识，也要会多种文体写作。像鲁迅、郭沫若、老舍、沈从文、刘绍棠这些作家就是其中的优秀代表。那么，在我眼里的资华筠也自然属当代作家中的优秀代表。只是她这种身份更多地被她舞蹈家和舞蹈理论家的形象给遮住了（她也始终不入“作协”）。

我喜欢资华筠的散文。由于作者有着特殊的成长经历和生活体验，她的散文视角跟一般的作家自然有着显著的不同。资华筠的散文很少有风花雪月的景物描写，而更多的是写人——写名人，写领导名人的人；写熟人，写熟悉的普通人。我始终认为，散文是可以塑造人物的。如鲁迅的《藤野先生》、朱自清的《背影》、冰心的《小橘灯》，都是人物散文的经典。资华筠的散文，大部分是写人物的，她从细节琐事出发，以小见大，每每阅读，都会让你于感动中记住这个人物。像《恩师李少春》《金山就是金山》《在叶伯伯的画前“不敢”起舞》《不怕“得罪”的沈醉》《华君武先生“赔罪”赠画册》《难忘起扬》《给王人美委员当“三陪”》等，通过作者的激情之笔，让我们领略了一个又一个艺术家在艺术之外的风范。在此，我特别需要指出的是，资华筠的散文始终带有平民性，第一，她的语言采用的是口语入文，绝不刻意雕琢，更不装腔作势；第二，她的散文注重所写对象对自己的直接感受，没有感受绝不硬写；第三，不因为自己是艺术家，接触的是艺术家和领导，而忽视与同行及普通人的交往。记得在1999年新中国成立50周年之际，我所在的《中国文化报》文艺副刊搞国庆文学作品征文，我向资华筠约稿，她给我写的不是自己和名家的交往，而是写一位在“文革”中对自己有过帮助的“胖嫂”——“文革”中，作者被剥夺了跳舞的权利，只能每天去和临时工一起打扫卫生、干体力活。一个偶然的想法，她决定每天早起偷偷地去排练厅练功，不料让同样早起的工人“胖嫂”发现，胖嫂非但没去报告，反而竟然说出了“您跳得真好看，比他们强。唉，这年头，有本事的人都遭罪啊……”“大姐，再听我一句话，好好保重身子骨，别伤了腰腿，以后有用……”那样的话，正是因为这温暖人心的话，使作者“蹲下身，掀起满是尘土的衣角捂住脸（假装擦汗），任凭泪水无尽地流淌”……多年之后，当“我”重返舞台，准备拿最好的演出票回报胖嫂时，胖嫂却已不知身在何方，想来是多么令人遗憾的事。与之相似题材的还有《我家的刘奶奶》《二姐如母》等篇什，读来至今叫人感动不已。

熟悉资华筠的人都知道，她既有古道热肠，也有侠肝义胆。读她的文艺随笔，也可称为杂文，使我们看到她的一股丈夫之气。在她的眼里，只能有真善美，容不得假恶丑，每次读到她这方面的作品，我都有痛快淋漓之感。如《谁是中国进入维也纳“金色大厅”的首演者》《“虽然是主旋律……”》《借鉴与套用的混淆》《繁荣中的忧思》《“???”的困惑》等作品，便是众多篇什的代表。资华筠的随笔，从当下出发，针砭时弊，具有强烈的现实感。如针对当下文艺批评的软骨病，她提出了《反思文艺批评之七戒》：一腻、二套、三泛、四涩、五讳、六花、七霸。文章发表后，在文艺界引起很大反响，甚至引起高层的高度重视。最近一两年，关于改进文艺批评的文章屡见报端，但还没有一篇能超过此篇的。

因为做报纸副刊编辑的缘故，十余年来我有幸多次向资华筠约稿，前后经手编发的有近 20 篇。在文坛，编者与作者的关系可以用鱼水关系来形容。而在我看来，资华筠不仅文章写得好，而且做学问更为严谨。特别是在守时上，堪称典范。每次约稿，她都要问：什么时间截稿，多少字？她一旦答应了，再忙也会如期将稿子发过来。有时，为了修正文章中的某一个词，或者某一句话，她还会专门打来电话叮嘱一定要改过来。由于报纸的需要，我偶尔也会对她的文字做一些删改，或者是动了标题（事先未征得她本人意见），她有时会心一笑，有时却跟我言辞犀利地争论，甚至还发过脾气，但事情过后她很快就会忘记，根本不会记仇。按她的话说——“我把编辑当哥们儿！”既然是哥们儿，一切也就烟消云散了。如今，我做编辑也快 20 年了，每次想到自己交往的作家朋友，我首先想到的就是资华筠——多年来，我一直视她为我真正的良师益友。她不仅是文坛里的“这一个”，她也是我的老师中的“这一个”。感谢上苍，给了我和资华筠老师的缘分。

（红孩　作家，中国散文学会常务秘书长）

与众不同的学者

单三娅

我认识的学者中，资华筠是极特殊的一位。特殊在哪儿？直到写此文的这一刻，我还在思索。

资老师与别的学者有几点不同：一是她是由舞者而为学者；二是她是初中毕业而成为博士生导师的学者；三是她不仅是舞蹈学者，而且是文化学者；四是她是一个与时代俱进、永不过时的学者。

认识资老师有年头了。编辑和作者、良师和益友，我们的关系就是如此地交织着。她说话针针见血，代表她自己，也往往代表许多人想说而没有说出来的心声。我们这些党的宣传思想战线的工作者，与她这样的作者、学者保持经常的联系，能够多一种角度看问题，保持清醒。

资老师虽然学历只有“初中毕业”，文字却不输人。她行文严谨，用词准确，文风简洁，表情达意。每次给报社写稿前，她都先问清字数，落笔极谨慎，编辑拿过来基本不用动就是一篇好文章。我们当编辑的，常感现在能写这样文章的人不多了。有些人学历很高，文章洋洋洒洒，时尚字眼儿堆砌，却是从用词到观点到表述到标点符号，都不紧凑不严谨或不精彩，改着真费心。

对自己认真的人，对别人一般也就相应地要求高一些。记得有一年，资老师给我报社写了一篇关于俄罗斯小白桦舞蹈团到北京演出的评论文章《永远的小白桦》，被我报一位编辑拦腰删掉一段，使得文章上下不接气。

文章发表后，她看到自己字斟句酌写成的文章成了这个样子，就给主编写了一封信，意为《光明日报》这样的面向知识分子的报纸不该这样对待作者的劳动。主编很重视，及时予以处理，并亲自回电向她致歉。她这样“较真儿”，在有些人看来也许是自找麻烦，但我理解她在乎的不是个人得失，而在乎改变一种风气。

不要以为资老师是一个自以为是的人，多年以前，我报编辑宫苏艺曾经建议她在稿件中改一个字，她认为说到了点子上，一直念他的好。光跟我她就不知多少次提起这件事了。

2009 年是新中国成立 60 周年，我约资老师为我报“我和我的祖国”栏目写篇文章，她脑子快，当时就在电话中说，写一篇《新中国召唤我走向舞蹈生涯》。文章发表在 2009 年 9 月 6 日《光明日报》第三版，其实编辑并未突出处理，却被中宣部部长发现，并在当日报纸上批示道：“情真意切，令人感动！资华筠同志既是艺术家，又是理论家，可请华筠同志在光明讲坛讲讲中国舞蹈。”根据领导批示，于是又有了她在我报“光明讲坛”栏目两个整版的《话说中国舞蹈》。这可是篇见功力的文章，万余字，要把中国舞蹈说清楚，还要说得有意思，她又是“双白”（白血病、白内障）疾病之躯，但她却把“活儿”干得漂漂亮亮，令舞蹈界赞叹不绝。我报编辑殷燕召在与资老师的组稿来往中，对于她的认真严谨，对于与她交流之顺畅，感触颇深。

翻开她送我的文论集《舞思——资华筠文论集》，看到经我手发的文章有几篇也选进去了，如《〈大河之舞〉启示录》《灵肉血脉连着根——〈云南映象〉观后》《赛定思赛——第六届全国舞蹈比赛观感》等，记起其中的有些观点都曾在文艺界引起过思考和反响。现在回想起来，可以说，发表这些文章，并不是我们对她的恩惠，也不仅是她对报纸的贡献，而是她和我们一起为文化事业的贡献。

说起资老师和我的关系，在编辑和作者之外，还多了一层我们个人对对方人品的认可，这是一种并非刻意追求的缘分。她对我的评价是：外表现代，骨子里传统。我喜欢这个评价，也认为是准确的。

在如今这个评价体系已经不大宽容个性的时代，资老师以她不大合时宜的敢言直言、言之有物的性格，得到了许多人的赞赏。这说明任何时代，人们总是从心底认可这种有见识、无所求的人。

资老师的成绩，来源于她的勤奋、敏锐、坚持、正直。而个性，最直接地成就了她的与众不同。

（单三娅　中国新闻专家，高级记者，《光明日报》高级编辑）

新颖的思想发现　鲜活的艺术灵性

——读资华筠《舞思》所感

杨志今

《舞思——资华筠文论集》摆在我的案头已多时。文集中的多数篇章虽谈论的是舞蹈的理论与创作，但由此论及的话题却深入文艺创作与批评的多个领域。于是总觉得感受颇多，却难以下笔。不料，前一段京沪两地媒体几乎同时对“文化卖拐者”现象，对文艺领域“评奖”代替评论，“运作”代替创作，“跑奖”代替评选这“三大怪象”提出批评。这仿佛在一夜间形成热点的文化现象，突然让我对资华筠多年前就针对上述问题提出的严肃批评，以及由此呈现出的她与众不同的批评风采，有了新的发现和新的领悟。

众声喧哗中的冷静思考

早在十多年前，当人们已开始沉迷于大晚会和超豪华舞台剧作，并屡屡获奖风光无限时，资华筠就明确发出自己的声音。在《繁荣中的忧思》《遏制大歌舞过多过滥》等篇章中，她一再对“拼盘式、制作型”大晚会充斥舞台、荧屏，对重大轻小，热衷于形象工程等现象，提出严厉的批评。她对“大晚会综合征”和“文化包工头”现象等进行了深入而精辟的剖析，概括其主要表现为，一是制作代替创作；二是“艺术激素”代替创作激情；三是假招子替代真功夫；四是套用、抄袭替代适度借鉴；五是媚俗化的感官刺激替代观赏性；六是舞台本体的萎缩，劣质的“歌伴舞”。由此她一针见血地指出，“‘大晚会’综合征”犹如感染力极强的“流行病”，浸润到诸多地区高投入的“精品工程”舞目中，某些主抓创作的领导，对其缺乏识别力，审美品位趋同化；一些“腕儿”级主创人员，疲于接活，严重艺术透支，并有赖于此种模式走捷径。这样逐渐形成的非良性“创作生态”的蔓延，众人熟视有睹，却不觉害。当一些创作者把追求获奖看得过重，以是否获奖作为创作成功与否的标准时，又是资华筠冷静地指出“评奖的作用不可低估，但艺术作品恒久的生命力在于创造和质量”。她进而指出，当前的文艺评奖机制有瑕。今天看来，她多年前所做的剖析和批评，依然具有很强的现实针对性。她的那些颇具震撼力的声音，显示了一位批评家成熟的理性眼光和难得的前瞻性的发现。她批评的虽然是晚会创作、舞剧创作和评奖中出现的问题，实际上是整个舞台艺术创作乃至文艺界普遍存在的问题。遗憾的是，她极具勇气的逆耳之声，当时并未在舞台艺术创作领域或文艺界引起足够的重视和反省。

还是在多年前，当一些舞蹈打着所谓“原生态”的旗号，在贩卖伪民俗并博得不少喝彩声时，资华筠及时对其进行了缜密的辨析，并明确指出真正来自民族民间的优秀文化资源与那些被市场劣质包装的“伪民俗”的根本区别。由此她大声疾呼要加大对非物质文化遗产的保护力度，要像爱护自然植被一样，加强“文化生态保护”，珍惜人类的“精神植被”。

多年来，资华筠总是站在当代社会文化思想发展的潮头，将目光冷静而敏锐地聚焦于关系文艺发展的重大热点、难点问题。她谈的也许只是一台晚会、一场舞蹈，思考的却是文艺发展的现状和未来。常常在众人的一片叫好声中，她总能清醒地指出这些赞美背后隐伏的危机与问题。她敢于言人之未言或人之未敢言，在大家的熟视无睹或熟视有睹中，有新的思想发现和艺术发现。这在当前“研讨公关化，评论广告化”（资华筠语）的情势下，是何等的艰难，又是何等的可贵。

特立独行的批评个性

读过《舞思——资华筠文论集》，再考察资华筠的批评轨迹就会发现，在她的批评实践中，始终闪耀着一种鲜明的个性光辉。那就是同时下一些评论大而无当、模棱两可、云山雾罩、玩儿概念不同，她的文艺批评，总是在严谨的学理支撑下，呈现出锋芒毕露、直抵本质的特性。她敢于面对问题，绝不躲躲闪闪、含糊其词。她始终把批评作为一项崇高的事业孜孜以求，时刻捍卫着批评家的职业尊严与自豪。早在 21 世纪之初，资华筠就对文艺批评自身存在的突出问题做出深刻的反省，提出严肃的批评。她坦诚地指出："如果我们怀有职业的责任心，倾听读者的反映，将目光投向'评坛'的'内因'进行认真的反思，应该有勇气对现存的文风问题，进行一番自我讨伐。"她生动而准确地将其概括为"七戒"，即一曰"腻"、二曰"套"、三曰"泛"、四曰"涩"、五曰"讳"、六曰"花"、七曰"霸"。时间虽已过去多年，资先生上述振聋发聩的声音，对今天的评论界依然具有切实的警示作用。

资华筠批评个性的另一个突出特点是，她在自己的批评实践中，总是洋溢着蓬勃的激情，灌注着一腔的真诚。她把批评当作一门燃烧着生命激情的科学，用理性启迪读者，用真诚感染读者。无论是对优秀作品、优秀人才的发现和赞美，还是对文坛弊端的剖析和批评，她的笔总是饱蘸着激情、饱蘸着真诚，先燃烧自己，再感动别人。在《〈大河之舞〉启示录》中，她通过对比，对当代中国舞蹈界存在的问题提出了中肯的批评，字里行间却浸透着她对中国当代舞蹈发展的热切期待和殷殷深情。真正是爱之深而恨之切。在"现代题材舞剧创作的进步与问题"中，她同样满怀着对中国舞蹈的挚爱，对舞蹈人才成长中存在的"艺术透支"等现象提出了批评。这种无保留的真情投入，使她的批评文章具有了一种特别的感染力和冲击力。

资华筠这种批评个性的形成，与她坚持始终的批评理念是密不可分的。她认为“批评的灵魂在于‘真’——真话、真情；批评的智慧来自学养；批评者与创作者的理想关系应该是诤友——在貌似‘铁’与‘酷’的面孔后面，跃动着一颗火热的心，蕴积着深厚的情谊”。她一直在呼吁“评论的尊严必须恪守，那就是对艺术信念的坚守和心口如一的表达”。在舞蹈界有这样一种说法，想靠作品外的歪功夫让资华筠违心地说好话，肯定是自取其辱。但若有真正让她感动的作品，她会不请自来，为其叫好，并条分缕析地指出其精妙所在。

艰辛磨砺的睿智与灵性

资华筠不是科班出身的批评家，她在从事批评之前，已经积累了几十年舞台艺术实践的丰富体验。她是新中国培养的第一代舞蹈家中的优秀代表之一。而当她离开舞台，进入艰辛寂寞的学术领地后，却极快地完成了自己的人生跨越。几十年如一日的知识积累和艰辛磨砺，为她的思想发现和批评个性奠定了坚实的基础。她认为，想要提高舞蹈批评的质量，首要的是树立舞蹈批评的文化品格。文化品格的一个支撑点是学养，它包括雄厚的基础理论功底、充实的文化知识积累、对创作动态的密切关注和把握。同时，还应洞悉与具体作品相关的历史背景、文化内涵、民族地域特色等。这些深谙艺术批评内在规律的认识，使她的批评文章既严谨扎实，又流畅生动。在“灵肉血脉连着根”中，她准确地指出杨丽萍的灵肉、血脉，与孕育她的大地紧紧相连。由此她从“云南映象”产生的民族民间文化土壤中，发掘出了其艺术魅力的奥妙所在。她深情地指出，这样的艺术“飞得多高也与大地连着根，飞得多远也没有失去与家园的亲情”。在这里，缜密的理性思维与跃动的艺术灵性融为一体，达到了评论文章极难达至的艺术境界。

资华筠的批评文章，总是从鲜活的创作实践出发，针对具体创作现象进行独到细腻的艺术分析。在《〈大河之舞〉启示录》中，她精彩地分析道：从演出中，我们看到了俄罗斯舞蹈的助力和西班牙舞蹈的添彩，但却丝毫没有吞噬爱尔兰舞蹈的个性与光芒。这种境界的获得，可能得益于资华筠长期的舞台艺术实践和良好的审美感受能力。

资华筠的批评文章，在遣词造句上也十分考究，特别是对生词、新词的使用，既大胆又审慎。一旦使用总要进行仔细的学理论证，绝不会似是而非、故弄玄虚。她自己想清晰了，才会恰当地使用。因此，读她的批评文章，看似明白晓畅，实则精心锤炼，行云流水中，总有波澜起伏和浪花飞旋。

总之，读《舞思——资华筠文论集》，使我们对中国当代文艺批评的前景具有了一种自信、一种乐观。

（杨志今　第十三届全国人民代表大会
教育科学文化卫生委员会副主任委员）

《舞蹈和我》序

冯骥才

一

近来，我常常有种惶惑感。总觉得自己站在一个看不见的路口上，东西南北来的人，向东西南北走去，有的照直，有的拐弯，有的掉头折返。我呢？有时不单看不出去路，来路也模糊不清。我想朝别人叫，可谁也不理我，各忙自己的行程。忽然一个快乐女子，跳着轻盈的舞步过来，一拍我肩膀。

“什么？”我说。

她递给我一本小小的书。

给书做什么？消闲读物还是人生指南？我的问话还没离开舌尖，她却一跳跑了。这一跳勾起我沉在记忆、依然清晰的形象：当年《孔雀舞》中的资华筠。她一次又一次谢幕之后，就是这样一扭身跑掉的。

打开书一看，人名、照片，没错，是她。书名是《舞蹈和我》。但《舞蹈和我》和我有什么联系？我奇怪。可是我把这书看过，感觉就是两样了。原来世界上更深刻的联系往往并非直接的。

二

每人都有一个梯子，往上登。人人都一样，名人也不例外。没有通向名人的梯子。名人？不过他登得高些，显眼，众人都能看见罢了。登梯子时，人人都用力，最终的差别不过是，有人不肯尽力，有人尽量做到力所能及，有人还要朝力所不及的高度再使一把劲儿。

傻瓜幻想着一下子蹦到那高处去，傻瓜才以为付出的辛劳，仅仅是流汗、老茧、起早摸黑，傻瓜才请你开一张成名的秘方。

她懂得此中的深意，因此她没有开秘方，没有画那种不中用的罗盘，没指给人一条无法仿效模拟的"走向成功之路"。她只是坦白写了自己。看上去一个普普通通的人的多半生，实际上正是一个普普通通人的多半生。没有突兀，没有险变，每个人都不难联想到自己，但只要是有心人，就能悟到某些关键地方，她比自己多了一些什么。难又不难，不难又难。这中间才潜藏着人生的哲理。她偏偏又不肯点明，大概她厌烦说教，或者由于她并不是吃"墨水饭"的，没有那种动辄教导别人的职业病。她用这种原始功能写东西，没料到竟使文章返璞归真。

这样，人们便能从这书中结识到一个朋友。这朋友热情、性急、聪明、敏捷，认真得有点犯傻，单纯得有点简单，精力过剩而使人不免觉得有些浪费。有人也许会想，在文艺圈子里风风雨雨这么多年，人还能单纯？她的文字没有半点虚假，我认识的资华筠就是这样。有时我们搞点恶作剧，使她上了当，至今恐怕她还不知道。

三

人到四五十岁，就算画了个圈，围上自己。圈里边存的东西，够吃一辈子；资格和资历是管饱的。偏偏她不喜欢这种世俗的闲适，总要往圈外跳。问我、问张贤亮、问何士光、问别人，她写作有没有可能。她写了不少东西，写作的三个要素——一是真诚，二是一任自然，三是语言不费力——她都具备，甚至是她文章的特色，怎么不能写？尽管她还不善于用笔挖掘什么，写起来太随意、太轻松、太流畅。她一只脚踏进写作，另一只脚还在外边，大概这只脚还在舞台上。都说脚踩两只船不好，我看这样倒不错。多一只船，多一条航道，多一个去处。如果有一天，她决心上我们这条船上，我们都会欢迎，来了一个多么快活的伙伴！

说到快活，她当然是快活的，这不仅是她的天性，还因为她有好几条道儿可以走。

翻过这本书，我那站在什么十字路口上的一时的犹豫，陡然没了。天地这么宽阔，还有那么多的事等待我们去做，我突然燃起那么强烈的工作欲，生命的意义突然变得这样具体——这正是这本小书给我的。应该谢谢她！

1985年8月11日于天津

（冯骥才　著名作家，中国文联荣誉委员，

中国民间文艺家协会名誉主席）

《我的爱——中外艺术家特写》序

柯　岩

舞蹈家资华筠要出特写集，嘱我为她这本书写个序。我很惶恐。首先，我对舞蹈是个外行，虽然对资华筠同志在舞蹈上的成就略有所知，但和她本人交往很少，了解不多。其次呢，我不是搞理论的。近年来虽不断为人写序，但完全是赶鸭子上架，纯粹是因人而文。所写对象，除青年外，不是人生道路坎坷，就是受到过不公正的待遇，我因不平而为之一鸣。资华筠同志，大名鼎鼎，且“一帆风顺”，既无须我为之呼叫，我又从来缺乏“锦上添花”的本领，师父没教过。还是敬谢不敏吧！

好在我正在病中，推托不患无辞，可也正因病疏懒，拖拉之际，两个朋友的“命令”前后下达。一个说：“你得给她写，资华筠可是个好人。”一个说：“别推托了，文章写得不错呢！”

到底是朋友，两句话都打中要害。我这个人多年吃亏而改也难的就在于：一爱好人，二爱才能。

事情就这样定了下来。

一

文章果然写得不错，我顺着目录往下读，第一篇《一个小学生的快乐》就令我刮目相看。有人可能不喜欢这个题目，看似很一般或很矫情。

可不是吗？说一般，因为差不多的小学生或业余作者多写过这一类的题目；说矫情呢？作者明明是个名人，又四五十岁了，还要这样写，未免不大自然吧？但事物从来是依时间、地点、条件为转移的，正因为作者不是个小学生，而大大的名人偏要自称小学生，或是文章反着做，或是情往深里引，稍有一点不真诚或肤浅都会砸锅，明摆着是作者自己给自己出了难题。这，就有了看头。

文章是写戴爱莲先生的。作者居然没用一点人尽皆知的作为一个大舞蹈家戴爱莲的材料和套话，而是找出了一个独特的视角：以一个红领巾投考舞蹈团，与戴爱莲第一次邂逅为开端，写一个崇拜者如何认识“这一个”大舞蹈家，写戴先生对学生是如何言传身教。经过选择的独特细节，亲身经历的感情起伏，描写的是一个天真的小学生的新鲜感受，贯穿的却是一个成熟了的艺术家回顾往事的思考，很自然地给予了文章深度和厚度。亲切、清新，又真挚、深沉，使读者自然而然地随着作者的笔走，不知不觉地接受了作者所要表达的思想情绪。短短一篇不到五千字的特写，既写了大舞蹈家传世之作的创作过程，又刻画出戴爱莲的天真、善良、热爱事业、才气横溢的鲜明个性。读过之后，知道戴先生的，增加了对先生的了解和尊重；不知道戴先生的局外人，也会对这样一位大舞蹈家留下深刻的印象。

写吴晓邦和贾作光的两篇文章，虽然由于作者掌握的第一手材料较少，艺术效果没有达到第一篇的高度，但是同样清新凝重，少米成炊，也自显示出了巧妇的一往情深。更难得的是通篇不敷衍，字里行间，处处流露出对前辈艺术家的尊崇与热爱，并结合今天的现实，把“一腔热血和一片丹心交织在一起”，“为探索人生真谛而舞蹈的”吴晓邦和“火一样的性格，水一样的形态”“因为爱，而时时刻刻在燃烧”“早晚有一天，会跳死在台上”的“玛内”（我们的）贾作光的形象作为舞蹈家的标尺，推到了今天读者面前。在对比与映照之间，就不但有了回顾历史的深刻性，也有了针对现实的犀利性。

这时再回过头来读作者《一个小学生的快乐》的题目，我不但承认她的一个小学生的快乐是真诚的，而且进一步懂得了资华筠之所以成为资华筠，很重要的原因之一是她在老师不直接教她的时候，也懂得如何去追求指点，并善于寻找自己的差距，从而使自己永远处在一种不停地追求、进取与创造的快乐之中。

二

如果说尊重老师，承认传统已被今日某些“现代人”嗤之以鼻，目之为僵化保守的话，那么，尊重对手，赞扬同辈和晚辈之所长，似乎就更会被某些时髦青年认为是“傻丟份儿”之举，不是称之为“假招子”，就是斥之曰“缺乏竞争意识”。似乎对“文人相轻，同行是冤家”的传统倒很愿意继承，而绝无一丝一毫的逆反心理。

难得的是资华筠在她这本书中写了许多同辈。既有《赵青风格随笔》，又有《刀美兰晚会观后》；这篇赞扬青年舞蹈家周桂新，那篇称颂“金色小鹿”蒋齐。不但名人写名人，满怀喜悦地列举同行的成就，而且写《一片绿叶》，并通过绿叶精神向读者介绍许多默默无闻或还不是那么有名的幕后英雄或虽无浮名却真正“富有”的人。

泛泛地表扬别人，特别是对不如自己的人说几句套话并不难，难的是真心实意地承认自己的成就中有别人的劳动，甚至展示与挖掘同行尚未为人所知的成绩与造诣，真心实意地感谢他们，这就不是一般人所容易做到的了，更何况“尖子”人物？

我们不是确实有那么些“针尖对麦芒”的尖端人物，成天价鸡争鹅斗，蝇营狗苟，弄得人人侧目还无止无休的“竞技状态”甚佳的“艺术家”吗？因此，我特别喜欢资华筠这些“冒傻气”的文章，并进一步领悟到出版社乐于推出此书的意义了。

为了对读者负责，我感到还必须多了解一下这位“尖子”。从《我的恩师》的前半页上，我得知她还写了一本《舞蹈和我》；忘了从哪本杂志上我还曾浏览过几篇她给大学生的讲课稿；还有零星从报刊上见过的对她的评论文章。我觉得这些还需要重新通读。此外，还得和她本人谈谈，再看看她的舞蹈录像。

一天上午，资华筠应邀而来。她在台下完全没有了“白孔雀”的辉煌，我们坐着无拘无束地瞎聊，谈她的生平，她的家庭，她的恋爱经过，她写文章的由来……

不出所料，完全是一个 20 世纪 50 年代培养出来的“傻人”，不但对民族舞蹈爱得痴迷，在任何境遇下一门心思，不改初衷：为了报考舞蹈团，放弃升学；为了《飞天》，放弃洋芭蕾；为了采风，放弃出国；为了事业后继有人，放弃“十年动乱”后也可能是最后一次参加竞赛获奖的机会……而且在生活中，也净办傻事：她的恋爱曾轰动一时，因为选对象“傻”得出人意料；她的婆婆口口声声叫她“我的傻儿媳妇”，她的爱人经常说她“又说傻话”……

也不出所料，她受过良好的教育。别看她的学历只是初中毕业，实际上，在她成为名演员后，还自修了北京师范大学中文系的大部分课程。别看她的履历表上家庭栏里因为冒傻气填了个资产阶级，其实父亲只是个受过高等教育的银行职员。最近听说西城区妇联什么单位给她妈妈发了奖状，表彰老太太教女有方。其实这位从旧社会过来的贤妻良母要求三个女儿的只是中国传统的许多淳朴的做人道理，希望她们自尊、自爱、自强，学有所成。资华筠的姐姐和妹妹都是高级知识分子，因此妈妈最放心不下的是这个选择了舞蹈做终身职业的二女儿。怕她轻浮，谆谆教导她要不计名利；怕她掐尖，时时叮嘱要尊重别人；她不肯读书，甚至昵称她为“草包”……

文化真是个好东西呀！高级知识分子的家庭环境使得资华筠从小懂得尊重知识，而对知识的追求与掌握，就必然会开阔一个人的胸襟和眼界。参加革命之后，人生目的的确立和广泛的国际交往不但在她面前打开了世界大舞台，而且提出了真正高标准的要求。一个人，如果具有了使命感，就会时时感到自己的不足，而越知道自己不足的人，才越会如饥似渴地学习。当肯于学习、善于学习已成为一个人的本能时，我们通常就会认为，这个人已进入更充实、更高层次的人生境界了。

忌妒，从来是没有信心和心胸狭隘的表现，敢于承认别人的长处并心甘情愿向别人学习的人正是有自信的表现。不博采众家之长，怎么能有超越众家之可能呢？从这个意义上讲，资华筠不但不傻，反而是个绝顶聪明的人哩！

有什么办法呢？聪明和傻，得与失，承认别人和自我完善，就是这样相互对立又相互依存，相辅相成而辩证统一的一对矛盾呀！在这本不厚的小书里，资华筠从前辈到后辈，从中国到世界，从幕前到幕后……写了多少人的长处，称赞了多少人的成就啊！难道因此，就会抹杀或降低资华筠本身的成就吗？我看恰恰相反，倒是可以从这些文章中看到一个更为美好的资华筠，并能从中多少悟出一些资华筠脱颖而出的道理吧！

三

资华筠笑嘻嘻地对我说："这些文章都是约稿，逼急了就写一篇，就这样自然而然地……"但通观全书之后，我不得不想到的是：为什么在偿还文债时资华筠想到这个人，而不是那个人？想写这件事而不是那件事？可见在自然而然之中，思想和感情自觉与不自觉地进行了筛选。

我们通常说：作家在决定题材、刻画人物、提炼情节、选择细节（或者无主题、无人物、无情节），甚至遣词造句，一般来说，都不能脱离作者本人的思想、气质、品质、道德标准、美学观念……也就是说：作家为什么写这个而不写那个，为什么这样写而不那样写，这本书之所以成为这样而不是那样，无论作家意识或承认与否，都必然受其世界观的制约。这是不以人的主观意识为转移的。

这本书里，无论是吴晓邦、戴爱莲、贾作光、蒋齐、周桂新，还是小胡子希尔顿、“妈咪”乌拉托、阿南达·香卡夫妇……都既是出类拔萃的舞蹈家，又是极富人格魅力的优秀人物。他们热爱生活、热爱舞蹈、热爱祖国。他们牢牢地站在自己的大地上，对自己的人民知痛知冷，却又伸开双臂拥抱整个世界，迎接八面来风。在专业上，他们能这样坚定地继承传统，又丝毫不拒绝外来新鲜经验的结果就必然是：创立学派、发扬传统，使本民族的文化达到新的发展和繁荣，使自己的艺术带着强烈的民族气派而辉耀于世界艺术之林。读着这些描述他们的文字，心里升起的不仅是敬佩，而且是艳羡，能这样虽九死而不悔地热爱自己的事业，并为之做出贡献的人，是多么幸福的人啊！

在和资华筠交谈时，她也不断赞叹说：“这是一些多么优秀的人啊！我真运气，我这一辈子净遇到这样的好人……”资华筠有个习惯，说着说着话，常常歪着头缩颈一笑，笑得调皮又傻气，笑得使人忘记了她的年龄，笑得甚至使你不得不认同并羡慕她的好运气，可是，为什么千千万万的文艺爱好者，只有她找到了自己的好运气呢？我不禁想起了中国的几句古话，有道是“物以类聚，人以群分”“自古英雄爱好汉”“惺惺惜惺惺”。

是的，两个朋友都没有骗我，资华筠既是好人，又有才能。

讲两个听来的故事。

一个是：在以否定传统为时髦，以“向钱看”为能事的旋风中，资华筠拒绝一切“时代”歌舞的私场演出。她并不是“一见流行二字就像碰上瘟疫”，她反对的只是见利忘义，“把拾人牙慧目为创新，满足一点表皮的模仿，而肆意卖弄”，并公开指出：“目前，我国舞台上出现的某种对西方流行舞蹈良莠不分的现象，无疑不利于陶冶、提高人民的审美情趣，振奋民族精神，甚至有损国风……我深信，每一个忠诚于人民群众的艺术家，都应该以引导人们摆脱尚未彻底摆脱的愚昧为己任，而不应该利用这种暂时的某一范围内的悬殊状态，从事以旧充新的艺术倒卖，从中渔利。”

另一个是：资华筠当了全国政协委员之后，不断地帮助人平反冤案。为某省的某一个孤儿院的女孩子们连篇累牍地写申诉，直至上书中央；为某一被错划右派的从事电声的文艺工作者落实政策，十次、二十次地东奔西颠，几乎踏破了文化部、艺术局的门槛……

说这些，并不是题外话，只是为了印证她从来没有忘记自己是人民抚育成长的新中国第一代民族舞蹈家。而她这种与人民群众血肉相连息息相关的感情，使得她经过“十年动乱”、年近半百时仍能保持舞台青春。能在给专家和大学生作报告时反复陈述：“作为一个民族舞演员，我的禀赋平庸。”能在写自传《舞蹈和我》时，实际的重点却是“献给教导和帮助过我的人们”。

读资华筠的这些文章，和资华筠谈话，她时时处处津津乐道的是曾给过她任何一点帮助和启示的人们。这就使读者听众不得不想，恐怕正是她这种念念不忘《才能的摇篮》的感情和时刻用最高标准寻找自己差距的态度，才能使她攀上高峰并始终锐意奋进而潜力无穷的吧！

四

“我最烦记者老报道我什么多才多艺，会写文章之类，好像一个舞蹈演员除了跳舞之外，就该一无所能似的。”资华筠不止一次对我说，言下之意，好像一个舞蹈演员多才多艺，会写文章是天经地义的。

这话似乎有点狂，又似乎不够谦虚，看来她又在“冒傻气”。我欣赏地看着她，心想，如果我们所有的艺术家都能有她这股心气儿，把自己丰富的人生体会、艺术实践、舞台经验都写下来出书的话，那对丰富和提高我们各种门类的艺术水平，对培养教育我们文学艺术界的青年一代都会大有裨益。

我对文化艺术出版社为什么重视这本书，似乎又增加了一点认识。

当然，资华筠同志既然叫阵，也就引发了我的一点傻气，要对她的文章苛求一下了。

如果不作为舞蹈演员看，不作为史料读，那么，这本书虽然写得真挚亲切，生动活泼，文情并茂，可读性强，读后也能给人启迪，但总不免有点“业余”的味道，表现在文章的水平很不整齐。有的极好，如《一个小学生的快乐》《在陈翰笙教授那里学英语》《每当我想起那烛光下的舞蹈》《舞蹈和我》中的某些段落和篇章，如《初次和舞蹈结缘》《啊，烛光》……那里有许多人物、情景，如大艺术家戴爱莲、革命前辈陈翰笙等一些主人公令我眼中常含热泪，就是其中信笔提及的许多不知名的工人师傅、运动员甚至厂里宣传科长和那个临时工大嫂都使我感到生活的温暖和人性的阳光。但是，有的篇章，相对来说，就一般了些。有些是由于作者掌握资料不足又挖掘较浅，有些则确是业余信笔，仓促成篇。因此，作为单篇，虽也因主人公独具风采或异国情调，有其吸引人处，但总觉得提炼不够，有点可惜了素材，特别是当文章结集后，就使人感到缺乏总体构思；不能浓淡相间，跌宕有致，相映生辉，有时难免有重复之感了。

近期，资华筠同志已调到中国艺术研究院舞蹈研究所工作，读了几篇她在报刊上发表的有关舞蹈的讲座文章和译作，知道她在理论上也有一定的素养和兴趣，以资华筠同志的经历、眼界、信心，对事业的热爱和责任心，加上她的灵气和傻气，相信她还会文思如涌，不断写出更好的书来。

我和读者一起期待着，不但因这次写序得到一个向资华筠同志学习的机会深感庆幸，还为文学战线上又出现了一个这样有才能、有文化素养又常爱冒“傻气”的竞赛对手而十分高兴。

作于1987年9月

（柯岩　当代著名女作家、诗人）

独步舞学的资先生

张晓凌

认识资先生，是 20 世纪 80 年代后期的事。

当时，我从安徽的一个边远小镇踏进恭王府，入中国艺术研究院研究生部，随王朝闻先生读书，便从同学于平、张华那里耳闻资先生盛名，知晓她是当今中国最著名的舞蹈表演家之一。后来，我修完硕、博士学位，供职美术研究所，资先生却早已入舞蹈研究所任所长。虽然她的办公室就在我的楼下，但我们的接触相当有限。再后来，研究院动迁，我随即到研究生院任职，和资先生接触的机会就多了起来。说来有趣，我对资先生的了解、佩服乃至敬重，是在与资先生的一次次争论中建立起来的。为艺术学科的独立，为舞蹈学科的排名，为博士生学位论文的修改与答辩，我们曾有数次争论。每次争论，资先生机敏的智慧、精审的立论、闳肆至极又不失矩度的辩才，都让我大为折服，可谓敬重随着争论日益加深。我以为，在资先生身上，既有睥睨一切、振衣千仞的"大丈夫气"，又有女学者所特有的清纯和静寂气质，无论是为艺、为学还是为人，都饱含着侠义、智慧和真性，是当今中国文化界罕有的智者与"猛士"……

资先生是个奇才，她具备当今中国舞界数个"第一"——第一批国家一级演员，第一位女所长，第一批终身研究员……而这每一个称谓背后，都隐喻了无数的转身与蜕变，包含了无数的艰难与困苦，但她终于一一克服，并达到了每一个巅峰。这不是一般人可以完成的超越。

资先生从幼年开始，就始终铭记母亲的教诲，“一切错误从说谎开始，一切失败从迟到开始”。有此座右铭，所以她崇尚真实、坦诚，力戒浮夸、虚饰；所以她追索高效、务实，力戒随意、迟疑。躬耕勤勉、不耻下问、终身求知、活学活用，是资先生的基本品格。作为舞蹈家，她可以把握身体和心灵的共通共融，并且把肢体的意境发挥到最好，使舞蹈因为她的演绎而产生不同凡响的气场。所以，他才能脱颖而出，成为同辈舞人之翘楚。也因此，国家歌舞团众多舞蹈的首演或领舞位置非她莫属！《飞天》、《荷花舞》、《孔雀舞》(领舞)、《白孔雀》(独舞)、《思乡曲》、《长虹颂》、《金梭与银梭》，穿越时光的一个又一个舞蹈节目，不仅使她扬名历史，更延续了她的艺术青春，即便经历了“十年浩劫”，但“宝剑锋从磨砺出”的际遇，也锻造了她的意志，雕刻了她的性格，而敏而好学的天性和家学渊源的滋润又培育了她的学习精神。除舞蹈外，音乐、美术、戏曲她无一不问，无一不晓；演出之余，阅读是她最大的乐趣。在同代舞者中，打理完纷纭的演出事宜，还要专辟时间到北师大中文系学习写作和文艺理论的，只有她一人。年届 45 岁，她又拜在陈翰笙先生门下“恶补”英语，并以惊人的毅力和超凡的能力使自己达到熟练运用的程度，此举至今令人叹为观止！在中国舞界，如她这般舞蹈、学识兼善的舞者，可谓凤毛麟角。

舞蹈是青春的艺术，规律的客观性教会人思考，也帮助人成长。也许，作为舞者的资先生，不可能永远生活在舞台上；但作为学者的她，再次令人钦羡地改变了命运。当然，这同样是一段艰辛的旅程，而且主宰了她的后半生，至今，罹患重病的她依然笔耕不辍！这，一方面，得益于她始终如一的学识积累；另一方面，源于她自强不息的人生态度。学识、学养和学理思维让她顺利转型，实现了从顶尖舞者到学术旗帜的跨越；自强、自立、自主创新让她勇于探索，实现了冲击舞学尖端领域和创立舞蹈学基础学科——“舞蹈生态学”的宏愿。时至今日，当舞蹈生态学日益成为中国舞蹈学的“看家功夫”而受到学界认同、学人遵仰和学子追随时，我们真实而准确地感受到了资先生的学术开创性和理论建树的真正力量。从客观而公正的角度，我认为，从艺术到学术，资先生都相当成功；站在历史的维度上，她不啻是当代中国舞学的一面大旗，她的思维无疑代表了舞蹈学的时代高度。

当然，我最佩服的，是资先生仗义执言、敢为天下先的人品、学品。读她的文论、舞评，字斟句酌中总是透射出犀利的箴言，笔尖字缝处处见红、刀刀见血，直刺异端邪说，针砭时弊中透出一片赤胆忠心；品她的史论著作、文化论集，理论原发动力凸显，自主创造思辨精彩，无论是自律美学下的舞蹈生态学原理，还是非遗视野中的文化生态研究，篇章结构中显现透辟学理，锱铢必较中浸透人文关怀。她殚精竭虑于舞学本体理论的阐发，她苦口婆心于舞林恶俗的驳斥，她披坚执锐于舞蹈文化的发掘，她筚路蓝缕于非物质文化遗产的珍存。她探讨“舞蹈美育科学化”问题，主张“优化‘理论评论生态’”的问题；她反对“舞八股”，提倡“遏制大型综艺晚会过多、过滥”和革除文艺评奖中的弊端；她呼唤“艺术良知”“精品意识”，主张优化环境、保护精神植被，强化文化遗产的“优质基因”传承，剖析“文化围城”现象，重视文化保护。而这一切，她都用一种常人无法比拟的“真诚”和“真实”方式表达出来，以一副“钢筋铁骨”、大义凛然的形象出现，其“强势”与“高调”足以让所有心怀叵测者望而却步！于是，她总能寻得成功的结果。因为她“胸有朝阳”，一身正气！

我知道，在学生们的眼中，资先生是严厉的。但我更知道，在她心中，“学生比天大”！ 2009 年，我们研究生院的毕业典礼，隆重邀请资先生代表所有导师发言，她的讲演题目就是这个。她是这样说的，也是这般做的。看看她指导的所有博士学位论文便可一目了然，那些密密麻麻的圈点、校改，逐行逐句的斟酌、修正，不仅标志了她的严谨，更凸显了她的精神——她是在用全部的智慧和爱护佑着每个学子，字里行间清晰可见的是她那颗纯然高洁的心。让我惊叹的是，严厉的资先生，竟拥有一颗柔软的慈母心！

在我们这一代学子之前，研究院曾拥有一个群星闪耀的时代。在恭王府那些不起眼的办公室、简易楼里，经常能领略到前辈们灿若瑶台芳树般的人物之美，风格之美，气质之美。他们以卓越的成就构成戏剧戏曲学、音乐学、美术学、舞蹈学、电影学、文学、文化学等领域的最强阵容。粗略地看，这些学者大体上可分为三代：

第一代，包括张庚、王朝闻、郭汉城、黄宾虹、丰子恺、朱丹、杨荫浏、王曼硕、葛一虹、吴晓邦、胡风、缪天瑞、路梅林、曹安和、阿甲……

第二代，包括黄翔鹏、温廷宽、李希凡、冯其庸、郑雪莱、吴甲丰、程代熙、何为、李少白、毕克官、董锡玖、孙景琛、王克芬、资华筠、余从、王安葵、刘梦溪、谭树桐、林冠夫……

第三代，以改革开放后入学的第一代研究生为主体，包括水天中、乔建中、伍国栋、居其宏、苏国荣、周育德、孟繁树、刘骁纯、邓福星、翟墨、王镛、陈绶祥、陈醉……

他们之于研究院，犹如鼎鼐之于庙堂，奠定了研究院的学术基础，立定了研究院的学术精神。如今，他们或驾鹤西去，或退休闲居，在研究院，很少再有由于大师邂逅时的兴奋以及由此产生令你一生反复回味的记忆了。唯资先生，仍跃马揽辔，以奔逸沉雄的豪情、冲夷高旷的气度，蕴藉深醇的理论纵横于研究院，独步于当代舞学。令后学心神驰荡，虽不能至却心向往之。

窃以为，所谓大师，是那些让人们心灵感到温暖的人。不是吗？他们浮游尘垢之外的姿态，他们腹笥宏富的学术，他们深睿高华的思想，一如暗夜中的火炬，让夜行的后学们感到巨大的心灵慰藉。在随导师王朝闻读书时，常有这种感受。今天，在资先生身上，我再次有了这种感受。我常感慨，一座大学，一所研究院，成功与否，声誉如何，从根本上讲，不取决于其底盘多大、办公大楼如何巍峨、活动如何排场，而取决于它拥有多少学术大师，因为只有他们，才是一个学术单位的灵魂。在历史的烟云背后，也只有他们，有资格、有能力在与时间的抗争中而成为历史的一部分。

在我心中，资先生就是这样一位大师。

（张晓凌　华东师范大学美术学院院长、教授，博士生导师）

撒拉木

——资华筠先生

海力切木·斯地克

逢资华筠先生艺术生涯60周年，我不知道如何表达我此时的心情，因为无论用怎样华丽的言辞，也无法表达我对资华筠先生的崇敬和感激之情。

资华筠先生在中国舞蹈表演艺术、教育研究，对民间舞蹈艺术的挖掘整理、保护所取得的成绩和贡献，对前辈们的崇敬、关心，对学生的培养、爱护和支持是有目共睹的，无须我多说，可是作为一名少数民族舞蹈者，我不得不说，资华筠先生对我一个少数民族舞蹈者的帮助和支持及维吾尔族舞蹈艺术的发展所做出的努力、所付出的关爱让我们受用终身。

1973年，在动乱的"文革"时期，一批没有因"文革"而失去自我，对舞蹈艺术执着追求的艺术家们在北京组织了一次民族舞蹈培训班。当时在中央民族学院[①]舞蹈系任教的我，有幸被邀请。在培训班短暂的日子里，我认识了很多舞蹈家，也是在这里我认识了资华筠先生，她对舞蹈的渴望，给我留下了深刻的印象，也是从那时起，我看到了我的未来和努力的方向，当时我可能没有意识到，现在我可以肯定，当年遇到资华筠先生，是我遇到了我生命中的贵人。在日后的交往当中，每一次的谈话，都启迪

① 现中央民族大学前身。——编者注

着我的思路，资华筠先生对少数民族文化价值、文化内涵的理解，坚定了我对本民族舞蹈艺术的追求和探索，与资华筠先生认识 37 年了，弹指一挥间，一切又宛如昨天。37 年来，每每事业上的突破、转型都不无资华筠先生的关系。我知道，我与资华筠先生差距很大，可多年来，我一直以资华筠先生为榜样，也一直为此自豪，她给我的每一次关爱、支持，不仅激励着我努力在事业上突破发展，也使我的精神思想得到升华。我经常思考资华筠先生为什么对我有这么大的帮助，最终我得到了答案，这不仅仅是对某一个人、某一件事的关爱、支持，更是资华筠先生内心世界的博大和高深学养、崇高品德影响了我。

在资华筠先生的支持下，1995 年至 2002 年，我在北京成功举办了三届为新疆培养高素质舞蹈人才的大专班，对于这三届培训班的成功举办，资华筠先生给予了无私的帮助和支持，请来大批艺术家讲课，组织学生大量观摩中外优秀艺术团在北京演出，亲自为学生讲授舞蹈理论课，给予艺术上的指导和评论，以及学生毕业在新疆汇报演出时，与贾作光先生亲往、指导、总结。与新疆舞蹈界座谈、探讨新疆民族舞蹈的发展方向，给予了全新的思路，新疆舞蹈界受益至今。那几年的学生们，现在都在新疆舞蹈界挑起大梁，更有一些走上了编导、领导的岗位，在新疆遍地开花，这一切资华筠先生功不可没。资华筠先生在新疆短暂停留期间，亲往悼念康巴尔汗大师，并慰问其家人，表现出对前辈的尊重，这是一种什么样的境界，大家为之动容。资华筠先生给我们上了一堂生动的品德课，直到今天想到那一幕，大家都还会热泪盈眶，康巴尔汗大师如在天有灵也一定会感到慰藉。

特别是资金华先生筹集资金、主持拍摄康巴尔汗艺术人生纪录片，不仅是对康巴尔汗大师的肯定，也是对维吾尔族舞蹈艺术的肯定，增强了大家对本民族舞蹈的热爱与信心。资华筠先生一语“牢牢把握住本民族舞蹈固有的优质基因”贯穿了我的所有作品，《顶碗舞》也因此在第一届“荷

海力切木 · 斯地克与资华筠合影

花杯”舞蹈比赛获金奖，成为新疆舞蹈的品牌。回顾那些年的金奖作品，每一个都经受住了时间的检验，艺术生命力经久不衰。那一年资华筠先生是评委组组长，她是多么优秀，对舞蹈的洞察是何等敏锐，她激发了新疆大批编导的创作激情，使他们有了信心，看到了方向和希望。资华筠先生是我们新疆舞蹈艺术发展道路上的英雄，她推动了新疆舞蹈艺术的发展，资华筠先生做得太多，我这里所举的不过是挂一漏万。

她对我个人生活上的帮助、支持更是让我无以言表。就是在最近的几年，我因家里先生身体不适，很少外出，资华筠先生也是时常打电话询问病情，在精神上给了我很大的支持。不久前我先生过世，资华筠先生也是第一时间打来电话慰问，并按汉族人的礼仪送来奠金，在我悲痛之余倍感安慰。相隔数千里，这么多年了，她还在关心我……

资金华筠先生从艺 60 年来，不知有多少人受到她的帮助、支持、关爱。可我知道，资华筠先生是上天赐予我的良师益友，与资华筠先生的结识是我人生之大幸。

撒拉木——资华筠先生！

（海力切木 · 斯地克　新疆艺术剧院歌舞团一级演员，
第八届全国政协委员、享受国务院政府特殊津贴专家）

情深意浓

——敬贺资华筠从艺六十周年

莫德格玛

电话铃响起，是我团[①]办公室秘书急切地通知我在家等候，派人派车急送特快专递。我家住在城外，与单位有一段距离，45 分钟后门铃响起，司机气喘吁吁地递给我一份特快专递的大袋子，打开一看，中国艺术研究院“约稿函”。内容是庆祝资华筠先生从艺 60 周年。我立即静下心来思索撰稿，当天我的腹稿基本构成，只是不能脱身上电脑输入文稿而已。我家乡人民政府派专人专程来京探望；出版社责编来短信约我核对文稿等项宜。这些都赶在一起了。我想人世间朋友最重要，于是把手中文稿搁置。尤其是我与资华筠大姐建立了亲如姐妹般的友谊。她是功成名就的前辈，是我艰难岁月里的挚友。我在事业上每走出一步，都会听到她为我加油的声音！资深著名舞蹈艺术家赵青大姐在一次来电时提醒道：“哎，小玛，资华筠又表扬你啦！而且是在你背后表扬，多么真诚多么难得呀！”没有隔多久赵青大姐再次提醒道：“哎，小玛，你这个没心没肺的家伙，我可要提醒你，在人背后夸奖表扬的人并不多见啊，你明白嘛。”的确，真诚的人不会好话说在人前，天天挂在嘴边，搁在心里的那种友谊是深沉持久乃至永存的！我和资华筠先生从认识到亲如姐妹般的友谊已经 49 年了，

① 指东方歌舞团。——编者注

要写的感悟也不是这么几页就够的。

可是，我怕自己写不好，常常遇到一个难处：心里明白写不出来，而且文章中常见“倒装句”和病句。我的母语是蒙古语，文化基础是蒙古文，而又是刚刚放下阅读蒙古文史书，马上转换到汉文撰稿，那个“倒装句”和病句的毛病又要露头，恳请资华筠先生多多指教为盼。

耳闻目睹资华筠艺术风采与靓丽倩影

1956 年，我戴着红领巾步入了文艺界。也就是少年时代从草原深处走进大城市，不仅接受了蒙古族舞蹈正规训练，而且仰望首都天安门，倾慕国家级资深表演艺术家资华筠舞台表演艺术的风采，以探秘的目光观赏著名舞蹈《荷花舞》《飞天》《红绸舞》《花鼓灯》《孔雀舞》等精品杰作。1958 年，我第一次在北京天桥剧场观摩。从那时起资华筠的表演艺术给我留下了极其深刻的印象。尤其是资华筠、徐杰表演的双人舞《飞天》和《荷花舞》简直把我带进了美妙的人间仙境。我这个草原上来的少年把“荷花舞”看成了五千年文化，把台上的演员看作古典美人，觉得神奇极了。

资华筠和徐杰表演的双人舞《飞天》《荷花舞》，塑造了一个伟大民族伟大国家的美好形象！《荷花舞》《飞天》几代艺术家常演常新，经久不衰，令我难以忘怀，感慨万分！

我每每观赏《荷花舞》和《飞天》，总会有新的感受，深切地感受着一个伟大民族雄厚的文化底蕴，感受到一个民族骨子里的文化比天高。这样的民族文化任何东西都无法取代。这是一个民族文化精英们的精彩印迹，一个伟大民族的艺术家高品位的历史印证。

前些年，奇怪的是“荷花舞”原本那个美妙意境和演员一出场带出来满舞台的那个“水”不见了，反射在舞台天幕上的荷花塘里出污泥而不染的高傲优雅的“荷花舞”如诗如画的意境无影无踪了。反而见到一种奇怪的现象，“荷花舞”的花瓣“长在演员的脖子”上，装饰在演员的臀位与腰间。真不明白，这样的外形装束的用意和审美取向又何在？一个民族的审美取向与意象美又在何方？这样盘根错节的文化现象，难道不值得我们反省吗？

我还记得，2006 年至 2008 年，在大型晚会上见到新编“荷花舞”。这个“荷花舞”的演员衣裙非常华丽，从演员腰间直到衣裙下摆装饰了闪亮的“泡泡”，就像手电筒里的微型灯泡一样锃光发亮的“泡泡”挂满衣裙，十多位演员浑身亮晶晶地布满了舞台，当时陪伴我观摩的丈夫问道：“莫德格玛，真奇怪，这个‘荷花舞’的演员们怎么穿上了带‘疱’的服装呢？”我回答：那个“疱”可能是“荷花舞”长“水痘”了。

在观摩回来的路上我沉默无言，当夜我的梦乡里仍然是资华筠、徐杰

1999 年，在中国台北开座谈会

领衔主演的出污泥而不染的那个高傲优雅的“荷花舞”。

还有，中国古典舞《飞天》也是资华筠和徐杰首演的双人舞。双手飞舞十几米的绸缎，用演员的深功技能飞舞起双绸表现“飞天”的意境，就像敦煌壁画上的仙女下凡，一组组精美的舞蹈语汇充满了艺术家的意象美。资华筠和徐杰以靓丽修长的身段和高超的舞艺，让我钦慕不已。她们是中国古典舞美的化身，标志着千年文化的舞魂。

资华筠运用表演艺术的持久功力和精美的舞蹈语汇展现了古典舞“飞天”的深刻内涵。双绸的飞舞呈现了凌空翱翔的意境美，是千年文化的象征！而不是当今那个“铁手臂”和钢丝绳子把演员吊挂在高空，把演员像道具一样在高空摇来晃去地摆弄，看不到演员舞姿动感的怪异现象。

总而言之，在这里我想说：“不比不知道，一比就知道。”我还想说，资深艺术家资华筠的成功和舞蹈艺术精品同在，她经得起历史的验证。

我钦慕资华筠先生多才多艺

20 世纪 60 年代，我在《舞蹈》杂志上拜读资深舞蹈艺术家资华筠撰写的文章，我以仰慕的目光遥望“举首望高处，还有在上人”，凝视着遥远的目标，淹没在艺海无涯的境域里。

她很早以前就是一位能文能舞的成熟的艺术家了。从舞台表演艺术转换到舞蹈理论研究，对她而言是一件顺利通达的事情。她笔锋犀利毫不含糊，开辟了一条崭新的理论之路，培养了一批博士生，播撒了一片舞蹈之花的良种，称得起是一位货真价实的教育家。她的著作一本又一本地出版发行，舞蹈评论文章一篇又一篇，又拓展了一条宽广的舞蹈理论天地，她是一位了不起的舞蹈理论家和评论家。

我向她深深地鞠躬致以崇高的敬意。

她对我的蒙古族舞蹈研究及攀升蒙古族舞蹈美学给予了中肯的评价和

勉励。2000 年《诗·乐·舞韵》出版，她激情满怀地以“思想着的舞蹈家”为标题发表了评论文章。2006 年她以“舞魂的炼狱与攀升”为标题评议了《蒙古舞蹈美学概论》。我深知，在艰难攀登的时刻，她毫不吝啬地给予高度评价。还有，资华筠先生指导的博士，继她之后任中国艺术研究院舞蹈研究所所长的冯双白，于 2008 年为《蒙古舞蹈美学鉴赏汉蒙双解辞典》赋“序”，并热情洋溢地陈述了我舞台艺术真实的年鉴。我深知，他们不仅在我的舞台表演艺术方面，还在蒙古族舞蹈理论方面一次又一次地为我保驾护航，说出亲历者的真话，真诚相待！我举首仰天热泪盈眶。

我在北京远郊向资华筠先生深深地鞠躬！致以崇高的敬意！

向伟大民族神圣而高洁的五千年文明致以崇高的敬礼！

祝贺资华筠先生从艺 60 周年！

祝资华筠健康长寿，艺术青春永驻！

（莫德格玛　中国东方演艺集团终身荣耀艺术家，
蒙古族舞蹈艺术家）

第四部分　天下谁人不识君

——同行好友

洁白的哈达献给您

——我与资华筠老师的缘

江白加措

“手捧洁白的哈达，这是一朵天上的白云，这是一朵高山的雪莲……”这首《多彩的哈达》，正表达出我对最敬仰的资华筠老师的真诚爱戴和吉祥祝福。

资华筠老师，是文艺界响当当的人物，但对于长年工作在基层少数民族地区文艺战线的我来说，却是一个熟悉的陌生人。

与资老师相识，始于《雅砻春潮》。2009 年，我担任舞蹈《雅砻春潮》的编导，随着舞蹈《雅砻春潮》参加中国第四个非物质文化遗产日展演，我也有了到北京学习、演出的机会。正是这次北京之行，我有幸见到资老师本人，有幸当面聆听她的教诲，有幸欣赏到了《春游》《飞天》《孔雀舞》《白孔雀》《思乡曲》等很多资老师的经典作品。从此，与资老师结下了不解之缘。今天，在资老师从艺 60 周年之际，作为一个受过她谆谆教导的藏族文艺工作者，此刻的我百感交集，想说的话很多，却无从谈起。我还是讲讲我和资老师的故事吧。

一个电话

“你是舞蹈《雅砻春潮》的编导江白吗？我看了你们报送的《雅砻春

潮》光盘，节目总体上不错，但还要精练，突出特色，节目的时间能不能从原来的 7 分钟压缩到 6 分钟之内？”

2009 年 5 月 25 日，对于我来说是个吉祥的日子，也是我一生永远铭记的一天。当天 11 点左右正在排练《雅砻春潮》时，我接到了资华筠老师（当时不知道是她）从北京打来的电话。她讲：“我在画面上看到了你们在乡下野外排练，场地条件也很差，辛苦你们了。你有什么困难给我讲，咱们在北京见！”听了她勉励的话语后，我第一个感受是，多么和蔼可亲的领导啊。

当时，《雅砻春潮》刚刚被确定参加中国第四个非物质文化遗产日展演，并要求尽快把修改后的该节目图像光盘报送至中国艺术研究院非物质文化遗产保护中心。时间紧，任务重，包括我在内的全体演职人员每天都拼命地修改、重排节目，力求把我们最精彩的表演展示在世界面前。

过了一会儿，我又接到了第二个来自北京的电话，对方说：“刚才给你打电话的是著名的舞蹈家、评论家资华筠老师，你一定要按照资老师的要求把节目修改好。她就是我们这台晚会的艺术总监。”话音一落，我脑海里涌现出无数个没有想到。没有想到刚才来电话的那位就是我国舞蹈界德高望重的表演艺术家、理论家资华筠老师，没有想到她是这么关心来自祖国边疆少数民族的舞蹈节目，更没有想到她竟然记住了我这个无名小辈的名字……资老师的关怀和指导给了我无穷的动力。我修改、重排节目的方向更明确了，大家的信心更充足了。

一次见面

从那以后，我心里就有了一个愿望，那就是能与资华筠老师见面。随着时间的推移，这个愿望越来越强烈。

2009 年 6 月 6 日，我们终于来到盼望已久的首都北京参加演出。在北京排练时，来观看节目的专家很多，我几乎天天都在打听资华筠老师有没有到来。可能被我问烦了，有一天非遗中心有位老师主动告诉我：晚会彩排时她要来审节目！当时我又喜又愁，喜的是我盼望已久的愿望将要实现，愁的是见面后，跟这么著名的大专家说些什么。

6 月 12 日，晚会终于要彩排了，可我开始莫名地紧张起来，就像与母亲离别已久的孩子马上要见到妈妈一样，既激动，又紧张。

汇报审查终于结束了，主持人把台下所有专家请到了舞台上与演员见面。此时，很多演员争先恐后地与专家名人合影留念，场面好不热闹，而我默默地站在舞台一角，目光搜索着资华筠老师。突然，我看到一位身高 1.65 米左右、戴眼镜的老师朝我走来，她面带慈祥的笑容，握着我的手

江白加措与资华筠合影

说："你是西藏的编导江白吧！我是前几天给你打电话的资华筠，你们的节目修改得非常好，祝贺你们演出成功！"

那一刻，我激动万分，只记得老师对我说的话，只记得把手中的哈达献给她，却没能把藏在心里的话讲给她听。回到宾馆，想到没能与自己仰慕已久的老师倾心交谈，很是后悔。

我更加盼望与资老师的第二次见面。

一份激励

"明天中午我请你吃个便餐，你一定要来哟！"6 月 15 日下午，接到资老师的短信时我不敢相信自己的眼睛。

第二天中午，我和几位老师提前来到约好的餐厅。而此时，资老师已等候在餐厅门口。资老师衣着朴素，更显慈祥、儒雅。

入座后，资老师把同来的几位专家一一介绍给我认识。听了老师的介绍才知道，与我共餐的都是著名的舞蹈家、著名编导，还有文化部周和平副部长。吃饭之余，周部长、资老师和其他专家不时地教导我：一定要趁年轻多看看书，要结合藏民族悠久的历史文化，多编一些能走出西藏甚至走出中国、走向世界的好节目。同时勉励我一定要为藏文化的传承和发展多做贡献……

听了领导和老师们亲切的话语和真诚的勉励，我感到无比高兴和自豪。同时感到自己身上的担子很重，决心通过自己的努力和勤奋的学习来报答老师的恩情。

从此，我更加喜爱、更加敬佩资华筠老师，我通过各种杂志、互联网等渠道，了解有关资老师的事迹，寻找收集老师的舞蹈和文学作品。从《思乡曲》到《金梭与银梭》，从《永远追求不到的"情人"——我心中的舞蹈》到《中国舞蹈》再到《舞思——资华筠文论集》……我认真细致地寻找着我心目中最敬仰的舞者与学者为一体的资华筠老师的足迹与辉煌。

我也不忘从资老师的作品中汲取营养，仔细研究她文艺创作的思路、方法，同时还经常联系请教她本人。有了老师的指点，我的作品《雅砻春潮》先后参加了台湾“国风中华非物质文化遗产专场演出”，参加了2010年文化部春晚演出，并在第五届CCTV舞蹈大赛中荣获第二名的好成绩。面对成绩，我深知离不开资老师的教导和同事们的支持，我也将编导出更多出色的节目来感谢大家。

一个愿望

我一直有个愿望，但至今都没有实现。这就是邀请资老师到雪域高原来，到我的家乡——“藏源”雅砻来（雅砻被誉为藏民族的摇篮、藏文化的发祥地）。我曾多次想邀请资老师到西藏做客，但一直没有机会，后来得知，资老师身体欠佳，不能到高原缺氧地区。每次到北京或其他地方演出时，我都想给资老师带点土特产什么的，可每次都被她婉言谢绝。想到每次搞一些重大晚会和创造新作品，我都请教资老师，她总及时地、不厌其烦地给我以教导，而我却不能为她做什么时，心里总不是滋味。

我深深地感到，和最崇拜的资老师近两年的交往，足以让我受益终身。而与资老师的这份情，既体现了舞蹈专家对基层文艺工作者的关爱，又展现了藏汉民族一家亲的深情。

从艺60年的资老师，精神矍铄，与我交谈总是思路敏捷、条理清晰。我衷心祝愿她为中国文艺事业再奉献60年，永远扎西德勒！

（江白加措　西藏山南群艺馆艺术总监、西藏非遗保护专家）

舞蹈家的风采

——资华筠在彩云之南

马文静

资华筠老师来过云南多少次，我已记不清了，只知道云南红土高原的山山水水都留下了她的足迹。资老师对云南舞蹈事业的关心是全方位的。她不仅给来自云南最基层的各民族编导讲舞蹈生态学、舞蹈编导课，也给来自各地区的文化局局长、文化馆馆长及最基层的文化站站长讲中国舞蹈的发展和现状。而且深入边疆、深入民间，和大家一起探讨学术、研究问题。云南各族舞蹈工作者的状况，时刻牵动着资老师的心。

平易近人的风范

1979 年，恰逢国庆 30 周年，云南省组织了各地州的编导和演员到北京观摩学习。听说资老师刚从国外回来，我们便怀着崇敬的心情到中央歌舞团的宿舍去拜访她。见我们是来自云南基层各地州的，她很热情地接待了我们，应我们的要求，搬开了客厅的桌子和凳子，教我们跳起了牙买加舞。我们从未接触过这种源自非洲在南美流传的“瑞盖”舞，动作要领一时不能到位。她耐心地一遍遍做示范，告诉我们这个舞蹈的风格特点，胯和手的运动路线及发力点，怎么做才协调。在她耐心的指导下，我们很快领会了这个舞蹈的要领。资老师还特别表扬了我学得快，风格掌握得好。

她的无私奉献感动了我们，事先没有任何准备，离开时我取下了头上的发卡送给资老师，她理解我们的小小的心意，收下了。后来“牙买加舞”在云南许多团排练、演出了很多年，她从未追究过“版权”。一个有声望的舞蹈家，没有架子、平易近人、和蔼可亲给我们留下了深刻的印象。

良师益友的指点

近年来，我在中央民族大学舞蹈学院、北京舞蹈学院及上海戏剧学院舞蹈学院教授傣族舞蹈，我将自己部分的傣族舞蹈教学光盘寄给资老师，请她指点。资老师打长途电话告诉我：“你提炼整理得不错，把傣族舞蹈科学地、规范地、系统地做成教材，是你长期深入傣族生活的积累。如同酿酒一般，时日愈久，味道愈醇。”资老师的肯定，提升了教材的档次，目前，北京舞蹈学院已将其整理编纂为《傣族舞蹈》教材，并编入《中国民族民间舞传习系列教材》中，今年 3 月出版。

资老师有深厚的实践经验，有丰厚的学术底蕴，更有一双慧眼。我编导的彝族舞蹈《牛角舞》，她看后，很中肯地告诉我：“舞蹈编得不错，既有阳刚之气，又有浓厚的民族特色。但是结尾部分处理欠火候，没有达到高潮，以至于观众刚想鼓掌就结束了。你为什么不把那组牛奔跑的动作反复做，‘超常’做，强化它，做 8 个八拍甚至更多，调动起观众的情绪才会有高潮！”我很快抓住这个意象，对作品做了修改：强化音乐的节奏，强化典型动作“跺地、甩头、牛奔跑”等，表现红土高原上的一群汉子像奔跑的牛一般勇往直前！这样的修改使作品突出了主题、增强了感染力。我给上海歌舞团、中央民族大学、南方歌舞团都排了《牛角舞》，很受欢迎。上海歌舞团的翁朱法副团长说：“这个舞蹈我们表演了很多年，每场演出结尾处观众掌声不断。”该舞在中国台湾、欧洲等地上演时也很受欢迎，成为云南省唯一一个小节目获第八届文华奖、新节目奖的作品。这与资老师的帮助是分不开的。

“舞蹈生态学”是资老师主持的一项中国艺术研究院重点研究课题，她在云南办过专题班。通过资老师的指导，我意识到要搞好创作，应该研究“舞蹈生态学”，深入到舞蹈生成、发展的生态环境中去观察分析，提炼典型舞蹈动律，了解其文化背景、民族风情。我是回族，9 岁就生活在德宏傣族景颇族自治州，18 年后才调入昆明，一直想编一个女子群舞来表现景颇族妇女勤劳质朴的品格。我在构思舞蹈《欢笑的银铃》（又名《斑色花》）时，想到云南西部景颇族世居的高黎贡山脉一带，妇女爬山时将沉重的背篓拴在额头或双肩，双手搓线，身体前倾，双腿有力而缓慢地屈伸前进的动律特征。最初编排时，开场我便用了此动律加入了转身、拉线等变化动作，但是舞台效果却没有预想的精彩。我记起资老师的《舞蹈生态学导论》中讲的：“把生活动作典型化，突出这些动作中富于表现力的特点，删汰这些动作基于应用性和随意性而造成的芜杂烦琐……”我意识到了自己的典型化提炼不够，便将那些零碎的动作删去，夸大原有动律，所有演员以横排出场，用近一分钟做此动作，将景颇族妇女坚韧、勤劳的品格淋漓尽致地表现出来而不显拖沓。《欢笑的银铃》在北京市舞蹈比赛中获得了编导及表演的金奖，在第七届桃李杯舞蹈比赛中获编导二等奖及原生态保护贡献奖，很多剧院的出国演出也多次上演此剧目。这是受益于“舞蹈生态学”的成果。

艺术创新的引领

2009 年 4 月，资老师要我把《基诺大鼓》在民间传承的情况录下来寄给她看。问我能否到基诺山，把大鼓舞重新编排，参加 6 月（2009 年文化遗产日）举办的“第四届中国非物质文化遗产展演”活动。念及资老师多年来对云南舞蹈的关爱以及对我的无私帮助，尤其是她身体患病，还

马文静与资华筠合影

一直热心于我国非物质文化遗产保护工作，我毫不犹豫地辞去上海戏剧学院的教课，来到西双版纳州基诺山深入生活。

我多次采访省级传承人沙车、何桂英，全面了解基诺大鼓的历史和现状。基诺大鼓是最原始最古老的舞种，其历史可以追溯到原始社会时期，舞种被列入第一批中国非物质文化遗产保护名录。资老师还告诉我有关基诺族大鼓舞的传说：相传基诺族的创世女神阿嫫腰白造了一对兄妹，他们为躲避洪水而匿于一面大鼓中，洪水退后兄妹二人破鼓而出，繁衍出基诺族人。从此，大鼓也被视为神器，每逢三月举行“特懋克节”时，基诺族人便会击鼓而舞，并演变为广场舞蹈。根据资老师的提议，可以把基诺族创世神话传说融入舞蹈中，我运用写意的手法安排何桂英表演阿嫫腰白，站在大鼓后面高唱基诺族创世歌，象征着第一对兄妹的演员从鼓后慢慢走出，其余演员则以四周上场的方式作为开场。随着大鼓鼓点由疏至密，演员的动作也逐渐增大幅度，鼓点戛然而止，引入一段“刮剋”（译为“狩猎歌”）来表现基诺人陶醉在鼓声中的舞蹈，接着一段铿锵有力的鼓点把舞蹈推向高潮。基诺人观看后说，这表现的就是我们基诺族！

基诺族是我国人数最少的民族之一，远在边陲。但舞蹈《基诺大鼓》在资老师的指导下顺利完成，先后两次赴京参加“中国非物质文化遗产展演”活动，均获好评，并在2009年的CCTV舞蹈大赛中也获得奖项，成为西双版纳州近年来影响最大的作品。基诺族民间舞蹈家为此深受感动，把资老师看作亲人。

无微不至的关怀

资老师不但对云南的舞蹈事业关心备至，对云南舞蹈家也很关心。1988 年，云南省第一次评定职称。当她听说云南艺术研究所的聂乾先老师（《中国民族民间舞蹈集成》云南卷主编）被评为三级编导，云南省歌舞剧院的主要演员陶春被评为四级演员，直言："这些同志的成就应该可以评高级职称。"她很快通过全国政协把自己的建议转给云南相关领导，得到重视并顺利解决。

资老师抓工作十分严格、到位。如今年文化部调《基诺大鼓》再次赴京演出，她发现名单中没有传承人何桂英和我，马上给相关负责人打电话说："《基诺大鼓》的编导马文静、传承人何桂英必须要来，这关系到演出质量。"又亲自给我打电话："你别计较个人安排，要从大局出发，从一个民族的舞蹈事业的大局出发，继续参与演出排练，保证质量。"在文化部的直接关心下，我们原班人马进京保证了演出质量。特别值得一提的是，资老师在演出期间专门来到后台看望各地演员，还专门向文化部申请给予补贴。在展演结束后的宴会上，特意安排海力切木老师和我，坐在文化部副部长周和平、王文章的旁边，得到了中央领导的肯定的那一刻，我觉得自己此前所有的付出都是值得的，心里十分温暖。

（马文静　昆明市舞蹈家协会名誉主席，国家一级编导）

感谢您，资华筠

马　薇

时光荏苒，从资华筠自幼习琴弄舞开始，其专业舞蹈艺术生涯至今已走过了 60 年的历程。每当同辈或晚辈提起她的时候都会自然流露出一种尊重和景仰的神情。看一个人的成长，总有她自己的一条贯穿线。

我与资先生的缘分，要从 20 世纪 50 年代说起。1955 年我考入中央实验歌剧院（当时周巍峙任院长，侣朋等人任副院长），那时，常听同事们说起“小资”“小资”，其舞蹈如何如何，还弹得一手好钢琴。在这前后我虽也看过她所在单位中央歌舞团的演出，但由于座位的原因，也只能凝眸远望。

约 1957 年，在姚经才先生（北京王府井原上海迁京“中国照相”的经理）的一次人像个展上，正巧有我和资华筠先生的头像各一张，我在姚经理和他的另一位同事的引领下，参观了展厅内各类人像的不同表现技巧，也曾面对资华筠的青春倩影驻足观看。

这之后，我曾到外地的歌舞团工作过几年，基本与在京舞界人士中断了联系，仅在进京参加会演，或学演节目时偶有碰面。直到 1976 年年底我重返北京工作后才结束这种中断，特别是 1979 年中国舞协开始恢复工作以后，又有许多新的舞蹈观摩或研讨的学习机会。尤其是在中国艺术研究院舞蹈研究所组织的各类相关活动期间，我虽不是这个单位的成员，却经常得到通知参加这里的活动，在吴晓邦和资华筠两代所长任职期间，我增长了很多知识，受益匪浅。

在与资华筠的工作接触中，她给我留下很深的印象。她肤色白皙，很有教养，聪颖健谈，做起事来情感溢于言表，有时又很严厉。

我有时开玩笑似的对本单位同事说起她是“两栖”类高级人物。既是一位优秀的舞蹈表演艺术家，又是一位资深学者，够得上才艺多元。

她演出的古今中外各种风格的舞蹈节目上百。除《西藏舞》《飞天》《荷花舞》《孔雀舞》……那些脍炙人口的经典作品外，其中《长虹颂》是她在“文革”后，恢复舞台生涯上演的第一个独舞——献给毛主席、周总理等老一辈无产阶级革命家。前面一段“白纱舞”表达深切的怀念，后面是舞动彩虹似的长绸表达亿万人民的欢腾鼓舞。这个作品表达了我们共同的心声。另一个自编自演的独舞《思乡曲》，很有特色。幕启：一位中年华侨妇女用钢琴弹奏《思乡曲》，渐渐地“以琴引舞”，在皓月当空中抒发着对祖国的思恋……此舞别具一格，也只有她能先弹琴、后舞蹈。她曾出访过 50 多个国家，为祖国争得了荣誉。一直到 1983 年左右，她的舞台生涯才画上了句号。

她的著作甚丰，既有多部理论专著又有散文集，甚至还发表报告文学、诗歌、电影文学剧本，无法一一列举。

在为社会尽责方面，她曾投身多项国家重点课题，如《中国大百科全书（第二版）》等。在历任第 5—10 届全国政协委员期间，为人民的疾苦和文化事业的发展奔走、呼吁。

以上的叙述，尽管看到的是资先生粗略的轮廓，但也能从中看出资华筠是靠她笃志好学与坚韧不拔的毅力，结合国家的培养，筑造了这条人物成长线，而国家和人民也给予她众多的头衔和荣誉。

下面我要以致谢的心情谈谈资老师在舞蹈事业方面与我有过关联的三个机遇：

其一，那是 1993 年 4 月，北京广播学院出版社出版了由资华筠、王宁、资民筠主编的《舞蹈生态学论丛 · 第 1 辑》。在这个集子里，编者把参加“舞蹈生态学”高级研修班的论文和一些与“舞蹈生态学”方法论相关的论文编纂在一起，通过具体案例传播这一学科的原理。被选入的 23 篇论文，每篇前面有一个“编者按”。我的一篇《侗族庙会舞生态蠡测》一文所加的“编者按”为：“本文通过考察侗族庙会舞的生态，探讨了宗教对宗教舞蹈的影响，运用舞蹈生态学由生态项的内部结构因子中择定生态因子的方法，对侗族《庙会舞》的生态因子及其对舞蹈的作用进行了测查。文章的材料和论证均有说服力，对于如何树立可操作概念来进行生态因子的分析并探求其与舞蹈形态的关系，提供了重要的经验。”记得我的长兄马维光生前阅读此按语后曾留下一句话：“此人学识上很有些见地。”言下之意，对我们这篇文章评价不低，很受鼓舞。

其二，我与马维丽合著的《中国少数民族舞蹈发展史》一书，2002 年 1 月由人民音乐出版社出版发行后，资老师应出版社之邀，百忙中为本书写了题为“多元一体血脉相通——捧读《中国少数民族舞蹈发展史》”的书评，先后在《中国舞蹈艺术 · 第一辑》和《光明日报》上发表。文中特别解释“捧读”的意思是指此书的“实际重量”（很厚）和学术分量。此外还对作者的治学态度以及独家资料、独特的视角、独到的见地“三独”精神予以评述，给予我们很大鼓励，也有益于此书的传播。

其三，感谢资老师独具慧眼。由于她的推荐，使“少数民族舞蹈发展史”被纳入中国艺术研究院研究生院的教学课程，使我们应邀在中国艺术的高等学府任教。我与维丽弟于 2002 年至 2010 年间，给舞蹈学硕士研究生课程班讲授了此门课程（包括脱产班与集中授课班），使我们在教学互动的情况下更易于消除疑点获得真知，收获确实不小。

总之，无论是在成书还是教学的过程中，我深感亲情与友情的珍贵。在资先生艺术生涯 60 年可喜可贺的日子里，我们除了感激她，我还想引用她著作中的一段话作为本文的结束。那就是：“……我想，一个人的一生中哪怕只遇到一次一个大写的‘人’，接受过他的教诲和指点，就应该算是极大的幸运了，从这个意义上说，我的运气实在是太好了。”我想，我也遇到了这位大写的“人”。再次感谢您，资华筠。

（马薇　中央民族大学原少数民族文学艺术研究所舞蹈研究室主任）

青春的生命，生命的青春

马　琳

在数十年的舞台实践中，我始终在思考和探寻关于舞蹈与人类生命本质的命题，就像生理上的进化一样，我们的精神也在逐步发展衍化——原初本能的动作进化为今天具有审美价值的纯粹意识形态上的外在表达，功能性的行为进化为今天内在情感艺术性的抒发，是什么促使人们不断寻找人体美与心灵美的双重净化和极致表现？是什么推动舞蹈艺术不断前行，促使我们一步一步地走到今天？潜意识里带着这些疑问，我从大凉山走到北京舞蹈学院，走进四川省歌舞剧院，一直走到今天。在对中国舞台艺术的切实参与中，在不断的成长过程中，在与诸多前辈特别是与“女先生”资华筠老师长期的交往中，我渐渐地感受到了舞蹈与生命的联系。

当我最初进入舞蹈编导行列的时候，资华筠先生已经成为中国舞蹈界的旗帜性人物，她表演的中国第一个取材于敦煌题材的女子双人舞《飞天》、《孔雀舞》（领舞）及《白孔雀》（独舞）、《思乡曲》、《长虹颂》等一大批作品，几乎成为我这一辈编导必不可少的学习教材，在对这些作品的反复研习中，我深刻地感受到一种生命的激情，一种立足于中国民族文化的内在张力。1987 年，先生担任中国艺术研究院舞蹈研究所所长之后，先后出版了《舞蹈生态学导论》和“长编”式《论丛》，这对于我在理论指导下挖掘舞蹈生态环境、探索民族思想，并最终以整体结构和舞蹈语汇将思想内涵呈现在舞台上，起到了至关重要的指导性作用。因此，未谋面之前，先生已经成为我精神上具有实质意义的恩师，神慕已久，渴望能够面对面地聆听她的教诲。

艺术架起了我通往舞界泰斗资华筠前辈的桥梁，最终实现了我的这一渴望。正如先生所说："民间的东西给予艺术家无限的灵感，真正的根在这个地方。"1999 年，我以民族民间文化为元素创作的双人舞《阿惹妞》为参加全国首届"荷花杯"舞蹈大赛赴北京排练，先生在看过节目的影像后，亲自打车穿越北京城来到排练现场，在肯定作品艺术水准的基础上提出了中肯的意见。简短的会面，给我留下了终生难以磨灭的深刻印象。当时已是花甲之年的前辈师长，从身心到思想都散发出青春的活力，对艺术的激情和对学术的严谨在她身上融合得淋漓尽致，并体现在一言一行当中，深刻地撞击着我的心灵，让我对艺术与生命的连接有了进一步深刻的思考，并直接影响到我以后的艺术创作。《阿惹妞》获舞蹈比赛作品金奖后，先生特别打来电话，在给予肯定和鼓励的同时，也发自肺腑地对我提出了今后的期望，她说："你一定要真诚，不论是生活还是艺术，一定要在真实情感的撞击下，对人、对生命、对大自然有真正的感悟，创作出来的才是真实的，不是伪艺术的。"精到的语言是先生几十年来总结的宝贵经验，也饱含着对下一代的殷切期望，激励着我沿着艺术这条道路，不断前行。也就是在那时，先生的《舞蹈生态学》在经过十余年的调查、研讨后，在更大范围内得到关注、传播，开创了中国一门新兴学科，在独一无二的舞蹈创造与具有普遍规律的科学研究中，架起了一座"思维之桥"。

先生同时是中国著名的舞蹈批评家，素来以直率、坦诚、严谨著称，在对舞台艺术作品点评的过程中往往直言不讳、直指要害，这使我每次面见恩师，都有一种"战战兢兢，如履薄冰"的心态，不断地反思自己在艺术创造上的不足之处，最终养成了精益求精、追求创新超越的创作风格。例如，表现人类情感发展命题的《阿嫫惹牛》，我选择了母爱这一大众题材为着眼点。在整体结构和语汇编排上，不断地追求创新。从独特的

马琳与资先生（右一）合影

视角将舞蹈主题表现得深刻而感人；不断地思考新的模式载体，从彝族古老的环舞入手，更多地运用“圆”“弧”等图形，以此反映生命在前行中永恒轮回的含义，通过舞台路径的曲线流动，喻义历史长河中时间的流逝，而这长河就像母亲一样哺育着子孙们一天天的成长；不断地探索形式上的突破，最终演绎成一种舞蹈样式——兼具独舞与集体舞优势特色的创新演绎的群舞。即使在之后《阿嫫惹牛》受到广泛赞誉，新的舞蹈形式受到舞界认可并得到发展的情况下，我仍然在反省作品本身的瑕疵并进行修改，直至内心满意为止。

在长期的交往中，资华筠先生指出，四川有着悠久的历史，这为本土舞台艺术提供了良好的生态环境，艺术工作者必须立足于优秀民族文化，与当地的民间、民俗生活相结合，创造出符合时代需求的新作品。我始终牢记先生的教诲，扎根在西部巴蜀大地，不断汲取丰富的养分，在生活中用显微镜般的眼光去发现、去感受，用舞蹈思维去思考、去选材，在舞台这种特定环境和氛围下，紧握生命的“核”，不断创作源于神秘力量的生命般的律动形态。任何剧目都要做到“三独”，那就是独立的思考、独立的发展、独特的表述，做到引人入胜、出神入化、回味无穷。女子集体舞《呼唤绿荫》是我用民族民间形式来表现当代现实题材的一次大胆尝试，用写意手法表现现实题材，用唯美画面表现严肃话题，作品没有一个具象故事，却能让观众感受到生命真实的生长——种下一棵树，呼唤叶脉涌出清新的空气；种下一棵树，呼唤嫩枝里有一缕真实的阳光；种下一棵树，呼唤全部枝叶繁衍成绿荫撑起一片干净的天空。这说明舞蹈本体——舞蹈语汇加上写意手法能够开辟出舞蹈领域里另一个新的平台，寻找出一条民族民间舞蹈自我超越的道路。

最近一次因公务赴北京出差，得以登门拜访先生，她依然像我第一次见她时的样子，那么率真大气，充满了青春的朝气和活力。从她身上，我悟到了舞蹈与生命的关系——舞蹈在人类创造的一切艺术行为中，是唯一以活生生的人体自身充当介质的，对自我意识生命力顶峰的外化表现，舞蹈本身就是对生命、对自然、对万物的反照和无止的探求。在舞蹈的世界里，永远没有终点，永恒常在的，是生命的青春，青春的生命。这正是先生与一切以舞蹈为生命的人的写照。

（马琳　中国少数民族舞蹈学会原常务理事，国家一级编导）

追求完美　追求卓越

——资华筠先生从事舞蹈艺术实践、舞蹈研究六十周年

刘凤学

认识资华筠先生是经由戴爱莲和彭松二位老师引介的。

改革开放初期，在台湾有机会看到大陆顶尖舞蹈表演团体——中央芭蕾舞团、东方歌舞团、云南的《阿诗玛》、甘肃的《丝路花雨》、陕西的《仿唐乐舞》的演出；通过录像带也欣赏了《白毛女》《红色娘子军》《小刀会》及《宝莲灯》这些经典作品。或许因为我出身于教育界，所以对舞蹈教育有极度的关怀和期望，因此 1992 年返乡探望恩师戴爱莲和彭松老师时，他们为我安排了参观北京舞蹈学院及中国艺术研究院舞蹈研究所。当时任舞蹈研究所所长的资华筠先生的大作《舞蹈生态学导论》（1991）就是在这次拜访时获赠的，时间是 1992 年 6 月 26 日。

舞蹈生态学（Choreo Ecology）是由两个希腊字组成的：Choreo 即舞蹈，含有脚或歌的意思；Ecology 即生态学，此字源于希腊文 oikos，为居住（habitation）之意。“生态学”一词，首先由德国生物学家海克尔（Ernst，Haeckel Heinrich，1834—1919）所使用。他是达尔文主义支持者，在他的两本大著《有机体的普通形态学》（*General Morphology*，1866）及 1874 年出版的《人类发展史》（*Evolution of Man*）提出生物发生律，为达尔文进化论提供了有力证据。看过《舞蹈生态学导论》书名之后，一个问号闪过脑际，但它立刻消失在“反自我设

限”的警惕中；多元理论、系统的研究方法，学术的自由选择是应该给予最高的敬意和尊重的。记得在一个有关文化座谈会上，教育学家曾志朗博士曾说：“人类在五十万年前开始有了语言的可能性；在三十万年前有了真正的发音基础；十七万年前我们的基因出现了非常重要的突变，让人的规矩、规律变成了可能；五万年前由于认知的爆炸，使我们在很多不同的洞穴中看到了文明象征；二万年前的画里，出现了各种布局和仪式；一万年前人类开始了制酒和农业社会；这些重要的发现，促成了人类文明的开端。八千年前不同地方也出现了不同文字的雏形；四千年前人类又把这些文字变成了思想与彼此交流的工具，再次打破时空的媒介，这些都促成了新的思维与诞生了新的文化。”

五十万年的人类发展过程中，仪式与乐舞始终是一个民族历史文化的载体；与祖先对话的媒介。但是以理性的思考，科学的方法，系统地对舞蹈各面相做全面性的透视还是始自 20 世纪。尽管学派林立；或从美学、或从音乐学、语言学、符号学、现象学、文化人类学、社会人类学、历史

刘凤学与资华筠合影

文献学、结构主义、拉邦舞蹈学都对舞蹈研究做出贡献，但日趋严重的环境污染威胁到人类的生存。人类生态环境失去平衡，社会结构变型，舞蹈以何种面貌与环境（自然环境与社会环境）对话，更值得深思，以生态学方法对舞蹈作系统研究也就更为重要。资华筠先生虽以生态学立场提出研究舞蹈，但从其全书内容观察，可以看出她并没有忽视文化、宗教、舞蹈本质、动作符号等方面的探讨。

欧阳予倩先生为舞蹈史学研究创造了有利条件，彭松老师、董锡玖先生、王克芬先生提供了大量研究成果。戴爱莲老师不仅提升了舞蹈表演水平，开启东西方舞蹈交流的大门，而且率领彭松老师那一辈的舞蹈家，亲赴山区作舞蹈田野调查，将那些第一手数据通过音乐学的手段以二段式、三段式的编排方法呈现在舞台，推广到民间、学校，最后再用拉邦舞谱记录，完成现代文本。吴晓邦先生是中国现代舞实践第一人，虽然失之桑隅，但经由大规模的设计与作业程序完成的“中国民族民间舞蹈集成”，这项丰功伟业是没有人可以比拟的。

历史的必然性；在 20 世纪末，资华筠先生适时提出舞蹈生态学理论，中国舞蹈研究方法向科学化又迈进了一大步；又欣见黄泽桂等年青一代的学者，以舞蹈生态学方法从事民间舞蹈研究报告。使我分享了中国舞蹈不断前进的成果。但正如资华筠先生所说：“学科需要补充……远非少数人所能完成。”[①] 基于此，也希望能读到以舞蹈生态学理论研究舞蹈的青年学者们，在研究设计上，依据个人研究子题，对每一个与研究变项有关的概念给予明确的运作说明、方法操作，以保证研究过程的可试验性与客观性，并提供研究者参考。

（刘凤学　台湾著名舞蹈家，台湾新古典舞团创办人）

---

① 资华筠：《舞艺 · 舞理》，春风文艺出版社 1998 年版，第 20—21 页。

我与资华筠先生的缘分

马盛德

第一次听到“资华筠”这个名字，是39年前的事，那时我还是一个12岁的孩子。按理说，我这个出生在西北偏远地区的普通孩子是无法有这样的见闻的，在那个青藏高原黄河岸边的乡村里，我如何能够知晓一位跳《飞天》《孔雀舞》的舞蹈家的名字呢？而神奇的命运却将我领进了舞蹈的园地。1971年11月，12岁的我被招到北京中央民族学院（现中央民族大学）艺术系舞蹈专业学习，后留校任教。在京6年多的学习与任教期间，不断地听到老师和同学们念叨一些我们国家著名舞蹈家的名字以及他（她）们的故事，其中就有资华筠老师。这些舞蹈家动人而美丽的舞蹈艺术生活，对于我这个撒拉族学生而言，真是充满了神秘的色彩，对于他们，我内心充满着好奇和向往。

第一次见到资老师，是19年前的事。那是1991年的夏季，当时在甘肃兰州举办了一次西北地区“舞蹈生态学讲习班”。我当时作为青海艺术研究所的一名研究人员参加了讲习班。资老师作为主讲人之一主持此次讲习班，为学员们系统地讲授了舞蹈生态学的原理和方法等，并结合具体的舞蹈实践进行了分析和阐述。和资老师一起讲课的还有北京师范大学著名的语言学家王宁教授。此次学习，我不仅目睹了这位著名舞蹈表演艺术家独有的风采，更有幸聆听了她那生动而丰富的理论教诲。

当时我刚将主要精力从多年的舞蹈表演、创作活动转向舞蹈理论研究工作，并对自己长期舞蹈实践中所遇到的问题进行了一些思考。但对于如何将舞蹈理论研究与舞蹈创作实践相结合依旧感到困惑。多年的舞蹈实践经历，让我有些“不识庐山真面目，只缘身在此山中”的迷茫之感。而培训课上资老师第一次以“舞蹈生态学”的观念与方法为我启蒙，让我从文化角度去思考舞蹈、认识舞蹈，感受舞蹈的博大精深，这给我的思想带来了很大的震撼，也与我内心一直寻找的东西契合了，使我茅塞顿开。在我由舞台生涯转向学术研究的重要的人生关口，这次授课给了我切实的帮助，引领着我步入了舞蹈研究的学术之路。

之后，我尝试着运用舞蹈生态学中的方法，以舞蹈的外部形态为切入点，把握舞蹈的动律、节奏、风格，研究舞蹈地理环境、历史源流、风俗习惯等生态因素对舞蹈的内在作用，并陆续发表了一些文章，如《民族民间舞蹈的风格动作》《玉树“求卓”藏舞的民族特点及现代变革》等。其中，《玉树“求卓”藏舞的民族特点及现代变革》一文受邀参加由资老师担任主席的“舞蹈 ’94 北京国际舞蹈院校舞蹈节国际舞蹈会议”，并有幸在大会上宣读自己的论文。这次会议是我第一次参加国际性的学术活动，和资老师有了第二次见面的机会。在这次会议上我了解到了中国艺术研究院舞蹈研究所的一些情况，知道那儿有由资老师领导的一支能够与世界对话的舞蹈研究团队，有一批全国知名的舞蹈研究学者，还有专门培养舞蹈研究的硕士、博士生的研究生部。

也就是这一年的 9 月，为了报考中国艺术研究院的舞蹈学硕士，我走进了赫赫有名的恭王府，开始了自己在中国艺术研究院的进修生活。一年后我顺利通过考试成为艺术研究院的一名学生。三年后，我毕业并留院供职于资老师领导的舞蹈研究所。多年的学习生活，让我有机会近距离地接触资老师，聆听她的教诲。舞蹈生态学成为我舞蹈研究重要的理论指导。我的硕士学位论文《西北地区撒拉族、回族、维吾尔族婚俗民间舞蹈比较研究》正是在借鉴舞蹈生态学的理论与方法基础上完成的。记得在论文答辩会上，作为答辩主席的资老师给予我很多鼓励和较高的评价。

随着对资老师研究领域了解的深入，我越发感到《舞蹈生态学导论》虽然是薄薄的一本书，但分量厚重。这部著作让舞蹈这个长期以来偏重实践的艺术学科第一次拥有了自己的本体化、理论化的概念、范畴与词汇，有了能够较为准确描述与深入剖析的方法。为了这一理论的完善、发展和传播，资老师孜孜不倦、执着进取。正是由于资老师的这一学术历程，所以她在长期的科研、教学、组织和传播过程中，十分谙熟舞蹈的情况，能从全局出发，思考舞蹈独立的学科体系性质，不断从总体上对舞蹈学科加以设计和指导。这些使资老师逐渐成为中国舞蹈学当之无愧的领导者和引路人。

2001 年 11 月，由于工作需要，我被调至中国艺术研究院科研管理处工作，在这一岗位上，我有机会更多地接触艺术研究院各个艺术门类的专家和学者。工作岗位的转换，也让我从另一个角度对资老师有了更深入的了解，亲身感受着资老师作为一代名师所具有的大家风范和学术涵养。由于中国艺术研究院是中国唯一的一所国家级综合性艺术研究、创作和教育机构，科研处每年都要组织一些大型的国际、国内学术性会议，例如“中欧文化对话”“中韩文化艺术界高层论坛”“中国艺术研究院与法兰西艺术院文化对话”“非物质文化遗产抢救与保护国际学术会议”“中国艺术研究院科研工作座谈会”等。在这些重大的学术会议中，资老师都是重要的嘉宾之一。为了支持我的工作，有时她还会克服身体方面的不适带病出席会议。在众多的大型会议上，资老师的演讲总是会赢得大家由衷的赞许。她的发言逻辑缜密，如剥春笋，一层层剥下去，越剥越细；叙述不讲空话，论证必有依据，从来不引僻以炫耀，所说的都是常见的书籍；别人视而不见，她却偏能注意；表面上听并不艰深玄奥，却能在平淡中见神奇，最后得出结论能让人觉得豁然开朗、心悦诚服。她的发言并不长，但处处都有闪光点。资老师在各种学术会议上的发言、演讲，不仅为我们舞蹈界争得了荣誉，也为艺术研究院、为我们国家争得了荣誉。

近十年来，资老师积极投身于我国非物质文化遗产的保护与抢救工作，为此付出了大量的心血。这是一项关系中华民族文脉传承的大事。她在对文化遗产的认识方面显示出了独特而敏锐的思考。先后提出了一些崭新的理念，为加强和推动非物质文化遗产的保护工作起到了积极作用。如“精神植被”“优质基因”“文化围城”等理念。她一再呼吁要“抢救濒危性文化遗产”，针对非物质文化遗产的价值判断问题提出了理念，并结合舞蹈的特性阐释具体方法。随着我们国家在非遗保护领域开展文化生态保护试验区的工作，她倡导以“生态学的视野、理念”引领文化生态保护区建设。她从学理层面廓清了被某些媒体和社会上混淆的“原生态”概念，提出严格意义的原生态文化应具有“三自然”，即自然形态——未经人为加工，自然生态——未脱离其生成环境，自然传衍的特性。此外，她的“关于设立中国非物质文化遗产保护中心”“文化部亟须增设主管非物质文化遗产保护的司局建制”以及“加快非遗立法进程”等构想和建议，都曾受到高层的关注，为我国的非物质文化遗产保护工作提出了不少真知灼见。她对探讨保护非物质文化遗产的理念、机制、方法等多有著述，为切实有效地推动我国非物质文化遗产保护工作发挥了重要作用。如今虽然非遗保护工作取得了很大成绩，非物质文化遗产保护工作也在稳步推进，有序开展，但资老师总是说，对待非物质文化遗产保护工作应“爱之深而虑之远”，“对祖先的创造要怀有敬畏之心，对丰厚的民族文化遗产要永葆珍惜之情，对所有为文化遗产保护工作献身的人要赋予战友的崇敬，这样才能使这项工作葆有不竭的动力和强大的凝聚力，永远延续下去”。

资老师把自己彻底地融入保护各民族丰富多彩的非物质文化遗产工作中，为民族文化的传承与振兴鼓与呼。资老师的这种乐于奉献、执着进取的精神也时刻激励着我不断去学习、思考，引导着我为我国的非物质文化遗产保护工作加倍地努力。

从初识到从师再到共事，这些年来，我在内心一直对资老师充满着敬意和感恩。至今，我仍不时回想，假如没有那次兰州的培训经历，没有这么多年资老师的悉心教导，或许我的一生将会完完全全是另外一个样子。我今天会在什么地方，做什么事情，都是一个未知数。人的机缘很神奇，并不知道一生中会遇见什么样的老师和朋友，但是，只要你遇见一位好老师，你就一定会受益无穷！

［马盛德　原文化部非物质文化遗产司副司长、一级巡视员（主持工作），国家非遗展示保护基地专家委员会主任，研究员］

艺坛奇葩，照耀古今

李北达

追随资华筠先生求艺的时间，有十多载了，对于艺术的发展历程来说，这个时间可谓很短暂，但相对于我自身学习、成长而言，其影响将贯穿我的一生。

资先生在日常生活中和蔼慈祥，爱说笑；一旦涉及学术问题，就立刻变得很严肃，观点鲜明，不苟言笑，判若两人。其中的道理，显而易见。对待学术必须保持严谨的态度，才能保证纯正的学风，律己育人。而生活上，如果严厉苛刻，也就有点“不近人情”了。在我日积月累跟随资先生学习的过程中，她的一言一行无时无刻不在感染着我，影响着我做学问与做人的态度。要知道，人一生中如果能遇到这样一个能够给自己指引方向的良师，实在是太有福气了。

我一直没有一个合适的机会表达对资先生真切的感激之情。恰逢先生从艺 60 周年纪念，我想讲讲资先生带我们去毛里求斯、马耳他、埃及三国讲学的几桩小事，谈谈我眼中的资先生，大家心目中的资前辈。

2003 年 11 月 3 日，受文化部外联局“文化中心办”指派，中国驻外文化中心要实行“小型、深入、高档”的民间文化交流活动，这一活动由资华筠先生带着我和我的同事（张晓梅）三人一行，赴美丽的岛国——毛里求斯、马耳他和文明古国——埃及，进行了一个多月的讲学交流。在此期间，从行前备课到现场讲学，先生的严谨学术风格都时时刻刻鞭策着我；在日常生活中，先生又像慈母一样呵护着我们。

一、学术之风——严谨

先生的学生很多，无论是在中央歌舞团期间指导过的演员，还是高学历的硕士、博士生都很优秀。选择我跟随讲学，不仅使许多人感到诧异，连我自己都感到意外。

她做事一贯严谨，不讲私人情面。她对我说："讲学既要深入又要生动。所谓'中国民族民间舞蹈'有我们自己的理念和文化特色，与西方国家不同。通过对'原生性'与'舞台化'的民族舞蹈之间的联系与区别予以比较，阐释我们的认识，伴以形象化的展示，会使外国朋友比较深入地了解中国舞蹈文化和我们国家的文化政策。你的优势是掌握某些民间舞的

李北达与资华筠在埃及卢科索合影

原生形态比较地道，此外，又有武术特长……”这件事使我了解了先生的“人才观”，也深深感激先生的知遇之恩。她还对我的“减肥”提出严格要求，出国前，我控制饮食减去了 20 斤体重！

在准备工作中，先生几乎每隔几天就约我们到她家里，一边让我们熟悉她的英文讲稿，一边指导我们做演示范例。每个“舞例”她都严格挑选，反复推敲，有些地方亲自示范。如为了展示陕北踢场子的“溜”，她谈到陕北民间艺人李增恒因“溜”而得名“六六旦”，并给我们表演“跌软腰”、跑“圆场步”等。其动作轻盈、飘逸，哪里像一位年过六旬的老人？她讲“飞天”时，自己舞动 12 米长的双绸，令观众感叹。显示了深厚的功底，这绝非一日之功啊！

先生以英语直接讲解（省去翻译时间），又给予生动、丰富的形象化展示，自己还能亲自表演……这样的讲学模式，实乃先生之创造，也只有先生可以实现，效果很轰动。每每看到听众的热烈反响，我们打心眼儿里为中国文化自豪，也为自己能跟随先生而庆幸。

先生很注意细节，她经常教育我们：“细节往往决定成败。”不仅出国前的准备一丝不苟，行程中也注意细节。譬如她要求我们把讲学用的服装道具随身携带，怕行程远——飞机不能直达，万一行李运输有误，会耽误工作。她说：“有如战士‘人在、枪在’。”她对自己也是精益求精，讲解中的舞蹈示范环节反复加工，随时向使馆的翻译请教英语，这种进取精神，凡接触过她的人，都十分感动。

这一切，对我们是极好的熏陶、示范。

二、生活态度——慈爱

先生的社会地位、级别较高。每到一处，大使亲自出面接待，有专人陪同照顾……这些也使我们“沾光”。我至今还保留着使馆设宴时“有国徽的名签”，这是以前从未有过的礼遇。但制度不允许我们与先生同乘公务舱。凡是登机、转机，先生宁愿降低标准与我们一起休息，怕我们语言不通或经验不足遇到麻烦。从北京去毛里求斯、从毛里求斯去埃及，过安检、转航班、寻找登机门等都很费周折，她的外事经验使问题一一化解。如果先生不陪伴我们，真不知如何是好！就是上了飞机，她也要到经济舱看望我们。去毛里求斯的飞机上，晓梅的邻座有浓重的“狐臭”味儿，使她感到头晕。先生与空乘小姐耐心周旋，把我们更换到第一排的座位。此次出访三个国家，几乎没有直达的航班，先后起落十几次，且大都是长时间的夜航，抵达时间不是清晨就是半夜。最困难的一次，在约翰内斯堡换机，她与我们一起待在经济舱等候处 9 个小时。在没有座位的过道里，给我们讲当年“中国艺术团”文艺外交的故事，不但缓解了我们的疲劳，还丰富了我们的历史知识，增加了我们对文化交流的热情。她对我们的礼仪、风度要求很严，在这方面我经常挨批评，当然也因此得以提高。

讲学的日程很紧张，往往清晨到达，午后一点钟就开讲。抢下的时间，得以参观、交流。在先生的言传身教下，我们学会了“零存整取”的睡眠方法。讲课的效果越好，使馆的接待越热情。一路上也获得很好的“享受”。

出门在外，不可预见的事情不少。如在马耳他，由于宾馆的食物不新鲜，先生在讲课前发生严重的腹泻，而我们也出现呕吐、恶心的症状。先生带病坚持——精神饱满地完成了讲座。当晚的宴会中，她虽然不能进食，仍谈笑自若，保持了对外交流的礼仪。先生不顾自己身体的不适，还为我们找药，找人熬粥。

点点滴滴的呵护，使我们不仅圆满完成了交流任务，更使我们感受到了“为人师、典其范”的真谛。在工作中先生是一位学识渊博的严师，在生活中先生是一位细心慈祥的妈妈。

三、心系群众——责任

先生作为资深全国政协委员，对待公众权益问题，始终保持着“匹夫有责”的关切。最令我难忘的是毛里求斯文化中心的危房改建一事。在那里，我们仅逗留三天半。除两次讲座、文化部部长接见、记者直播采访之外，使馆为我们安排了亲如一家的联欢。在联欢会的闲谈中，几乎所有成员都谈到了文化中心大楼及工作人员宿舍的安全问题。由于对当地的地质、气候特征勘察不足，中国文化中心建筑物的地基出现倾斜、坍塌，目前已变成一座危楼。逢到台风、暴雨季节，就需拨专款让工作人员在外租房住宿、办公，这样的办法治标不治本。

尽管我们在毛里求斯时恰逢黄金季节，充分享受了“3S”国家大海（SEA）、沙滩（SAND）和明媚阳光（SUN）的惬意和美好，先生还是立即实地勘察危楼并拍下了图片。回国数月后，在全国政协十届二次会议上提交了《关于毛里求斯文化中心急需解决危楼重建的建议案》（并附上了危楼图片），先生在提案中强调：“人才是最宝贵的，如果因此出现外交人员生命安全问题，谁能负责？”并提出“采取小修小补或临时搬迁、租房等办法，日积月累实际上是更大的浪费”……由于提案考察细致，论据有力，得到文化部特别是财政部的重视与支持。

数年后，一座崭新的中国文化中心大楼拔地而起，坐落在遥远的毛里求斯，成为“资格最老，建筑最新”的中国文化中心，并在日后迎来了尊敬的胡锦涛主席的视察。凡了解此事原委的人，都感慨于“来此讲学的人不计其数，资老师是有心人、热心人”。

上述那些看似“小事”，累积在一起，就是一项伟大的事业。资先生能有今天如此强大的影响力，与她毕生的努力是分不开的。

“一日为师，终身为父”，这句话告诉我们，老师在我们生命当中的重要性和决定性作用。我从未敢夸口资先生的成就“前无古人，后无来者”，但艺坛能有这样一位身系天下的长者，照耀古今的奇葩，确实值得我们每一个人深深景仰。

我永远以我的老师——资华筠先生为荣！

（李北达　北京舞蹈学院人文学院副教授）

小事中的大道理

龙文玉

我年轻时无缘给资教授当学生，感到十分遗憾，但退休后有幸聆听资主任的教诲，真是终生难忘。想不到一面之交，坦然倾诉，我们竟成了挚友。不知资教授同不同意这个结论，我的确是这样认为的。她不摆一般大领导的架子，也没有大专家的高傲，如此的慈祥和蔼，可亲可敬，真是让人心悦诚服的良师益友。

当年，资教授以国家非物质文化遗产保护工作专家委员会副主任的身份，检查湖北、贵州、湖南的非物质文化遗产保护工作。途中，应湘西土家族苗族自治州原文化局贾局长的邀请，绕道视察凤凰山江苗族文化保护区，亲临我们山江苗族博物馆指导工作。

从贾局长的电话中，我们知道资教授是我国舞蹈界德高望重的舞蹈表演艺术家，是桃李满天下的著名教育家和周游世界讲学的著名学者。我们很担心这样一位重量级的学者型领导，走遍天下，见多识广，不说吹毛求疵，就是粗略比较，也很容易发现我们的不足之处。她会不会下车伊始，指手画脚，把我们的工作批得一无是处，甚至骂得狗血淋头呢？

不料，出现在我们面前的，竟是一位面带微笑、轻言细语的慈母型天使，活菩萨似的好心人。她尊重我们苗族习俗，按部就班过拦门、拦路、拦酒三道卡，不慌不忙不厌其烦地听我们的汇报、介绍，并因势利导地插话、商量，准确无误地表态、建议。多次肯定我们保护非物质文化遗产的自觉性、积极性、开拓性，让我们十分自豪、万分兴奋、忘乎所以、无话不说。

2004年，龙文玉与资华筠在苗族博物馆合影

在“鞋帽大观”展厅，我汇报到苗族妇女不缠三寸金莲，大脚大鞋大生产时，资教授高兴地说：“中国苗族妇女真棒，能种田、会绣花，鞋帽做得如此精美。以后有机会，你帮我收购一双船形绣花鞋。”我答应让她选一双最满意的做个纪念。她马上拒绝说：“艺术家珍惜自己的艺术品胜过珍惜生命，我怎么忍心让你割爱呢？我说的是今后，如果今后有机会，就拜托你收购一双。”后来，我打过几次电话，解释没有碰到机会的原因，感到很内疚。资教授揭秘似的安慰我说：“没有新的机会，就说明珍宝十分难得，你要好好保护那些藏品，那是你的，也是民族的，更是人类的宝贵遗产。喜欢的人越多，说明价值越大。”放下电话深思，我终于懂得了资教授“收购花鞋”的真谛，她并不是“爱物贪财”，而是“借题发挥”，希望并勉励我们“要不惜一切代价，竭尽一切努力，为民族、为国家、为人类保护好一切非物质文化遗产”。愿借此文报告资教授：“我们全馆人员都记住了您的良苦用心，并决心让您的良苦用心变成我们的实际行动，打好一场真正的非物质文化遗产保护的人民战争！”

参观“殷实人家”长辈房的苗画《龙凤太阳图》时，我详细地向资教授汇报了苗文化中龙凤太阳的特殊含义：苗族人认为，地球上没有真正的凤凰鸟。当后羿射掉其他太阳，还有一个太阳躲在东山后，不敢出来时，是龙变成的苗人让他们饲养的公鸡叫出了太阳，给人类带来了光明，苗族人把最美丽的大公鸡叫作凤凰。所以在苗族人的心目中，龙没有象征皇权的意义，只是苗族人的先民。凤凰高于龙，高于太阳，高于一切，就是人高于一切，母亲高于一切。资教授对苗族崇尚女性、崇拜母亲的理念很感兴趣，同意在苗画前与我合影留念。我们不会用这张照片为苗文化打广告，我们将以这张照片铭记资教授深入大苗山、关注苗文化的无限深情，铭记国家对边远少数民族地区的无比关爱，铭记我们保护非物质文化的历史责任！

一滴水能看到一个大世界。几件小事显现出资教授的博大胸怀、渊博知识和深情厚谊。借此文作资教授从艺 60 周年的纪念。

（龙文玉 湖南省苗学会会长，中国苗族博物馆馆长）

听从灵魂的指引

——给资华筠先生的一封信

谢晓泳

我最喜爱和尊敬的资老师：

您好！

不知为什么，此时特别想给您写封信。尽管已习惯于用手机或拜见的方式向您请教，尽管在网络时代用写信的方式显得很土气，但我还是觉得应该以这样的方式给您写封信，因为在向您从艺60年祝贺之际，想说的话比较多，又不知怎么说，所以用写信的方式，就可以慢慢地说了。此时，在我脑子里忽然间生出些繁复的思绪。我努力要将这些思绪理出个头来，但一时间仿佛无法做到。于是只好信由无缰之马般的笔头，在思绪的原野上漫游，希望您原谅。

“60”作为一个单纯的数字存在，是那样的普通和微不足道，但与一个人的生命与充满生命内涵的岁月联系在一起，却不能不使人心灵震颤。现在，这个数字与您，一个毕生追求真理、孜孜不倦勤奋立著的学者的艺术生涯联系在了一起，引领着我仰望您的思想和学说的时候，怎能不让我顿感雷鸣般的震撼。资老师，您知道吗，在您刚从舞台绚丽的灯光下走向幕后，专心从事舞蹈理论研究的那段时间的某次机缘，我听到您说要心无旁骛地坐好舞蹈理论研究这条“冷板凳”的时候，我的心就被重重地敲了一下。是啊，一个习惯于观众的热烈喝彩和鲜花的芬芳萦绕的优秀演员，离开了心爱的舞台，从此要日复一日、年复一年地坐在孤灯下笔耕不辍，呕心沥血地钻研学问，那是一个多么巨大的挑战。从您今天所取得的成就看来，那也许是一个“华丽的转身”，可那个“华丽”背后，又有多少经历风雨才见彩虹的故事。

其实，您的名字最早是从我的老领导贾肇巽和我的恩师张莉茹、张曼茹老师那里得知的。那时候我还在湘西歌舞团工作。正当世事懵懂的年纪，偶尔会静静地坐在他们身边听他们聊天，听他们聊起一些不常见面又常常想念的老朋友。从他们那里听说了您聪慧的天资，您良好的教育背景，您从事舞蹈艺术优越的身体条件等。于是不经意间我在他们夸您的时候把您的名字记住了，以至于我还无缘认识您的时候就将您那聪颖美丽的才女形象描绘在了脑海中。当时，您应该还炫舞在舞台上，所以那才女在我这个涉舞不久的学生后辈心中平添敬意，且带几分神秘。这或许就是我们那个时代对“偶像”的认可方式吧？不过那时候我们将其称为榜样而不叫偶像。现在想起来挺有意思。那时候我们没有时下追星族们对偶像的“尖叫”，也没有当下“粉丝”们从网上收集偶像资料的条件，只是把那份崇敬默默地在心底化作追求理想的强健力量。那种崇敬也不是生存的寄托而是生命的鼓舞。我之所以这样说，是因为我在以后与您的接触中不断地、深深地感受到了这一点。

从北京舞蹈学院毕业后我到广东工作。当时的广东作为我国改革开放的前沿，各方面都以飞快的速度发生着巨大的变化。这对来自内地的我来说，是相当振奋的。而广东的舞坛，也随着那大潮澎湃的轰鸣，许多新思想、新观念纷至沓来，使我们的创作与演出和其他领域一样，其面貌日见更新。可是，不是任何新东西就一概都是好东西。在我们如饥似渴地吸收别人的经验时，也难免把一些与我们改革开放的初衷不符或者是于我们的目标追求无益的东西优劣杂陈地裹挟进来。说实话，碰到这种情况，我就好像急促行进的人突然遇到多条路径的纵横，顿时陷入前路抉择的焦虑和痛苦中。那时候，民族舞蹈仿佛一夜间成了“落后”“跟不上时代”的同义词，成了被人讥讽和嘲笑的对象，甚至有人说民族舞终将被现代舞取代。面对纷繁复杂的舞蹈现象，我们怎么甄别其优劣而进行取舍，在当时确实是急需解决的问题。而且这个问题不只是广东，其时已影响到国内文化界一些人对民族舞蹈的认识观。虽然我们心里知道，自己民族的东西是一定不能丢弃的，但也有些许对民族舞发展前景的迷茫和担忧。这些许的迷茫与担忧，时不时地会减弱我继续前行的勇气。而当时的您，义无反顾地以“民族舞是一个民族的标志物，是一个国家的灵魂”的思想捍卫了我们民族艺术的尊严，更要求我们以真挚的情感、科学的精神、客观的态度去对待民族舞蹈的继承以及发展创新。您说过：“舞蹈发展到现在，从演员到编导缺的不是技法，而是魂。这个魂就是演员或编导对生活，对这片土地，对这类舞蹈文化独特的视角和见解，并用激情迸发出的独特的艺术呈现方式。它首先要求对外部形态的捕捉的准确性，其次还要求创作者内心对它也要有正确的理解，再次就是要把民间舞蹈的优质基因很好地传承下来。”您的这些话，至今深深刻在我心底。记得有一次广东舞协请您到东莞给舞蹈编导讲课，当时有人发表了“舞蹈编导不用刻意下生活，我们每个人每天随时都在生活中”的观点，您即刻对持这种观点创作的作品是否能本质地表现人民性和时代性提出了质疑并进行了严肃的批评，使现场的我被您的学识和正气深深打动。

随着人们在改革开放的实践中不断提高对事物客观规律的把握能力，有些过去在认识上比较模糊的东西逐渐清晰起来。那些过去发生的事情在今天看来可能有的人会不以为意，但在当时，却是需要有胆有识的人才说得出话的。资老师，您还记得吗？很久以前您曾说“要在家里做一大排书柜，里面装满书”。这话我也记住了。这就是您那颗永远不满足的向学之心。您的胆识就来自于此吧？人类社会的进步过程永远是不断发现新问题又不断解决新问题的过程。所以，一个人的优秀品质是我们生命进程中最宝贵的东西，而这优秀的品质来自这个人真诚的生活态度和他永不停歇地学习所获得的学识修养。资老师，这是我从您身上看到的，也是我需要向先生学习的最根本的东西。您的老伴王老师说，您最令他珍惜的是您的真诚。他说这话的时候其实我也很动容。你们就是这样经常地感动着我。你们是我的榜样。“真诚”是一个人最高贵的品格，“学习”是一个人生命力旺盛的表现。这两者，您都有。

我在想，是什么让您从光华四射的舞台一下来，就能把一条“冷板凳”坐得如此稳如磐石？是什么让您常行千里路，甚至高龄的时候还不惜步行在我们湘西的深山僻壤？是什么让您身患重病仍日读夜思，甚至有时两眼充血？是什么让您对民族舞蹈艺术常怀一颗侠义之心，为捍卫艺术真理仗义执言？细想来，应该是如您所说“民族舞是一个民族的标志物，是一个国家的魂”吧！为了这个魂，您奉献着您的光和热。可不可以这样说，是这个“魂”的指引，令您无怨无悔地、默默地坐着那条“冷板凳”呢？

资老师，我说不好话，说得不对的地方请您多批评。

对您从艺 60 年的岁月表示崇高的敬意！

对您从艺生涯里取得的巨大成就表示衷心的祝贺！

问您全家好！祝您健康！长寿！幸福！快乐！

（谢晓泳　广东省文学艺术界联合会副主席，
南方歌舞团原团长，国家一级编导）

我心目中的资华筠

崔善玉

半个多世纪的相识和交往，资华筠在我的心目中是位个性鲜明，具有深厚文化底蕴的舞蹈艺术家。她是既讲原则又有人情味的一位女能人。

她典雅端庄的舞风早已享誉中外舞坛，是当之无愧的当代中国著名舞蹈表演艺术家。如今，她以过人的聪明才智和锲而不舍的求索精神在中华民族舞蹈艺术的诸多领域里取得非凡的成就，是成绩斐然的舞蹈学者。为人处世及事业有成都充分展示了华筠刚柔相济的性格，助人为乐的情怀，与众不同的思维方式，成为当今舞蹈界享有一定威望和影响力的领军人物和佼佼者。至今，她仍然还为着国家非物质文化遗产保护工作和为中国民族舞蹈事业发展继续忙碌着，熟知华筠的同行、好友都感佩她是一位全面发展的优秀艺术人才。

一、坚守传统，不忘老舞蹈艺术家

1992 年 5 月为纪念毛主席《在延安文艺座谈会上的讲话》发表 50 周年，中国艺术研究院舞蹈研究所和中央电视台合办了一台“中国当代舞蹈精粹纪念演出”。对中国民族舞蹈事业有突出贡献的老一辈舞蹈家吴晓邦、戴爱莲、贾作光以及 10 多位民族舞蹈艺术家，还有藏族歌唱家才旦卓玛等几位民族歌唱家都被邀请登台献艺，我也是其中参加演出的一位。当时中央领导和文化部、中国艺术研究院主要领导、文艺界同行们都来观看此台晚会演出，社会反响非常好。当时有些人过于追求西方的歌舞艺术，忽略了对自己东方文化中的民族唱法，还有民族民间舞蹈有些“过时了”等不正确的想法，给社会带来了一定的负面影响。面对这些现实，资华筠保持清醒的头脑，坚持党的文艺方向，组织了由老艺术家演出的此台舞蹈晚会。由此可见，资华筠对民族舞蹈事业发展的关注和热切希望与坚定信念。

现在看来，资华筠能在当时社会现实中做到这些，是难能可贵的，是有一定预见性的，充分展示了她有能力抓住当时文艺发展中的某些不足的一个空间，达到坚守传统、发扬民族精神的目的，引导社会关注当代民族舞蹈文化发展，关注老艺术家们的历史和现实对中华民族的文化发展的重要作用。

众所周知，几十年来，资华筠组织的艺术创作研讨会、大型歌舞晚会、学术研讨会、舞蹈教育讲学、表演艺术研究、剧团管理等一系列工作成效突出。她对当今民族舞蹈艺术发展的指导思想十分明确。她刻苦学习文化知识，是理论和实践相结合的全面发展的一位当代杰出的著名舞蹈艺术家。

二、我的感恩之心

华筠过去见我时，常用朝鲜语说“亲爱的善玉……”，说完这句，便是她那爽朗的笑声，看上去真是很可爱。她很聪明，说的朝鲜语那么标准好听。我们在交谈中她一高兴就说出一句朝鲜语：“我亲爱的善玉，我爱你！”说完就是一阵“哈哈哈哈”清脆的大笑声。那天，离开她家时，华筠送给我一张她表演的独舞《孔雀舞》的美丽彩色照片，在背面还写了：“赠送我亲爱的善玉同志，请留念。”接着我们两个不同民族的姐妹相拥着

崔善玉与资华筠合影

照相，又是“哈哈哈”的开怀大笑，那亲切、热情的笑声现在还在我耳畔回响……回忆也是一种享受。我是在长白山下，祖国东北边疆居住的一位中国朝鲜民族舞蹈艺术家，在当今舞蹈界我能结识到这位当代著名舞蹈艺术家资华筠是我一生中一件幸运的事情。因为她在我心目中总是一种力量和支持。我在“文革”中经历过一段人生坎坷，那就是“停止我跳舞的权利”，这对我来说，真比死还难受！

以后，在我的舞蹈事业进入所谓辉煌时期，家中又遇到了说不出口的艰难。当时，华筠知道我的苦处，便伸出手来帮助我渡过难关，她的一颗温暖的心给我增添了力量。今天，我怀着一颗最感恩的心，向我的舞苑姐妹——华筠同志道一声祝你长寿健康、晚年幸福。

在我执笔这篇稿子时，不由自主地掉下两滴泪珠，一滴是回忆当年的感恩之情的泪，另一滴是因为华筠在事业上取得的骄人业绩和她近几年与病魔斗争并奇迹般地站起来了，也就是现在涌自我心中高兴的泪。

三、“台上表演台下管理剧团的能人”

一个有成就的艺术家，站在那个时代最高的境界上要做出不愧于那个时代的人民喜闻乐见的艺术作品来，华筠就是这种与时俱进、敢于创新的人。她既能活跃在舞台上塑造不同类型的舞蹈艺术形象，又能在台下将剧团管理得井井有条。1984 年，改革开放初期，文艺思想比较不稳定，国家以及文艺团的中央歌舞团（后更名“中国歌舞团”，现已与东方歌舞团合并、体改为“东方演艺集团”）搞试点分为三个团队，当时资华筠担任青年尖子队的领导者，这对她来说既是人生的一个转折，也是一次角色的转化。由过去担纲《孔雀舞》的独舞演员转变为肩负重担的领导者，面对着当时剧团的生存与出路问题，压力来自各方面，但最重要的是：剧团出路何在？演员受环境影响，有的想弄个小分队演出挣钱，当时思想混乱，意见不同。但资华筠以民族歌舞为主，人员不能分心。她的领导具有号召力，他们要全力搞出民族歌舞晚会及文化部 1985 年国庆晚会献礼节目。当时尚未实行“人才流动”，她却率先把全国有成就的舞蹈编导家请来，为她领导的演出队排练。我创作的《勇士的欢乐》（朝鲜民族舞——刀舞）也在其中。她还用自己拉来的赞助，更新设备，给演员、编导发劳务费……这在 20 世纪 80 年代初，都是引起争议的创举。但正是这些举措，集聚了全国创作中的精品于一台，最终在北京上演，令人耳目一新，深受广大观众的欢迎。资华筠作为一个演员同时担任领导者，白天处理繁忙的工作，晚上还要参加演出。她在台上的表演那么认真、细腻，令我心驰神往，节目结束时掌声更是热烈。我来到后台，演员们都围着她问这问那，她则一边卸妆一边回答大家的提问，并将第二天的演出活动做了周详的安排，才离开剧场。作为一个领导兼演员，她有责任感和号召力，工作起来更是雷厉风行……这段合作，给我留下深刻印象，从她身上我学到了很多。资华筠是个有着坚定信念和顽强意志的人。

人生因为追求而美丽，她以自身的才能和努力实现着自我价值的不断提升。希望我们民族姐妹在为中华民族舞蹈事业发展中，共同携手做出更大的贡献！祝福我的汉族好姐妹：健康、快乐、吉祥……

（崔善玉　中国舞蹈家协会顾问，
吉林省歌舞剧院艺委会主任兼艺术总监，国家一级编导）

忘不了的感动

李承淑

资华筠先生是我国舞蹈界德高望重的表演艺术家、教育家和理论家。与先生相识以来，她做人、做事、做学问的态度，使我钦佩不已，她的慷慨相助、直言不讳，至今历历在目，感激涕零，不敢忘怀！

因认真、坦率而感动

在做事方面，先生是出了名的认真，她总希望能做到完美。很多人都会问：干吗那么认真？这样多累啊！可是当我们回头看先生为社会所做的那些贡献时，我深深感到惭愧，无法用语言表达内心的感动和由衷的敬佩。

也许认真严谨已成为先生生命的一部分，或者说是一种生活习惯。记得去年开全国政协常委会时，有一次会议是在初冬时节。当先生出现在会堂时，她戴着白色口罩，头发已被风吹得有些凌乱。看着她静静地走进会场，我心里好难受啊，因为大家都知道她的病已不允许她频繁外出。我忍不住对她说："您身体不好，在家里养病才是啊！"可是她却说："我是全国政协常委会唯一特邀列席代表，这不是我个人的事情，我代表着整个舞蹈界。而且这是我的责任，是国家对我的信任，也是人民对我的信任，我不能不来！"这就是先生，我知道她在承受着身体的痛苦，她之所以能够出席那次会议，完全是因为“责任”二字赋予了她生命的全部力量。

我还深刻记得当年《长白情》上演后，先生激动地拉着我的手诉说她全部想法的情景。那时先生还是中国艺术研究院舞蹈研究所的所长，而我只是延边歌舞团的一个编导而已。但和先生交谈起来，她却如同朋友一样开诚布公地给予我宝贵意见，像对待自己的作品一样毫不保留地倾囊相助。之后当我修改这部作品时，这些意见像营养一样完全融入其中。当然，先生也给予这部作品高度的评价，殊不知这些肯定，对我来说是多么大的振奋！我真的要感谢先生对我的批评与激励，这使我受益匪浅，让我更清楚地认识了自己，有了一份坚定的自信和谦卑的自省。

因温情、关怀而感动

不了解先生的人，大多会认为她对人、对己都很严格，几近苛刻的程度，甚至觉得她很难相处。但正是这样“难相处”的人却总能那么让人感动，而且愿与其终生为友。

一般人都会认为请长者或领导吃饭是理所当然的事，曾经在我的观念里也是如此。可是一次和先生吃饭的机会却让我彻底改变了这样的看法。那时我来北京开会，恰好先生有时间，我就想请先生一起吃饭，也借此机会表达我的谢意。可是结账时，先生坚持不让我付钱，还说：“你是远道而来的朋友，来到北京就应该是我请客，怎么能让你掏钱……”就这样，每次我来北京，都变成了她请客。我心里有种说不出来的滋味，除了请她吃饭，我不知道还能为她做什么，可是至今，我都没请她吃过一顿饭……

还记得有一次我来北京开会恰好赶上她过生日，大家都约好晚上到她的房间热闹庆祝一下，我也和大家一起去了。那晚，有七八个舞蹈研究所的人来祝贺她的生日。我不知道这几个人是她的学生还是同事，但是他们都对她极为尊重，大家都围着她开心地聊着天。此时此景好温暖。这是怎样一个人啊！大家流露出来的都是对她心甘情愿的爱！那一刻，她那严格的姿态完全不复存在，只有欢乐的笑声，这场景我忘不了！

先生是第五届到第十届的全国政协委员，我是在第十届的时候，当选为全国政协常委，而且是其中唯一一位舞蹈界人士。在开全国政协会议的时候，我坐到了主席台上。当正式宣布完我当选后，坐在下面的先生第一时间给我来了电话，她说："承淑，祝贺你当选为全国政协常委……"当时，坐在主席台上偷偷接电话的我，心里既激动又紧张。只听见先生说："你作为少数民族舞蹈家不仅在舞蹈方面能够卓有建树，而且在政治舞台上也能占有一席之地，代表整个舞蹈界争得了荣耀。"当时，听到她这一番话，我不知道有多高兴，能够得到先生的肯定与赞扬，那真是莫大的安慰。先生一直以来都很关心我们少数民族舞蹈事业，更是对少数民族舞蹈家们给予了无微不至的关怀和照顾。先生这样真诚地向我道贺，不仅代表了她高兴的心情，同时也代表了她的胸怀。作为舞蹈界重量级人物，能够无私地支持我、支持少数民族舞蹈事业，给了我巨大的信心。我不知道心里的感激之情怎么表达，也许只能通过努力工作，为舞蹈界做些力所能及的事来回报对国家、对先生的感恩之心。

我坚信，能够赢得所有人的爱戴，绝不是偶然的，更不是因为她的职位，或是她的成就。我知道那些深深爱戴她的人心底的感觉，因为我与他们有同样的感觉：这种爱是纯粹的，来自灵魂深处的！

正是这样一个外表看似严格、很难相处的人，内心却如此的温暖与博大，值得任何人慢慢去品味。不和她交往的人永远不知道她的魅力！看着那么多愿意追随她的人、爱着她的人，让我思索：在整个生命旅途中，真正能够留下痕迹的人有多少呢？如果，真有那么一个能够影响整个生命旅途轨迹的人，我愿意用生命去珍惜她！

（李承淑　著名朝鲜族舞蹈编导，国家一级编导）

天下谁人不识君

王曼力

资华筠其人，很透明，很传奇，她的舞蹈人生路别具一格。人们会惊叹她的一顺百顺、她的功成名就，钦羡她头上笼罩的光环、她面前铺就的坦途，难道上苍只对她一人如此眷顾？当然，这种独一无二的资华筠现象，似乎是舞界难解之谜。综观其可圈可点之业绩，谜底究竟如何揭晓：偶然乎？必然乎？

开弓没有回头箭

“开弓没有回头箭”是描述一种性格、一种信念、一位有志者永远前行的自我定位。在同小资尚未谋面前，基于某些传闻，我便认定她会是这样一个强者。1986 年，我们同期离开了表演团体，她是从舞蹈演员任命的舞蹈研究所所长，我是从舞蹈编导岗位上被借调到《舞蹈》任主编。我们初次相会很有趣。记得我到编辑部上任的第一天，有编辑反映：资老师对《舞蹈》有意见，扬言不给《舞蹈》写稿。我们虽未相识，却感觉相知已久，我不假思索立即约见直来直去的她。见面后，彼此哈哈一笑，没有就事论事，谈的不是界内的某些细枝末节，而是共同寻找一个大主题——舞蹈人生路。多好的题目，值得倾一生去追求，就在这一刻，我自信读懂了她。

在人们的印象里，她往往得理不饶人，对人对事，不分场合地点直言不讳；其实，她人前背后也曾一脸真诚地袒露自己之不足，甚至撰文自我揭短：作为舞蹈演员，舞蹈是我永远追求不到的“情人”，作为舞蹈研究所所长，舞蹈理论研究恰恰是我难求的弱项。是的，研究所的学科千头万绪，史、论、评分门别类，研究员们大多年长于她，不仅是舞蹈界精英，还是此项事业的先行者，每人都有自己专项研究的课题。小资上任后，严格按照研究部门的规定办事：首先尊重研究人员的求真务实，其次领会每一课题的主旨要义，再次支持各项研究成果，于是接二连三召开个人研究成果发表会。如今，时光不再，但研究所那时的一项项创举，还存留在我的记忆里。她的每一项举措，都关联着舞蹈大方向。如坚持办学，不但与具有成人教育资质的学院合作，共同举办舞蹈成人教育大专班；还针对某

王曼力与资华筠合影

些自学成才的舞人传授硕士研究生的必修课，借以强化各条战线舞蹈干部的专业技能和文化素质。又如多次组织观摩并研讨一些具有导向性的剧目，或在北京，或在其他城市，或不远千里去边疆讲课，记得她曾约我同去新疆参加自治区的舞蹈比赛，研讨会上，她不但分析作品，还宣讲自己研究的新课题——舞蹈生态学，使与会者开阔视野，有所思、有所悟。

我认为，“开弓没有回头箭”意味着小资的大将风度，也蕴含着小资的本真性格特征，所谓小资具有成功的素质和知难而进的大无畏气概，那是要以艰苦卓绝的奋斗和百折不挠的毅力作为底蕴的。否则，人过中年，忽然从驾轻就熟之路转轨，张开的弓不练就真本领，只在纸上演兵布阵，实战胜利谈何容易？我自始至终看到她的悲壮抉择，她的艰难起步，她那异于常人的努力，于是，她成功了！她和她的同人不负众望，一箭箭射出了一片新天地。

士别三日刮目看

一别数载，彼此互相寻觅，一旦重逢，我惊呼：小资啊，小资，士别三日，对你当刮目相看！其实，如上所述，未曾分别时，她工作起来就没日没夜没有休止符，桩桩件件刷新的纪录，常常令我心生感动。

2006 年，在江苏太仓举办纪念吴晓邦 100 周年诞辰研讨会，报到那天，宾馆大堂里有几人围在一起说话，其中仿佛有位年轻女子，我不及细看，忽然这女子大声唤我，是小资的声音！我抬头：啊？真的是你！怎么越来越漂亮了，连年龄也绕过了你！她笑说：“是不是因为我戴了假发？”啊！小资到底是小资，我听说过她的病，惦念她的病，可作为病人，她如此不讳疾；作为女人，她如此不遮掩，她的乐观、她的灿烂笑容再次感动了我。

人们谈此疾好比谈虎色变，可眼前的小资，生活质量鲜活如初，有限的生命不断创造无限的价值。她常把自己“搞理论先天不足，搞研究绝对弱项”的话挂在嘴边，其实，这是她的自我鞭策！君不见小资后天之富足压过了先天的不足，弱项摇身一变成了强项。如今的资华筠先生是博士生导师，舞蹈界出类拔萃的舞中佼佼者，先后 10 人会聚她门下。导师求贤若渴，学子求知心切，师生们心与心的炽热交融，在广阔的舞蹈海空间，碰撞出越来越强劲的知识火花。如今的舞蹈研究所好比是一代代有识之士开掘的运河，每位走进走出的研究人员好比是一朵朵舞蹈浪花，既有自身色彩，又闪烁各自的灵动之光，谁能持续捕捉新的亮点，谁就会使生命升华，而这条运河就会因你而充满生机。资华筠应是其中一位杰出的代表。

天下谁人不识君

落笔写下这一标题，连自己也感到吃惊，如此定论是否有点言过其实？思量再三，我认为天已降大任于斯人也，观资华筠君先后 60 年自强不息，60 年于舞界的作为，标题与斯人可称相得益彰。

最新消息：2010 年 8 月 11 日于北京世界美学大会上，资华筠女士用英语演讲《以传播艺术之美，倡导不同文明之间的对话》。

类似演讲：2009 年 10 月 18 日资华筠女士于丹麦以英语参加中欧文化对话，又如亚洲文化论坛上资华筠女士用英语作主题发言……从 1986 年起，此类国际活动不胜枚举。

从未在外国语学院英语专业就读，学习途径只是坚持业余自修，其间幸得名师连续三年的悉心指导。然而，如此非正规“学历”，于人际交往中通晓日常会话，国际舞蹈交流中勉强对答已属不易，孰料到如今的小资堂而皇之登上国际讲坛，代表国家、代表文化艺术界尽数风流，以流利的英语，条分缕析地宣讲自己的论文，其论点、论据丝丝入扣，实在令人钦佩。

她的自学之路起步早、起点高，有悟性、有方法，其中不乏她个人的聪明才智和高学历家庭的良好教养熏陶。然而，开卷有益只是一方面；她是有心人，她出访世界五大洲 50 余个国家，任全国政协委员 30 年，她处处珍惜所见所闻，时时博采各界精英之所长，充电般充实自己的知识阅历，她的学习对象无一人风平浪静碌碌终生，几乎每个人都在奋力拼搏中书写着丰富的人生。

如今，小资的舞蹈人生路还很漫长，她仍然想方设法超越自我，在不断的自我否定和自我发现中，追求更高的理想境界。我相信在倾以全心的求索中，当她捕捉到灵感的一刹那，定会听到力与美、激越与凝重的和声，那将是舞蹈的永恒呼唤！祝福你，我的朋友！

（王曼力　《舞蹈》杂志原主编，舞蹈编导家、理论家）

资老师的风范

肖苏华

资老师是我在中国舞蹈界最敬重最钦佩的人之一。其实，论年龄她年长我一岁，而且也从未教过我什么。所以，当我叫她老师时，她时常说你就别叫我老师了，咱们是同辈人呢！然而我还是从心底里愿意叫她老师，这不仅出于我对她的尊重，而且也是因为我从她身上学到了很多治学和做人方面的道理。

资老师是我国舞蹈界为数不多的知识渊博的才女、学者，也是最成功实现了从舞蹈表演艺术家向舞蹈学者“角色”转换的著名人士。这首先要归功于她孜孜不倦的学习精神。资老师毫无遮掩地说自己“既无专业舞蹈学历，又仅有初中毕业文凭”，但或许正是她自知不足，这“一穷二白”成为她一生中永不停息、发愤图强学习和不断进取的“永动机”。早在20岁时她就利用业余时间到北京师范大学进修文学和文艺理论课程，同时随时随地向周围的良师益友请教学习，并养成了坚持读书，及时记笔记的好习惯，从不间断，从不怠惰。20世纪80年代初她又投到陈翰笙教授门下学英语。为了学好英语她经常熬到深更半夜两三点，以至于有一次差点晕倒在陈老家里。20多年过去了，如今资老师已成为我国舞蹈界少有的能熟练掌握英语的高级人才。

1987年，资老师出任中国艺术研究院舞蹈研究所所长，在其就职讲话时，她一开口就说“我是来上学的，不是来‘上任’的”。这可不是一句客套话，而是表露她真心与决心的肺腑之言。更难能可贵的是资老师不仅好学，而且会学，形成了自己学习知识的一套“策略”。她学习从来不考虑拿什么文凭，也不考虑什么职称评定，而是从实际出发，不耻下问、踏踏实实、持之以恒地学习各方面的知识。老天爷真是有眼，经过 50 多年的努力，资老师已成为中国舞蹈界赫赫有名的理论家和学科带头人，她在舞蹈生态学等领域做出了开拓性的贡献，具有极高的学术价值。不仅如此，正是这位没有任何高学历文凭的资老师成为舞蹈界培养博士生最多的一位“热门”博士生导师，其中不乏像于平、冯双白等一些当今舞蹈理论界的顶尖人物。遗憾的是我年龄已过，否则我也要投到资老师门下读博深造。

在我国舞蹈界，资老师的真诚、耿直、坦率、敢于主持正义、敢于实话实说的人格品质也是我极为尊重与钦佩的。近几十年来，我有较多的机会与她零距离接触，不断感受她严于律己，同时为了坚持原则不怕得罪人的脾气。有一次我们一起参加“文华奖”评委工作，连续工作八九个小时，有时一些评委包括我在内烟瘾犯了，忍不住点上烟抽起来。资老师毫不留情地站起来严厉制止说：“会议室明明有禁烟告示，你们就到外面去抽。”于是大家开玩笑称她是现时代的“林则徐”。不过，休息期间她向我们解释说，其实她先生也抽烟，她并不反对抽烟，但是既然有规章制度大家就要遵守，否则规章制度也就无法执行了。听资老师说她也敢向部长“叫板”、提意见，用她的话说，谁说部长不能提意见。

还有一次因为舞蹈学的一篇博士学位论文引起质疑，她好几次给我打电话了解情况征求意见。作为研究所的老所长资老师并没有“护短”，相反让博士生导师和学生重新选择论文题目，她顶着压力，采取果断措施平息了一场学术风波，维护了学风，使问题得到妥善解决。

在一些重大的理论学术问题上资老师更是“得理不让人”。我们还记得她为了维护中国舞的尊严而向某些“文化名人”挑战，在一篇《关于〈如此〉的题外话》文章中严厉地批驳了该文作者认为传统中国舞中常见浅层次的“皮相敷衍”的言论。我们也还记得在杨丽萍的《云南映象》一炮打响之后，“原生态”一词非常流行，非常时髦，而资老师在充分肯定杨丽萍及其创作的《云南映象》的同时严肃地提出“盲目地打出‘原生态’之品牌，既低估了《云南映象》的艺术创造力，更会混淆‘文化源头’的概念，‘炒作’应改弦，学人当严谨”的尖锐观点，纠正了关于“原生态”错误的结论和看法。

资老师很看重一个“真”字。在艺术上她提倡“三真”：真实的生活感受，真诚的创作冲动，真切的艺术呈现。在舞蹈批评中她也力求“三真”：对作品的真实感受，心口如一的真诚表达，对艺术真谛的求索、揭示。进而提出这是做人、作文的标准。从中我们可以强烈地感受到她在做人方面对“真”的追求和渴望。无私才能无畏。其实我前面所提到的这些事情都与资老师没有什么直接的利害关系，她完全可以袖手旁观、不闻不问，用不着如此“较真”。但她非要说话，说实话，这或许正是她的可爱可敬之处，这也就是她的真。

在长达几十年的接触中，资老师无论是在事业上还是生活上一直像一位大姐一样关心我。记得 90 年代初她邀请我到恭王府的舞蹈研究所讲“20 世纪芭蕾发展概况”，我讲了 3 个多小时，资老师一直坐在那里一边听一边认真地记笔记。讲完她鼓励我把讲稿整理出来，投稿到当时舞研所办的学术刊物《舞蹈艺术》。我当时一再推辞，但资老师一定坚持让我写，于是逼得我“走投无路”写了一篇近 3 万字的《初论二十世纪芭蕾的来龙去脉、基本走向及其基本艺术特征：兼谈中国芭蕾创作问题》的论文发表在 1994 年《舞蹈艺术》第一辑上。1995 年山西教育出版社要出版国家“八五”规划重点图书“美育丛书”系列，资老师打电话给我，让我写关于芭蕾方面的书。于是我又一次在她的鼓励和帮助下写了《芭蕾舞艺术欣赏》一书，于 1997 年出版发行。

我至今还清楚地记得，正当我们在一起参加一次评委工作时，我爱人得了重病，细心的资老师看出了我情绪不高，便亲切地问我发生了什么事。我把事情告诉她后，她比我还着急，还主动提出帮我找最好的医生给我爱人治病。会后她给我打了好几次电话联系，最后找到了北京肿瘤医院最权威的专家为我爱人诊断治疗，这件事让我一直心存感激至今……我们为广州芭蕾舞团创作的现代芭蕾舞剧《阳光下的石头——梦红楼》在北京国家大剧院演出时，我请资老师来看，希望她能提出宝贵的意见。她不顾自己重病在身应邀来看，并主动提出邀请我到家里喝茶交谈，只是我实在不忍心更多打扰、影响她的休息而至今也没有去拜访……

其实资老师不仅对我是这样热情、亲切地关心和帮助，据我了解，在舞蹈界内外，有许多人经常受到她无微不至的关爱和支持。远的不说，为了培养一批新生力量，仅在她身患重病这几年里，就一直坚持工作带了好几个博士生，实在令人感动与钦佩。2008 年 6 月，资老师在中国艺术研究院研究生毕业典礼上发表了一番感人肺腑的讲话，在场的很多师生都禁不住感动流泪。在谈到自己几十年教学经验时，她深有感触的一句话“学生比天大”，让我们深深感受到，只有能把自己深深的爱给予学生，能把自己全部心血花在培养学生上的老师才能说出这样的话，也才有资格说这样的话，而资老师无疑是这样的一个好老师。

资老师是个“不甘寂寞”的人，无论是在舞蹈界还是政协工作中，她都十分繁忙，十分活跃。然而给我感受最深的是，她所做的这一切绝不是为了沽名钓誉，而是为大家、为社会、为舞蹈事业发展贡献着自己的力量，奉献着自己的生命。

在资老师从艺 60 周年之际，我们相信她在今后的工作中会取得更大的成就，并衷心祝愿她健康长寿！

（肖苏华　北京舞蹈学院创意学院教授，
中国舞蹈家协会原芭蕾艺术委员会常务副会长）

我的“姐姐”资华筠

赵汝蘅

“你是小资的妹妹吗？”这大概是我进入舞蹈界听到的第一个问题。那是 1955 年我参加北京舞蹈学校招生考试的时候。当时的考场设在天津第九中学，我记得我和一群小孩穿着小背心和小裤衩，站在教室里围成一大圈。老师们在我们的身后议论着些什么，反正我们都不大听得懂。突然就听见一个老师（袁水海老师）问我：“你是小资的妹妹吗？”我奇怪地摇摇头：“不是！”但是心里从此却记住了一个“小资”姐姐。

后来我知道了“小资”就是舞蹈界大名鼎鼎的资华筠。进入舞蹈界多年后，我有机会看了一台晚会，那是由资华筠、姚珠珠、王堃三人举办的一台精彩的单双三舞蹈晚会。那天我才真正记住了资华筠！特别是她和姚珠珠跳的舞蹈《飞天》，给我留下很深的印象：修长的身材，美妙的舞姿，对了，还有那张脸！我当晚回去就对着镜子仔细看了看，呵！还真有点像！怪不得老师会问我是不是“小资的妹妹”！

缘分就是这样开始的。慢慢地，我们从相识到相熟，尤其是我们都从演员的角色开始转换到其他领域之后，更使我有机会近距离和资华筠老师接触。也不知道是什么时候，我们这两个长相有几分近似的人开始以姐妹相称。

称呼资华筠为姐姐自有我的道理：

我喜欢有知识的姐姐。社会上有一种普遍的看法，认为我们舞蹈演员四肢发达，头脑简单。像我姐这样从一个舞蹈演员到博士生导师的经历实在是不多见。我自己只是一个中专生，所以我特别仰慕她的才气和渊博的知识。

我欣赏学以致用的姐姐。这些年来，我们的文艺界到处充斥着大晚会现象：奢华、造作、浪费成风。尤其是舞蹈成了大晚会的陪衬物，为歌伴舞成了主流，渐渐失去了自身的艺术魅力。有良知的舞蹈工作者无不为之心痛！但当我在舞蹈杂志上看到资华筠的文章直白、大胆、尖锐地批评这种现象时，我还是挺吃惊的。她怎么这样敢说呀！要知道那时很多报刊可是在大量地报道和浮夸盛世艺术的“精彩”。这让我深深地感到，姐的确是用她的笔，更是用她的心在说真话！

我感激诚恳的姐姐。在我任职中央芭蕾舞团团长期间，很希望在李承祥、蒋祖慧这一代芭蕾编导所开创的，以《红色娘子军》为代表的中国芭蕾创作上再发展一步。但仅凭着我的知识水平，这一步迈得有多困难只有我自己心中知道。十年前我们排演了中国版的《胡桃夹子》，后来又排演了原创的《大红灯笼高高挂》和《牡丹亭》。这些中国芭蕾作品的上演得

第四届文代会舞界代表于人民大会堂合影（资华筠：左三，赵汝蘅：左二）

到了舞蹈界褒贬不一的评价。我们深知这条中国芭蕾的路不好走，也十分坦然地面对各种评论。而其中最为诚恳的评论之一就是来自资华筠。她不仅尖锐地提出了批评的意见，指出了我们前进的软肋，同时也给予了真诚的鼓励，让我在学习进步中感受到温暖。

我钦佩坚强的姐姐：自从患病之后，她的坦然面对让我对她的尊敬又大大地提升了。就在不久前，我应邀到她家去拜访她。当门打开的一瞬间，我看到她的面色苍白，留着短短的头发，带着坦然的笑容……我突然不知应该说些什么，我憋住了我的眼泪。

这就是我的姐姐资华筠！我终于明白当年的问题，其实早就有了答案！

（赵汝蘅　中央芭蕾舞团原团长、中国舞蹈家协会名誉主席）

资先生和我

刘青弋

我非资先生的门生，听其教导大多不在她的讲堂，但是，受其影响的深刻性却不在其嫡传学生之下——盘点起来，不难发现，自己在学界发展的关键时刻，不少同资先生的指引和提携相关。似乎有些奇怪？其实不然，不过是资先生作为学科带头人影响的广泛性和深刻性所致，亦是受其对待晚辈一贯关怀扶持所惠。

一

第一次受到资先生的指引和惠及是在 1988 年 5 月——中国艺术研究院研究生招生复试的考场。那一年，在舞蹈实践第一线摸爬滚打了近二十年的我，为了追求久藏于心的学者之梦，报考了中国艺术研究院研究生部的舞蹈专业硕士研究生。和所有实践出身的舞者一样，在入学考试的笔试中和那些从一个校门进入另一个校门的学子们竞争，并没有什么优势。然而我却很幸运（当然是事后才听说的）：时任舞蹈研究所所长的资先生主张舞蹈研究应该注重理论联系实际，熟悉研究对象应该是对舞蹈研究工作者的基本要求。她认为，如果不知舞蹈为何物，亦无法从事舞蹈学研究。因此，在研究生的复试中，设有舞蹈表演和即兴创作的科目，如此，像我这样的舞者，就从考试中处于劣势转向优势。另外，当时的舞蹈研究所专家济济一堂，却个个儒雅谦和、和蔼可亲，待人接物一点儿没有当前学界常见的江湖气。本来，我和舞蹈研究所的导师们的距离是那样遥远，就连笔试都是在江苏南京工学院的全省研究生集中考场，未能见过诸位导师一面。但是，由资先生任所长的舞蹈研究所学术风气纯正，便使这种距离缩短为零。时过 20 多年，依稀还能记得复试考场上资先生充满活力和亲切的面庞、徐尔充先生深入的提问和关怀的目光、郭明达先生的谦逊坦诚和鼓励的话语，还有时任研究生班主任的冯双白先生的善待，让我多听了一遍“即兴编舞”的音乐……和所有边工作边学习的舞者一样，如欲实现理想，只能是在工学矛盾中挣扎拼命。时任南京军区前线歌舞团舞蹈队长兼书记的我，一边肩担舞蹈队建设与发展领导工作的压力和重负，一边考研，结果，复试后积劳成疾大病一场，住进医院 6 个月尚未痊愈，不得已，未入学就申请休学。研究生部几欲劝我退学，但最终还是为我保留了学籍，毕业之后，我才从研究生部的老师那里得知，促使研究生部决定坚持给我保留学籍的，仍然是舞蹈研究所专家给予我的鼓励、支持以及我在复试中的舞蹈表演和即兴创作给予他们留下的深刻印象……归根结底，资先生关于研究生选拔和人才培养的政策和主张，使我在复试中幸运地名列前茅，进而在我因病面临退学险境时挽救了我……有了那一步，才有了我的今天。

或许考研是我人生新的起步，因此，那个时刻所有的人事对我的影响都是如此深刻，以至于资先生的提问和鼓励至今还常常浮现在眼前。记得先生问：“你现在还上不上台？”我说：“目前还在跳，此后就不想跳了。”“为什么？”“年龄大了，且身体有伤。”“你才多大？就不跳了？”显然，先生对我的回答不满意，但没有责怪，给出的却是一句轻声的鼓励，“你基本功这么好，不跳可惜了……”出了考场，方将资先生和六七年前举行的那场闻名遐迩的“资华筠、王堃、姚珠珠三人舞蹈晚会”的女主角对上号，顿时，我感到惭愧不已！因为在那场晚会上，在舞台上翩翩起舞，风采依旧，让青年舞者仰慕的著名舞蹈家资先生当时已逾不惑之年……从此，资先生就像是一个榜样，站在面前，倡导理论研究和实践探索并重，使我的学习与研究受益匪浅。

我在读硕士研究生时正值 80 年代末，印象中的资先生像个挽着袖子冲锋在前的指挥员，带领着舞蹈研究所的学者们共同打拼。因此，舞蹈研究所学术建设亦迎来了发展的新高潮。在继 80 年代初期的《中国舞蹈史》和吴晓邦先生的一系列著作发表之后，这一时期《中国大百科全书·音乐 舞蹈》《中国民族民间舞蹈集成》等国家重大文化建设工程完成，舞蹈研究所老、中、青三代学者的代表作品大多在那一时期发表。舞蹈历史研究进一步深入，舞蹈基础理论研究有了新的拓展，外国舞蹈研究与译介比较广泛地展开，舞蹈书目检索与系统整理初具规模，舞蹈现状研究与批评较全面地展开，而资先生自己的开创之作《舞蹈生态学导论》亦在 1991 年面世。舞蹈学学科的专家学者队伍逐渐扩大，代表成果出现，学

前排左起刘青弋、郭明达、吕艺生，后排左起徐尔充、资华筠、冯双白

科建设形成良好的态势。同时，舞蹈研究所组织的中外舞蹈文化交流的学术活动频繁，国内舞蹈家之间的互动亦很活跃，许多重大的理论问题都在舞蹈研究所的讲座和学术研讨会上得到了反映。舞研所名副其实地成为国内舞蹈理论的权威机构。

学科建设的发展和水平的提升，最受益的莫过于学生，因为，上述研究成果都转化成研究生培养课程的组成部分，学者们的学术研究成果，自然成为教学内容，深刻地影响了一代年轻人。然而，那个年代，在资先生等前辈学者的心中，似乎大多装的都是年轻人。1992 年秋，资先生主持的中国艺术研究院舞蹈研究所和《光明日报》共同主办了“中国首届舞蹈评论奖”，8 位获奖者，年龄都在 30 多岁，80% 都是艺术研究院毕业的硕士研究生。对于此事我久藏于心，与其说是因为我是幸运的获奖者，不如说是因资先生等前辈学者的高风亮节。该评奖规则规定：参评对象为中青年学者。显然，这是着意将机会让给年轻人，这和当下那些主办单位的主持人自己为自己颁奖比较起来，真是天壤之别！另外，参评文章限定在 2500 字左右，未刊出之新作；优秀论文刊发于《光明日报》，其意在要求行文简练，理论联系实际——这些资先生一贯倡导的文风和学风，对我日后的治学产生了重要的影响。

二

我的硕士学位论文选题是关于“新时期”军队舞蹈探索研究，记得为了阐明当代舞蹈变革肇始的原因，我在文中批评中国舞蹈娱乐化倾向时有些片面，在论文答辩之前资先生给予了及时的纠正。由于资先生的指正，我对论文的相关问题作了修正，从而顺利地通过了论文答辩。尽管如此，说实话，当时并未理解资先生指正的意义。随着学习的深入和自我成长，渐渐领悟到先生给予的教导是关于治学严谨性的要求，亦开始自觉地不断克服自己存在的浮躁的问题，时间久了，就有了些许进步。1999 年至 2003 年，我在北京师范大学中文系攻读博士学位，鉴于资先生在学界的地位，北京师范大学聘她为我的博士学位论文答辩委员会主席。资先生素来以学术眼光敏锐犀利著称，在准备论文答辩的日子里，我的内心一直惴惴不安，不知能否过了先生这一关。感人至深的是：先生是个忙人，却将我的论文带在身边，在繁忙的会议间隙挤出时间已仔细地审阅了我的论文，并且认真地写出了评语。在答辩会上，资先生所表现出的严肃认真的态度和作风，处处显现对学术的敬重，为我们学界树立了榜样。更让我感动的是，资先生作为学界的大家，看到晚辈的进步，如此满怀喜悦，并慷慨地将溢美之词送给晚辈，这是何等的胸襟！资先生对我的论文所给予的高度的评价，不仅使我获得了莫大的提携，亦将鼓舞我一生！她那是“是”、非“非”、实事求是的品格，再次给我深刻的教育；亦让我懂得，作为一个导师怎样教导并爱护学生，那就是以真心、真情，真实待之。眼下一些年轻人，做研究浮皮潦草，下结论时口气却很大，可谓“一语惊天”，但难以经得起推敲。每看到这些，就想起当年的我很幸运，遇到资先生这样严格的老师，从起步开始指引我端正方向，不走歪路。如今的我也成为指导硕士、博士研究生的导师，因此我亦学习先生的榜样，注重并强调严谨治学的学风，戒除浮躁情绪，防止片面，或许学生们亦像当年的我一样未能理解其中的意义，但我坚信，多年后他们亦会像我一样醒悟获益。

三

《舞蹈和我》一书是资先生的处女作，《我的爱——中外艺术家特写》《舞艺·舞理》《过电影》《舞思——资华筠文论集》等书都仿佛是前书的姊妹篇，言之切切地让人觉得舞蹈就如她的性命。现实生活中的资先生亦如此，尤其是走上领导岗位的她，似乎更有一种“天降大任于是人”的责任，为舞蹈事业的发展，奔走呼号，处处据理力争。因为，她认准了，舞蹈艺术是“能点燃人的心灵，呼唤、塑造高尚的人性”，“对于社会是一个很根本的东西”。因此，资先生就像呵护生命一般呵护着舞蹈，同时，亦呵护着舞界学人和舞人。中国艺术研究院舞蹈学第一个博士点，在创立者吴晓邦先生百年之后，有人鉴于对舞蹈学科的偏见，几欲取消。自然，资先生当仁不让，目前，这一国内唯一的舞蹈学博士点，已经为国家培养了一大批舞蹈学界的骨干力量；而资先生作为舞蹈学指导博士生最多的博士生导师，身患重疾，仍然呕心沥血，为了培养人才“拼命”。

无论是接触资先生本人还是读她的作品，都会感佩于她对舞蹈学科建设的关切以及对舞蹈职业尊严的捍卫。但是，资先生对于舞蹈家职业尊严的维护和舞蹈学学科地位的捍卫，不饰虚荣，而是建立在踏踏实实的努力、孜孜不倦地追求学术创新的基础之上。作为学者，资先生的成果具有重要的开创性。例如，她作为第一作者发表的《舞蹈生态学导论》虽然篇幅不巨，但在中国舞蹈学研究史上地位显著。作为一项自然科学与社会科学交融的开创性的研究成果，提出了“一门以舞蹈为核心，以它与环境之间相互关系、相互作用为研究对象的综合学科”，中国舞蹈学领域首次系统地借助现代自然科学方法来研究舞蹈的内部特质或外部环境以及它们之间的关系。以一种整体性把握舞蹈与环境关系的生态观和自觉意识，研究舞蹈的发展与演进过程中的生态现象，从而对舞蹈自身的发展规律进行系统的认识。它不仅对舞蹈现象进行了科学的阐释，开创了艺术研究的新领域；同时，亦指导了舞蹈实践并促进了舞业的发展；而且，为舞蹈学研究提供了创新方法论，对中国舞蹈学研究具有重要的指导意义。对于我们这些读着前辈的书成长的后辈来说，无疑成为治学的示范。

此外，资先生对舞蹈学科地位的捍卫和对职业尊严的维护，还表现在她对舞蹈界自身现状的批评及其反省。《繁荣中的忧思》（2003）和《反思文艺批评之七戒》（2002）是其中杰作。前者毫不留情地直指当下舞蹈创作领域“大晚会”综合征：其一，制作代替创作；其二，“艺术激素”替代艺术激情；其三，假招子替代真功夫；其四，套用、抄袭替代了创造和想象；其五，媚俗化的感官刺激替代了艺术的审美特性；其六，“舞伴歌”盛行，舞蹈本体萎缩。后者亦直指现时存在文风，并进行毫不留情的“讨伐”：一曰“腻”；二曰“套”；三曰“泛”；四曰“涩”；五曰“讳”；六曰“花”；七曰“霸”。深刻揭出其根子在于：伪——虚假，媚——媚俗，违——违心，当然也存在理论基础不足之弊。可以说，字字句句直击要害。其批评的尖锐性和准确性，在当代舞蹈批评领域是不多见的。能够达到这种境界，和资先生追求的文风和学养有关，资先生鲜明地提出：“批评的灵魂在于‘真’——真话、真情；批评的智慧来自学养；批评者与创作者的理想关系应该是诤友——在貌似‘铁’与‘酷’的面孔后面，跃动着一颗火热的心，蕴积着深厚的情谊。”并且她深信，“当这样的文艺批评形成规模，持之以恒，蔚然成风时，文艺批评的‘失语’与‘滞后’将得到彻底改变，文艺批评家才能赢得职业的尊严和自豪。”这篇文章于 2003 年获得中国文联举办的“中国文艺评论奖一等奖”，其社会评价可谓名副其实。在舞蹈批评领域亦为学者们树立了标杆。

四

资先生坚强、要强、能力强，给人一种“强人”形象，在工作中，人们大多看到其“酷”的一面；然而，我和资先生接触，却更多地感受到她的温暖一面。在资先生指导下做项目，大凡受益的总是学生。一是她的思想与艺术理念总是走在前头，潜移默化地影响我们，使我们在研究过程中有所创造。二是由于她总是为学生着想，为我们争取最多的利益，无论是署名，还是相关条件，总是尽可能地给予。做学生的总是害怕导师的批评，但其实，只要你努力，认真做事，把事做好，在资先生那儿得到的必定是表扬。我曾在资先生主持和指导下进行过《国民素质教育中舞蹈美育训材科学化探讨》和《中国大百科全书（第二版）》的编纂工作，对这方面深有体会。

大家公认：资先生是个热心肠，帮朋友，帮同事，帮学生，资先生"管得很宽"。心热、率直、能力强，且据"理"力争，因此，不少人在事业上、学业上、生活中受益于资先生的帮助良多。例如，目前国家退休政策调整后，科研人员退休年龄出现了男女不平等的情况，资先生作为几届政协委员、首都女艺术家联谊会会长、全国妇联执行委员、中国艺术研究院学术委员会副主任，总是借助一切机会和场合，为科研人员退休年龄方面的男女平等呼吁。自然，我亦是最直接的受益者之一……资先生给予人的温暖，不仅在于其给人以帮助，而且还在于其做人"仗义"，主持公道。她帮助了多少人我无法说清，只是从自己的切身经历感受到资先生给予我的呵护（尽管我事后才得知），让我的内心对她充满感激！

资先生让我感到的温暖并非只在工作方面，亦在日常生活之中。2005 年 1 月，我久病的父母不幸双双过世，当时我因在任北京舞蹈学院舞蹈学系主任，教学科研以及教学管理工作十分繁重，多年来未能对远在家乡的父母尽点孝心，因此，他们的去世让我痛心疾首——伤心伴随着无法挽回的后悔和自责一直萦绕在我的心头，不能纾解，每每想起，不禁潸然泪下。资先生得知了我的情况，在繁忙中打电话给我，给了我很多的安慰，最后，她温暖地说："你的父母不在了，但如有什么事，你可以告诉我……"电话的这一端，我满含泪水……虽然和资先生不常见面，但是，她知道我曾经生过大病，做起事来又爱拼命，总是担心我的身体。2009 年 7 月至 8 月，我受邀赴美参加美国舞蹈节，当时正值甲流猖獗的高峰期，美国是甲流的"重灾区"。资先生自己身患重疾在身，却不忘关心他人的健康。她将自己使用的"雄黄"捎给我。靠着资先生给的"护身符"，我顺利地完成了美国舞蹈节的考察工作，从而为完成国家交给的科研工作提供了保证。

总之，我很幸运，能够得到前辈贵人般的帮助。很想用感谢的话语作结，无奈语言的苍白。资先生的关怀、帮助和教导，如春风雨露，点点滴滴，早已浸入心田，深深地融进我生命永远的记忆……

（刘青弋　中国艺术研究院研究员，教授，博士生导师）

铭记
——先生为我留下的云

马家钦

人过花甲，很多事都记不起了，如果要记住的那就是文人笔下的铭记了。一旦到了北京，我总会有个心愿，看望一下资先生，或电话问候先生近来可好。我也是从先生的语调、声音判断她的身体近况。很多时候，先生的嗓子哑了，语调变了，和以往响亮而又快速的语音节奏之反差，会明白地告诉我，她又超负荷了，她累了。我只能默默地重复：先生，保重啊！先生，人民需要你，舞蹈事业需要你。除此之外，我没有任何能力能减轻历史的使命压在她身上的重任；也没有任何能力能减少天下舞人对知识的渴求，对舞蹈学术真假的鉴别、深浅的论证；也没有任何能力能让一个伟大的舞蹈艺术家、理论家在舞蹈世界里停止她的脚步而养尊处优，让一个中国舞蹈学术理论的领军人物放慢她的脚步，尽管她已重病缠身，我只能默默地为她祝福。

那一天，我和她的学生思颖到她家中看望，开门的依然是她的先生，一个非常慈祥和蔼又满腹才学稳健的老人。他用手一摆，绅士般地示意“请进”。在客厅的那头，只见资先生一身素装，庄重文静，苍白的脸上没有一丁点儿瑕玷，含笑招手。好似用一块白玉雕刻的女神，加上金属的耳饰，在那修长的身姿中带有一线凄美，真的，很美。

还没有等我们坐下喝上王老泡的茶，资先生就告诉我们：她的博士弟

马家钦与资华筠合影

子发起为她举办从艺60周年纪念，中国艺术研究院主持此事。她以“感恩”为主题出一本纪念文集，并诚恳地向我约稿。希望在她一生的总结中，把我们交往中的点滴记载下来。谈话间，她的话语完全沉浸在一种幸福之中……一种对漫长人生历程的回顾中……一种对时代的感恩之中，一种对友情的珍惜之中……很长时间我没有插话，她用标准的国语、准确精辟的词汇，又有些嘶哑的嗓音倾诉着。那亢奋的激情犹如火焰燃烧着一块洁白的玉雕，在闪光的耳饰映衬下……这哪像是一个病魔缠身的老人，分明是一个美丽的少女在憧憬美丽的前程，更不该是一位老人在总结过往的一生，而应是一个热血的青年在开始她新生命的历程。我专心地倾听着，我哽咽了……幸亏灯不亮，幸亏先生一直沉浸在兴奋中，她只能看到我一张傻笑的老脸，却没有发现在我的笑纹里布满的泪花。

这种悲喜交加的情感20多年前也曾有过。那是苏州文联让我做代表拜访康复数天的吴晓邦老师。那天，吴老见到了我这个小老乡，非常喜悦。他坐在藤椅上和我畅谈了许久，最后吴老师拍拍我讲：“小马，要读书，要记日记，每天把舞蹈中的事记下，写信给我，然后我立即给你回信。你一封我一封，我一封你一封，等我走后，你整理好出版，一定要出版哦，书名叫《谈艺录》。”我望着那期望的眼神，和蔼的微笑，倾听那吴侬式的夹生普通话，我的眼泪不知为什么，控制不住了，唰唰地流下。如今，我已过知天命之年，更加体悟到了那谈笑风生里流淌的眼泪。那是因为舞蹈世界里的金字塔是我们中华五千年文化酿就的舞蹈艺术之象征，塔顶上是我们民族的舞圣，塔上站满了舞圣的弟子，守卫着中国舞蹈事业的大门。塔里珍藏着中国舞蹈的经典论著，金字塔的光环引领了多少舞盲，从暗室走向舞蹈的金光大道。多少杰出的舞蹈家从低谷走上了高山之顶，又造就了一代舞圣，圣人的思想、理念化成了金子，铺垫了塔底，圣人的论著化为了经典，传扬四海，与日月共辉，与大自然共舞。我就如朝圣时的信徒敬仰着舞蹈的神灵，想到这里，我的脑海里飘来了片片白云，白云里藏着前辈和先生留给我的真情……

那是个伸手就能在空气里抓住水的季节，时不时就有漾漾细雨陪伴着寂静的苏城。一个不胖不瘦不高不矮充满着朝气的年轻人来到了苏州，直奔坐落在小巷深处的歌舞团。可爱的脸上流露出文人的书卷气，戴了副眼镜，也无法挡住那眼神里流淌出的聪慧。谦和、标准、流利的普通话，开始了自我介绍，他是北京来的，中国艺术研究院舞研所的，是资华筠所长让他来搜集吴晓邦老师的资料，拟拍摄“大师专辑”。

舞蹈研究所是舞蹈人最崇拜的圣地。这个弄笔杆的掌门人竟然就是那个《飞天》里的舞绸人？那个《孔雀舞》的领舞是舞研所的头？于是，先生的名字就在我的记事本上涂上了神奇的色彩，对先生充满了美好的想象。但不久，这种想象在一个恍惚中消失了。大概是 1996 年，苏州歌舞团好不容易搞了一个在苏州历史上从未有过的大舞剧《干将与莫邪》。文化部艺术司肯定了剧本，为了让专家们有个印象，让我们到成都去见第三届艺术节评委。像“乡下人”进城的我们，三分喜七分忧，肩负重任直奔蓉城。请评委论证剧本，并准备每人送上一个“信封”……我们好不容易见到了评委负责人，正有些颤抖地送上我们的诚意之时，一个身影飘过——资先生，留下了极为严厉的“白眼”。第二天也不知怎的，在剧场的进口处又看见从远处飘来的这个身影。那么年轻，那么有风度，让你简直不信她就是那天“翻白眼”的人。我的思维还在进行……先生来到我面前，全然不知我的“坏印象”：怎么啦？不认识啦？我是资华筠！声音响亮。还没有缓过神，先生已一阵风似的消失在入场的人群里。苏州人讲就讲一个婉转细语，讲一个慢慢悠悠，哪受得了这样快言快语快速、“急急风”的冲击。于是对先生那美好的想象，一下被砸得无影无踪，那冰冷的雾霭隔开了我对先生的尊敬……

也许是天意，1997 年，在沈阳举办全国舞剧调演，舞剧《干将与莫邪》能否进入名次，先生的“一票否决”把已炒得热火朝天的《干将与莫邪》打入了冷宫。已提前吃了庆功酒的“头儿们”愤慨、无奈、傻呆！我当然很希望进入名次，但心里明白，一群还没有毕业的艺校在读生和评弹演员拼凑的班底，一群刚接受训练的舞美队，队伍的艺术表现稚嫩，编导手法还缺火候……真的进入了名次，那也是中国舞剧的悲哀。但是我们也经历了多少个日日夜夜的辛劳，付出了很多很多，甚至我和流泪的书记已将仅有的存款都垫进了去沈阳的路费。先生没有隐瞒自己的“一票否决”，并提出了对这部舞剧的期望与信心，她认为：“此次不得奖才有希望磨砺成精品。”这一切激发了我们。这“一票否决”也就成为我们新的起点，使《干将与莫邪》在以后的几年中不断地磨炼，最终在世遗会的闭幕式上，面对 126 个国家总理的演出，获得了长达五分钟之久的掌声，为我们苏州、为国家争了光。同时，也在认识问题和解决问题的过程中，培养了一批演员，造就了一个团队。当然，随后也心安理得地获得了一个又一个奖项。顺理成章，先生也就成为我和我们团最受欢迎的专家。在以后的接触中，才感觉先生原来是那么一个可爱的学者，思维敏捷，坚持原则，善良热情，对学术一丝不苟，精益求精。每当我们碰到困难时，第一个想到的就是先生；当我们山穷水尽时总是问问先生是怎么想的，于是就会“柳暗花明”。《干将与莫邪》从鸟虫篆中提取象形文字作为舞剧语言体系的构建，是先生第一个给予的肯定；昆舞的研究，昆舞语言体系的特征是先生第一个进行了科学的论证，确认了它对非物质文化遗产保护继承发展的意义，分析了其语言体系的创造性和独特性，也提出了它目前存在的问题，成为进一步研究昆舞的理论依据。就这样，我和先生之间确立了师友和莫逆的关系。

但先生也不是没有缺点的，而且很严重。先生爱憎分明，浓烈的分割线几乎没有一点中间过渡。严于律己过度，严于律人也过分。先生太求完美，眼里容不下一粒灰尘，尤其是对她的学生。不管他们已为人父或是在官场说话算数，不管任何场合，会当场解决。让人真为她的“严”而“心惊肉跳”。对那些端架子的小官僚，先生从来不屑一顾，而且都写在脸上；对那些达官贵人的恶习，先生从来横眉冷对。天啊，这个时代，尽管一直是大好形势，但在形势的下面掩盖着很多鱼目混珠。真理、原则对善良纯洁来讲重如千金，但对流氓恶棍只不过是一道坎，贫穷的只怕砸了饭碗，当官的只怕升不了职，就是法律，在人治面前有时也会显得软弱而不能完全挺起腰杆。应该的早就不该了，不该的也自然成了“模式”。先生似乎“全然不懂”，怕先生的是爱，是敬佩先生；迁就先生的是在意，不愿伤害先生。先生的横眉冷对并不能解决一切邪恶，有时会招来更大的暴风骤雨，只是等先生离开那地那时分。也许为了她的“完美主义”，先生也多次无意伤害过自己心中最不愿伤害的朋友。先生自认为对学生从不护短，其实不然。当任何人对自己弟子有所伤害、有所不满，哪怕一点点诽言，先生就会如一头猛狮，张开双臂，竖起了狮发，那庇护、那反击就像连发的子弹，那火力、那速度可以和最新式的武器相媲美。先生已把全部的爱倾注于她所挚爱的舞蹈之家，倾注于她所爱的弟子。只有母亲才能有如此胸怀。但先生再也没有多余的精力去关怀自己的女儿。也许老天给予公正的补偿，使她的女儿有着母亲的聪慧，有着父亲的稳重。她的美丽不仅在外形，任何时候不温不火，恰到好处的言语形态，待人接物——青出于蓝而胜于蓝。先生的后院可以说是完美了。

先生的太求完美、太直截了当，也曾使她的一生遇到低谷和艰难。每逢那时，总有人问：怎么还会有那么些舞蹈家围着她、跟着她，而且的确都是些才识双全的好人。那时那刻我只有无言的微笑，今天，我要轻轻地告诉你，那是因为真正的艺术家，她们的眼睛如蓝色的天空，清澄的泉水；她们的胸怀如浩瀚的大海，虚怀的山谷；她们不以权势而畏惧，不以财富而亲近，她们看重的是才华和智慧，看重的是真、善、美！

（马家钦　江苏省舞蹈家协会原副主席，著名舞蹈编导）

资华筠先生印象

——贺资先生从艺六十周年

刘　敏

时逢资先生从艺 60 年之庆，记忆中关于先生的点点滴滴一起浮现，心生感慨万千，在我的事业和生活中，资先生不仅是良师和益友，更是我丈量自己的一把标尺、审视自我的一面镜子。

先生是令人敬仰的前辈。她是新中国培养的第一代舞蹈表演艺术家，从我习舞的那一天便仰慕先生大名，从《飞天》《孔雀舞》到《金梭与银梭》，先生在舞台上塑造的一个个光彩夺目的形象，是无数观众心中美的化身，是后来舞者心中的梦想和前行的动力。资先生是当代舞蹈理论家，她的“舞蹈生态学”研究揭示了中国舞蹈民族文化的特异性，以独到的眼光和深刻的见解，为当代中国舞蹈研究提供了新的方向和思路。从舞蹈艺术家到舞蹈理论家，先生走过的辉煌道路，其中的艰辛、执着与巨大付出，非常人所能企及，先生的不凡经历，堪称舞蹈界的传奇。

先生是良师。她的舞蹈研究和评论，是我们教学工作中重要的指导理论。2007 年，解放军艺术学院舞蹈系建系以来首次承担国家艺术科学课题《中国人民解放军舞蹈史》的研究，初稿完成之后，我们恳请先生在百忙之中进行审读，为我们这些舞蹈研究领域的后来人指点迷津。先生欣然答应，她花费了大量的时间和精力，细致地通读了全书，不仅在结构框架上提出了高屋建瓴的指导意见，而且对具体的写作方法进行了积极有效的指导。先生严厉又亲切的态度和严谨治学的精神，彰显大家魅力和风范，深深感染了课题组的每一个人。她的帮助有力推动了解放军舞蹈史的研究乃至解放军舞蹈理论的建设。先生又是益友，她是一个爱心满盈的人，周身仿佛充满磁力，每次探访先生，坐下倾谈不觉就是两三个小时，我们会谈论生活、家庭、爱情，先生话语之间闪烁的智慧和力量，总使我受益良多，给我以帮助和激励。

先生是楷模和标准。先生具有强烈的社会责任感，她承担了许多社会工作，她是全国政协委员，目前还担任国家非物质文化遗产保护工作委员会副主任委员，她对提升社会文明程度的大声呼吁，对民间民俗舞蹈的挖掘与保护，赢得了广泛的尊重与好评。先生坦荡磊落，赞美发自肺腑，批评一针见血，秉持正义、坚守真理，是我们做人、做事的楷模。先生常年与白血病抗争，深受病痛的折磨，但先生以坚忍的毅力和乐观的心态，始终坚持在工作的第一线，她总是那么神采奕奕、精神矍铄，她的精神力量，是舞蹈界的宝贵财富。

怀着敬仰和感激之情，谨以此文，祝贺资先生从艺60周年，祝福资先生舞蹈生涯长青！

（刘敏　原解放军艺术学院舞蹈系主任，教授）

“较真”是学者令人钦佩的品格

王　伟

喜欢较真是大多数学者的突出特点，学者较真因为做学问的认真，有时将这种认真延伸到许多方面，成为一种根深蒂固的做人原则，有时这种较真在常人看来是难以理解的，我认为较真是治学的一种必备的责任感，是学者的品格魅力。

耳熟资老师是 20 世纪 70 年代在北京歌舞团时（我们是创办北歌的首批演员），那时歌舞团的初建需要领军人，相传资老师要到我们团，关注资老师艺术成就的同时也听到她是一个非常严厉的人，期待了一阵，没了音信，尽管是个传说，在我的记忆里仍然深刻，也是经历中的一次缘分。日后，1980 年我到北京舞蹈学院学习，舞界的各类活动，学校的教学和学术交流使我和资老师相处多起来。1990 年后，王佩英老师做系主任，因为她们在教学上的合作以及友情上的来往，包括唐满城教授和资老师的世交之情，我在做系里的工作中与资老师接触增多也渐渐熟悉起来，特别是 2000 年我们一起去意大利进行文化交流演出，在两个月转战各个城市、朝夕相处的日子里，我亲历了资老师的较真。一是每天开场前为演员化妆，扮演《梁祝》的男演员的眉毛是资老师最在意的，因为，她认为化妆是表演中的重要因素，也是人物塑造不可缺少的一笔，通常学生自己化妆是不在意细节的，而资老师多年做演员的经验积累，非常注重和强调男演员眉峰和粗细比例的处理，眉的画法是体现男演员的气质和传神之处，就为这一笔，亲自为学生认真地画，有时学生自己画得不到位，资老师一定要卸掉重新再来；二是为演员指导《飞天》的排练，从表情、绸子技法细节到舞台的调度处理，强调关注细节的把握，做不到位，就反复地练习，我记得有时到了吃饭的时候，也置之不理，那股认真劲令学生既生畏又敬佩。那时资老师的身份并不是舞蹈学院的教师，而是艺术研究院随团进行讲学的学者。如此演出转战的劳累、日日重复的枯燥排演和管理学生的琐碎，她能够适应吗？令我没想到的是，她对做演员的所有事情是那般熟悉，而对如何做好一个演员又是那般较真，在我脑海里“严厉”的记忆转为一种亲近和敬意。

较真，顾名思义，做事认真之意。现在对待舞台表演，较真甚少，粗略有余，在中国传统的舞台艺术表演中，一直保留着对“精美”的追求，中国戏曲舞台艺术的法则就是建立于严格的规矩之上，形成严谨的程序，戏曲的唱功念词为先，念词准确自如之后方可唱，唱中的各个板眼，注重丝毫之别；“开门”的动作，强调身体向后斜度的角度，窥探时先开门缝，后开一扇，是眯眼探视，还是侧头而视，在动作和姿势上根据不同的人物、环境和心境都有严格规定；而不同行当角色的严格划分，体现在服饰着装、化妆扮相上独到而精细的设计与处理，程砚秋在《身上的事：程砚秋自述》中谈道：“‘成法’是一个演员必须要遵守的，任何生活体验和钻研必须要以戏曲上的法则和规矩做基础、做规范，没有法则和规矩，就谈不到创造……得其规矩，始求奇特。既得奇特，仍循规矩……”我想“成法”的过程一定是一个较真的过程，在方圆之间的约束中而寻自由之天地。中国戏曲艺术之所以创造了人类艺术史上的奇特和精美，是一代代艺人和艺术家在艺术实践中精益求精、锲而不舍的精神而绘出戏曲舞台艺术的精彩，“艺贵精而不贵速，遇繁难不露勉强，遇轻微不可草草放过，要在意味中写真，在细节中求质”，这都是前辈给我们留下的真知灼见，也是代代相传的艺术精神。

在艺术前辈身上处处可见较真的精神，资老师的较真还体现在她对治学的追求上，最令人起敬的是资老师能够从一个优秀的舞者成为一个学者所经历的艰辛历程，所付出的勤奋和执着。人的一生中都会面对许多拐点，学业的、职业的、生活的种种变迁，仅仅为获取，为追逐利益可能最终将一无所获，生命中不能错过的是努力，是习惯于在失去中重新收获。资老师学舞和研究大都是自学，她一再强调“因为饥渴，因为职业的尊严而学习，因为进取而学会放弃”，在自学的历程中，一定是将自己置于利益之外，在自己的精神园地中享受丰富的安静、清空的求知空间和不断的自我超越，由此，她提出创作要体现“真实的生活感受，真实的创作冲动，真实的艺术体现”三真精神，在艺术评论上要体现“真实的作品感受，心口如一的真诚表达，对艺术真谛的真诚追求”的学术精神。正是这种求真精神，她倾心研究的“舞蹈生态学”，为舞蹈的理论建设打开了一扇崭新的学理之门，为舞蹈研究寻得科学之法。有人称资老师从舞者变为学者的转换，非同一般，而是一种“华丽的转身”。我想华丽之意的背后是苦中作乐，是对崇高的追求，是对尊严的持守，做学问之苦甚于一般人，除体力上的三更穷经之苦，还有精神上的求索拷问之苦，孟子说“天将降大任于是人也，必先苦其心志，劳其筋骨”，而苏秦领略孟子言语“头悬梁、锥刺股”的自虐读书法，更是让人望而生畏，自古以来中国的文人学者不乏佯狂避世者、洒脱飘逸者、贫贱不移者、幽默风趣者、执着固执者、惊世骇俗者，其“达则兼济天下，穷则独善其身”的文人传统，融汇了“激进、求索、坚韧、正义”与“平和、静淡、超然、自得”儒道互补的文化品格。

学院举办本科、研究生、教师、导师培训和讲座，多次聘请资老师讲课，给大家印象最深的是资老师对授课氛围的要求。一旦开讲一定不能接打电话、进出走动，开讲后通常门不再打开，这点令大家很紧张，也是资老师不同于他人的较真之处。对此，尽管有些紧张，但是心中怀有信服。

学习是一种求知的历程，是一种敬畏的求索，孔子说“不学礼，无以立”，学习的规矩和礼仪是人健康的心理素质，中国传统礼仪文化对学习的要求，讲求课堂的交语为耳语，坐姿端正，心怀谦虚，善听善思，师生互敬，教学相长，神圣的课堂永远是宁静的，也可能这份传统离我们太久远了，然而它是值得传承和珍惜、值得呼唤和回归的美德。作为学生在课堂上的一种虔诚，是对知识的尊重，学习不论是为了学而知之还是困而知之的需要，都是永无止境的，爱因斯坦说过，“对于大自然最微末的部分我也只能跟随而已”，我们在熟知的工作或领域中可能是满足的，然而在另一个领域中可能完全无知，在历代先贤的智慧面前，在当代的巨人面前，在真知面前，在真学面前，我们必然要谦虚，持有一种敬畏之心，才能走得持久、走得快乐、走得深远。

2010 年 8 月北京大学举办第十八届世界美学大会，称为学术界的“奥林匹克”盛会。中国经历了几十年的等待，终于获得了举办权的重要时刻，来自世界各地的学者，相聚北大，共享人类的文明成果。由此，也标志着中国文明的进步、学术的自主与成熟、文化的繁荣和发展，在此次盛会中能够获得话语空间，能够有学术主张和交流，可以说是具有划时代历史意义的。美学大会第一次允纳舞蹈界的参与，资老师是唯一代表中国舞蹈界在主会场进行演讲者。她以《以传播艺术之美，倡导不同文明之间的对话》为题，对中国舞蹈的发生、演变，舞蹈的社会价值，舞蹈艺术在中国走向文明的方法路径，各民族舞蹈文化之间的差异性，舞蹈在当代传播文明的重要意义等，从美学层面上进行了系统的、具有学理性的阐释。从她对演讲时间的准确把控，语言缜密的表达，内容的丰满与系统，以及演讲课件设计的精练，可以想见资老师在有病在身的情况下，所付出的努力和功夫，无疑对自己也较了把劲，特别是用流利的英语演讲，我们在聆听中，无不为中国舞蹈界和舞蹈学者感到自豪。由此，我们可以感受到资老师的较真视如她对职业尊严的一种敬守，对舞蹈学者学术责任的担当，在她的性情中透着学者品格中精细严厉又宽容温情，敢爱敢恨、柔情侠骨的做人原则。

较真，眼下多会惹人恼烦，不较真，“睁一只眼，闭一只眼”，“差不多就行”等已成为所谓精明的处世哲学和工作态度，如此，许多事情表面上看可能是一团和气、大家都方便，但实际上手下留情、差不多就行的后果，是置国家、人民和集体的利益于脑后。仔细分析，不爱“较真”、不敢“较真”的背后，常常有“怕”字作怪，怕较真得罪人，怕“较”掉自己的利益等。时代的发展呼唤人们多一些“较真”精神。因为在这种精神里，包含着更多的健康、积极的内涵。“较真”是一种负责任的态度，一种主动担负起对人对己、对国家对集体的责任的良好心态；“较真”，就是忠于职守，对职权的严格履行；“较真”也是一种美好的品德，更是一种关怀。如果，我们在工作中都讲求较真，也可能那些不必要的悲剧和事故，就不会伤及生命，酿成恶果。

拥有“较真”精神，需要我们具有敢于担当、敢于面对、敢于实践的气魄。古人云：“君子坦荡荡，小人长戚戚。”爱较真者，其胸怀往往坦荡宽广，不留私心，拥有真才实学，懂得有理有据地面对工作。需要我们具有高度的敬业精神、集体意识，只有把国家、集体利益看得高于自己利益的人，才会在日常工作中为纠正错误、追求卓越而“较真”。

为此，我在资老师身上所见的较真精神，是令人钦佩的，学者的多姿多彩，让人沉思流连，不能想象中国舞界如果缺少血肉丰满、敢思敢为、真见卓识，为舞蹈、为事业就是要较把劲、较个真的人，将会怎样黯然失色而失去活力，也将缺失承前启后，薪火传承的优良品德和精神。

（王伟　北京舞蹈学院原副院长、教授）

我和资老师的缘分

赵铁春

称其为老师的人大致有三类情况，一是他是你学校的专职教师并在课堂上教过你；二是他不是你学校的专职教师也没有在课堂上教过你，但是，你仍然执拗地把他称为你的老师，因为他令你崇拜、尊敬；三是你将老师的称呼转化成礼貌用语。我和资老师的师生称谓应该属于第二类情况。其实，中国当代舞蹈界的大多数人和资老师的师生称谓都和我差不多，但是也许他们没有我幸运，没有我和资老师的缘分和有那难忘的记忆……

缘分

说起来我看见资老师的第一面是在我第一次进京，第一次观看中央歌舞团的演出中实现的！

1982 年冬，那时我还是吉林省艺术学院舞蹈系的一名学生，在毕业前夕我们要排一台毕业晚会，朱珠老师找到我说系里挑到我和几名同学一起去北京学习舞蹈节目，决定我和师哥中央歌舞团的杨红令（杨红令是吉林艺术学院舞蹈系毕业生）学习赵婉华老师编导的男子独舞《金色的小鹿》。我听到这个消息时都不敢相信自己的耳朵，以为是听错了，兴奋、欣喜溢于言表……真的，当时在我们地方院校的毛孩子眼里，中央歌舞团就是“天”！中央歌舞团的演员就是天上那明亮的“星”。我们多想一步登上天，多想成为那天上明亮的星！

时间过得真快，一转眼已经28年了，然而我还清楚地记得当时朱老师是怎样带着我们几个学生在寒冬腊月，从人山人海的长春站像蛋糕师用纸卷挤鲜奶油一样被挤上了火车，坐在“硬板”（东北人将火车硬座称为硬板）上“咣当”着来到了北京；清晰地记得下车时我们的腿脚因长时间的下控、脚不敢着地那酸麻胀的感觉；清晰地记得北京那阴霾的天气，凛冽的寒风将风尘吹起迷了我的眼睛；清晰地记得我们住在西直门内大街的总政招待所（现在的西直门宾馆）里，每天早上挤进公交车准时到旧鼓楼大街的中央歌舞团，我准时向师哥杨红令学习舞蹈作品《金色的小鹿》（有时蒋奇也会来指导我）……这就是我对北京的第一印象。我更清晰地记得有一天排练完，朱老师告诉我们，晚上要带大家看中央歌舞团的演出，我们高兴极了！但是，我怎么也没有想到平生第一次看中央歌舞团的演出不仅消除了我几天来学舞的疲劳，转变了我对北京的看法，而且更使我萌生了年少冲动的“非分”之想……

演出是一台歌舞，当时引起我极大兴趣和灵魂触动的有三个节目，一是《飞天》，二是《欢乐的琴声》，三是《马铃》。尤其是资华筠和姚珠珠老师表演永远不会缠绕身体的舞动神奇的长绸“魔术”（当时我们小伙伴都将此称为“魔术”，因为我们认为能在舞蹈中不缠绕身体的绸子很神奇）——《飞天》：那由服装而外延升华的飘逸的长绸；那由演员准确的动作与长绸的畅舒合一；那将舞蹈本体的力感扩展到无限的空间去，在天地间勾勒出一幅“天人合一”的可视的中国画卷……说真的，当时我真是看傻了！因为我从来没有见过绸子的舞蹈还可以这样跳！现在回想起来，它不仅开阔了我这个学习舞蹈的毛孩子的艺术眼界，给了我艺术启迪，使我在瞬间一下子爱上了舞蹈表演。同时，它给了我巨大的勇气并使我暗下了决心：虽然我不能一步登“天”到中央歌舞团，但我一定要通过努力先到北京去。

这有生以来第一次的北京之行，第一次看中央歌舞团的演出，尤其是资华筠和姚珠珠老师表演的《飞天》，成了我“非分”之想来北京的无限动力。也许，这就是我们中国人常说的缘分吧！

零距离舞蹈和倾听

1987 年 9 月，我顺利地考上北京舞蹈学院中国民间舞系教育专业，实现了我来北京的愿望。从此，了解和关注中央歌舞团演出，认识资老师和一些舞蹈家就成了我在北京上学之余一件很重要的事儿了。其实，当时我的这些做法用今天的话讲就叫“粉丝”！后来我听说资老师调到舞研所当了所长，我心想，这下我还真不太容易认识资老师了！

1991 年 6 月我从学校毕业了，而后的两年中由于忙于糊口到处奔命，因此就冲淡了一些我作为“粉丝”的浪漫追求。1993 年我调到北京舞蹈学院民间舞系做了一名民间舞老师，所以在 1995 年我才有幸到安徽蚌埠采风并参加花鼓灯研讨会开幕式。有了这次的会议，才实现了我和资老师真正的面对面的相识。在安徽采风过程中，我零距离地领略了资老师对花鼓灯舞蹈准确的把握（绝不逊色于当年舞台上的《飞天》表演），她一直和我们年轻人一样奔走于花鼓灯班子表演之间，时常和艺人一起玩灯，舞姿婀娜，时常还给我们讲一些例如花鼓灯的“三点头”“拐弯”等动态的“范儿”。

在研讨会上，我认真倾听了她《试论花鼓灯的“舞蹈生态幅”》的论文，使我受益匪浅，文中谈道：“‘舞蹈生态幅’是舞蹈生态学科中的科学术语，在这门研究自然和社会环境与舞蹈的关系的学科中，我们把舞蹈作为核心物，置于相互联系相互作用的系统中进行宏观的多维的综合考察，研究哪些环境因素影响和制约了舞蹈以及它们以何种方式、何种程度影响制约着舞蹈的发生、发展及其表现形式……这当然不能是空洞的泛论，而要通过系统的——可操作的方法论来实现。‘舞蹈生态幅’就是这个整体系统中的一个重要的理论概念，是观察分析舞种与舞蹈生态——与舞蹈发生关系的环境因素——相互影响与变异的一个特定的角度。”那么，怎样以“舞蹈生态幅”为理论基础来分析和研究花鼓灯舞蹈？她给我们做了一个经典的案例分析（以下文字是引述资老师论文中的小标题，具体内容详见《舞思——资华筠文论集》，文化艺术出版社 2008 年版）。她指出：一是“历史渊源考察”；二是“形态特征提取”，包括“节奏型、呼吸型、典型舞姿造型”；三是“语言的审美表意功能”，包括“生活的情趣升华，生活动作的提炼，表意与审美功能——抒情性与叙事性相对完美的结合，南北文化的交融”；四是“‘舞体’及传承方式”。这些分析字字入真，句句入理。当时资老师的演讲的确启迪了我的思想，使我豁然开朗，使我认识到在我们已知的动作背后还有那么多未知的文化。是的，我们大多是只知其一不知其二，我们知道动作怎样做、怎样教，但并不真正了解和认知动作背后的文化语义和成因等。虽然我当时对资老师的有些论述还不能完全弄清，但是我坚信她的“舞蹈生态幅”理论绝对是我们全面认识民间舞蹈的一把钥匙。后来我听说科学分析花鼓灯舞蹈的方法论是以她和三位作者在 1991 年合著出版的《舞蹈生态学导论》一书的理论为基础的。当时我想，我一定要看一下这本书，好好再听资老师讲一讲。

“天天讲，月月讲”

时间飞逝，一转眼到了 2001 年年底，我通过竞聘一夜之间成为北京舞蹈学院中国民族民间舞系主任，从那以后我和资老师的接触就更多了。记得是 2003 年在云南，我参加中国舞蹈节，做“荷花奖”中国民族民间舞蹈评委，并代表民间舞系和潘志涛教授在研讨会上发言，当时是资老师做大会主席，我虽然和资老师已很熟，但在她做大会主席的研讨会上发言我还是第一次，因此还是有些紧张。在资老师介绍我头衔时我已走上了台。“资老师好！”我有些不在调儿上。资老师似乎是洞察出我的紧张，她和台下的与会者说：给我们舞蹈学院年轻的系主任一些掌声，台下果真积极响应。当我坐在演讲台的座位上时，由于有了掌声的配合，我立刻来了“神儿”，已全然忘记了紧张，用 15 分钟时间将《为中国民族民间舞蹈正名》一文高度概括，并准确回答了与会者的提问。最后资老师表扬说：“铁春是掌握时间最好，回答提问精练的发言者。”

其实，资老师一直关心着我，关心着我们的学科建设、创作和科研的建设等。例如 2004 年校庆，我们做了 50 年来中国民族民间舞学科第一次的学术论坛，当我邀请资老师来参加并作主题演讲时，她欣然答应。资老师在大会上的主题演讲《开掘提炼科学化传授》又一次给我们提出了学科建设中新的基础性的课题，即她重申了她对“中国民族民间舞概念的认识”。同时她把从事民族民间舞蹈的教育家们比作“淘金”“酿蜜”的人，“绝非一蹴而就”，“是值得自豪，令人尊敬的”。同时她告诫和勉励我们：教育家们应该“首先是深入继承——要害是‘追根溯源’，获取第一手材料。其次是分析研究——要害是‘取精去粕’，提炼各民族舞蹈典型性的审美特质。再次是规范化、系统化整理、传授，使学生‘轻易’而准确地获得其中的真谛。最后是在此基础上，建立教学法（科学方法论），其职业化水准体现于风格化与技艺性的相对统一。四个方面都不可忽视，诸多成果包含了多层次的工作，而且是一个动态化的、渐进式的、不断丰富、提高的过程”。是的，中国民族民间舞蹈职业化教育走过了辉煌的 55 年，已建立了自己的中国舞蹈的教育体系，当接力棒传到了我们这代人的手上，当我们重新回望那条已走过的坎坷的道路时，中国民族民间舞蹈教育的一些关键性问题一定要老一辈舞蹈艺术家们不断提醒和指导，“天天讲，月月讲”，因为我们就是做中国民族民间舞的！

如愿以偿

其实，我从担任中国民族民间舞系主任以来，一直想实现邀请资老师为我们讲她的《舞蹈生态学导论》的愿望。但是由于种种原因，使我邀请资老师的计划只能一拖再拖！例如，学院 2001 年年底到 2002 年的学科建设和教改；2003 年准备到 2004 年圆满完成 50 年校庆任务；2005 年到 2007 年年底我们经过近两年的努力奋战，最后以优异的成绩通过了教育部对我院的本科教学评估（民族民间舞系是全院的最大教学系）；2008 年是奥运年，系里的老师承担了大量的编创奥运、残奥会开闭幕式的任务，学生也参加了重要的表演任务，一干就又是一年。

2009 年我们终于迎来了一个从年头开始就有喘息的时刻，因此 2009 年我做的第一件事就是 1 月 11 日上午在北京九华山庄会议中心邀请资老师为我们全系老师和全体研究生讲她的《舞蹈生态学导论》，我终于如愿以偿，圆了请资老师讲课的梦！资老师一上午的讲课深入浅出，从实践到理论再从理论指导实践，从分析入理到科学论证，将这门“艺术研究方法论”的主要学术观点、方法理念以及分析的案例浓缩地展示在我们面前，我们大家无不像吃了货真价实的营养素一样，有了无限的力量。

听资老师的讲课总觉得时间过得太快，资老师的课在今天虽然讲完了，可她那研究艺术的科学方法论将对我们不断进行科研、学术探索和理论建设等发挥着指导性的作用。

是的，我从来北京偶然看资老师表演《飞天》到今天必然倾听她的《舞蹈生态学导论》，也许这就是我和老师的缘分。的确，资老师对我成长的影响是引领性的，对我工作的支持和对我个人的呵护是真诚的（有时只是一个手机短信）！因此我从心底里想说：资老师，您的学识令我钦佩，您严谨求真的学术态度，孜孜以求的探索精神，您的人格魅力，对我们小辈的严格要求都将不断激励着我前行！资老师，您既是我的老师，也是我的榜样，更是我们舞蹈晚辈的榜样！

（赵铁春　国家大剧院原副院长，
中国舞蹈家协会第十一届副主席，教授）

不断求索　不断精进

——写在资华筠从艺六十年之际

徐尔充

我和我的老伴刘有参都是和资华筠相识近 60 年的同行、同事和朋友。60 年来，早期资华筠和刘有参分别是中央歌舞团和总政歌舞团的舞蹈演员，有时在一起学习和交流，有时在一起同台演出，相互学习、相互鼓励。后来我作为《舞蹈》刊物的编辑，也常常约请资华筠撰写文章，有时一起参加专业会议，研究探讨学术问题。20 世纪 80 年代，她出任中国艺术研究院舞蹈研究所所长，在她的组织领导下，我们又合作完成了不少研究课题。后来还协助她做了一些培养博士研究生的工作。

在近 60 年的友谊交往和合作共事的过程中，让我感受最深的一点是她所具有的不断求索、不断精进的品质，我以为这是她在我们同辈人中能取得较高成就的主要原因。人生如远足。我们这些新中国成立前后参加舞蹈工作的人就像一群参加马拉松赛跑的人，一开始跑在这条建设新中国舞蹈文化大道上的人成千上万，一时看不出好坏，分不出先后，但是，跑着跑着，优劣尽显：那些意志强、技术好、善于调整状态又能不断学习、坚持到底的人，就会脱颖而出，率先获得成功。

资华筠刚参加舞蹈工作时，虽然有良好的家学渊源及艺术潜质和身体条件，不过她毕竟才是一个十几岁的小姑娘，但是，由于她热爱舞蹈艺术，勤学苦练，悟性很高又得名家指点，入道不久，就陆续表演了群舞

《红绸舞》、双人舞《飞天》、领舞《孔雀舞》、独舞《白孔雀》《思乡曲》《长虹颂》等作品，成为中央歌舞团的主要演员。长期的舞蹈艺术实践，不仅展现了她在舞蹈表演方面的优异才华，而且尤为重要的是，为日后她在舞蹈理论方面的发展，积累了丰富的实践经验和研究资源，也使得她的理论和评论更能切合实际，更能有力地影响舞蹈艺术的实际发展。

20 世纪 80 年代，资华筠首创提出并建立了舞蹈生态学理论体系，同时在各地举办学习班，传播这一学科思想，丰富了舞蹈学的思维空间和研究方法。

资华筠在舞蹈研究所的领导工作方面是有开拓性的。20 世纪 80 年代至 90 年代初，她组织领导了“中国当代舞蹈精萃”专题，这项专题的主旨是用录像的手段将中国当代舞蹈家的艺术生涯和舞蹈艺术成就形象地记录下来，作为一项鲜明生动的传记性的舞蹈家活动史，使之传留后世。这的确是一项很有意义的开拓性工程。这项工程的第一阶段也确有成果：录制了吴晓邦、戴爱莲、贾作光、康巴尔汗和陈翘等舞蹈家的专辑，在舞蹈界的反响也很好。但可惜这项需要大量资金、人力和时间的工程终因投入缺少而暂告一段落。尽管如此，我认为这项工程的开拓性意义是应当充分肯定的，而且，希望在条件成熟的时候再把它继续下去。

资华筠在极度关注个人承担的研究项目的同时，也十分热心地参与组织领导和推动群众性的舞蹈活动。改革开放以后，群众性舞蹈活动蓬勃发展，如何提高群众舞蹈文化的水平，也成为政府有关部门和专家所关心的一个方面，这一时期，成立了中国社会舞蹈研究会，资华筠当选该会会长，在多次全国性社会舞蹈比赛和“群星奖”的评选工作中，热情参与，组织领导，秉公评选，尽心尽力。直到最近几年，她还常和热爱舞蹈的青年人面对面地交流。2005 年年末，她在深圳文化大讲堂活动中作了题为《先进文化与舞蹈审美》的演讲，她说：“我热爱舞蹈，渴望向所有人传播舞蹈的魅力。”“热爱舞蹈，欣赏舞蹈，就能点燃你的生命。”她致力于提高公众的舞蹈审美水准。她说："审美主体的文化品位，直接影响他对于这门艺术的欣赏和审美获得的程度。审美消费水准是建设先进文化当中不可或缺的，如果审美群体水准提高了，就能促进产生更好的文化产品，而更好的产品反过来又会促进群体审美水平的整体提高。"

近些年来，资华筠竭尽心智培养了一批青年才俊，在这一工作中，应她邀请，我曾协助她做了一些硕士和博士生学位论文的撰写及后来参加审定论文答辩等工作。在这一系列的工作过程中，我感到作为研究生导师的资华筠对学生的要求是十分严格的，从论文选题的确定、框架结构的组织、到具体的文字表达，往往都经多次反复修改才最后敲定。她在学术研究和研究生培养方面确实付出了许多心血。还记得，50 多年前，曾有人笑话我们年轻的舞蹈人"头脑简单，四肢发达"，曾几何时，经过半个世纪的学习、实践、求索、精进，到如今，已然是杏坛芬芳，学者如云，此情此景，真是舒畅人心。

近些年来，舞蹈艺术取得很大的发展，这是主导方面。但是在舞蹈创作和舞蹈审美取向上也有一些问题：五光十色的灯光造势、目不暇接的服饰更换、非舞蹈动作的无序堆砌，不仅影响了作品内容的表达，同时也挤压了舞蹈本体的呈现和发展，使本应腾跃飞天的舞蹈缚上了"沉重的翅膀"，使本应以情感人、摇曳多姿的舞蹈失去了应有的清纯和率真。

作为舞蹈评论家的资华筠，自然十分关注这些情况，她及时发表了一系列评论，同时也在一些座谈会和报告会上直言不讳地指出：现在的舞蹈虽然很繁荣，但是也有忧思。当前比较突出的毛病是：媚俗化、蛮荒化、民族属性的淡化。她说，一些人以为一跳少数民族舞蹈就是越野越好、越原始越好，也不抱着虚心的态度好好学习，题材就信手拈来。另外就是虚空化，舞蹈作品不知道说的是什么，完全出于自我，我觉得是什么就是什么，没有和生活、社会、人民贴近的那种激情，没有那种点燃人心灵的激情，没有对更崇高的美的追求。她告诫：不能应和这种东西，而应该有自己更崇高的追求，用舞蹈唤起人们对生活更美好的追求。同时她也呼吁人们提高自身的审美水平，她说："如果你们看到这些东西就讨厌，这种东西就没有了市场。"由此看出资华筠是一位既有丰富学识又有社会责任心的舞蹈评论家。

以上，是我和她在共事过程中的感受，其实，她是一位多面手，她做的事情还有很多，如担任《中国大百科全书》第二版舞蹈学科主编，保护非物质文化遗产等，许多方面都卓有成就，由于不了解具体情况就不一一赘述了。值此纪念资华筠从艺 60 年之际，衷心祝愿她不断求索、不断精进，取得更大的成就！

（徐尔充　中国艺术研究院舞蹈研究所研究员，
中国舞蹈家协会原理论创作委员会委员）

资华筠：一份独特经验的普遍意义

江　东

资华筠老师是一位令人仰慕、令人尊敬的舞坛前辈。她独特的人生之路，成就了一番独特的事业，成为中国舞坛的一个传奇。而剖析这份独特的成长经验，则有助于其在普遍意义上的延展。

资华筠老师是一位舞者，同时又是一位舞界学者。这种难得现象的组合排列，并不像它看上去那么简单，而是在其中蕴含着一定的道理。

现代社会一个很鲜明的标志就是分工精细化。在外人看来，搞艺术的不过是唱唱歌、跳跳舞、演演戏而已。然而，从职业的角度看，在“艺术”这个大范畴中，各司其职却是最基本的专业要求。即使是跳舞这个行当，在一般人眼里更不能理解：居然还分什么实践和理论这两大领域。从现代社会的分工来看，这当然是现代社会分工精细化的一个结果。让圈外人大跌眼镜的是，即使在跳舞这个营生的“实践”领域，进一步分工依然精细：从职业上看，有人是演员，有人做编导，有人当教师；从舞种上看，则更出奇，有人一生在跳民间舞，有人则以古典舞为生，还有人居然是除了芭蕾舞一辈子也没跳过别的舞蹈形式……凡此种种，证明了不同的分工而形成的彼此绝对不同的领域。不过，就舞蹈专业的第一层分工而言，我们是可以把舞蹈分为两大领域的：实践和理论。前者修“器”，后者为“道”。“道”“器”相生，伴随这个事业走上顺利发展之途。

在圈内，“道”和“器”的修为是完全不同的两个途径，一个走的是脑子，一个用的是肢体；一个用笔墨，一个用动作；一个属学术界，一个为艺术圈。这样一分析，自会看到舞蹈领域的“实践”和“理论”这两大领域，虽然关注的都是舞蹈，但实则是需要通过完全不同的方式来发挥作用的。这也就是为什么，在舞界，能够横亘于两大领域的人物可谓凤毛麟角。

资华筠老师就是一位在两大领域都游刃有余的中国舞坛名家，她的成长过程成就了一个传奇式的人生个案。虽然说，这种个案未必能够复制，但对其的剖析，同样可以提供清晰认识此个案的证明价值，从而总结其可能含有的普遍意义。

我们都知道，资华筠老师做舞者时就是一位响当当的舞蹈表演人才，无论是她早年进入中央歌舞团学习，还是后来发展到高峰时期的“三人舞蹈晚会”（与姚珠珠、王堃合作），她的舞蹈表演才华一直令人瞩目，这让她成为中央歌舞团的主要舞蹈演员并在后来担任过艺术指导等职。这个过程看似并不离奇，因为在中国舞坛，许多人物都是这样走过来的。如果不是后面的情况开始“离奇”，这些似乎也是微不足道的。

但是，情况开始“离奇”了。资华筠老师在艺术上取得了重要的成就之后，居然被调到中国艺术研究院舞蹈研究所担任所长一职。这可是非同小可的“离奇”情况，君可知，这个职位曾是中国一代舞蹈宗师吴晓邦先生担任的！

从实践领域转到舞蹈的理论领域，这个跳跃是非常大的，况且还要负责这个领域的领导工作。可想而知，这是一种怎样的人生挑战。

能接受这样的挑战，与资华筠老师之前的积累也是完全分不开的。尚在实践领域中遨游于舞蹈之海的她，从很早便有意识地开始注意在文化上的学习和撷取。她勤奋好学，虚心汲取着一切文化养分，从而获得了长足的进展。

其实，能这么有心地积累文化养分，除了她自身具有聪慧的天资之外，她自小所受的家庭教育，也让她的这份聪慧获得了开发。难得的家庭教育，自身具有的聪颖天资，再加上她后天的刻苦努力，所有这些成长背景让资华筠老师的“跳槽”顺利而自然，从一个领域跨越到另一个领域时所特有的巨大心理落差非但没有成为障碍，反而成为她进步的跳板，这既缘于她的聪颖，更缘于她的努力。

成为学界一员的资华筠老师果然没有让众人失望。在这个新的领域中，她以一颗寻常的心，做出了许多不寻常的成果，特别是“舞蹈生态学”的建立，昭示出她驾驭舞蹈科学在眼光和方法上的巨大进展。

《舞蹈生态学导论》一书，在中国舞蹈界开一代先河。它注重学理价值，为舞蹈的研究设立了一种具有方法论意义和功能的基础，这在中国舞界十分难得，在国际上也不多见。她的“舞蹈生态学”影响了许多新一代的舞蹈学人和学生，他们采用这个方法对中国的舞蹈形态做出过具有突破性的研究，并取得了一大批有目共睹的学术成果。在中国舞界取得如此成果的今天，我们无论如何都不能忘记资华筠老师作为该领域开拓者的功劳。

正像这本书确立了资华筠老师在舞蹈学界的地位一样，她辛勤的耕耘换来了她登上了中国舞蹈理论领域的制高点。她一篇篇经过字斟句酌的文章，在舞蹈界甚或艺术界都产生了不小的影响，她睿智的深思和凝练的笔墨以及成熟的表达，均显示出一位舞坛智者的胸怀和洞见，一位舞坛知识分子的忧患和情操跃然纸上。

智慧是以思考为台阶的。资华筠老师虽然经常自谑自己是一个没有接受过高等教育的博导，然而她敏锐的思维能力和精密的思辨能力以及精到的思考结果，经常让人拍案叫绝。这些，自然缘于她超常的思考习惯和不懈的经年积累。

除了以上所述，资华筠老师还是中国艺术界不多的几位能在国际场合用英语进行学术交流的人物。良好的英语水准，让她可以代表中国在世界范围内阐发中国艺术家的观点。这样的才能同样来源于她的聪慧和不懈的坚持。

成功只眷顾那些有准备的人。资华筠老师之所以能够成为中国舞坛之翘楚，能够成为一位承前启后的舞界精英人物，自然不是偶然的。分析资华筠老师的成长及成功之路，我们虽然会看到一个非常特殊的个案，但同时又完全可以体悟出一份榜样所具有的普遍意义。

（江东　中国艺术研究院舞蹈研究所原副所长，
研究员，博士生导师）

舞步中的烛光

李桂芳

现代人的生活注定会在灯火的光亮中度过。然而还有烛光，那微弱却足以触发信念的烛光，则能点燃智慧人生。

资华筠老师曾在一篇散文中，提到过“记忆的筛选器不时地摇动着‘烛光’”，述说过那使她“感到舞魂重新附体”的“烛光”。我想，这是一个隐喻，一个人生的寓言。“灯光”象征着现代文明，科技之光，资老师曾在灯火追光的舞台上，有过从“孔雀”“飞天”到“金梭与银梭”舞步翩跹的艺术辉煌；但在她心中，始终秉持着“烛光”，那是智慧的象征，学识的象征，是人文之光，尤其是在她从“舞蹈家”到“所长”“学者”的角色转换中，这“烛光”更显明亮。

我是 1987 年从内蒙古歌舞剧院调入中国艺术研究院舞蹈研究所的。不久，资华筠老师就任我所所长。我和同事们一开始也都是以“仰视”的目光看待这位新所长，但时间长了，渐渐地接触多了，了解也就多了，才知道她“风光”的背后，其实是一个敢讲真话、思想活跃、“闻短则喜”的人，一个怀有“真的神往的心”的人，一个如同自己姐妹一样普普通通的人，一个以“烛光”燃烧自己也启迪他者的人。

“烛光”升起的是微弱的火焰，却又会冒出一股令人遐想的气。细细品味，我觉得在资老师身上，也确实冒出那么几股子“气”儿。

一、作为师长的“才气”

资老师自己坦承学历不高，之所以达到现有的学识水准，完全是靠勤奋业余“自学成才”，而且每年每月坚持自己的读书计划，恪守“学而年轻”的信条，终于进入了一个“胸有烟云、笔底波澜”的境界。在往往被戏称“头脑简单，四肢发达”的舞界，她无疑才气洋溢，是有思想的才女。一旦走上舞蹈研究所所长的岗位，她深知这不是一个“官职”，而要在学术研究、学科建设上为人师表。她把自己的“求异思维”带到舞蹈研究中来。20 世纪 70 年代末以来，当那些书斋里的艺术模式化批评被人诟病，当那些就作品谈演出的浅表式评论被人厌烦时，资老师敏锐地意识到艺术批评应该多样化、学术化，从新兴的“生态文艺学”中汲取智慧，在她上任不久就提出了“舞蹈生态学”的知识命题，让舞人们眼睛一亮。后来，教育部组织一批有关专家进行《国家义务教育综合艺术课程标准》的制定，同时还要根据不同年级阶段的标准搞实验教科书的撰写。资老师作为舞蹈分支的负责人，做了大量的理论指导和组织联络工作，我有幸参与了这个国家级项目。当初在“舞蹈教育与标准”的导言撰写中，我引用了资老师“核心物”“生态项”等观点，得到了与会专家们的充分肯定。

二、作为领导的“大气”

身为一所之长，又有多种社会兼职，资老师的日程安排之紧是完全可以想象的。如果事必躬亲，肯定忙不过来。她懂得“弹钢琴”的领导方法，抓大放小，点面兼顾。舞研所分“史”“论”“外”“资”“办”“集成”六个摊子，全所总共才二十来杆枪，还包括一个《舞蹈艺术》编辑部。资老师尽管全面主持工作，但她把主要精力放在抓重点课题，抓研究、刊物，抓对外交流上。她热情鼓励研究人员多出成果，多报项目，多与国内外同行切磋舞理、舞艺，把舞蹈所办成一个开放型的学术平台。为了《舞蹈艺术》刊物的质量和品位，她不但亲自向外界约稿，还将自己写的有分量的论文，首先交给《舞蹈艺术》发表。我担任刊物编辑部常务副主任时，出版、发行不时遇到难处，资老师都会给予大力支持，亲自出马打通关系解决问题，使《舞蹈艺术》坚持发行到了 49 辑。如今，这些刊物的纸开始“泛黄”了，但仍留下了领导的心血和同事们的学术汗迹。

三、作为诤友的“爽气”

资老师在一次跟友人的对谈中作过这样的表白：“真正了解我挺难，因为我这个人确实比较简单，想得复杂了反倒判断不准。有时针对下级的一点失误或缺点，毫不留情地批评人家一通，但该给你办事还要给你办到。越喜欢的学生越苛刻，有时反遭误解，甚至记仇。有些人事后理解了，感激终身。有的人永远记疙瘩，甚至寻机报复，我都以简单对复杂，该怎样还怎样——自己绝不负人。”这种作为诤友的“爽气”，也曾经泼洒到我头上。1992 年 10—12 月，我受艺研院组织指派，一行四人赴深圳沙头角执行“共建文明镇艺术培训基地”的舞蹈教学任务，时间三个月。我一人承担了四个不同素质、不同年龄段的业余舞蹈班教学任务，除去古典芭蕾、民族舞基训外，还要求编创一台演出晚会。任务艰巨、繁重，每天要工作 10—12 个小时，生病高烧 38℃时仍然要坚持工作，最终获得当地政府高度好评和奖励。但背后却遭到个别人用不正当的手段诬陷我，为此哭过好几回。还有，《舞蹈艺术》有两次运作过程不顺畅，虽然是别人的延误和责任，但我却挨了批评，心里感到委屈，为此也曾落泪。资老师了解实情后，直率地批评我“感情太脆弱”。当时我不理解，心想：从小争强好胜的我，怎么成了“脆弱”？及至耳顺之年，我才彻底明白过来，她批评得有道理，人生不必过于计较，“心底坦荡”“难得糊涂”，就这么简单。

四、作为大姐的“暖气”

我比资老师的年纪小一轮，因为都是女性，因为从“演员”到“研究人员”的转换有相同之处（不过，我还多了一层从“地方”到“中央”的转换），也因此，进舞研所后，自己选择搞资料工作，更加兢兢业业，小心谨慎。后来，资老师曾有让我转到“研究系列”的表示，但我向她说明，自己虽有舞蹈实践经验，但理论底子薄，研究要以文献资料的积累为基础，况且舞研所因“文革”的破坏而图像资料杂乱一堆，特别是许多珍贵的文物文献亟须抢救整理，先紧“资料”再“研究”吧。资老师对我的想法表示了理解，并鼓励我双肩挑，使自己心中感到一份暖意。就是因为有这样的领导关怀过自己，我决心勤奋努力、克服重重困难迎接挑战。更让我感恩的是，因职业所需从小练功，20 多年积劳成疾的伤病常常折磨着躯体，有一年，膝关节病重发，积水、肿胀、疼痛导致生活无法自理，专家建议做关节置换术，我害怕、想不开。就在我极度困惑时，资老师给了我很大安慰，真是“同行相惜”。她不仅做我的思想工作，而且亲自帮忙联系最好的医院和专家为我治疗，并再三叮嘱我要学会自我保护：“能坐着就别站着，能躺着就不要坐着……”一席劝慰，使我有冬日围坐炉火般的温暖。还记得 1997 年 8 月，首都艺术家组团去大同“希望学校”献爱心、送温暖、传技艺，我有幸与资老师和各界名人同行，内心充满喜悦。到了贫瘠的大同地区，到了贫困而又向往艺术的大大小小的孤儿中间，为孩子们辅导和讲学。我们相处得像姐妹一样，还都被特聘为“希望学校”的校外辅导员，又一次戴上了红领巾。让我感动的另一幕是：在这次夏令营活动中，艺术家与学生们有一个互动舞蹈节目，资老师因有腿疾，完全可以不参加这项活动，但她却没有选择逃避。音乐响起，她兴致勃勃地冲向露天操场，顶着炎热的太阳与大家欢欣共舞。出于同病相怜的本能，我边跳边用余光不时地扫视资老师，有几个“下蹲”的舞姿动作，她并没有省略，而是巧妙地将上身前倾度增大，强忍膝盖的疼痛而面带欢笑和学生们一起舞动。这一幕，让我顿时敬佩三分。这么有身份的一位艺术家，不但亲临现场，而且表现得如此出彩、坚毅、亲和，真让人感到她“暖气”四射，令人难忘。

说了上述的“气”，其实，在资老师身上，还有不媚俗的“傲气”，执拗的“傻气”，办事的“胆气”，处世的“活气”，治学的“理气”，文章的“锐气”等，当然，还有无后顾之忧的“福气”。这种种“气”儿，聚集到一“气”，那就是当代优秀的艺术家德艺双馨的“骨气”“英气”。可以这么说，资华筠老师从艺60年，她那灵动的舞步中处处有烛光在闪烁，这智慧的、舞人与学人兼具的品性之光，在“赢家通吃”“遍地狼烟”的今天，又是多么的珍贵！

（李桂芳　中国艺术研究院舞蹈研究所副研究员，
中国舞蹈家协会会员）

资华筠所长帮助我进步

陆小英

也许是工作的缘故吧，我担任舞蹈研究所办公室主任期间和资华筠所长的接触就比较多一些。许多事，给我留下深刻印象。

记得 20 多年前我调到舞蹈研究所工作时，第一次见到资华筠老师，我不假思索地称呼资所长，“就叫我资老师吧”，我看着她平淡的神情，似乎读出了什么……打那以后我也和全所同事一样称呼她“资老师”了。

的确，“当官”这件事有些人看得很重。图虚名，不办事，过官瘾的，大有人在。舞蹈研究所所长的职位，在资老师看来，就是在学术、科研战线上实实在在为大伙办事，为舞蹈事业做事足矣。“坦坦荡荡做人，真真实实做学问，认认真真育人”，这是她为之奋斗一生的信念。资老师为人处世的性格极为简单明朗，绝无虚假，不动心计，因为她做人、做学问的出发点是善良的。

我从舞蹈研究所办公室的办事员到科研秘书又成为办公室主任兼有中级技术职称，与资老师的严格要求是分不开的。那时我 30 多岁，从工作中的点滴到事关原则性的大事，资老师对我及全所的每个年轻人都言传身教，严格要求。

记得刚到所里工作时，虽然我的工作态度是积极认真的，但对于我不愿意做的事情，表现既娇气又有惰性，资老师毫不客气地不止一次地批评过我。我当时认为批评过分，都是些小事，根本就觉察不到严重性，当然

陆小英与资华筠合影

面对批评，也不敢不接受，因为资老师的批评是认真而且严厉的。当时对于资老师的批评我采取“虚心接受缓慢改进”的态度。

但渐渐地，我在工作中观察到资老师上班从不迟到，每次提前到办公室，自己端着脸盆擦桌子、窗台；拿着墩布擦地，亲自打扫办公室的各个角落。从不要任何人帮忙，多年如一日。论身份，资老师可是大家闺秀啊，是名人，局级所长，国际奥艺会执行委员，又是多年的全国政协委员……论姿色，那时她年轻美丽，娇好的身材，丝绸般白皙的皮肤，超人的气质，无论怎么说都是女人里的佼佼者。可是娇气在她身上怎么一点儿看不见？我还真的好好深思了一阵子……

后来我一直带着这个思考进行着每天的工作，经历了很长的时间。我发现凡是做出成绩的人都离不开勤奋，更不是凭一时的兴趣，而是坚忍的精神。这与娇气、惰性是格格不入的。

自古以来多少名人名家都是从点滴做起的。我悟出了：上班迟到，生活上娇娇气气，凭着小聪明和兴趣，再加上惰性还能做大事吗？不但做不了大事反而会耽误青春的，世间有很多人为此耽误一生而后悔莫及的不计其数。资老师教我如何做人、处世，为的是使我不断进步，只有这样才能做好本职工作。

在资老师的教诲下，在工作中我努力克服娇气和惰性，从小事做起。工作中逐渐能干了，领导布置的工作不但有效率而且也有质量了。面对国际国内重大学术交流、大型活动的组织参与，在能力上都有很大提高。资老师对我在舞蹈研究所的工作和领导交给的任务也开始满意放心了，配合舞蹈研究所领导的工作也默契了许多。由于克服了娇气和惰性，虽然离资老师的要求还相差很远，但工作已有了突飞猛进的进步，能很好地完成所和院领导交给的各项工作。因此舞蹈研究所办公室的工作经常得到全院的通报表扬。后来又得到院领导的重视，任命我为艺术培训中心副主任、研究生院学生工作处副处长等职务，得到了研究院领导的信任，这都与资老师的帮助教育是分不开的。

一件件往事不但教育了我还使我记忆犹新。至今我还兼任着研究生院研究生班的班主任工作，经常用资老师的话来教育研究生班的学员，也以此来教育我的下一代。

随同资老师在舞蹈研究所工作的日子里，她为人、做学问就是讲真话，资老师不但讲真话，还不怕说了真话得罪人，这可不是一般人能做到的，有的人一辈子也做不到。因为讲真话是需要水平和具有前瞻性的，被资老师说真话得罪了的人，当时往往听不进去，有人经过了很长时间，甚至多年，至今才突然明白了，觉得资老师说得对。其实听得进去真话，也是需要水平的，有能力的人，就提前进步了。资老师自己就喜欢听真话，哪怕否定了自己最初的想法，只要你说得有道理，她就会欣然接受。

资老师不但忙于学术、国事等，身为所长的她，更多的精力还要放在全所职工身上。她每时每刻都在关怀着全所同人的工作、利益与冷暖。如每个研究人员的课题、著书情况和科研成果的完成情况她都清清楚楚。学术能力相对差一些的，资老师不厌其烦地帮助他们提高学术水平，培养着每一个年轻的科研工作者，在这点上她有着高度的耐心。同时她也关心研究人员的职称、福利。哪个人该晋升了，资老师记得清清楚楚，努力创造条件，没有耽误过任何一个人的晋升机会。出国、重大学术交流等活动她都不忘培养年轻专家参与并为他们争取机会，使舞蹈研究所的“出国率”很高，年轻专家业务水平不断得到提高。

资老师任所长期间，从没有将离退休老同志彻底推到老干部处，仍然看作舞蹈研究所的一员，经常邀请他们来所里共同参与舞蹈界的工作，进行舞蹈学术交流等活动。在学术上她尊重老专家，听取他们的意见。培养年青一代，充分发挥老专家、老同志的价值。新老专家畅所欲言，为舞蹈界献计献策，从而也提高了舞蹈研究所在舞蹈界的地位。

舞蹈研究所哪个职工生活有困难，资老师都很操心，每年研究院发放生活困难补助，她都亲自过问，嘱咐办公室做好工作，使每一个有困难的职工享受到组织的温暖。

老同志生病，她更是挂在心上，一次一次去医院看望，让他们安心养病，有的直至生命垂危都做到了人文关怀，并且做好家属的安抚工作。

此外，那个年代的福利分房，资老师也很费心。她自己的住房长期不达标，却为了让无房户有房住，花费了大量时间和心血。每一个住房困难的和无房户操作起来都很费精力，除了给院里打报告，有时她还要亲自一次次到院里找有关负责的同志协商解决，还做了许多细致的“公关”工作。其实有的同志至今还不知资老师当时为他们是怎样做出努力的，资老师却毫无怨言。为的是公平合理，使大家能安心工作，踏踏实实做好科研。

舞蹈研究所参与院里的活动也很积极。无论是献血、大扫除、防火防盗以及各种文体活动，舞研所都走在前面。她和全所职工像朋友一样一起嬉戏。记得有一次资老师和大家一起参加拔河比赛，她在前头紧紧抓住绳子，使尽全身力气，和大家一起摔得前仰后合，欢笑声此起彼伏，至今还在耳边。

资老师满60岁时，自己严格遵守国家规定的领导退休年龄。其实那时资老师还连任着全国政协委员，精力充沛，正是经验丰富的时候，根本不该退呢，部领导也不同意资老师退。而资老师却安排让年轻人来接班，一次次向部领导打报告提出退下来。院里有的所长比她大多了，都还没有退呢，可资老师却坚持让年轻人上，最后在资老师的强烈要求下，终于批了下来。资老师如愿地看到年轻人接班了，感到非常欣慰。

资老师在育人上更是一丝不苟，她不但严格要求她的硕士、博士、博士后的理论水平，而且还能充分发挥每个学生自身风格特点，她培养出来的学生不僵化，有声有色地活跃在不同的工作岗位上做着重要的贡献。

因为在办公室工作，很多事情是我目睹而且大都是办公室来经办的，所以了解较多。但篇幅有限，不能列举太多。资老师不但是舞蹈界的权威，而且有着高尚的品德和聪明的智慧，用高瞻远瞩来形容并不过分。资老师做人、育人、做事的品格和她的思想一直影响着舞蹈界的每一个人，尤其是年青一代。对于我更是受益匪浅，虽然我只是舞蹈研究所的一个办公室主任……

（陆小英　中国艺术研究院舞蹈研究所原办公室主任）

当代杰出的舞蹈艺术家

——论资华筠的成功经验

黄素嘉

当今中国舞蹈界，20 世纪 30 年代出生的这辈人中，享有最高学术地位的唯有资华筠。从表演艺术家跃为教育家、著名学者，现任中国艺术研究院舞蹈研究所研究员、博士生导师……须知耀眼的光环非上天所赐，而是资华筠同志 60 个春秋用智慧、辛劳、心血、生命铸就的。

我与资华筠同龄，属鼠，她仅比我大半岁，多年来同她的接触不少，尤其是 20 世纪八九十年代，接触较多，友情甚密。开会或任评委常住一室，因而促膝谈心的机会较多。从 2001 年后，我全部精力倾注于办学，与外界联系少了。但仍一直关注她、研究她，探索她和其他艺术家的成功之路教育培养学生。

资华筠的成功之路，我用一个数学公式概括：

（智慧勤奋 + 观点鲜明 + 善于攻关 + 思维敏捷）/ 机会 = 成功

这一公式，具有普遍规律，分子大于分母，则商数高、成功率大。根据每个人的优长而决定其分子的大小，分子属主观精神层面，一个人的成功，首先在于主观精神，而机会则属客观机遇，资华筠的成功之路就是她在铸造自己分子的同时，善于把握机会，又不断创造机会，故而成为命运的宠儿。

智慧勤奋，有序高效

世上不乏智者，智慧又勤奋者不多，真正的智慧者必同时勤奋，资华筠就是一个智慧而又勤奋、有序高效的杰出舞蹈艺术家。

我认识她是在 1959 年，我团接受了参加第七届世界青年联欢节，并出访东欧的任务。中央歌舞团领导特派时任《孔雀舞》领舞的资华筠来教，足见对出国任务的重视。我初见她高挑苗条的身材，两腿修长，不用介绍就知是领舞。她认真、负责、耐心地教，我们这一群来自江南的舞蹈演员对傣族舞感到十分新鲜，她的动作规范到位，讲解清晰、明确，透露出她的智慧，窥见出她的勤奋，没有大喊大叫，没有急躁斥责，一切有序进行……说也奇怪，我们这些从来没有学过傣族舞的演员居然很快地学会了《孔雀舞》。这个节目到维也纳演出时，观众一边鼓掌的同时一边跺脚，把整个剧场跺得震天响……直到谢了幕方停止。团领导慌了，马上向驻奥大使馆汇报，大使说："这是奥地利人最高的、最热烈的欢迎方式。"这时，我想到资华筠，是她教学的成果，是作品的成功，更是民族舞蹈的魅力。

多次开会任评委同住的过程中，资华筠生活的节奏，生活习惯，勤奋好学，分秒必争，都给我留下了深刻的印象。我自认为是个反应快、动作快、做事快的人，然而，同资华筠同志一起生活，我却变成了慢半拍的人。当晨光投射在窗帘上，互道一声："起床吧。"我刚下了床，她已经洗漱完毕，倚在床头念英文了；活动间，她随时携带书本，利用间隙，或朗读或默写；晚上就寝前，在我不经意间，她把一切又都弄好了，仍然靠在床头学习，孜孜不倦。我曾试着赶上她的快节奏，未能如愿，后来终于发现其中的关键是"有序"，"有序"节省了时间、赢得了时间、带来了高效。

资华筠就是这样见缝插针，分秒必争，有序高效地求知、工作。她在我们这辈人中，最早掌握外语，第一个运用电脑，第一个发表了散文集，她是时间的主人。

观点鲜明，语言简洁

凡具有鲜明的观点，善于运用简洁的语言表达者，必是修养能力较高者，资华筠属于这样的人。

中央歌舞团是中国最早高举民族化旗帜的著名的国家文艺团体，培育了一代又一代的艺术家，创作了许多佳作、力作，资华筠就是在这个优秀的团体中成长……她对中华民族的舞蹈具有炽热的情感，确立了民族化的道路。她的观点鲜明，立场坚定，态度明确，这也是我和她友谊的根本所在。难忘 1994 年，中华民族 20 世纪舞蹈经典评比中，她主持经典舞蹈的展演晚会，在介绍《丰收歌》编导时简洁的话语："黄素嘉集演员、教员、编导、理论于一身，是江南舞风的代表。"对我做了高度评价，并成为理论界常用的名言。更难忘 1996 年，在南京举办的"《锦绣江南》黄素嘉舞蹈专场"，资华筠作为特邀嘉宾光临演出现场。演出中场休息，记者向她采访观后感，预先并未打招呼，她的即兴发言："我是抱着学习和祝贺的目的参加这个活动的，晚会虽只看了一半，有强烈的感染力。黄素嘉是当代中国舞坛资深而有杰出成就的舞蹈艺术家。《东方红》《中国革命之歌》两部大型革命音乐舞蹈史诗，她都参加了创作，是舞坛唯一的一个人，说明了她的艺术生命力。繁荣民族舞蹈，创作是关键，体现者是舞蹈编导家，前线歌舞团投入力量组织这台晚会，是远见卓识，这不仅是军队的成果，也是国家文化建设的成果。《锦绣江南》体现了黄素嘉的艺术风格，是江南这片沃土，孕育了她的灵气，滋养了她的才华，前线歌舞团这个群体帮助她体现，她的作品凝练、单纯、高雅、非常清晰，不媚俗、不模式、不造作，形象和语言提炼，对细节的运用独到，是她的生活积累与艺术积累的体现，带有普遍规律，对她的经验温故而知新，对中国舞坛的创作定会有积极的作用。”语惊四座，又一次简洁地对晚会做了艺术概括。对同人、对朋友真挚的肯定与鼓励，更令我感动。所有人都一致称赞这一段高水平的讲话，充分展示了资华筠舞蹈艺术家、舞蹈理论家和舞蹈评论家的水平。

善于攻关，乐于助人

攻关是现代社会之必须，助人是社会主义提倡的风尚。资华筠不仅善于攻关，更乐于助人。

我和资华筠同志在艺术观点、审美情趣、敢于鸣不平方面是相同、共通的。但在社会外交、攻关上，我自愧不如。攻关属于现代名词，实际上是一种社会交往能力，是一门外交艺术。资华筠对领导的交流、沟通、说服力可谓独具天赋。曾有朋友对此持不同看法，说她“走上层”，而我则予以肯定。其一，她并非为自己办事，而是为别人鸣不平、为别人请命、帮助朋友、同事，甚至不相干的人，解决了各种问题。她以其非凡的胆识说服相关领导，创造了许多助人为乐的故事，理应受到赞扬。其二，“攻关”不是“拉关系”，记得 1984 年，我在桂林帮助市歌舞团搞创作，全国政协委员正好视察桂林，资华筠同志是代表团的成员，我请她留下同任艺术指导，她欣然接受。我们一同研究方案，每次领导来听汇报，她的表达能力比我强，我主动请她讲。她以全国政协委员、艺术指导身份拜见文联主席、宣传部部长、副市长，为我做宣传，也使上层领导重视舞蹈。

难忘 2003 年，我在办学中遇到难题，由时任江苏省副省长批示挂靠南京艺术学院，并同意经济独立结算……但实践中未能顺利执行，遇到许多梗阻。面对孩子们，我不知道该怎么办？就在这时，资华筠真诚地助我一臂之力，2004 年 1 月 13 日我给李书记写信，15 日即获特批。在我看来，资华筠同志的善于攻关，与助人为乐紧密相连，她是为别人办事，所以理直气壮，不谋私利，才能赢得领导的信任与支持。

思维敏捷，勇于自析

聪明人有各式各样的，生活中的现象不乏有自作聪明、自持聪明、耍聪明直到反被聪明误，此乃小聪明。另一种有深度的更上层次的聪明，不仅能运用智慧去开拓、去学习、去解决各种难题，更善于把别人的特长变成自己的优点，敢于剖析自己，勇于听取意见，变短为长。我称这种聪明为大聪明、大智者，资华筠同志属于后者。同她的交往中，看不到一般小女人的那种小肚鸡肠。她的思维敏锐，对问题的认识判断较客观准确，使她能看到并承认别人的优点，记得 1986 年，她在给我的一封信中列了四条优点，谦虚地表示：这几点不如你。当时我上大学的女儿看后大发感慨地说："小资阿姨真了不起，她能如此坦诚地列了您四条优点，尤其是其中一条说：你比我更无私。这是需要一番勇气，具有一种胸怀，勇于承认别人的优点，勇于自析；这种良好的心态，相信她以后在事业上定有很高的成就。"事过 24 年，被我女儿言中了。

同年，我和资华筠同志在深圳参加海峡两岸关于民族舞蹈研讨会，会议间，由于她敏锐地发现了种种问题，总是单刀直入十分尖锐地提出。面对朋友我只能说真话："有的问题您讲得对，却不分大小、不分时间地点，太张扬了。"令我意想不到的是她不但不生气，反而说："我真的要注意了……"她的自析，反而使我觉得话过重了。

其实优、缺点是相对的、辩证的。她直率、敏锐、善于发现问题、敢于揭露，眼睛容不得一粒沙子，是优点；然而不分场合、不看对象，一律指责，又成了缺点。经过一番思考后，我对她说："小资，太张扬是给人的印象，实际上是你缺少方式方法。"她仍然坦诚地说："你说得对，我给人的印象就是太张扬了。”

……杰出的舞蹈艺术家资华筠的成功之路，既是她个人的经验，也是社会的精神财富，值得舞蹈界同人学习、研究、借鉴，促进舞蹈事业的繁荣与发展。

（黄素嘉　著名舞蹈编导，江苏省舞蹈家协会原主席）

她的期待让我梦想起飞

——有感于同资华筠老师神交的岁月

刘　晶

早就听说过资华筠老师的名字，以为她是一位严肃的长者，睿智的智者，无形中就生出许多敬畏来。这便是我与资老师神交的起始，再后来，在一次次神交中，我突然懂得了，有时候，敬畏也是一种缘。

现在想来，真正认识资老师是因为舞剧《虎门魂》，这是20世纪末，我们广州军区战士歌舞团为庆祝香港回归创作的一部大型舞剧，舞剧讲述虎门销烟的故事，然而，此剧却没有出现林则徐的身影，只是选取了普通人物的视角，以渔女和炮手的情感纠葛为线索，通过对这两位主要人物的刻画，艺术地再现了中国人民不畏强暴、奋起抗击外族入侵的伟大斗争，塑造了中华儿女用鲜血和宝贵的生命捍卫民族尊严、保家卫国的英雄形象。

我在剧中担任女主角。当时我20多岁，对这样一部宏大题材的历史舞剧的把握心中没有底，心里没底就难以完成人物的演绎。正在我担心与迷茫间，不经意地翻看到一些关于舞剧表演的理论文章，一读之下，其中几篇文章对我启发特别大，我如饥似渴地又读了好几遍，再结合对剧本的研究，对角色的揣摩以及编导的提示，我很快就进入舞剧女主角渔女的情感中去了，这种感觉一旦找到，再融入历史大背景就相对容易多了，这几乎决定了我饰演该角色的成功与否。

然而，更令我感到缘分的曼妙处在于，舞剧立排后的一天，我酣畅淋漓地演绎了渔女的角色，刚刚走出剧场，一位眼神慈祥而面容青春的老师叫住我，说了一些表扬与鼓励的话。我感觉她说的话是那样平实却又充满了哲理，言语之间对舞蹈把握得那样精到，似乎就是我在看到那些文章时的感觉，我边听边激动地点头。她看着我既激动又茫然的表情，便笑着告诉我，她叫资华筠，跳过舞，现在从事理论研究并写一些评论文章。“资华筠”三个字，简直如雷贯耳，难怪她看起来是那么面熟，她的经历、她的文章在我们年轻演员心目中，早已成为行为准则和奋进的标杆了。

这一次见面，虽然时间很短，但能得到资老师的肯定与鼓励，我信心大增，在后来的日子里，我找来一些关于资老师的资料和文章，想进一步走近这位只有一面之缘却给了我无穷力量的老师。我了解到，资华筠老

刘晶与资华筠合影

师从9岁起从事舞蹈，她曾经成功演绎的代表作品有《荷花舞》《孔雀舞》《飞天》《白孔雀》《长虹颂》《思乡曲》等，曾代表中国艺术家参加过世界青年联欢节，为国争光。再到后来从事舞蹈理论研究，写评论文章，读着这些资料，让刚刚在舞蹈界有点起色的我仿佛走进一个金碧辉煌的艺术殿堂。我至今还在想，为何初次见面的两个人，竟然能谈得如此投机？要知道，我那时还是个少年！后来我才得知，这是资老师爱惜人才，这一切都是资老师喜欢和年轻人打交道，喜欢培养年轻人的习惯使然。在随后的第十五届中国"梅花奖"的评选中我的这一感觉再一次得到印证，我获得了舞剧类女演员排名第一的好成绩，而那一届的评委中，就有资华筠老师。我想，她之所以给我打出高分，并非因为我们的一面之缘，更多的应该是她喜欢我爱学习、爱钻研的劲儿，喜欢我是一个舞蹈界值得培养的苗子。

事实上，我没有辜负资老师的厚望，就在第一次见面后，我演的渔女变了，变得真的像渔女了。当时大家不知道，这一变化，离不开资老师给予我的力量与顿悟。从那以后，我突然懂得了其中的奥妙，但这奥妙到底是什么，却又无法言表。我知道，古人说的那句话"听君一席话，胜读十年书"在我和资老师之间应验了。

再后来，我主演的舞剧《大梦敦煌》进京演出，资老师作为专家观看了首演，演出结束后语重心长地提示我，这个舞剧的故事在历史上是不存在的，你要想办法从心里来演绎月牙这个人物，这段情感，在人物塑造上要让人信服。在资老师的谆谆教导及鼓励下，这部舞剧后来也大获成功，我主演的月牙这个角色得到了观众及专家们的普遍认可。

这一次聊天之后，到今天已十多年了，我与资老师虽然在一些晚会、比赛的场合中偶尔能见上一两面，但总是因为时间关系非常匆忙，十多年里，我们又回到了神交的原点，对资老师状况的了解仅限于资老师在报刊上发表的文章。可资老师的精神一直在鼓舞着我。随着年龄的增长，我意识到自己需要充电，这样才能在事业上走得更远。于是我报名到解放军艺术学院舞蹈系学习了两年，同时就读北京大学艺术系文化管理研究生班，从文化上，理论上不断提高自己、总结自己，使自己的视野更加开阔。

最近一次见到资华筠老师是在九艺节期间，资老师在看了部分参赛作品后，还不忘自己作为中国非物质文化遗产保护办公室主任的职责，走访了广州的一些非物质文化遗产申请地，特别是在广州宝墨园参观期间，资老师一边认真欣赏园中藏品，一边给年轻的女讲解员传授非物质文化遗产的知识与分析祖宗所留遗产的真实性与重要性，让我又一次真切地体会到资老师那种对事业的执着、认真，对年轻人关心、爱护的崇高品质。

我要感谢资老师，是她的鼓励与期待，让我开始梦想起飞，也必将让我飞得更高、更远。

（刘晶　原战士文工团副团长，广东省舞蹈家协会兼职副主席）

资先生的“汶川情缘”

杨　莉

欣闻中国艺术研究院将为资华筠先生从艺60周年举办纪念活动，与资先生相识相知的点滴情境，如怀旧电影般回放于脑海，星移斗转，光影交错，百般温暖滋味充溢心头，一时间竟难以言语形容。合眼，静静梳理思绪，看似琐碎的细节，终需一个清晰的线索，那么，故事就从十多年前的汶川说起吧。

十多年前的汶川深隐于大西南一隅，鲜有人知晓这个在中国地图上毫不起眼的地名，拥有着长江上游古老文明的基因遗存，同样鲜有人知晓在中国历史上扮演过重要角色的游牧民族——古羌人的后裔，历经千年的迁徙，在这里落地生根繁衍生息。那时的我，只是汶川县文化馆一名普通的群众文化干部，一本微微泛黄的书册——《舞蹈生态学导论》，如同一盏明灯，为我照亮了一片未知而广阔的文化视界。我并未奢望有朝一日能够和这本书的作者有所交集，毕竟我们之间的距离是那样遥不可及，也许资华筠先生永远也不会知道自己曾为一个从未受过正规舞蹈专业教育的基层文化工作者开启了一扇智慧之门。

初次与资华筠先生相见，至今仍觉回味。那是2004年的冬天，已调入四川省音乐舞蹈研究所的我，正面临着中国非物质文化遗产保护试点项目正式启动这一重大课题，源于对羌族文化保护工作的责任感，也源于自己内心的夙愿，我怀着忐忑的心情迎来了期盼已久的见面。回忆那日，一抹如暖阳般的笑容，驱散了我所有的不安，有一个小片段，至今犹记于心：当我向资先生表明来意后，她非常诚恳地看着我，并问道：“知道为什么我想要和你交个朋友吗？”看着那双充满智慧的眼睛，我笑着摇摇头，并等待着答案，然而答案却出乎我的意料，“因为我看了你的工作背景，你是来自基层的文化工作者，和基层的同志交流，对于我而言是一种学习”。资先生短短的一席话再一次给我上了难忘的一课，何为真正的学者姿态，在我心里扎下根来。于是，面对资先生我不再拘束于自己的资质浅薄，从 20 多年前参与中国民族民间舞蹈集成工作的感性积累与收获，到如今身为文化研究者的理性思索，一个话题便能引出无数，资先生总是认真地倾听我的表述，肯定其中的亮点，并敏锐地抓住疑点与漏洞，提出合理的假设与建议，经过资先生一针见血的点拨，我受益良多，为日后工作的开展厘清了思路与方向。

2008 年 5 月 12 日，一场罕见的特大地震让“汶川”的名字瞬间传遍全球，这一场特大地震已经震塌了记载着这个民族沧桑历史的古老碉楼与村寨，羌族文化赖以生存的环境空间发生了裂变，文化传承面临着空前的危机。记得之前资先生曾经多次在交谈中强调，非物质文化遗产的保护工作中最为关键的一环便是对传承人的保护，他们意识形态的自觉建构，就如 DNA 序列一样，决定着非物质文化遗产基因繁衍的性状，稍有不慎便会导致文化畸变甚至断代失传。由此可以想见当资先生得知位处震中的羌族聚居地区灾情万分严重之时，心里是多么悲痛与焦急。我在震后第一时间便接到了资先生打来的电话，电话那头传来的第一句话便是：“还好吗？羌族的传承人目前的情况怎么样？”情真意切的关怀，令我感动之余，更体会到她对羌族文化传承现状与未来的那份牵挂。作为非物质文化遗产保护工作的先行者，资华筠教授深知，要度过这场空前的文化传承危机，首先要做的，便是抢救那些身怀羌族传统知识与技艺的传承人。深思熟虑过后，资先生决定为羌族的文化保护工作做一些实实在在的事，并向我建议：震后应关注羌族文化传承人保护机制的问题。在她倾心的帮助之下，定名为“羌族文化传承人纪实录”的项目，得以在文化部和国家保护中心的关注、支持下，论证、立项并获得专项经费。这一项目将全面完整地搜集、调查、整理和记录下目前羌族文化传承人的现状，并以数据化的形式呈现出来，为非物质文化遗产保护工作提供精准、详细的有效信息，使承载着活态传承任务的“代表性人物”，得以有效保护和发挥作用。目前此项目正在加紧完成中，资先生严谨的治学态度、诚挚的工作热情一直引导着我们工作的推进。

然而，令我更加感怀于心的是，2009 年资先生利用去成都治病间隙，坚持要去看望那群让她一直牵挂在心头的羌族传承人。去往目的地，沿途山路崎岖，且随时都有塌方的危险，她却不顾一切毅然决然地奔赴位于震中的汶川县映秀镇。

在那里，她首先在震中纪念物前，与我们一起悼念在汶川地震中遇难的同胞并敬献花束。当历尽苦难却依然乐观的羌族文化传承人，身着传统盛装手捧象征着平安吉祥的“羌红”在路旁迎候到震后第一时间关心和资助自己和家人的资先生一行时，纷纷激动地拥了上去，此情此景，令在场所有人动容。资先生专注地聆听着传承人的介绍，并亲切地与他们交流，了解他们的学艺经历以及各项传统知识与技艺的传承现状，谈至兴起，非物质文化遗产项目“羌年”的国家级传承人王治升、非物质文化遗产项目“羊皮鼓舞”国家级传承人朱金龙，以及非物质文化遗产项目“瓦尔俄足”的传承人代表余光远、余无子满……都即兴表演了自己的拿手绝活，更有一位年逾 90 高龄的羌族老“释比”由于身体原因未能亲自前来迎接，却执意要通过视频为资先生表演自己最拿手的传统技艺。通过传承人质朴无华的表演，资先生看到了他们的内心世界，依然坚守着先祖垒筑灌溉数千年的精神家园，深感欣慰之余，明白肩上的责任更重了，她向传承人郑重转达了文化部的领导对羌族文化保护工作的关心与重视，并表示只要大家共同努力，不灰心、不放弃，古老而厚重的羌族文化就能永远传承下去。时间一分一秒地过去，在相聚的短短时光里，资先生的深情厚谊令传承人们热泪满盈，尽管前方任重而道远，但这一次的汶川之行，因彼此皆怀有的那份坚定的信念，而拥有了最为珍贵的价值，最为深远的意义。

故事从汶川开始，也在汶川告一段落。我时常会想，假若在生命的坐标轴上与资先生从未有过交集，也许现在的我依然在为汶川的羌族文化保护事业而忙碌着。然而，我深知那样的人生少了些许重量却多了太多的遗憾，资先生就如一个亲切的长者，以人生的智慧引导着我前行的方向。如今的我，依然享受着与资先生品茶倾谈的时光，一如既往的敬畏，却更多了一份真挚的信赖，君子淡以亲，不尚虚华，如水般清澈与包容，这是资先生人生态度的写照，而我则誓以之为人生的准则与典范。

（杨莉　四川省音乐舞蹈研究所副所长）

衷心的祝福

闫仲珩　大凤真阳（杨铃）

欣闻资华筠老师从艺60周年纪念活动在北京举行，我们感到无比的兴奋与自豪。资老师是我们非常敬重的长辈，值此隆重的时机，我们在日本东京特向资老师致以良好的问候和最诚挚的祝贺！

资华筠老师是中国当代舞蹈界的奇女子，她独特而富有建树的成长过程，在中国舞坛书写了一个传奇。从舞者到学者，资老师以她独特的人生积累和感悟，在中国舞坛独树一帜，成为我们终身学习的好榜样。

我们与资老师的良缘，始于20世纪60年代初期。当时，我们两个刚刚进入中央歌舞团开始走上我们的专业舞蹈之路。刚进团时，资老师已经是让人仰慕的著名舞蹈家，她对艺术的认真和投入，深深地影响着我们；她对我们的亲手栽培，让我们不但在人生观上树立起了远大理想，同时也在专业上得到了十分有益的教诲。在我们眼中，资老师一直都是我们尊敬而又非常有亲近感的师长。

改革开放后，我们东渡日本，在异国他乡开始了我们新的跋涉。初来乍到的我们，对日本社会一无所知，非常不适应。但在中央歌舞团长期练就的适应环境的能力，让我们逐渐融入日本社会中，并摸索着创建了我们新的事业。

为了继续弘扬中国舞蹈文化，我们俩分头在日本中学和社会上开展中国舞蹈教学活动，并在实践中创建了融中国气功和中国舞蹈于一体的“凤仙功”舞蹈形式。在“凤仙功”这个新生事物问世之初，立刻得到了资老师的鼓励，她不但以舞蹈专业的眼光和高度充分肯定了我们取得的成绩，更不遗余力地为凤仙功的成长铺路搭桥。在资老师的全力运筹下，我们终于带着我们的日本学员，于 20 世纪 90 年代初踏上了回乡路，在北京举行了公演，并在国内舞蹈界获得极大反响。

当我们在人民大会堂的欢迎仪式上激动地回顾着我们一路走过的艰辛时，当我们在北京的民族宫大剧院投入地表演时，我们心中最为感念的就是资华筠老师。如果没有她的慧眼，没有她的胆识，我们是无论如何都难以走到这一步的。

带着资老师的鼓励，带着中国舞蹈界的瞩望，我们一直在日本社会中顽强地坚持着，并像一朵来自中国的莲花，慢慢在日本社会里扎根、绽放。近年来，我们成立了自己的凤仙功学校，培养出大批喜爱中国舞蹈的

1993 年，日本“凤仙功”舞蹈团访华合影（资华筠：左四）

舞者，她们中许多舞者不但成了热爱中国舞蹈艺术的忠实爱好者，而且成了我们最得力的助手，并开始了她们自己在这个领域内的教学，凤仙功正在随着越来越多人的加盟而得到更大范围的传播。从事教学的同时，我们又编创出一批较有分量的凤仙功舞蹈，并荣获日本最权威的编导大赛头等奖。可以说，我们依然在踏实地走过每一天。当我们向梦想靠拢、获得成绩的同时，心中也充满了感恩：感谢祖国给予我们才能和力量，感谢资华筠老师给予我们的无私支持，感谢国内文艺界的各位领导、前辈老师和朋友们，感谢所有给予我们大力支持的人，祖国永远是我们的坚强后盾。

最后，请允许我们利用这个机会祝福我们敬爱的资华筠老师福如东海、寿比南山！

［闫仲珩　大凤真阳（杨铃）：原中央歌舞团演员，
旅日舞蹈家，凤仙功舞蹈团创始人］

钻翼启航　再造风华

郭惠良

1990 年参访中国艺术研究院舞研所时，资华筠所长领着我参观舞研所。她说："地方小，没太规划，凌乱些，但很快会整理就绪。"气质高雅的她快人快语，直率、豪爽，充满自信。虽仅与她浅浅交谈，却留下深深的印象，心想，资所长肯定是女中豪杰。

1992 年到云南参加中国艺术节时，贾作光和资华筠两位大师到宾馆来关怀我们，真是让我们受宠若惊，备感荣幸。贾老师是一位可敬、可爱的前辈大师，我和他认识得比较早，也常见面，每每谈起话来都忍不住手舞足蹈。第二次和资所长见面依然只是浅浅地交谈，却感受着友谊的暖流。这回看到资所长，在热忱的笑容中透着一种古典的美丽（如同《舞艺·舞理》那本书中首页的玉照）。

1993 年台湾的刘凤学博士领导的新古典舞团应邀于中国大陆各地巡回演出，当时我担任舞团的行政总监，虽然演出当天资所长不克参加，但事前对我们做了很多的指导与鼓励，使得新古典舞团能顺利、成功地演出。除了资所长外，我们也非常感谢当时中国舞协及一些前辈舞蹈家的全力协助。资所长为了没能应邀观赏新古典舞团的演出，耿耿于怀，再三向刘博士表示"歉意"。啊，原来资所长也是一位性情中人！第三次见面后我对她有一个更清晰的了解——资所长看似有些冷峻、有些傲风，但她不吝关怀别人，给人温暖、给人力量，绝对不是高不可攀。这些情谊的芬芳仅能细细品尝，无法一言道尽。我欣赏她睿智的直白和不拐弯的诚恳。

1994 年后和资所长相处的机会多了起来。记得第一次在北京享用“全聚德”的烤鸭美食，是资所长宴请我的。餐后我一直说“好吃！好吃”来表达我的谢意。更记得有一年她代表大陆妇女界到台湾参访，我请她去享用台湾小吃，餐毕她仅表示谢意。我心想肯定是不合她口味，因她未说“好吃”。我心中有一股莫名的高兴，像她这样一个坦诚的人，做起朋友来会安全些。资所长坚持自己的价值观、勇于直接表达内心感受，这是我要向她学习的。我常处于“真话不敢直说”的状态，深怕“真话”变成“笑话”。所以说我要向资先生学习的不是勇于直言的态度，而是不倒翁式的学养和内涵。

我大量阅读资华筠先生的著作，是在 1995 年后，同时也从旁得知一些她生活的点滴，觉得资先生的生活是精彩的、璀璨的、有贡献的、令人敬仰的。我阅读过资先生的《舞蹈生态学》《舞蹈和我》《舞艺·舞理》《舞蹈美育原理与教程》《舞思——资华筠文论集》等著作。资先生的文笔精练，思维敏锐，舞艺精湛、舞理透彻、舞思惊艳，不仅是理论家、评论家，更是国家一级演员，在独舞和领舞中屡获大奖！无法想象一个自称没有专业高学历的人如今能站在国际舞坛上，以流利的英语发表舞蹈论文，宣扬中华民族舞蹈艺术文化，是全体舞蹈人的骄傲。优质研究员的她引领舞蹈新科学，为舞蹈艺术注入世界观，是开启新视野的博士生导师，为舞蹈艺术教育的传承作了最佳的典范。种种成就与荣誉汇集于一身的资先生不仅是国家级舞蹈人，更是一位可畏可敬的铁娘子。我常想起她的一句话——“在战争中学习战争”，而我觉得更像是“学习战争去战争”，而且仍屡战屡胜，连最难缠的疾病，她都战胜了。

《舞思——资华筠文论集》第 113 页上，有一张照片，那是在“大学生文化素质教育专场报告”演讲中拍摄的，照片中的资先生身姿挺拔、昂头神气，活现了她的独特魅力，她那伸展的双臂仿佛是戴着钢铁不入的钻制翅膀，蓄势待发，即将翱翔于浩然的天际。我不知道资先生下一回的战场在哪里，要飞越到哪里去，我已学会了资先生的直白，因此要坦坦白白地告诉资先生：“再度出征之前，好好加油！”我也曾是身患重疾之人，也曾在“战争中学习战争”，但我发现战场中也有美丽的花园，偶尔去逛逛，呼吸些新鲜花香，欣赏百花争艳，也是一种健康的加油。人云“人生七十开始”，这是真的，我虽也正过七十，却才开始要学习“从从容容”“健健康康”“快快乐乐”地享受人生。前一个“七十的奋斗人生”就当成是值得回忆的记录。资先生，我们一起加油吧。

资先生以毕生努力的硕果服务社会，贡献国家，是个人的骄傲，也是舞蹈长河中必然珍藏的史页。在资华筠先生从艺 60 周年的光辉时刻，我们都衷心祝福资先生健康、快乐，并且期待她的下一个 60 年，乘着钻石翅膀再次飞翔于“非常战争中的非常风华”之中……我们将向您仰望。

2010 年，我们特别有缘，7 月上旬在广州一起参加好朋友陈翘从艺 60 周年庆典，8 月初又在北京一同观赏台湾新古典舞团唐乐舞的演出。2010 年 12 月，资华筠先生的从艺 60 周年大庆即将于北京举办，我将带着深深的敬意和满满的祝福，再度前往北京为老朋友大声喝彩。

（郭惠良　台湾绵绵舞蹈艺术中心总监）

艺苑倩影舞蹁跹，前海文章凝笔端

——追忆资华筠先生

刘厦静

资华筠（1936—2014），汉族，原籍湖南，舞蹈表演艺术家和理论家，中国艺术研究院终身研究员，国家非物质文化遗产保护工作专家委员会副主任委员。2012 年荣获中国舞蹈“荷花奖”中国舞蹈艺术终身成就奖。在舞蹈表演、舞蹈理论、舞蹈教学方面，均取得令人瞩目的成就。舞蹈代表作有《飞天》等，舞蹈理论代表作有《舞蹈生态学》等。

她的坚强，使我们忘记了她的隐忍；她的意志，使我们看不清她的孱弱；她的美丽，遮挡了她的倦容……以至于我们不相信，也来不及相信她已驾鹤西去。而此时此刻，天堂已为她奏响悠扬的《孔雀舞》曲，并用七彩的《飞天》、舞动斑斓的《长虹颂》，迎接这位“快乐舞神”的到来！

近十年来，她用舞蹈家特有的毅力与耐力，无数次地与病魔较量；用学者的睿智与豁达，对抗着死神的挑战。但最后，她还是带着对亲人、同人、学生和她所钟爱的舞蹈艺术的眷恋与不舍走了。

早在北京舞蹈学院附中读书时，我就常听说资华筠先生的名字，知道她是一位资深的舞者、睿智的学者，是中国舞蹈界的骄傲。这样一位近乎传奇的人物，在我看来可望而不可即。2011 年，当我报考中国艺术研究院舞蹈研究所所长欧建平导师的“西方舞蹈史论方向”的博士研究生，顺利通过笔试并进入面试的那一天，居然见到了资华筠先生。在考场凝重的气氛中，我小心翼翼、诚惶诚恐地回答着包括资先生在内的五位考官的问题，紧张的心情无以名状，尤其是怕这位舞者出身并素以严厉闻名的考官会提出尖锐的问题。让我没有想到的是，资先生雍容大度地坐在考官席上，和蔼可亲、心平气和地听着我回答考官们提出的各种问题，不时地频频点头，微笑着向我这个同样学舞出身的考生投来“赞许”的眼神。顷刻间，我所有的紧张、忐忑、慌乱一扫而光，并顺利地通过了这次面试。

半年后，我如愿考取了欧建平教授的博士研究生。在我拿到录取通知书的当天，欧老师对我说的第一句话是：“你太荣幸了，竟然得到了资华筠老师的肯定与赞许。”为了鼓励我，欧老师还将资先生给我的评语记在了他的工作笔记本上，并拿给我看。就这样，我在导师和资先生的关爱下，如饥似渴地学习了各种艺术理论。其间从导师和其他老师那里听到最多的是，资先生如何从一个万众瞩目的舞蹈家华丽转身为理论家和教育家的经历。而音乐学者田青先生曾这样评价资先生：“她从一个优秀的金牌舞者，成长为一个创立学派的舞蹈理论家，并升华为一个关心社会、关注民生，在社会生活中有独特影响的真正意义上的知识分子。”

欧建平教授在介绍资先生的“生平事迹”中这样说：“作为正能量的代言人，她的敏锐与犀利历来令人敬佩——在舞蹈界，她一贯倡导并践行‘三真精神’，即真实的感受、真切的表达、真谛的揭示，以及早在十年前便对舞台奢靡之风给予的严厉抨击，具有极大的影响力。”

的确如此，资先生经常发表文章，鼓励善良民风，批评不良习气。早在2002年，她曾发表《反思文艺批评之七戒》一文，不仅猛烈抨击了文艺批评中的七大时弊——“腻”“套”“泛”“涩”“讳”“花”“霸”，而且谆谆告诫文艺评论工作者：“批评的灵魂在于‘真’——真话、真情；批评的智慧来自学养；批评者与创作者的理想关系应该是诤友——在貌似‘铁’与‘酷’的面孔后面，跃动着一颗火热的心，蕴积着深厚的情谊。”2006年，在“黄山青年舞评人培训班”上，她又提出了舞蹈批评需要的“三真”精神，即“对待作品的真实感受、心口如一的真诚表达、对艺术真谛的求索与揭示”。

作为国家非物质文化遗产保护工作专家委员会副主任委员，她高度关注并极力推动非物质文化遗产的保护工程，而由她提出的“精神植被”“优质基因传承”“原生态的科学界定”等理念中，有多项被有关部门采用。

资先生是“中外文化交流的使者”。她曾前往50多个国家进行表演和讲学，并先后获得美国名人传记中心的“20世纪成就奖”、英国名人传记中心的“世界杰出妇女奖”等荣誉，并入选英、美多国的《世界名人录》，成为享誉国内外的著名舞蹈家与研究家。

资先生一生乐于读书、勤于写作，发表了大量评论、论文和译文，并且出版了《舞蹈生态学导论》《舞蹈生态学论丛》《舞蹈生态学》《舞蹈美育原理与教程》《舞艺·舞理》《舞思——资华筠文论集》《影响世界的中国乐舞》《舞蹈和我》《我的爱——中外艺术家特写》《华筠散文》《人世婆娑》等14本专著和文集，被舞蹈理论家隆荫培先生称作“舞蹈学者的典范”，并评价道：“她的这些论著，文笔流畅，内容深入浅出、通俗易懂；对舞蹈本体、本质准确、详尽的分析、对舞蹈艺术现状的全面把握和了解，以及对取得成绩和存在问题的敏锐感觉，大胆提出的个人见解，都极大地增长了我的学识，丰富了我的艺术修养。”

记得第十届“桃李杯”全国舞蹈大赛在安徽合肥举办，组委会邀请资先生作为总顾问，我有幸担任资先生的助理，因此得以近距离地与她接触，朝夕相处地陪伴在她身边数日。这期间，已身患绝症的资先生仍在闲暇之时，不遗余力地教我如何做学问，并且举例说明如何把“舞蹈生态学”这一研究方法的基本原理同舞蹈教学结合起来。同时，在专业舞蹈教学方面，她还多次给我“开小灶”，告诉我安徽花鼓灯的来龙去脉，如何运用和掌握其技巧。她还特地介绍我认识了安徽花鼓灯的专家高倩老师，以便我今后随时向她请教……在合肥短短的几天里，我每天都能聆听到资先生的舞蹈经验和学术观点，得到她在如何做人、做事、做学问方面的谆谆教诲，而这一切将对我今后的生活和工作产生重要的影响。

“艺苑倩影舞蹁跹，前海文章凝笔端。繁枝硕果秋色好，回首烟霞锦绣间。绕指柔钢前淬火，飞瀑出山汇清泉。知君痴爱创新语，长歌豪情满风帆。”我深信，资华筠先生的美丽倩影将永留人间，其舞动的师魂将永留学生们的心间。

（刘厦静 北京舞蹈学院继续教育学院副院长，副教授）

原载《中国社会科学报》2015 年 4 月 20 日

第五部分　桃李不言　下自成蹊

——历届学生

资先生与硕、博士生合影

我和导师的师生缘

杜晓青

人生几十年如白驹过隙，一个人能够用好这几十年，在某个领域做出相当的业绩已经不容易，而能够在短暂的一生中实现两次“跨越”、收获两种“辉煌”者，实属罕见，我的导师资华筠先生就是这样一位不同凡响的人。

我与资老师的缘分说来不浅。20世纪八九十年代，曾经是舞蹈演员的我离开舞台，经过北京大学图书馆学系的学习，已经“成功”改行在一家科技情报研究所工作，但内心仍处在人生不知往何处去的十字路口上，早年的舞蹈经历就像播下了一颗种子，不时地会让我重燃舞蹈的念头。于是抱着试试看的心情，我报考了中国艺术研究院的舞蹈学研究生。当年的中国艺术研究院和舞蹈研究所坐落在北京后海一条胡同深处的恭王府里，虽然没有现在的艺术研究院这么气派，但古香古色的王府却另有一种尊贵，而那时出入王府的不是饱读诗书的老学者，就是思想新锐的青年才俊，我这样曾经的舞蹈演员在那样的环境里就是白丁。带着向往和兴奋，更带着忐忑、懵懂与茫然，我走进了恭王府的深宅大院。

在面试的现场我第一次见到资老师，她那时正主持舞研所工作，也是我的主考官之一。考场的气氛有些紧张。记得当时一位考官向我提问：如何看待舞蹈通史与断代史研究？这问题让我有点蒙，当时是怎样回答的早已经忘了，但是冒冷汗的感觉至今记忆犹新。也许是资老师察觉到了我的窘迫，也许是相近的经历，让她对我这样的学生多了一份同情和理解。在听完我的陈述后她说：“演员的经历也可以是一种优势，朱光潜先生曾说‘不通一技莫谈艺’，感性经验有助于你更深刻地认识肢体语言的本质和舞蹈艺术的内在规律……”

资老师的一番话给了我莫大的鼓励，同时也为我指点了迷津。也许是冥冥中的一种缘分，我后来有幸成了资老师的硕士研究生。多年之后在老师的七十岁生日聚会上，资老师的学生齐聚一堂，我才恍然发现，自己原来是老师时间最早、学位最低的“太学生”，在我以后从资老师门下毕业的几乎全是舞蹈学博士。是资老师引领我走进舞蹈理论的殿堂，老师对我有再造之恩。

然而，成为资老师的学生并不轻松。一贯治学严谨、要求甚高的资老师，为了帮我弥补文史哲修养方面的缺陷，曾给我开过各种书单要求我狂补，翦伯赞的《中国通史》、朱光潜的《西方美学史》、罗素的《西方哲学史》、丹纳的《艺术哲学》等都是那个时期通读的。资老师特别告诫我要认真研读经典，同时广泛涉猎当代各种新的文艺理论、学术流派及思潮，但要有自己的眼光和分析，切忌被看似新鲜时尚的观点牵着鼻子走。那时资老师在舞研所的工作非常繁忙，她正主抓几个大的学术项目。即便如此，每周她都会把我叫到她的办公室，不是谈读书心得就是交学习笔记；每有演出她都要求我看后写出观感或评论，当时有人开玩笑说她这不是在带研究生，而是在带中学生。可是，我就是在这样的要求下，在点滴的积累中慢慢进步的。记得一次我对资老师谈到写东西很难，特别是开头，总有一种畏惧和逃避的心理。资老师听后说：“这种心理很多人都有，一是因为人的惰性，二是因为顾虑太多。其实不必把写作看得太复杂，有了想法就照实写出来，就像写日记，一开始不必太多考虑遣词造句、谋篇布局，关键是多写、多读，再写、再读……”老师当年的教诲让我受益良多。

三年的研究生学习一晃而过，转眼就到了写毕业论文的时候。毕业论文才是真正的难关。笨鸟先飞，我早早地就开始着手准备了。第一稿出来，自我感觉良好，我揣着稿子兴冲冲地去见老师。五天后，资老师把我叫到她家里，拿出被改得红红绿绿的原稿和好几页的修改意见……这以后我的论文几易其稿，仅绪论部分就修改了七稿。那段时间我经常往返于资老师在西坝河的家和我的住处。这段路骑车只需半小时，但在我心里却是一段不轻松的"爬坡"。那种时候常想起钱锺书在《围城》里的一段话，说学生都怕写毕业论文，幻想着这会儿最好有场突然降临的灾难，或是一场战争。这样论文就可以免了，人也稀里糊涂地毕业了。我有时也真心盼着这样的"灾难"降临。

功夫不负有心人，在资老师的悉心指导和严格要求下，我的毕业论文答辩通过得非常顺利。那篇论文后来被评为优秀论文，还获得了中国艺术研究院的科技成果三等奖。更重要的是，三年中老师的教诲和在这样的学习过程中得到的全面锤炼。

从中国艺术研究院毕业后我进了《舞蹈》杂志编辑部，在与资老师的交往中除了师生的情谊外，又多了一层"作者与编辑"的交流。在一般人眼里资老师是很严厉的，但其实她是一个率性真诚又十分透明的性情中人。她才思敏捷、快人快语、仗义执言，从不轻信任何权威，更不会盲从于"多数人"的流行观点，对各种事物都有自己独立的见解。在学术问题上她追求真理、论事不论人，有时她会在电话里长时间和我谈论她对某些问题的看法，眼光之犀利、观点之独到、评论之酣畅淋漓，让人击节叫绝，我忍不住会立刻向她约稿。三五天后她把稿子发来，总会补上一句"请编辑认真修改"。她这样说完全不是客套而是出于真心和责任。"文章千古事"，资老师对于文中的观点、思想从不含糊，但她同时对编辑的任何一点有效修改又都虚心笑纳，末了还不忘真诚地道声："谢谢！"这就是我在编辑工作交往中的资老师。

如今已年过七旬的老师最牵挂的依然是学生，她说要把自己余下的时光都给予她的学生，在和学生们共同度过的学习研修中她也获得了人生莫大的快乐。资老师出版过一本文集，书名就叫《学而年轻》。学习，在她的人生历程中已经升华为一种信念。由信念激发出由衷的兴趣和热爱，并心甘情愿为之付出，付出的过程就是幸福。

祝福我的老师资华筠！

（杜晓青　中国舞蹈家协会《舞蹈》杂志原执行副主编）

舞蹈批评的讲真话、明真相、析真理

——兼议舞蹈的职业尊严和舞评的健康生态

于　平

资华筠先生《话说中国舞蹈》作为《光明日报》"光明讲坛"的"高谈阔论"引起了文化界的莫大关注。有位文化界的朋友说，他最为惊叹的是资先生不卖弄学问、不故作高深而将广博的学识、深邃的思想、崇高的使命悄悄放置在一个平实的话题下。相对于资先生的《话说中国舞蹈》，我更喜欢那篇《专业舞人的职业尊严和对"舞蹈研究"的思考》，这篇占据《中国艺术报》(2008 年 9 月 12 日，本文所引资先生话语均出自该文)一个整版的文章有一个副标题，叫作"一次与年轻舞蹈学子的谈话"。读这样的文章，就像在听资先生谈话，虽然我作为资先生的入室弟子已并不年轻了，但仍有被耳提面命、醍醐灌顶之感。这种感觉倒不是觉得资先生有如何了不得的"舞蹈思想"，而是觉得她是我们舞界真正有思想的舞者，真正会思想的舞人，真正敢思想的"舞士"!

我之所以推崇资先生这篇文章，在于她提出了"舞蹈的职业尊严"和"舞评的健康生态"这样的命题。作为从事舞蹈批评多年且好歹也是一个"腕级"批评家的我，此后每当提笔评舞，就总感到如坐针毡、如履薄冰，就总感到芒刺在背、骨鲠在喉。在我看来，"舞蹈的职业尊严"和"舞评的健康生态"是个相互关联的命题——"职业尊严"是基点，"健康生态"是路径；"职业尊严"是动力，"健康生态"是轨迹；"职业尊严"是信念，

“健康生态”是实践……换言之，我们要维护“舞蹈的职业尊严”，就要营造“舞评的健康生态”；同理，只有营造出“舞评的健康生态”，才能维护好“舞蹈的职业尊严”。

为着营造“舞评的健康生态”，资先生的主张可以归结为讲真话、明真相、析真理。对于舞蹈批评而言，这是不断深入的三个层次；对于批评家而言，这是不断提升的三个境界。所谓“讲真话”，用资先生的话来说叫作“心口如一，实话实说”。资先生认为“讲真话”不过是批评的“底线”，我认为这既是道德底线也是学术底线。以我多年的艺术批评实践而言，“讲真话”虽是“底线”，但却并不容易做好。因为就批评主体而言，“树立职业尊严”虽解决了操守问题，而与此相关的能力问题却要看是否“具备职业学养”；就批评对象而言，对象的存在一方面会受到解读环境的影响，另一方面也受制于创作者所追求的独特的言说方式。因此，“说真话”并不只是意味着批评主体有“真心诚意”，还要看主体认知与对象意义生成的“双向建构”中能拥有多少“真凭实据”。

提供较多的“真凭实据”是“讲真话”能取得较好效果的内在依据，而这就使我们的舞蹈批评走向了“明真相”的层次。资先生要求的“讲真话”，不是某种“底线观”，即能讲话时讲真话，不能讲真话时可以不讲话，如果不能不讲话时至少不能讲假话。资先生要求批评家“以自身的学养、见地，讲出他人所未知、未见，或不敢讲的话”，这就是要求我们的“讲真话”能够帮助观赏者甚至创作者“明真相”。其实，“明真相”对舞蹈批评而言，是一个比较不低的要求了。我读到不少舞蹈评论，算了，还是说我以前写过的不少舞蹈评论，自以为“明真相”而故做睿思状、雄辩状，其实往往带很大的片面性，是“片面真相”或“局部真相”。当人家指出“真话”的片面性时，还振振有词地说“深刻的东西都是片面的”，说“全面只是一个理想，是无数片面不断互补的一个过程”。因此，“讲真话”不是仅凭“真心实意”就可以达到的，能帮助“明真相”的“讲真话”需要更多地发掘对象的“真凭实据”，因而也就要求言说主体有更多的“真才实学”。舞蹈批评主体需具备“真才实学”，才能使舞蹈批评的“讲真话”具有较高的“含金量”，而不是像前一时期某些对舞蹈批评的批评文章，可能其中也不乏“讲真话”的真率，但因为“真才实学”的缺位而显得信口开河、信马由缰。资先生说自己“曾在不同场合倡导‘三真’……即要有对于‘困惑’的真实感受、追求艺术真谛的强烈愿望以及对于自己思考的真切表达”。按照资先生倡导的“三真”精神，其实是要求我们的舞蹈批评由“讲真话”“明真相”上升到“析真理”的层次，而这也就意味着批评家在“真心诚意”的操守和“真才实学”的能力中，实现舞蹈批评的“真知灼见”。资先生自己的舞蹈批评无疑是具备了“真知灼见”的“讲真话”，否则她认为批评家与创作者应当葆有的“诤友关系”就会只“诤”不“友”了。我有时会静下来（就是资先生所说摒弃“虚浮杂念”）想想资先生“讲真话”的特点，我以为这个特点一是敏捷，二是犀利，三是通透，四是友善。

文章写到此时，自以为应当“三省吾身”了。平心而论，舞蹈批评的写作在我从来就不是一种纯粹的行为，我也认为没有纯粹的舞蹈和纯粹的舞蹈批评。在北京舞蹈学院任教的 13 年间，我的舞蹈批评更关注职业品位和“学院派”价值；而在文化部艺术司工作的 8 年间，我是在整个舞台演艺的发展、繁荣中来关注舞蹈创作的，特别是我们近年来为改变文化与人民群众日益增长的需求、与日趋完善的社会主义市场经济体制不相适应的现状时，舞蹈创作发挥了很大的作用，同时也使自身发生了很大的变化。舞台科技的迅猛发展、舞台演艺与山水旅游相结合的日趋高涨，使我们的“讲真话”也有个观念变革和价值调适的问题。因此，我所期待的是除了具备“明真相”“析真理”的较高层次的“讲真话”外，还需要形成宽松的、发展的“讲真话”的局面。如果在这个局面中有些“真话”不合我们既往的“真理”（特别是阶段性的“真理”），我们也不妨以求真务实的态度加以对待。“条条大路通罗马”的古谚告诉我们，“讲真话”的目的是“求真理”，而“求真理”的路径却是很多的，更何况我们文化的大发展大繁荣确实需要很多的路径！

（于平　原文化部艺术司司长，
文化科技司司长，教授，博士生导师）

学问深处见天地，人生至境在攀登

——求学之路上的感悟

塔来提·吐尔地

我第一次见到资华筠先生，是在20世纪80年代新疆舞蹈创作研讨会上，那几日她正在做讲座。聆听先生的讲座，我内心激动不已，深受启发，获益匪浅。资华筠先生的讲座，如同一束光照进我对舞蹈事业的热爱之路，在她的影响下，我对舞蹈事业的热情越发高涨，开始思索如何在舞蹈教学、创作、理论研究及艺术管理等方面提升自我，如何辩证地看待与分析舞蹈的形态和文化内涵，发现舞蹈的优质基因并摒弃糟粕，怎样在传承优质基因的基础上进行创新。这些问题困扰着我，让我意识到原有的知识已难以满足当代艺术学科发展的需求，于是，继续学习深造的想法在心中萌生。经过不懈努力，我有幸成为资华筠先生在世时的最后一位博士研究生。求学期间，承蒙恩师资华筠先生的悉心指导与帮助，我的学问得以增长，当初那些朴素的想法，如今已化作沉甸甸的回忆与收获。

求学三载，导师资华筠先生的教诲始终如灯塔般照亮我的学术之路。犹记入学首日，资华筠先生便坦诚相告："我身患重病，随时可能离开，你是我最后一届博士生，又是首位少数民族学员，我们必须争分夺秒完成培养计划。"这番话如重锤击鼓，让我深切体会到"学生比天大"的深刻内涵。作为国内艺术研究领域的泰斗，我的导师资华筠先生在化疗间隙仍坚持指导。为加快培养进度，他独创"三步教学法"：首年集中完成了文献梳理与开题论证，次年仅用七个月便完成了十万字论文初稿，第三年更是以全优成绩通过答辩。这份与时间赛跑的紧迫感，让我在毕业时连获中国艺术研究院院长奖学金、北京市优秀博士毕业生等殊荣。这段难忘的师生缘，让我深刻领悟到治学的三重境界：初阶需有“朝乾夕惕”的勤勉，中阶当具“登高望远”的格局，高阶则要达至“静水深流”的修为。正如资华筠先生所言：“学问深处见天地，人生至境在攀登。”这段求学经历不仅锤炼了我的学术能力，更让我懂得：真正的教育，是用生命影响生命的旅程。

博士学位论文选题时，导师建议我从维吾尔族舞蹈的源流谱系调查研究入手，用舞蹈生态学方法论，以维吾尔族舞蹈为核心，探索维吾尔族不同舞种的产生、存在、发展规律，从多维的角度综合考察，研究其特点的形成，并分析舞蹈与环境的关系，分析它如何受到环境的影响，分析舞蹈与自然和社会环境之间的相互联系、相互作用。把维吾尔族舞蹈置于这种相互联系、相互作用之中，通过宏观的分析、确定自然的或社会的诸多因素中哪些影响和制约了舞蹈，以及它们以何种方式、何种程度影响和制约着舞蹈的发生、发展及表现形式，通过分析和探讨，对纷繁复杂的舞蹈现象进行解释，揭示维吾尔族舞蹈自身的规律。使用舞蹈生态学的方法论分析研究维吾尔族舞蹈，这让我既惊喜又忧愁，惊喜的是这是我熟悉的内容与领域，忧愁的是研究方法与撰写角度几乎无现成论文模式可借鉴。因为这是第一次用舞蹈生态学的方法论研究舞蹈的源流谱系。对于我这个少数民族学员来讲，完成这篇论文是有一些难度。导师拖着病体，耐心、细致地指导我，她讲道：“这里所讲的源流谱系，是要你系统且有方法地了解维吾尔族舞蹈现象的起源。只有知晓从何而来，才能发现其中规律，进而明晰走向何处，为传承中的创新提供理论依据。”我很快明白了其中的要点，暗自下定决心，把这个选题写下去、写明白，收获的不仅是履历表上的学历提升，更是为日后工作能力的提升奠定坚实的基础，同时也拓宽了审视世界的眼界。

为完成博士学位论文，我查阅大量文史资料，多次开展田野调查，并认真分析研究，对不同种类的维吾尔族舞蹈风格特色进行了观察，结合其表意审美内涵，提炼各舞种具有典型意义的“语汇系统”，归纳了“同形舞目类群”，并在此基础上确立了层次分明、脉络清晰，涵盖各舞种舞蹈形态、功能、源流谱系和播布区等多维舞种的概念，我发挥自身专长，选取维吾尔族舞蹈当中的皮尔舞、赛乃姆、萨玛舞三个典型舞种作为样本。从形态分析切入，将它们置于维吾尔族文化发展历程中，追溯其功能源流及传播区域，考察并印证维吾尔族舞蹈在维吾尔族文化发展中的轨迹与地位。通过分析这三个舞种所反映的源流谱系在不同时期的特点，初步搭建了一个全面的维吾尔族舞蹈源流谱系。我的目的在于通过对维吾尔族舞蹈发展现象进行多维梳理与分析，进而深入认识其发展规律与文化特异性。在充分认识维吾尔族舞蹈文化特异性的基础上，最终希望通过对典型舞种的多维分析，找寻、确认并提炼出维吾尔族舞蹈中符合当今社会发展的优质基因。“优质基因”这一概念，是资华筠先生在非物质文化遗产保护工作中提出的概念。在论文写作过程中，我深刻体会到，发现并发展维吾尔族舞蹈的优质基因，自觉进行传承与创新，将有助于实现对维吾尔族舞蹈科学传承这一目标。

人生的修行，恰似一场他人无法替代、难以感同身受的寂寞苦旅，每一步都踏在自我磨砺与探索的小径上。但求学之路却截然不同，那是一段因志同道合而满溢欢乐的美好旅程。在这条道路上，我是何等幸运，能得遇一位堪称中国舞蹈界泰山北斗的导师——资华筠先生。她是一位集大成者，作为表演艺术家，她在舞台上绽放光彩，塑造了无数经典形象，以灵动的舞姿征服观众；身为理论家，其深厚的学术造诣和独到的理论见解，为中国舞蹈理论体系的构建添砖加瓦；作为教育家，她桃李芬芳，培养了一代又一代优秀的舞蹈人才；作为社会活动家，她积极投身舞蹈文化的传播与推广，为舞蹈事业的发展奔走呼吁。她被尊称为中国舞蹈学科建设的奠基人，实至名归。资华筠先生所创立的舞蹈生态学，无疑是中外舞蹈理论领域中一颗璀璨夺目的明珠。这一理论将跨度极大的艺术实践与极为缜密的理性思维精妙融合，是逻辑性的高度结晶。它是一门新兴的交叉学科，巧妙地将自然科学中生态学的核心概念与部分方法，运用到对民族舞蹈文化发展规律的探索中。同时，广泛汲取语言学、心理学、文化学等多学科的理论精华，构建起一套探讨舞蹈研究的方法论基础理论。通过对民族舞蹈生存与发展的诸多现象进行细致入微的描写与深刻精准的解释，从宏观角度系统考察舞蹈艺术与环境之间的关系。舞蹈生态学以舞蹈为核心，深入研究舞蹈与自然、社会环境间相互作用、相互影响的动态过程，探索不同舞蹈的起源、存续、发展规律，剖析其独特风格特点的形成根源，细致讨论并分析舞蹈如何受环境塑造，又如何反作用于所处环境。在教学过程中，她以舞蹈生态学的方法论为指引，引领我在充满挑战的学术征程中前行，这条道路虽崎岖坎坷，却也因不断的探索与收获充满乐趣。在导师资华筠先生的指导下，我顺利完成了博士学位论文的撰写，为使用舞蹈生态学研究维吾尔族舞蹈教学、创作、理论研究等方面提供了可参考的依据，为舞蹈学科的发展做出了努力，取得了一定成绩，为未来的发展奠定了坚实基础。

作为导师资华筠先生的学生我感到很自豪，从导师身上不仅学到了做学问的严谨态度、钻研精神和科学方法，更领悟到为人处世的真谛。在我眼中，我的导师资华筠先生是一个纯粹而忘我的人，他始终将探寻和揭示真相放在首位，待人真诚。与先生相处，先感受到的是他对真实的执着追求，而后才是如春风般温暖的情谊。可以说，如果一个人不珍视真相，便很难与先生建立深厚的情谊；而热爱真实、为人实在的人，定会由衷地敬重和喜爱资华筠先生。如今，作为一个走过这段学术之路的人，我越发笃定地认为，学问钻研到深处，便能洞悉人生的诸多奥秘，二者相互贯通、相辅相成。

身为年过半百的少数民族学员，在求学之路上，我历经诸多辛酸苦辣，历练了自我。同时也取得了丰硕的成果，学习的成果得到了党组织的认可，并受到了党组织的关心和重视，我当选新疆维吾尔自治区侨联副主席；新疆艺术学院党委副书记、学院院长，同时被聘为国家二级教授。我所取得的这些成绩归功于导师资华筠先生以及助理导师明文军、许锐，中国艺术研究的老师们，北京舞蹈学院和新疆艺术学院的领导、帮助过我的老师们，也与我的爱人古扎丽·肉孜给予我的大力支持分不开。在此我表示衷心的感谢！是他们让我深切感受到了各民族间深厚的情谊，以及祖国大家庭如亲情般的温暖。这份深情厚谊，将一路伴随我终身，我也定会将它传递给更多人，让它激励我为中华民族的舞蹈事业全力以赴，贡献更多力量，更激励我筑牢中华民族共同体意识，让各族人民的心，紧紧相依，永远凝聚在一起！

［塔来提·吐尔地　国家二级教授、硕士生导师，新疆艺术学院原党委副书记、院长，新疆维吾尔自治区政协、港澳台侨外事委员会原副主任（正厅级）］

影响我一生的导师

史　红

资华筠先生是对我影响最大的一位导师。我原本学习美学，因为对舞蹈感兴趣，希望在舞蹈美学方面有所发展，所以在 2000 年投拜其门下，攻读博士学位。早就听说过资先生的名气，但是从未接触，不太了解。进入博士研习阶段，我才全面地体会到了导师的为人、治学、做事的特点与风格。

资先生为人的原则之一就是认真，无论做任何事情都极其认真。对每一位门下的博士生，都要根据学生的阅历、特点，制订研修计划和选题；每篇论文，都要反复审读、一丝不苟，连标点符号的讹误都不放过。往往要修改多次，并针对暴露的问题进行补课……这个过程确实很苦，但答辩时却比较顺利——先苦后甜。她对自己的每篇文章，写完以后，也要反复推敲、修改，不断精练，直至自己觉得“拿得出手”为止。目前，她的“白内障”日渐严重（因患血液病不能手术），写作、阅读越来越吃力，但对自己承诺的任务，从不降低标准，拖延时间。

她喜欢仗义执言，特别关注普通人的命运，被称为“资大侠”。有人请求她帮助，她认为合理，无论关系亲疏都会全力以赴。而她对别人的帮助则是念念不忘。如谈起院领导给予她治疗方面的关照，以及大夫的精心治疗等，都心存感激。

《舞蹈生态学导论》是她的代表作。此书被美国人文学者屋大维博士称为“中国当代唯理性艺术论代表论著”。每当谈起此学科的创立，先生都要特别强调是在良师益友的帮助下，自己“在战争中学习战争”。《舞蹈生态学导论》虽十余万字，但是却集中了先生的智慧、思想的精华。那是在她担任舞蹈研究所所长初期，感到舞蹈学基础理论薄弱，下决心勉力为之。也是她多年实践经验的升华。她在认真思考、探索的基础上，通过阅读大量参考书籍，将本属于自然科学范畴的“生态学”原理，引入了民族舞蹈文化研究。“舞蹈生态学”是艺术学科与自然科学相结合的跨学科研究的成果。它突出了舞蹈学与生态学的“间性”，大大拓宽了舞蹈学研究的视野。先生希望把这一成果提供给更多的人从事研究。为此举办过讲习班，编纂了同行们运用舞蹈生态学原理的《舞蹈生态学论丛》。这些，都说明她学术思想的开放性。

作为她的学生，我特别希望继承其思想，将其发扬光大。在博士毕业以后的科研工作中，我自觉地以“舞蹈生态学”为研究方法论，设定某一方向，积极申报国家级、部级研究课题。去年成功地申报了教育部的研究课题“北京地区的舞蹈群落与人文环境研究”，它就是以“舞蹈生态学”为基础方法论，研究北京舞蹈状况的。可以说，舞蹈生态学引领了我的学术研究方向。

尽管我努力学习，但与完全领悟、真正运用还存在一定距离，所以，经常被先生修正概念的错误，这也给我特别深刻的印象。先生对词语、概念的界定、内涵，都有准确的把握，不允许乱用、滥用……

资先生既是舞蹈家，也是舞蹈理论大家。她十分关注舞蹈的美育功能，致力于以此提高国民素质。自己从不美容、化妆，由于天生皮肤好，媒体采访时，往往被问及其美容保养“秘笈”，她极反感。她特别不希望女性只关注外表“美”，当然她并不反对别人化妆、打扮。

资先生的文章与众不同，不似一般理论文章枯燥乏味，而是独具文采，更可说是文风犀利。资先生原本是舞蹈家，不仅有丰富的舞蹈体验，而且有睿智的头脑、理性的思维。她经常对当前的舞蹈发表独特的评论文章。她的文章观点鲜明，针砭舞蹈界的时弊，一语切中要害。如“批判舞八股”“文艺批评七戒”“文艺评奖机制有瑕”“遏制大型综艺晚会过多、过滥”等。这些实事求是大胆地讲真话、实话的评论，在舞蹈界乃至文化界都具有广泛影响。她有高尚的人格操守，从不媚俗地违心写文章、讲话、人云亦云，有时则以沉默拒绝瞎吹滥捧。

最近在舞蹈界、学界产生很大影响的是 2009 年 12 月 17 日在《光明日报》发表的《话说中国舞蹈》。《光明日报》用两整版发表舞蹈专论，实属罕见。先生为提升舞蹈学科的品位做出努力。此篇文章受到了中央领导的重视，在读者中获得很大反响。在有关座谈会上赵青老师在谈到资先生的贡献时感动得落泪，能得到同行大家如此真诚的褒奖，值得珍惜。资先生使用了“话说”一词，以平实的语言阐释中国舞蹈的本质，在她平实的语言表述后面看到的是深厚的理论内蕴、丰富的舞蹈积累、严谨的内在逻辑，内容纵横交错，却架构严密。她的文字是那么的独特、那么的鲜活、那么的生动、那么的恰当。她的《中国舞蹈》曾获第七届“五个一工程”奖，舞蹈评论《繁荣中的忧思》获第四届中国文联评论一等奖，散文也曾多次获奖，并被选入《20 世纪经典散文集粹》，等等。足见其驾驭语言文字的功力。这都是她长期自修、锤炼的结果。

她是中国舞蹈学最早的博士生导师之一，也是培养学生最多的导师。虽然以严厉著称，只要张榜招生，报名者却颇多，以至于往往会超额录取。因为严格要求的背后是她对学生极端负责的态度。她忠实履行“学生比天大”的信条，每一个学生的每一点不足，她都会毫不留情地指出并予以引导。记得，我的博士学位论文几经修改，进入最后阶段，她要求在打印之前还要再给她审看一遍。当时我感觉已经“差不多”了，不好意思再麻烦她，也“怕”再提出问题，就此回避了，结果遭到了严厉的批评，认为我缺少“精益求精的态度”。

她认为守时是一个人的基本做事原则，也是对他人的尊重。她讲课、开会从不迟到，对别人也要求严格遵守时间。经常引用鲁迅“耽误他人的时间，无异于谋财害命”表达自己的时间观念。即使与领导、“老总们”打交道也不通融。

2008 年，她代表中国艺术研究院的导师，在硕士、博士的毕业典礼上发表讲话，情真意切地阐明了“教学相长”“学生比天大”以及“感恩是进取的动力”等，在场的学生导师无不为之动容。我想到了当年与冯双白一起在老师家里上课一整天，中午她的先生亲自下厨给我们做饭……这样的经历，几乎每个学生都有，严厉中蕴含着深厚的感情。导师的言传身教，使我的教学与工作皆受其影响，获益匪浅。所以，一个好导师，会影响学生的一生。

2004 年，资先生不幸被检查出白血病。她没有丝毫的消极、悲观，病友称她为“阳光大姐”。每次看望她，丝毫不显“病容”。更可贵的是，治疗、养病都没有停止工作和指导学生。这种心态促进了她的治疗效果，使身体有所恢复。不过，超负荷工作也屡屡影响其健康，我们很担心，她却安慰我们说“心里有数，会注意劳逸结合的”。

不久前（8 月 11 日），在第 18 届世界美学大会上，她以《以传播艺术之美，倡导不同文明之间的对话》为题进行大会演讲，引起国内外学者热烈反响。这也是中国的艺术家唯一一位在主会场发表英语演说者。许多人惊异其流利的英语，这是她在不惑之年，拜在陈翰笙先生门下，苦读的结果。她又一次为舞蹈界争了光，我们又一次为自己的导师而骄傲！

作为她的学生，我感到十分庆幸，庆幸我能够成为如此优秀、完美的导师的一个学生，聆听她的教诲，学习她的思想。另外，也有些许自豪，自豪的是我一直在沿着导师指引的学术之路上前行，一直在努力继承她的学术思想，进行舞蹈学与舞蹈美学的研究。我相信此路是光明的，是大有前景的。

最后，我真诚地祝愿我的导师身体健康！

（史红　首都师范大学政法学院哲学系教授，博士生导师）

吾师吾心：师者三步曲

许　锐

转眼间，博士毕业已经三年有余。曾对友人开玩笑说，站在我的后面你就是“博士后”了。莞尔之余，心里却透亮地知道，自己是不能站到自己后面的。某种意义上博士学位意味着对学问更具敬畏之心，更需要义无反顾地前行。这个认识来自我的导师资华筠先生的教诲。就在我前行的身后，总时时感觉有一道目光的注视。我不用回头，就知道那是资老师。

回想起三年博士寒窗，终于站在毕业典礼的台上接过证书的那一刻，我的眼光穿过熙攘的人群，看到我的导师资华筠先生静静地坐在观众席里，带着浅浅的微笑。韩愈的那一句千古名言闪过脑际：“师者，所以传道、受业、解惑也。”身为人师，同时又身为学子，才发现对这句话的理解根本无法在字面的解释中得到，而是要穷尽一生去体验……

解惑之初

2003 年，已经是北京舞蹈学院舞蹈学系教师的我，考上了中国艺术研究院的舞蹈学博士研究生，师从资华筠先生。资老师那时已经不担任舞蹈研究所所长，专心从事学术研究与教学。她的几位学生都是我的师长，作为年轻后辈能够有幸跟随先生学习，自然是有点儿小小的得意。

刚刚开始读博士时，我对学业的重视不够，下意识里觉得自己硕士研究生成绩不错，又已任教多年，读博应该不会有什么困难。加上学校工作繁忙，学业上自然有所懈怠。资老师几次提醒我都没有太放在心上。于是先生专门找了一天时间和我闭门长谈，严词厉色地批评了我。少见先生如此严厉，然而言辞之切却让我深受震动。韩愈的《师说》名文从上中学开始就倒背如流，那是老师背诵课文的要求。可岁月流逝，不仅那些刻在脑中的文字渐渐模糊，就连文字的真义也轻飘地远离了。自己身为人师，道之未闻，业之未精，却沾沾自喜，忘记了严谨和勤奋才是治学之本。在谈话之前先生关切地给我倒了一杯水，可是先生自己说了三个多小时，却没有喝一口水，让我心疼之余满是惭愧。

从那之后，我改进了自己的学习态度，先生也就像什么都没有发生过一样，依然对我诲而不倦，谆谆教导。而我的点滴进步，她也看在眼里，时常给予鼓励，看似不经意的话却让我心里非常温暖。一次在先生家上完课，小“蹭”了一顿晚饭。先生在饭桌上说起“知错能改”的话题，意味深长地说：“什么是进步？一个人只要不重复同样的错误，他自然就进步了！”淡淡的一句话，恰如清风拂过。

授业之精

先生是新中国培养的第一代优秀的舞蹈表演艺术家，淡出舞台后接任中国艺术研究院舞蹈研究所所长，转向学术研究，这种“跨度”在舞蹈界可谓仅有。先生曾经不止一次地谈到自己面对转折时的艰难，而她对艰难的回答就是知难而上的“劲儿”。先生的付出和经历使她成为真正在实践基础上成长起来的舞蹈理论家，在她门下学习使直接从普通中学考入北京舞蹈学院的我受益匪浅，先生所授之“业”直接提高了我对舞蹈本体的领悟和学业水平。

我的博士学位论文选题是《传承与变异　互动与创新——当代中国民

族民间舞蹈创作之审美流变与现时发展》，首度将当代中国民族民间舞蹈创作放到比较宏观的文化视野和系统的历史线索当中，通过舞目[①]，主要是舞台创作型舞目作品的样本，来解析其当代审美流变的历史和现时发展以及独特的文化价值。这是一个时间跨度大、涉及范围广的选题，对我有相当的难度。资老师不仅以她丰富的实践经验、深刻见地为我详细剖析我未曾亲历的年代中那些优秀舞蹈作品，更为我深入地阐释了她所创立的舞蹈生态学作为我写作论文的指导性方法论。舞蹈生态学的原理是：把舞蹈作为核心物置于其生成发展的社会与自然生态环境当中，与不同的生态因素建立了层次分明的联系；将生态环境理解为一个不同层面相互联系和作用的生态“系统”，而不是笼统而混沌的“大背景”，特别是建立了一种宏观、多维的考察方法与可操作的形态分析法。这对于系统考察和理解作用于民族民间舞蹈创作的各种复杂因素，以及深入触及舞蹈创作的样本分析，都是极其重要的基点。正是在科学方法论的基础上，论文对当代中国民族民间舞蹈的创作现象做出了比较全面而系统的梳理，使之在舞蹈研究领域具有“填补空白的开拓意义”（论文答辩评语）。

我的博士学位论文被评为“优秀”，并获得了中华两岸文化基金会庄汉生“优秀生奖学金”。我给先生发去手机短信致谢，先生回信一如既往，寥寥数语：“教学相长，与时俱进。”这信息至今还保存在我的手机里……

传道之本

资老师的“严厉”和她的学问一样出名。可是接触久了，就会发现先生之所以有着“严厉”的名声，并非她太“严”，而是今天的人们太“不严”了。先生从一个初中毕业的舞蹈演员成长为德高望重的理论家，其中

---

① 舞蹈生态学概念，指有相对样式的、有始有终的舞蹈。

的艰辛自不必言，可以想见如果没有严苛的自我要求，何以实现今日之成就？渐渐地，我理解了先生的“严”并非针对他人，而是她对自身以及现时实践的一贯标准。对她而言是习惯成自然，与今日浮躁之风却格格不入，但先生始终如一地泰然应对，不仅使人们渐渐习惯，而且多了一份尊崇与珍惜。

渐渐地，我理解了无论先生的学问也好，成就也好，其实都有赖于她人格力量的支撑。我也明白了韩愈为什么解释师者，把“传道”放在了第一位。知识学问终究是枝叶，治学的根本还在于内在的秉性以及做事的态度和精神。于是先生的严厉教诲在我看来是关怀的温暖，偶尔训斥让我下不了台的时候，我也只是暗自羞愧，心里却很快释然。因为我深知先生是“严”于教，而“慈”于心，“学”私分明。每次去先生家上课，她都不苟言笑，严肃认真地把学业上的问题讲解完毕。上课结束后她又会放松地和我聊家常、讲笑话……然而无论是课内、课外，无论是讲学、闲谈，先生的言谈之中都蕴含着治学和做人之“道”。日积月累，先生对我的影响至深，早已超出了学业的范畴。

先生所传之道，不在一言一语，更在她以古稀之年、抱病之躯始终身体力行。在协助先生出版《话说中国舞蹈》单行本的工作过程中，我深深地为老师的精神所感动。作为教学一线的舞蹈教师，对我而言，《话说中国舞蹈》一文不仅仅是表面的学问，更透出先生治学严谨的风范，如一面明镜，映射出舞蹈学界后进种种令人忧虑的现象。

《话说中国舞蹈》涉及舞论、舞史、舞风、舞种，话题全面广阔却又互相关联，浑然一体。可见术业虽有专攻，但修为越深越能触类旁通，信手拈来。反观今天过于狭窄与封闭的专业教学，着实需要拓展和交流。先生在“话说”背后坚定的立场更是令人动容。对舞蹈本体价值的坚守宣示着舞蹈在任何时代的不可替代，对中国舞蹈价值的骄傲则是对自我血脉的清醒认识与肯定。这种坚定固然是因为深厚的学识底气，但更标示着“以我为主”的文化自觉。这不正是我们所缺失的吗？读着先生即将出版的《话说中国舞蹈》单行本，就像在读着先生舞蹈的一生：文字亲切自然，既无故作高深的理论，更无自贬身价的随波逐流，无形中拉近了舞蹈与民众的距离。可见学问与文字的力量断然不可轻视，当我们常常以舞蹈的专业特征掩饰文化的孱弱，自然就陷入了闭门造车的困境，丧失了自我提升的动力。

这世上往往“说话”的人不少，但“话说”的人不多。“话说”不是张张嘴，而是思想与精神的磨炼，更是——“道”之所存！

（许锐　北京舞蹈学院院长、教授，国家一级编剧，博士生导师）

我爱您，我的老师

韩　瑾

读过多年的书，也教过几年的书，我相信师生之间绝对是有缘分的，如同我与我的资老师，就这样，一段情谊的开始，总是生命中注定的缘分。

在2002年的春天，我第一次见老师。那时我刚刚完成硕士学位论文，由于是舞蹈学院的第一批研究生，也是我的导师唐满城先生第一次带硕士，对于我的论文终稿有些拿不准。于是推荐我去求助他多年的好朋友，中国舞蹈界的理论大家资华筠先生。就这样，因满城老师的引荐而开始了与资老师的缘分。

以前在不同的场合是远远见过资老师的，对于老师的成就与为人也是耳闻不断，心里很是敬畏。暗自琢磨着，老师是学术权威外加博士研究生导师，每日事务繁多，我一个小小学生，老师即使能够拨冗相见，也可能是敷衍敷衍吧。记得初次见面我很是忐忑，以至于老师的样子我都没有十分看清——没敢抬头，但是声音却清晰至今。老师用极快的速度看了我的论文，这似乎印证了我之前的“武断”——敷衍，但是接下来的一切却是大大地出乎了我的预料。老师的声音坚定而快速，当，当，当，当！几大项，几小点，大到论文的结构调整，概念准确，小到标题规范、用词恰当……一项一项、一点一点，有条有理，有的放矢。我当时真的是有些蒙了，这么短的时间，这么快的速度，这个老师真是神奇呀，我可是真的开了眼界，长了见识！（她的修改意见得到唐老师的格外重视）现在想想，这与老师是实践出身，之后又潜心学术的经历密不可分，多年积累造诣深厚。

更没有想到的是，一个小小的缘分后来变成了更大的惊喜：老师没有嫌弃我理论基础差，还看重我是教学实践出身，在我硕士研究生毕业之后允许我报考她的博士研究生。这真让我受宠若惊，既惊喜又紧张。在备考的过程中，每每都是老师的智慧与坚定，让我充满无比的信心。说起来这缘分也是一波三折，当时博士入学考试我的考分过线了——排在第四名，但是中国艺术研究院的招收指标只有三个。好在老师没有放弃我，再加上单位领导刘敏老师的支持与帮助，我终于作为军艺的委培生，顺利地考上了资老师的博士研究生。就这样，我与老师的缘分正式开始了！

追随老师学习，我既快乐满足又紧张焦虑。老师总是倾其所有，不厌其烦地将毕生心血提炼成“精华素”“鱼肝油”，源源不断地滋养着我，伴随我一点一滴不断成长，即使是在患重病期间也丝毫没有停歇。（论文先后修改了九次！）尤其令我不能忘怀的是在我答辩前夕，老师随全国政协外委会代表团访日，虽仅为期一周左右，她心里却放不下我的论文，特意在日本租用了一个手机，一天一个甚至几个电话，远程遥控——敦促我的最后“冲刺”！试问现在有几个老师能够做到这样认真负责，这样牵挂学生？赶回国后，为了不影响我的答辩时间，老师上午去医院抽了骨髓（理应卧床三日），下午就到了我的答辩现场。看着老师苍白的脸颊、疲惫的神情，却依然智慧坚定的目光，我哭了。我太心疼我的老师了，但我是个有福气的人，是个最幸福的学生！

最终，我获得了当届中国艺研院优秀毕业论文的荣誉，对于我这种最初理论基础较差、文字能力较弱的学生，能够取得这样的成绩，可想而知，老师付出了多少心血。我想，“呕心沥血”这样的词语真就是形容我的老师的吧。老师给予我的知识，给予我的力量一直是滴水穿石、潜移默化的，这使我在毕业后看事物、想问题的方式有了巨大的转变，也使我在之后的工作中更加心中有底。

虽然毕业有几年了，但是老师仍旧一直伴随在我的身边，支持我、鞭策我！每一次的见面，每一次的通话，都使我不断反刍，受益匪浅。缘因情而生，老师予我的这份厚重的情谊，会让我享用终生！师生的缘分一开始就永远也断不了。我的老师啊，作为您的学生，我真是骄傲快乐，我爱您！我爱您！

（韩瑾　河南省舞蹈家协会主席，副教授）

教诲如春风　师恩似海深

潘　丽

我做资先生的学生始于很久以前，从远距离向她学习到后来成为她的弟子，经历了近 30 年的时光。无疑在思想上、事业上她都予我以深刻的影响。

我非常清楚地记得第一次“认识”资先生是在她的舞蹈晚会上。那是 20 世纪 80 年代初，我还在中央民族大学上中专。舞台上飞舞的长绸、绚丽的舞姿让我陶醉向往，资先生指尖流淌出的美妙琴声更让我惊奇。作为舞者资先生翻过了她最华彩的篇章。作为一个追寻舞蹈梦的孩子，这台晚会如同一个标识引导着我向理想迈进。

第二次“认识”资先生是通过她的著作。1999 年，我从日本留学归国后任教于北京舞蹈学院，我把走后这几年出版的舞蹈理论书籍都买了，想认真地学习。其中有一部资先生的论文集《舞艺 · 舞理》让我爱不释手，一口气读完之后觉得畅快，她深入舞蹈本体的研究水平让人佩服。其中有一篇《试论花鼓灯的“舞蹈生态幅”》的论文给我留下深刻印象——民间舞的论文还可以这样写！这篇论文一改以往舞蹈研究多直观感受、经验总结的思维模式，运用舞蹈生态学的原理，从形态、功能、源流、播布等多维综合的文化研究方法，对花鼓灯的历史流变及其发展规律予以揭示，将舞蹈生态学的系统理论运用于舞蹈文化研究。之后我便开始阅读资先生的著作《舞蹈生态学导论》。说实话当时我并没有完全理解，因为它太超前了。从生态学的角度研究舞蹈，是一项具有开拓意义的事业，我对它的真正理解、应用是在写博士学位论文之后的事了。在我看来，《舞蹈生态学导论》最重要的一点在于它为舞蹈研究提供了一条新的思路，提供了一种新的方法论。这种方法论既体现了舞蹈学科自身的规律，同时也把科学研究的定性、定型分析引入了舞蹈研究中，使舞蹈研究真正成为一门科学。

我第三次“认识”资先生是在课堂里，讲台上的资先生同样靓丽。那是 2002 年秋天，北京舞蹈学院邀请她为研究生讲授舞蹈生态学课程，我也坐在了教室里。资先生的课精彩、严谨，每一个教学细节都设计得非常科学。除了逻辑缜密的理论讲解外，记得资先生曾让每位同学应用舞蹈生态学原理写一篇论文提纲在课堂上宣读，她对每一篇都很认真地进行点评。这样可以理论联系实际促进学生自主学习，同时又锤炼了学生的研究能力。研究能力是在实战中操练出来的，如果每门课的教师都能像资先生这样给每位学生以具体深入的个性化指导，而不是照本宣科地敷衍了事，那么学生的理论水平和研究能力就会大幅提高。作为一个特聘教师资先生一点儿也没有拿自己当外人，只要这批学生经过她的手，她就会努力地为他们“传道、授业、解惑”，这就是资先生。

后来我拜在资先生门下成了她的博士研究生，终于有机会得到她的真传，我对她的“认识”也就更加接近本质。

资先生对中国舞蹈事业的使命感和责任感深深地感染和教育着我。资先生给我确立的研究方向是安徽花鼓灯，此后的三年间，我便在田野乡间寻觅花鼓灯的足迹。不过每到一处人们都会提到她当年采风的情景；我走访的每一位老艺人都会与我谈到她的舞艺。原来她与中央歌舞团的同事们早在 50 年代就走遍了花鼓灯之乡，不过直到现在资先生仍然继续着她的花鼓灯事业，花鼓灯之乡仍然遍布着她的足迹，那是一位耄耋之年又患有白血病老人坚定的足迹，她成了花鼓灯的守望者。我知道先生是希望通过对农村花鼓灯的研究，对花鼓灯保护工作的探索，寻找到一种保护传承中国民族民间舞的方法。这是她十几年来一直在致力推动的中国非物质文化遗产保护工作。记得 2002 年中国艺术研究院主办非物质文化遗产的国际会议，她让我们几个学生去参加，当时大家认为这个专题对于我们搞专业舞蹈的人来说似乎有点儿“远”。其实专业民间舞也同样需要从文化保护的角度反思我们在继承和弘扬民间舞蹈文化过程中的经验与教训，探索出一条在专业舞蹈层面保护民间舞蹈艺术的新方法。不过这是大家后来才逐渐认识到的。如果说资先生是新中国第一批将民族民间舞搬上舞台的实践者，那么她更是第一批参与中国非物质文化保护运动的先驱者。

资先生对学生严格要求是出了名的，这一点我在做她学生以前就听说过，不过当了她的学生以后才真正体会到这种刻骨铭心的感受。我去安徽做调查前，她不仅仔细地审阅了我的调查提纲，还给她当地的朋友们去了电话，为我牵线搭桥。临行前还一再嘱咐我“要真正走下去，与农民同吃同住同劳动才能寻找到花鼓灯的精髓”，生怕我“浮在上面”。这是一种艰苦的历练，在田间地头，在打鱼船上，在老百姓的家里我聆听着大地母亲的声音；在字里行间，我实践着舞蹈生态学的研究方法。资先生把我的博士学位论文从初稿一直看到最后一稿，几乎每一页稿纸上都留有她批改过的笔迹，她绝不会放过任何一个疑点。一篇博士学位论文十几万字，几稿就是几十万字，我长这么大还没有一个人盯着我这样学习过。我白天给学生上完课后就一头钻进办公室，一直要写到凌晨三四点。那段时间每当电话铃响起，我就会心跳加速，担心资先生又发现了什么问题。她一丝不苟的治学态度总是在提醒我尽量把每章、每节都写得更好。她像一把悬在头上的戒尺，鞭策着我们去不断追求学术的制高点。资先生说：“我送走一个学生就像送走一个孩子，每次都要脱一层皮。”正是资先生这样的严谨教学，培养出了一批卓有才干的舞蹈理论工作者，他们成为今天中国舞蹈理论研究的中坚力量。

“学生大于天”是资先生常说的一句话。现在，每当我的学生叫我老师的时候，我总是感到一种责任。我希望，资先生对学生们的责任心，对舞蹈事业的使命感不要终止在她的学生身上，而是通过她的学生们，一代代地发扬光大。

（潘丽　北京舞蹈学院原舞蹈学系教授）

艺术的滋养　人生的教诲

——难以忘却的记忆

段　妃

熟知资华筠先生的人都知道，她是新中国培养的第一代舞蹈表演艺术家，也是卓有成就的舞蹈理论家，在当代舞史中有着十分重要的地位和作用。“她是新中国第一个国家歌舞团（中央歌舞团）的建团骨干，占据主要演员的位置长达 30 年之久，被人们誉为中国舞蹈界的‘长明灯’。”[①] 她曾首演戴爱莲的传世之作——中国第一个取材敦煌艺术的舞蹈《飞天》，以其端庄的舞风和深厚的文化底蕴，赢得世界声誉。此外，她的科研成果开创了舞蹈理论研究的新领域，推动了舞蹈学科的发展。

资华筠先生在旁人心目中的形象总结一句话就是：“当演员是出了名的突出，搞学问是出了名的严谨，带学生是出了名的严格。”但她在我们学生心目中，不仅是“严师”更是“慈母”，这“严师”与“慈母”般的爱，深沉而宽广、坚毅而平凡，即使身患重病，依然身体力行。2010 年，喜逢资华筠先生艺术生涯 60 周年，往日的点点滴滴又重新回到我的脑海……

2005 年，我考入中国艺术研究院，攻读资华筠先生的舞蹈学博士学位。在先生精心的安排指导下，我像海绵一样吸收着各种艺术的滋养。这

---

① 段妃:《新中国著名舞蹈家艺术论》，上海音乐出版社 2018 年版，第 1 页。

三年中，我从舞蹈表演向着舞蹈理论研究领域进军，从以“动”为主的舞蹈劳作到以静为主的舞蹈治学，实现了新的跨越。我深知自己文化理论功底有限，其间又经历了母亲去世的重大悲痛，能够顺利完成学业，是导师倾心竭力的教诲和热诚的鼓励，还有弥足珍贵却又极度稀缺的人间真善、真爱、真美，使我坦然而坚强地面对了人生中的关键时刻。

在学习过程中，由于我接触理论研究时间较短，对于一些评论往往没有很高的鉴别力，先生就会结合我亲身经历的实际情况，以实践例证对我进行引导和说明，并对症下药，量体裁衣，选定适合我的研究方向，让我“有话可说”。由于我没有亲历过早期的历史，对于新中国舞蹈的整体发展和舞蹈家的个人发展缺乏系统的了解和研究，导致在内容上略显单薄，先生针对我的论文内容和实际情况，以清晰独特的视角，倡导“以事述人”与“以人传舞”的舞史观，注重引用经典文献以及舞蹈艺术家个体鲜活的表演经验，从中提取具有共通性的规律，使我的理论水平有了很大的提高。这些先进的研究方法和宝贵经验，给了我横向和纵向的思维方法，引导我进入舞蹈理论研究的新领域。

在资先生审查我论文的第一稿之前，我曾反反复复修改了十几稿，有最初的文字堆积稿，有参照开题格式后的修改稿……但经先生首轮审查、讲解后，我首先从开题结构上进行了调整，使我更加关注题目、结构、内容之间的必然联系，以及选题背景、意义、目的之间的线路贯穿。由于我长期的表演经历，缺乏系统的理论学习，基础比较薄弱，对舞蹈现象缺少理性的总结，逻辑思维能力和文字表达能力较弱，文章的内容往往发“散”，不善于把握递进的层次，或者由宏观话题进入，层层剥开，直至核心；或者由微观层面解析，逐渐汇集为宏观结论。文字能力不是一日之功，舞蹈理论研究就是把舞蹈这一形体艺术转化为文字理论而表述出来，对于长期在舞台上实践的我来说，把握这么大的课题研究的确难度很大。面对这一实际问题，先生给了我更细致的要求，从前后语言的逻辑关系，上段、下段的必然联系，内容的整体把握，都一一对我进行规范，使我的写作能力有了很大的提升，使我逐渐掌握了“去粗取精，去伪存真”的方法。

先生既是“严师”，又是“慈母”，除了治学上的严要求外，在生活上对我的关心也是无微不至。毕业前一年，我母亲突然得了重病，我在边照顾母亲边写论文的情况下与母亲度过了她最后的八个月时光。母亲不幸离世后，我各方面承受的压力达到了极限，但此时也正是论文的冲刺阶段，面对我的实际情况，恩师为此下了很大的功夫，一方面从我自身的状况为我合理安排论文进度，另一方面帮我调整身心状态，引导我平稳地迎接毕业前的各种挑战，与我共同经历了人生的欢乐与痛苦、悲欢与离合，达到了生命的交融。先生身患重病，以顽强的毅力默默地承受着对于一般人来说难以承受的一切，丝毫没有降低对我的要求，甚至引导我做了大量的工作。毕业论文经过了上百次的修改，每遍都在先生的教诲下有着不同程度的提高，但却始终不能达到先生的要求，我有点泄气，这时先生鼓励我说：“别有思想负担，积极改进学习方法，随时随地做‘有心人’。”由于先生的“严”，我的身体顶不住压力又发起烧，出现胸闷、气短的症状。先生了解了我的身体情况，每次遇“大事”，我都有身体上的反应，医学上称为“神经性功能紊乱”。每当这时，先生一方面告诉我身体重要，先好好休息，同时，嘱咐我说：“克服心理障碍，增强信心，理顺思路，改进学习方法，我相信你能不断提高的。”先生却牺牲了自己的休息时间，甚至加班加点地为我修改。有时我怕先生累过头，可先生却说：“我对于每个学生都是同样的严格、负责。”每当这时我都无语，心里想，一位身患重病的老人对我的关心远远胜过我对她的关心。先生带着重病的身体做了我们无法承受的繁重工作，教会了我作为一名艺术家、一名学者、一名老师的做人准则。这一切我无法用语言表达，先生却只有淡淡的一句话：“你有进步，我情绪好，身体就好。”经过先生不辞辛苦的耐心讲解与修改，我的论文有了“质”的飞跃，并顺利通过了论文答辩。回想起论文写作过程中的前前后后，每一点提高、每一次变化，都包含着先生为此所付出的辛苦，我至今记忆犹新。

资先生常说：“文如其人，文风能很好地表现人的思想、个性。写评论文章时，评论者要观点鲜明、逻辑清晰、实事求是、客观公正，既推进舞蹈事业的良性发展，也引导观众和媒体的审美取向朝健康的方向发展。”作为舞蹈学科的带头人，博士生导师，她的严谨的治学态度、积极的人生态度、忘我的工作热情和那份对舞蹈事业执着的爱，深深地让我折服！我将永记导师教导的“多动脑筋，善分辨、勤思辨”……这些教导将激励着我的一生！

（段妃 中国艺术研究院研究员，一级演员，博士生导师）

学者的风骨　师者的灵魂

明文军

每逢教师节，总是习惯性地想起对我从业有着影响的老师们，默默地祝福他们健康、平安！一日为师，终身受益。这些我生命中的良师益友，不仅为我的职业生涯奠定了坚实的基础，他们的风范更是我继续自己职业生涯的永恒激励。今年，第26个教师节，恰逢我取得舞蹈学博士学位的一年，禁不住想起我的导师资华筠先生，三年寒窗里与先生的相处，历历在目，对先生之认识早已超越了普通学生对师长的敬仰……

先生很严厉。我认为这份“严厉”源自她的严谨，源自她的认真，源自她的挚爱。

先生很较真儿。我认为这份“较真儿”出自她的自爱，出自她的清醒，出自她的勇气.

先生很热心。我认为这份“热心”来自她的真诚，来自她的使命，来自她的至真!

做先生之弟子三年，对先生这些品格有了更深的认知。

说她严谨，是她精益求精，不得过且过，让她批阅的文稿，细微至标点，也不放过。

说她认真，是但凡涉及学问，问题再微不足道，她都要“求甚解”“辨是非”。

说她挚爱，是对真理的执着，只要是真理，她肯定坚守、捍卫，没有情面，甚至忘我；

说她自爱，是她一直将舞蹈的尊严奉若神明，任谁都不能有一丝轻慢之心，从她自己常常说的："凡是给舞蹈提气的事，我都可以做……""舞者应该有自己的职业尊严"等话语中可见一斑。

说她有勇气，是说她敢于说真话，敢于求真，抛却世俗人情，不怕得罪，不怕牺牲。

说她清醒，是她总是能于纷杂现象中洞明其本质，时常能在浮华虚荣之情势中，当头棒喝，一语中的。

说她真诚，是对事业、对朋友、对需要，她总是满腔热情地帮助。只要对事业有益，只要是为共同事业之友而提出的请求，她都义不容辞，竭尽一切可能，哪怕这个"朋友"曾经与她"不和谐"过。

说她的使命感，是说她作为舞蹈学者的自觉，舞蹈使然，文化使然，艺术使然，生命使然。

说她的至真，是说她的做人品格，她的艺术人生，容不下一丝一毫的"假"，更容不得半点的"空"。

为此，先生的这份品格正显出一个艺术家和一个学者的责任感。这份责任感，来自她对舞蹈艺术的挚爱，来自她内心深处对国家文化发展的良知，无须任何人的授权与赋予，她主动背负，甘效其劳，使她忘记了自己身患重病，忘记了时间，忘记了繁重的工作量。先生对艺术、对工作、对民族、对国家，从来都是奉献，不讲回报，从来都是忘我。

作为弟子，以先生的这些品格为楷模，自当幸甚。但，仅这些，却仍有不足之意。回想答辩之时的百感交集，至今仍多感慨……以我现在的工作岗位，来做先生的博士生，实在有些为难先生。

记得 2008 年 4 月 26 日先生在检查了我 7 万多字的读书笔记后，就催我开题，因工作繁忙一直拖到了那一年的农历腊月二十八才完成。本想开题后抓紧动笔，不想 2009 年一年因工作量的"加码"，无暇论文的写作，一直拖到 2010 年 3 月，绪论才完成了三稿。其间，导师并没有因为我工作的原因，对我的论文有一丝一毫的放松和宽容，在论文写作过程中，特别是写作的后期，在答辩时间不容再拖后的紧张时段里，每每看到导师发回给我的修改稿中，大至整块的“批红”，小至标点、用语的修正，就禁不住热泪盈眶——她是带着“双白”（白血病、白内障）的病体，在电脑前，不分昼夜，逐字逐句地为我的博士学位论文“琢魂”！

细细回想，先生对我，不仅仅指导我作出了一篇被评为“优秀”的博士学位论文和戴上了一顶博士帽，更引发了我一次心灵深处的震撼——为求真理，乃至忘我，为传师道，近于“舍生”。

这是一次深切的人生洗礼。我从事教师职业也有 26 年之久，感受到了教师的“责之深，任之重”。而今学生已多不似从前，现今的师道更多不效前辈。多少次从报上看到名师对学术不负责任的作为，多少次从身边的人感受到教师以“教”获利，多少次从孩子身上体会到现今师道尊严的黯然。自省吾身，虽无大弊，于具体之事上，时而茫然：传道授业是本分，但如何能担当起“灵魂工程师”这一责任？

思至此，映入脑海中的一句话忽地显现出来，是先生所说话语中值得弟子铭记终生的一句，一句能够充分彰显为师之道的话——学生比天大！

是的，我再次作为学生时，从先生的每一言传以及身体力行中，深切地体悟到“灵魂的工程师”需要在起坐言行一致上感化学生，以其严谨、真挚、忘我来化育学生……于是，真真切切地感受到“学生比天大”这句话的分量。

因为“比天大”，于是在“学习”上没有任何身份的差异，一切在于“教”与“学”；于是没有任何“借口”来妥协、宽容教学的“质量”。

因为“比天大”，于是没有任何人和事可以取代学生的“学习”，包括自己；于是学生永远是自己的牵挂，只要有益于学生，一定会支持，一定会鼓励。

因为“比天大”，于是学生的成长更甚于自身的所获；于是教师垂范，严于律己，方可化育学生。

我认为秉承“学生比天大”的师者才能严厉得到位、较真儿得有节、热心得合度，心存“学生比天大”的学者才能付出真诚的挚爱、无畏的勇气、超然的至真。因为从中真正透出的是一个学者的风骨，一个师者的灵魂。

（明文军　文化和旅游部艺术司司长，教授）

舞者 学者

许 锐

资华筠先生的墓前有一块碑文，简简单单地刻着四个字：舞者 学者。寥寥数语，是先生一生的写照，更揭示了舞蹈从实践到理论，从自发到自觉，从经验到学科的探索之路。时至今日，舞蹈已经成为艺术学科重要的组成部分，从一度受人轻视到今天与其他艺术学科并驾齐驱，具有越来越广泛的影响力。这更让我们感念舞蹈前辈先贤的开拓之功，资华筠先生应该是其中的杰出代表之一。她从舞者到学者的成长之路是一个无比生动的注脚，仍将启发着今天的舞蹈工作者——如何在实践中总结，如何贴近实践，如何向理论升华，构建新时代舞蹈自主的知识体系。

刻苦显本色

资华筠先生出身于优渥家庭，舞蹈之路却是她自己的选择。她有着岩石般坚忍的意志，一旦选择就义无反顾。天赋加上刻苦，使她成为新中国第一代具有代表性的舞蹈家之一，《孔雀舞》《飞天》等作品奠定了她坚实的舞台成就与经验。然而，一个舞者总是面临着身体机能减退的职业生涯转折时刻，资华筠的转折迈向了学者，成为中国艺术研究院舞蹈研究所的第二任所长。她的前任是新中国舞蹈先驱吴晓邦先生——同样是从舞者走上了研究的道路。资华筠先生憋了一口气，把舞者坚忍的意志转化为不断攀登的学术精神，完成了从舞者向学者的转变。

资先生把舞台上精益求精的刻苦艺术品质“移植”到了学术领域，首先是远胜一般的较真。严谨和勤奋是治学之本，这恰恰是资先生最为看重也身体力行的。有一次因受委托鉴定一篇论文，涉及俄罗斯学派的芭蕾，她说有些知识拿不准，要请教相关领域的朱立人先生。因为朱立人先生住在北京舞蹈学院家属院，所以资先生就特意嘱咐我帮着约时间亲自登门求证。让我吃惊的是，资老师随身带着一沓厚厚的材料，详细记录着她存疑的地方，第几页、第几段都标注得清清楚楚。她一一向朱老师求证，朱老师逐一解答。我看着两位白发苍苍的先生事无巨细、一问一答，被深深触动了。那时候资华筠先生已经罹患了慢性疾病，可是她对学术的那份赤诚、那份较真让我这个晚辈倍感汗颜。

资先生多次对我讲，因为自己是舞者出身，所以更要加倍努力！因为没有时间重新接受系统的学习，就要学会在战斗中学习，利用一切零碎的时间学习。她的刻苦不仅在舞台上，也在书本里，让她完成了从一位优秀的舞者向一位杰出的学者的华丽转变！

犀利见忧思

正因为有着丰富的实践经验，以及在实践中产生的困惑和思考，资先生对文艺现象的批评总是带着深深的忧患意识与鞭辟入里的洞察力。例如《繁荣中的忧思》文如其题，是资华筠先生发表于2004年的评论文章，时至今日，仍然具有超越时空的前瞻性与深刻的启示意义。文章是舞蹈界少见的“真批评”，开篇即开出“大晚会综合征”的“诊断单”，一条条“症状”历历在目，无所遁形，由此延展出需要进一步探讨的文艺倾向和理论评论问题，由表及里，入木三分。这些文章虽批评得尖锐，却因为在理而让人服气。这是真正的批评应该达成的效果——痛之深、言之切，既共情还共理。资先生的写作语言辛辣中透着谐趣，直言中充满智慧。“不掌勺只拼桌的飞行导演”“艺术激素替代创作激情”“劣质洋荤当创新”“疗救流行性浮躁病”等表述话语深入浅出，具有独特的“资氏”风格。这是资先生从一个舞台艺术家成长为学术大家的功底所在，是她从艺术实践和思考中孕育出来的生动语言。在我看来，这远远高出一些言之无物、故作高深的所谓学术语言。也正因如此，文中提出的文化“围城”现象、社会文化生态、文艺批评现状等命题，无不切合当时的重大课题，即使在今天仍然振聋发聩。

《舞蹈批评的文化品格与规律性》是资华筠先生针对“舞蹈批评”的“批评”，早在2008年即深入剖析了舞蹈批评应有的文化品格与规律性。行文核心在于从资先生创建的舞蹈生态学的学理角度出发，将批评家置于社会生态中予以审视和考问。文章一针见血地指出批评家本身就含有挑剔者意味的身份感，即社会生态位；批评则是影响和制约舞蹈发展的重要社会因素，即生态项。她一如既往地对“研讨公关化，评论广告化”的不正常现象提出尖锐批评，由此提出批评家必须担当起自己的责任，塑造文化品格，把握批评规律，通过自我修炼提升职业化水准。文章观点精准，路径清晰，最终凝练为批评的“三真”精神——真实的生活感受、心口如一的真诚表述和对艺术真谛的求索揭示。文章中，她对舞蹈批评的见微知著与拳拳之心表露无遗。

实践出真知

资先生经常说自己是中学都没毕业的博士生导师，她是在战斗中学习的。其实从一个舞者向学者的转化，是一个巨大的飞跃，也是老师实践出真知的写照。“不通一艺莫谈艺，实践实感是真凭”，这是著名美学家朱光潜先生在20世纪80年代曾经说过的一句话。这句话实实在在地揭示出文艺理论是生发于艺术本体与实践之中的，恰恰说明了如果不从舞蹈符号系统本身出发理解舞蹈，便很难深入其本质内核中。而在艺术领域，实践往往行走在理论的前方。因此学术体系更需触碰舞蹈的视觉逻辑与感性内核，而实践体系亟待加强学术的理性思考与总结，通过追补各自的短板来构建两个体系间的融通之路。

资先生《舞蹈生态学》的出版经历了两次修订，前后间隔 20 年。我觉得第二次修订有了巨大的飞跃，显示出这门方法论坚实的基础和延展性。这些转变主要表现在从借鉴语言学和生态学的学科框架中超越出来，具有更独立的舞蹈学科属性与特点，并扩展了研究视野与视角，从中可以看出资先生追求学问的严苛态度、向实践贴近的求实精神和超前的学科意识。

作为一个实践出身的学者，资华筠先生对建构与实践学科有着深刻思考，2002 年在《面向 21 世纪舞蹈学科建设的思考》一文中曾展望舞蹈学科建设的新蓝图："如何更有效地发挥既有成果的作用；如何以更新的视角和方法在'传统强项'——历史研究中注入活力；如何根据实践需要开发新课题；如何针对舞蹈实践，提炼出具有本质意义的理论问题并作出科学解释。"20 余年之后，当我们再度回顾这段文字，仍然可以感受到一名实践出身的舞蹈学者对建构舞蹈学科体系以及探索舞蹈学科理论与实践融合发展的方向与路径的拳拳之心。

（许锐　北京舞蹈学院院长、教授，国家一级编剧，博士生导师）

善教者使人继其志

——资老师指导我学习研究昆舞

陈思颖

“昆舞，顾名思义是生发于昆曲，从中提炼、升华并进行了体系化整合的中国古典舞的新探索——有望成为新的流派。”这是资老师在2006年苏州昆舞研讨会主题发言中对昆舞的初步界说和充分肯定，同时对昆舞生成发展的基础及文化价值做了精辟的论述。那年，南艺院领导从工作及我个人实际情况考虑，提出了要我报考资老师博士研究生的意见，并做了推荐。第一年因名额限制未能入学，资老师鼓励我继续努力，并给予多方支持。因而我有机会列席会议观摩舞蹈诗《昆韵》片段和教学训练展示，并聆听众多专家学者的交流发言。2007年3月，著名编导、昆舞创建者马家钦调任南艺舞蹈学院院长，自此让我与昆舞结缘。2008年6月，我正式考取中国艺术研究院的博士研究生，成了资老师的弟子，真是三生有幸。

“学生比天大”充分体现了资老师对舞蹈教育事业的无限忠诚和对学生的钟爱。然而，她对学生的严格要求却让人敬而生畏。入学不久，老师便向我指出学习上存在的问题并提出了一系列要求：讨论问题学生腔太重，学习上，应试教育的某些负面影响必须去除，舞蹈实践先天不足，需抓紧补课，等等。在肯定长处的同时，揭“短”切中要害，我不由得脸红心跳。我清楚地记得2009年的学期总结汇报会上的那一幕，自以为字斟句酌的小结刚一读完，资老师立刻总结道：学习态度可嘉，进步明显，但发言中有硬伤，何谓“原生态作品”？既然是“作品”，谈何“原生态”？基本概念模糊不清，又不是没给你讲过……当众一针见血的批评，让我如芒刺在背，恨不得找个地缝钻进去。

近两年来，我通读老师规定的60本文选与著作从不马虎懈怠，完成30篇读书笔记保质保量，特别是阅读资老师的著作《舞蹈生态学导论》《舞蹈美育原理与教程》《舞艺·舞理》《舞思——资华筠文论集》……更是口诵心惟，力求在弄清基本概念的基础上，加深理解和感悟。初读了舞蹈生态学，便在头脑中形成了“舞蹈生态”的意识，接触了核心物与生态环境、舞畴与舞体、生态因子与优质基因等新的概念，找到了分析理解舞蹈文化艺术的方法论思想。如运用三个“自然”，即自然形态、自然生态、自然传衍来界定“原生态”，就不会将加工后的舞台艺术品混同于“原生态”，并提出了可以“原生性”“原生形态”等加以分析。这些专业基础理论对我从非物质文化遗产保护的高度来认识昆曲传承与昆舞研创的意义，帮助很大，增强了学习研究昆舞的责任感和自觉性。同时，老师论文论著的字里行间留下了从舞者到学者艰难跋涉的足迹。从舞60年来，“因饥渴而学习”“永远不要说太晚”的人生追求，以真话、真情对舞蹈艺术品格尊严的坚守，为我们树立了楷模，震撼了众多学子的心灵，我也常常掩卷而思，夜不能寐。

人们常说，机会与挑战并存。昆舞的研创基地从苏州歌舞团移至南艺，2007年南艺舞蹈学院首招昆舞本科班学员，昆舞的研、教、创、演渐成体系，更加规范，我也有幸成了昆舞研创团队的一员，其乃天赐良机。资老师根据我的主客观条件和学科需要，建议我的学位课题定为“昆舞研究”。因此，我也迎来了巨大的挑战，对我这个曾在小学低年级跳过《娃哈哈》，学过几年声乐的舞蹈学新生来说，学习研究昆舞真是毫无基础，白手起家。然而，无论有多少困难，也比不上老师在不惑之年攻读英语，80 年代转行研究舞蹈理论那样艰难。在资老师面前我只说了一句话，从头学起。

舞蹈是靠人的肢体语言表情达意的艺术，手不舞之、足不蹈之，哪来的体会与灵感。我于是成了昆舞班的编外学员，从走步、手势学起，体会圆场、五指莲花的韵味。翻阅大量的图片资料，观看数十部古今中外舞蹈的经典剧目及影像。看到资老师当年首演《飞天》《荷花舞》等参加国际大赛的剧照，赞叹不已、感慨良多。来京的国内外舞蹈院团的演出，我更是想方设法现场观摩，有的甚至连看两三场。渐渐地能从舞蹈艺术想到了舞蹈文化，从舞蹈形象体会艺术审美。

昆舞生发于昆曲，学习研究昆舞，不能不了解昆曲。资老师让我学昆曲，读昆曲理论书籍。我报了中国音乐学院张卫东老师的昆曲班，从小春香到杜丽娘，学声腔，模身法，从载歌载舞中体会至情至性。思考昆舞是怎样提取其"优质基因"，形成流派，从而实现活体传承，向人们展现深情之美、风雅之美。

师从资老师，总觉得她时时处处都能想到我。开会、研讨、观摩、座谈，让我列席旁听，不仅做记录，还要整理成文，并且找机会见诸报端或在书刊"发表"，要求之高，难免有不堪重负之感。近两年磨下来，也就由被动应付变成主动应对了。资老师新作《话说中国舞蹈》在《光明日报》发表，我写了《舞史之精粹，舞论之华章：读资华筠先生新作〈话说中国舞蹈〉》的读书心得；2009 年年底首届昆舞国际研讨会在南京召开，我写了《吴风昆韵舞翩翩》，对昆舞展演和教学汇报作了全面介绍与述评。用资老师的话来说，这就是零存整取，不断积累吧！

更大的考验无意中来临，2009 年 5 月的一天，舞研所罗斌所长找到我，一位师姐编撰中国国粹艺术读本《中国古典舞》的任务因特殊情况要我来承担，正当我畏难犹豫之际，却得到了资老师的鼓励，毅然接受了这项额外的任务。那时既要酝酿开题报告，又要构思书稿，我忙于查书目、找资料，往返于研究院与图书馆之间好几个月，仍然觉得心中无数。资老师好像看透了我的心思，她参加南京昆舞国际研讨会后，于 2010 年春节前，利用在三亚温泉度假村休养期间，让我旁听了一场小型专题研讨——对话马家钦。资老师以传统文化之“理一分殊，和而不同”，分析中国古典舞业已形成的“三大流派”各自的优势、特点，以及昆舞生成、发展的基础和前景，与马导展开了热烈的讨论，不时迸发学术论争的火花。我对这场长达数小时的研讨作了全程录像，待我将录像整理成文字稿件时，以“理一分殊，和而不同”的辩证思维为指导，经过一番苦心思索，心中对《中国古典舞》书稿及昆舞研究的开题报告，便有了比较清晰的思路和大体的框架了。结果《中国古典舞》得以如期交稿，《昆舞研究》的开题报告也得到了老师的首肯，并对今后的进一步学习研究树立了信心。事后想来，资老师不顾年迈体弱，设计安排这样的现场教学，真是用心良苦。

善歌者，使人继其声，善教者，使人继其志。敬爱的资老师正是耕耘舞蹈高端教育园地的大师，她艺理兼长，教研并丰，德艺双馨，传艺育人，深得学生的敬仰与爱戴，真乃“桃李不言，下自成蹊”。

（陈思颖　资华筠先生的 2008 级博士，南京艺术学院教师）